Perspektiven
Übungen zur Grammatik

Perspektiven
Übungen zur Grammatik

Manfred Bansleben
University of Virginia

HOLT, RINEHART and WINSTON

New York   Chicago   San Francisco
Philadelphia   Montreal   Toronto   London
Sydney   Tokyo   Mexico City
Rio de Janeiro   Madrid

Publisher   Nedah Abbott
Executive Editor   Vince Duggan
Project Editor   Isolde C. Sauer McCarthy
Production Manager   Lula Als
Design Supervisor   Renée Davis
Photo Research   Rona Tuccillo

Photographic and other credits appear at the end of the book.

Library of Congress Cataloging-in-Publication Data

Bansleben, Manfred.
  Perspektiven, Übungen zur Grammatik.

  English and German.
  Includes index.
  1. German language—Grammar—1950-
2. German language—Text-books for foreign speakers—
English. I. Title.
PF3112.B36 1987   438.2'421   86-31846
ISBN 0-03-063239-0

Address correspondence to:
383 Madison Avenue
New York, NY 10017

7 8 9 0 1   090   9 8 7 6 5 4 3 2 1

Holt, Rinehart and Winston

The Dryden Press

Saunders College Publishing

Preface

The Program

Perspektiven is a program for Intermediate German on the college level. Although designed for students who have completed one year of college German or its equivalent, *Perspektiven* may be used successfully in more advanced courses as well. The program comprises two books: a combination cultural and literary Reader and a Review Grammar. These two books are closely integrated and are thus used most effectively together. Yet either one may be used independently as well.

The objective of *Perspektiven* is—through the study of the language, culture, and literature of the German-speaking countries—to help students gain a better understanding of a foreign culture and become aware of cultural stereotypes in order better to combat them. The ultimate goal is to develop the ability to communicate—in the fullest sense of the term.

Perspektiven offers a wide variety of instructional materials. Not all exercises and activities can be used, given the time limitations, nor need they be. But the abundance of materials allows the instructor to shape a program according to his or her individual needs and to those of the students. The entire program of *Perspektiven* includes the following components: *Perspektiven: Texte zur Kultur und Literatur; Perspektiven: Übungen zur Grammatik;* a combination workbook/lab manual; a set of cassettes.

The language laboratory manual with the accompanying cassette recordings provides materials to develop language skills further. The exercises are twofold: (1) *Übungen zum Hörverstehen* practice comprehension skills and are closely integrated with the corresponding chapters of the Reader; (2) *Übungen zum Wortschatz und zur Grammatik* offer additional grammar and vocabulary practice and are developed out of the corresponding chapters of the Review Grammar.

The workbook contains an introduction to the principles of word formation with accompanying exercises that are integrated with the corresponding chapters of the Reader. Since the Reader and the Review Grammar of *Perspektiven* provide sufficient exercises and activities, in designing the workbook I decided to depart from the traditional practice and instead familiarize students with the process of word formation. This is indeed an important aspect of language learning and is largely ignored or neglected in intermediate textbooks.

Perspektiven: Übungen zur Grammatik offers a systematic and comprehensive grammar review and also introduces some new structures not usually covered in first-year textbooks. Its ten chapters are thematically and linguistically integrated closely with the Reader.

The Review Grammar has been designed so that students can read, understand, and learn the materials themselves. The explanations are simple and are accompanied by appropriate examples. The students are asked to study the grammar presentations and to check their comprehension by first completing the exercises with an asterisk (*). These exercises have answers in the back of the book.

The exercises are numerous and varied, and by no means should all of them be assigned. The instructor has the option of selecting the exercises that seem most effective for his or her instructional style and most appropriate for the needs of the students. The exercises follow a sequence, proceeding from the simple fill-in type to the more communicative. The exercises marked by asterisks should be checked by the students themselves. Other exercises may be assigned as homework, and still others may be presented on transparencies. Many examples are contextualized and deal with situations deriving from the texts in the Reader.

The exercises make use of the basic vocabulary of first-year German listed in the end vocabulary and marked with an asterisk (about 1240 words). More importantly they employ the active vocabulary derived from the reading selections and listed at the beginning of each chapter. This new vocabulary, deemed basic to the second year, is constantly recycled and reinforced.

The Review Grammar contains the following additional items: the Key to the asterisked exercises; Grammar Tables; a German-English and an English-German Vocabulary; and an Index.

Acknowledgments

Perspektiven has been tested in the classroom at the University of Virginia for several years. I would like to thank the graduate students and the faculty members in the German Department for their helpfulness in offering corrections and suggestions. I am particularly grateful to Lore Amlinger, Elizabeth Bredeck, Peter Burgard, Janette Hudson, Eva Knoth, William O'Brien, Thomas Sauer, and Wayne Stith. My very special thanks go to my friends and colleagues Beth Bjorklund and Kathleen O'Connor, without whose invaluable help these books would not have been written.

I am grateful also to the following reviewers, whose comments and suggestions helped shape this book: Thomas L. Bacon, Texas Tech University; James Ronald Bartlett, University of Mississippi; Renate Born, University of Michigan; Heribert Breidenbach, University of Santa Clara; Ronald L. Crawford, Kent State University; Kay U. Herr, Colorado State University; Harvey L. Kendall, California State University at Long Beach; Maria Luise Caputo-Mayr, Temple University of Florida; John J. Mulligan, Villanova University; Peter Schroeck, Rutgers University; Richard O. Whitcomb, Illinois State University.

M.B.

Contents

Perspektiven
Übungen zur Grammatik

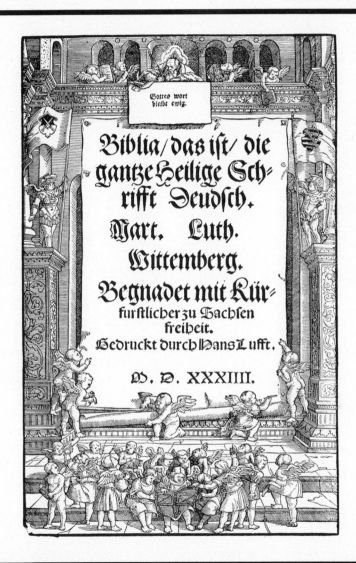

The Infinitive : The Present Tense : Separable
and Inseparable Prefixes : The Modal
Verbs : The Verbs *sehen, hören, helfen,
lassen* : The Imperative : The Future Tense

Wortschatz

Substantive

das Amt, ⸚er   *public office*
die Beziehung, -en   *relation*
der Dolmetscher, -   *interpreter*
das Gericht, -e   *court*
die Haut, ⸚e   *skin*
der Knopf, ⸚e   *button*
die Kreuzung, -en   *intersection*
die Landschaft, -en   *landscape*
die Öffentlichkeit   *public*
die Schrift, -en   *writing, script*
der Teppich, -e   *rug*
der Wecker, -   *alarm clock*
die Wut   *anger, rage*
der Zweifel, -   *doubt*

Verben

bestehen (bestand, bestanden)   *to be, to exist*
bestehen aus   *to consist of*
(sich) bilden   *to form; to educate*
entdecken   *to discover*
(sich) entwickeln   *to develop*
erleben   *to experience*
fest·stellen   *to find out, to point out*
lächeln   *to smile*
läuten   *to ring*
liegen (a,e) an + Dat.   *to be due to; to depend on*

sich lohnen   *to be worthwhile, to be worth the trouble*
schreien (ie,ie)   *to shout, to scream*
schweigen (ie,ie)   *to be silent*
schwer·fallen (ä, fiel schwer, [ist] a) + Dat.   *to be difficult for*
unterscheiden (ie,ie)   *to distinguish*
sich unterscheiden (von)   *to differ (from)*
wirken   *to function, to work; to take effect*

Adjektive, Adverbien

allmählich   *gradually*
böse   *evil; angry*
deutlich   *clear*
keineswegs   *by no means*
mündlich   *oral*
oberst-   *top*
unabhängig   *independent*

Andere Wörter

eine (keine) Rolle spielen   *(not) to be important*
je . . . desto (+ Komparativ)   *the . . . the*
stolz sein auf + Akk.   *to be proud of*
zur Zeit   *for the time being; at this time*

The Infinitive

The infinitive is that form of the verb found in the dictionary. The German infinitive consists of a *verb stem* and the ending **-en** or **-n**.

Stem	Ending	Infinitive	
komm-	en	kommen	*to come*
arbeit-	en	arbeiten	*to work*
lächel-	n	lächeln	*to smile*

The Present Tense

The present tense of most German verbs is formed as follows:

Singular   **Plural**

ich   komme   wir kommen
du   kommst   ihr kommt
er   sie kommen
sie } kommt   Sie kommen
es
Sie   kommen

1. Verbs whose stem end in **-d, -t, -m,** or **-n** (preceded by a consonant other than **l** or **r**) take an **-e-** between the stem and the ending in order to facilitate pronunciation:

   du arbeitest, er arbeitet, ihr arbeitet

2. Verbs whose stem end in **-s, -ß,** or **-z** add only **-t** to the second person singular rather than -st:

   du heißt, du sitzt

3. Verbs ending in **-eln** drop the **-e-** of the stem in the first person singular:

   lächeln   **ich lächle**

4. Verbs ending in **-n** (rather than **-en**) have these endings also in the first and third persons plural:

   wir tun, sie tun

	arbeiten	**heißen**	**lächeln**	**tun**
ich	arbeite	heiße	lächle	tue
du	arbeitest	heißt	lächelst	tust
er				
sie }	arbeitet	heißt	lächelt	tut
es				
wir	arbeiten	heißen	lächeln	tun
ihr	arbeitet	heißt	lächelt	tut
sie	arbeiten	heißen	lächeln	tun
Sie	arbeiten	heißen	lächeln	tun

Present Tense of *haben, sein, werden,* and *wissen*

The verbs **haben, sein,** and **werden** are used as full verbs and as auxiliary verbs to form compound tenses. They follow an irregular conjugation.

	haben	sein	werden
ich	habe	bin	werde
du	hast	bist	wirst
er sie es	hat	ist	wird
wir	haben	sind	werden
ihr	habt	seid	werdet
sie	haben	sind	werden
Sie	haben	sind	werden

Wissen is another verb with an irregular conjugation:

ich	weiß
du	weißt
er sie es	weiß
wir	wissen
ihr	wißt
sie	wissen
Sie	wissen

Present Tense with Stem Vowel Change

Many verbs with the stem vowels **e, a,** and **au** change these vowels in the second and third persons singular:

e > i (du gibst)   e > ie (er sieht)
a > ä (du fährst)   au > äu (sie läuft)

1. The verbs **nehmen** and **treten** change the consonants as well:

    du nimmst, du trittst

2. The verbs **einladen, halten,** and **raten** change the stem vowel but don't insert an -e- between stem and ending in the second and third persons singular:

    du lädst ein, du hältst, du rätst
    er lädt ein, er hält, er rät

	e > i	e > ie	e > i	a > ä	au > äu	a > ä
	geben	sehen	nehmen	fahren	laufen	halten
ich	gebe	sehe	nehme	fahre	laufe	halte
du	gibst	siehst	nimmst	fährst	läufst	hältst
er sie es	gibt	sieht	nimmt	fährt	läuft	hält
	brechen	geschehen	treten	anfangen		einladen
	essen	lesen		backen		raten
	gelten	stehlen		fallen		
	helfen			lassen		
	sprechen			schlafen		
	sterben			tragen		
	treffen			wachsen		
	vergessen			waschen		
	werfen					

Basic Sentence Structure

STATEMENTS

In German only *one* sentence element may precede the verb. This element can be the subject *or* it can be another element, but it cannot be the subject *and* another element:

> Ich gehe um halb eins nach Hause.
> Um halb eins gehe ich nach Hause.
> Nach Hause gehe ich um halb eins.

If the subject does not precede the verb, it *must* follow it immediately if it is a pronoun, and it *usually* does if it is a noun.

QUESTIONS

If a question starts with a question word (informational question), the verb is in second position right after the question word:

> Warum **kommst** du so spät?

If a question requires yes or no as an answer (alternative question), it begins with the verb:

> **Bleibst** du heute zu Hause?

Übungen

*1. Ersetzen Sie das Subjekt!

1. Ich trage den Koffer. (Peter) *trägt*
2. Warum schweigt er nicht? (ihr)

3. Ich werde Dolmetscher. (Wolfgang)
4. Du bist so nervös. (ihr)
5. Er läßt den Wagen zu Hause. (wir)
6. Er lächelt sehr selten. (ich)
7. Wir treffen deinen Bruder. (Hans)
8. Ich weiß es nicht. (wir)
9. Wir laufen nach Hause. (Renate)
10. Warum läßt ihr mich nicht in Ruhe? (du)
11. Habt ihr morgen abend Zeit? (du)
12. Du wirst doch nicht krank? (ihr)

2. Ergänzen Sie die Fragen!

BEISPIEL: Ich fahre nach München.
              Und wohin fährst du?

Ich trage ein Kleid.   Ich spreche mit Frank.
Ich lese *Buddenbrooks*.   Ich backe Obstkuchen.
Ich nehme ein Bier.   Ich esse Pizza.
Ich laufe nach Hause.   Ich werde Ärztin.
Ich treffe Annette.   Ich sehe einen Baum.

Separable and Inseparable Prefixes

Many verbs are combined with other words or syllables as prefixes. These prefixes are either separable or inseparable, depending on whether under certain conditions they are separated from the basic verb or not.

1. If the prefix is <u>unstressed</u>, the verb is inseparable:

    besúchen   Er **besucht** uns im Mai.

    Inseparable Prefixes are:

       be-, emp-, ent-, er-, ge-, miß-, ver-, zer-

2. If the prefix is <u>stressed</u>, the verb is separable:

    ábholen   Ich **hole** euch gegen sechs **ab.**

    Separable Prefixes commonly used are:

       ab, an, auf, aus, bei, ein, fort, her, herein, hin, hinaus, los, mit, nach, um,
       vor, vorbei, weg, weiter, zu, zurück, zusammen

In the present tense and the simple past tense the separable prefix is placed at the end of the main clause:

Ich **komme** um 19.37 Uhr in Salzburg **an.**
Am nächsten Morgen **fahre** ich nach Wien **weiter.**

3.   **Unter, über,** and **wieder** occur as separable and inseparable prefixes, but more often they are inseparable:

sich überlegen	*to think about*
übersetzen	*to translate*
unterbrechen	*to interrupt*
sich unterhalten	*to entertain; to talk*
wiederholen	*to repeat*

Übungen

*3. Bilden Sie Sätze!

1.   aussteigen / er / Düsseldorf / .
2.   was / bedeuten / dieses Wort / ?
3.   er / sich ansehen / der Film / .
4.   meine Wohnung / bestehen aus / zwei Zimmer / .
5.   einkaufen / wir / in / die Stadt / .
6.   wir / vorschlagen / ein anderes Restaurant / .
7.   wir / sich unterhalten mit / deine Eltern / .
8.   vorziehen / ihr / die Berge / ?
9.   ich / beschreiben / ein alter Mann / .

4. Antworten Sie!

BEISPIEL: Wo wollen wir aussteigen? (Osnabrück)
             Wir steigen in Osnabrück aus.

Was wollen wir mitnehmen? (eine Flasche Wein)
Was wollen wir übersetzen? (diesen Text)
Wann wollen wir anfangen? (um halb sieben)
Was wollen wir anziehen? (ein langes Kleid)
Wen wollen wir einladen? (unsere Nachbarn)
Was wollen wir bestellen? (Champagner)
Wo wollen wir umsteigen? (am Bahnhof)
Wann wollen wir aufhören? (um fünf Uhr)

Use of the Present Tense

German present tense has neither a progressive nor an emphatic form. It has but one form to express English present tense:

Sie **arbeitet** in der Bibliothek.

> *She* works *in the library.*
> *She* is working *in the library.*
> *She* does work *in the library.*

1. The present tense—together with a time phrase— may be used to express an action that will take place in the future:

Was **machen** Sie am Wochenende?
In drei Wochen **fahre** ich wieder nach Europa **zurück.**

What are you doing over the weekend?
In three weeks I'll go back to Europe.

2. The present tense—together with **seit, schon,** or **schon seit**—must be used to express an action or state that began in the past and continues in the present. English uses the present perfect (progressive):

Peter **wohnt seit** zwei Jahren hier.
Herr Maier **arbeitet schon** lange bei dieser Firma.

Peter has been living here for two years.
Mr. Maier has been working with this company for a long time.

Übung

5. Übersetzen Sie!

1. I have been waiting for her for three hours.
2. Barbara, when are you going to Europe?
3. He has been living in Hamburg for nine years.
4. I am going to find out.
5. She does work hard.
6. How long is his brother going to stay?
7. Next year I'll come back.
8. It's getting cold.
9. We've been talking for two hours.
10. I am having a hard time translating this letter.
11. He is just putting on his coat.
12. She has been silent for two hours.

The Modal Verbs

Modal verbs (modals) express an attitude toward an event that is described in the dependent infinitive:

Wir **müssen** jetzt nach Hause gehen.

The modals **können, dürfen, müssen, mögen, sollen,** and **wollen** are usually used with the infinitive of another verb. In a main clause the infinitive stands at the end. The modal is the conjugated verb:

müssen   Sie **arbeitet** auch am Wochenende.
Sie **muß** auch am Wochenende **arbeiten.**

A modal is sometimes used without the infinitive if its meaning is clearly understood (like **gehen** and **fahren**):

> Du **mußt** zu Bett (gehen).
> Sie **will** nach Hamburg (fahren).

Modals conjugate irregularly: the first and third persons singular don't take endings. All modals except **sollen** change their stem vowel in the singular.

	können	dürfen	müssen	sollen	wollen	mögen
ich	kann	darf	muß	soll	will	mag
du	kannst	darfst	mußt	sollst	willst	magst
er sie es	kann	darf	muß	soll	will	mag
sie	können	dürfen	müssen	sollen	wollen	mögen
ihr	könnt	dürft	müßt	sollt	wollt	mögt
sie	können	dürfen	müssen	sollen	wollen	mögen
Sie	können	dürfen	müssen	sollen	wollen	mögen

The German modals have the following basic meanings:

1. **können** (ability) *can, to be able to*

   > **Kannst** du ihn verstehen? *Can you understand him?*

2. **dürfen** (permission) *may, to be allowed to*

   > **Darf** ich dich morgen besuchen? *May I see you tomorrow?*

   If something is prohibited, it is expressed through the negation of **dürfen**. **Nicht dürfen** corresponds to English *must not.*

   > Sie **dürfen** hier **nicht** rauchen. *You must not smoke here.*

3. **müssen** (necessity) *must, to have to*

   > Wo **muß** ich aussteigen? *Where do I have to get out?*

   Müssen is negated the following ways:

   a. If **müssen** is stressed meaning that "nobody is forcing you," the word **müssen** is simply negated:

   > Du **mußt** das **nicht** essen, wenn du *You don't have to eat that if you don't*
   > nicht willst. *want to.*

   b. If there is "no need to do something," **müssen** is negated by **nicht brauchen zu:**

   > Ich **brauche** morgen **nicht zu** arbeiten. *I don't need to work tomorrow.*

4. **sollen** (obligation) *shall, to be supposed to*

   > Ihr **sollt** um zehn zu Hause sein. *You are supposed to be home at ten.*

5. **wollen** (intention, wish) *to want to, to intend*

    Ich **will** in Österreich studieren.   *I want to study in Austria.*

NOTE:
The German **will** corresponds to English *want to* and never to the future form *will.*

Distinguish:

Ich **will** ihn einladen.   *I want to invite him.*
Ich **werde** ihn einladen.   *I will invite him.*

6. **mögen** (liking) *to like to*

    Ich **mag** Sylvia sehr.   *I like Sylvia a lot.*

Mögen is rarely used with another verb. It is generally used with a direct object meaning *to like.* The subjunctive form **möchte** is often used either with a direct object or with another verb in the infinitive. **Ich möchte** corresponds to English *I would like:*

    Wir **möchten** lieber ins Theater gehen.   *We would rather go to the theater.*
    Ich **möchte** den roten Pullover.   *I would rather like the red sweater.*

Singular		Plural	
ich	möchte	wir	möchten
du	möchtest	ihr	möchtet
er sie es	möchte	sie	möchten
Sie	möchten	Sie	möchten

Distinguish:

    Ich **mag** Bier.   *I like beer.*
    Ich **möchte** ein Bier.   *I would like a beer.*

Übungen

*6. Ergänzen Sie die Modalverben!

    BEISPIEL: Erklären Sie mir das? (können)
               Können Sie mir das erklären?

1. Ich denke darüber nach. (wollen)
2. Warum besucht ihr uns nicht? (dürfen)
3. Wir helfen ihr nicht. (brauchen)
4. Bis wann liest du dieses Buch? (sollen)
5. Ich spreche mit Ihrer Chefin. (mögen)
6. Ich stehe morgen um halb sieben auf. (müssen)
7. Sie ißt nichts mehr. (können)

8. Sie bestellen das Zimmer nicht. (brauchen)
9. Wir trinken nichts mehr. (dürfen)
10. Wann ruft er dich an? (sollen)
11. Ich warte nicht länger. (können)
12. Kommst du nicht mit? (mögen)
13. Gehst du zu Fuß, oder fährst du? (wollen)

7. Bilden Sie Sätze!

1. wir / stolz sein auf / können / unsere Kinder / .
2. du / deine Schwester / sollen / helfen / .
3. wo / ich / umsteigen / müssen / ?
4. ihr / sollen / schreien / nicht / so laut / .
5. ich / dürfen / trinken / kein Alkohol / .
6. der alte Mann / können / nicht mehr / lächeln / .
7. ihr / abholen / brauchen / ich / nicht / .

*8. Übersetzen Sie!

1. May I come in?
2. You need not call us.
3. She's not allowed to come along.
4. Do you like him?
5. I cannot understand his anger.
6. We would like to have a good time.
7. You must not park here.
8. He is supposed to pick me up.
9. Do you have to scream so loud?
10. I am not able to translate this sentence.

9. Übersetzen Sie!

1. The old man wants to change his life.
2. He cannot understand the people.
3. He would like to scream, but he cannot.
4. He doesn't want to get up.
5. He likes the children; he would like to talk to them.
6. He has to laugh.
7. He must not forget his old language.
8. He doesn't want to say anything.

The Verbs *sehen, hören, helfen, lassen*

Like the modals, the verbs **sehen, hören, helfen,** and **lassen** may have a dependent infinitive but, unlike the modals (see p. 8), they may also have an object. English often uses a present participle instead of an infinitive:

Ich sehe ihn. Er läuft.   Ich **sehe** ihn **laufen.**
                                               I see him running.

Du reparierst den Wagen. Er hilft dir.   Er **hilft** dir den Wagen **reparieren.**
                                               He'll help you repair the car.

Lassen is a very important verb in German with various meanings:

1. *to allow, to let*

> **Laß** mich mitfahren!   *Let me go along.*
> **Laß** mich dir helfen!   *Let me help you.*

2. *to leave*

> Ich **lasse** den Schlüssel auf dem Tisch.   *I leave the key on the table.*

Often **lassen** is combined with the verbs **hängen, liegen,** or **stehen:**

> Warum **läßt** du den Wagen mitten auf   *Why do you leave the car (standing) in*
> der Straße **stehen?**   *the middle of the street?*

3. *to have someone do something* or *to have something done*

> Ich **lasse** ein Taxi rufen.   *I am sending for a cab.*
> Ich **lasse** ihn grüßen.   *I send him my regards.*
> Wir **lassen** den Wagen reparieren.   *We have the car repaired.*

Lassen is often used reflexively:

> Er **läßt sich** die Haare schneiden.   *He is having his hair cut.*

Sich lassen has the meaning of *something can be done.* English uses the
infinitive passive with *can* or *may* (see p. 249).

> Die Uhr **läßt sich** reparieren.   *The watch can be repaired.*

Übungen

*10. Setzen Sie die Verben ein!

> BEISPIEL: Sie spricht mit ihren Eltern. (hören)
> *Ich höre sie mit ihren Eltern sprechen.*

1. Er kommt die Treppe herauf. (hören)
2. Er steht vor der Tür. (sehen)
3. Sie schreit draußen. (hören)
4. Er spielt Fußball. (sehen)
5. Sie arbeiten im Garten. (sehen)
6. Er redet mit meinem Chef. (hören)
7. Jemand spielt Klavier. (hören)

11. Übersetzen Sie!

1. I hear him play the piano.
2. Do you see them working?
3. We'll help her clean the apartment.
4. I hear her talk to our neighbor.
5. Can you help me carry this suitcase?
6. I see them sitting in the garden.
7. Who is helping me write this letter?
8. She is helping me make breakfast.

12. Der alte Mann sitzt am Fenster.

> BEISPIEL: Die Kinder spielen auf der Straße. (sehen)
> *Er sieht die Kinder auf der Straße spielen.*

Autos fahren vorbei. (sehen)
Ein Mann schreit. hören)
Viele Menschen gehen im Park spazieren. (sehen)
Ein Flugzeug fliegt am Himmel. (hören)
Die Blumen blühen im Park. (sehen)
Ein kleines Kind weint. (hören)
Eine Straßenbahn hält. (sehen)
Ein Hund läuft über die Straße. (sehen)
Eine Mutter ruft ihr Kind. (hören)

13. Ergänzen Sie!

> BEISPIEL: Er fährt meinen Wagen. Ich . . .
> *Ich lasse ihn meinen Wagen fahren.*

1. Die Fotos liegen auf dem Tisch. Wir . . .
2. Wir bauen unser Haus nicht selbst. Wir . . .
3. Sie wohnt bei mir. Ich . . .
4. Er repariert unser Telefon. Ich . . .
5. Susi fährt mit meinem Fahrrad. Ich . . .
6. Sie macht sich die Kleider nicht selbst. Sie . . .
7. Er tanzt mit deiner Freundin. Du . . .?
8. Man kann das so machen. Das . . .
9. Wir sehen uns das Fußballspiel an. Er . . .

14. Übersetzen Sie!

1. I am having my camera repaired.
2. Let me help you.
3. He always lets me drive his car.
4. We're having another house built.
5. This can be found out.
6. I'm having him cook the dinner.

15. Mutter ist toleranter.

BEISPIEL: *Vater:* Sie will bei ihrem Freund wohnen.
Mutter: Dann laß sie doch bei ihrem Freund wohnen!

Er will den ganzen Abend fernsehen.
Sie will jeden Tag tanzen gehen.
Er will mit unserem Wagen fahren.
Er will Schauspieler *(actor)* werden.
Sie will Russisch lernen.
Er will in eine andere Wohnung ziehen.
Sie wollen draußen warten.

16. Ich mache es nicht selbst.

BEISPIEL: Reparierst du die Waschmaschine selbst?
Nein, ich lasse sie reparieren.

Backst du den Kuchen selbst?
Macht er seine Fotos selbst?
Baut ihr euer Haus selbst?
Wascht ihr eure Wäsche selbst?
Schneidet sie sich die Haare selbst?
Übersetzt du den Brief selbst?
Reparierst du den Fernseher selbst?

The Imperative

The imperative is used to express commands, requests, suggestions, or wishes. Corresponding to the four forms of address in German, each verb has four different imperative forms: **du, ihr, Sie,** and **wir:**

du	Bleib hier!
ihr	Bleibt hier!
Sie	Bleiben Sie hier!
wir	Bleiben wir hier!

The verb is in first position. The prefix of a separable verb stands at the end of a main clause:

Zeigen Sie mir bitte ein anderes Buch!
Hol mich bitte um neun Uhr **ab!**

1. The **du**-*form* is derived from the infinitive by omitting the ending. An **-e** ending is optional, but it is usually omitted in colloquial German:

Frag(e)!
Such(e)!

An **-e** ending must be used if the verb stem ends in **-d, -t,** or **-ig.** The same is true if the verb stem ends in **-m** or **-n** but is not preceded by **-l, -m, -n,** or **-r:**

> Warte!   Lern(e)!
> Entschuldige!   Komm(e)!
> Öffne!

Verbs with a stem vowel change from e > i or e > ie have the same change in the imperative, but there is no ending:

> Nimm!
> Sieh!

The vowel change a > ä or au > äu does not occur in the imperative:

> Laß!
> Lauf!

2. The **ihr-***form* of the imperative is the same as the **ihr**-form in the present tense without the personal pronoun:

> Bleibt!
> Eßt!
> Holt!

3. The **Sie-***form* of the imperative is the same as the present tense **Sie**-form, but the personal pronoun *follows* the verb:

> Kommen Sie!
> Nehmen Sie bitte Platz!

4. The **wir-***form* is the same as the present tense **wir**-form with the personal pronoun *following* the verb. This form corresponds to the English *let's . . .* phrase:

> Gehen wir nach Hause!   Let's go home.

Infinitive	du	ihr	Sie	wir
gehen	geh	geht	gehen Sie	gehen wir
halten	halte	haltet	halten Sie	halten wir
helfen	hilf	helft	helfen Sie	helfen wir
schlafen	schlaf	schlaft	schlafen Sie	schlafen wir
laufen	lauf	lauft	laufen Sie	laufen wir

5. The verbs **sein** and **werden** have irregular imperative forms.

	du	ihr	Sie	wir
sein	sei	seid	seien Sie	seien wir
werden	werde	werdet	werden Sie	werden wir

6. There is an impersonal form of the imperative used to give instructions to the public. The infinitive functions as this impersonal imperative:

    Bitte nicht rauchen!
    Bitte einsteigen und Türen schließen!

7. In a polite request, particles like **bitte, doch, doch bitte, doch (ein)mal** are used. They follow the verb and all pronouns. **Bitte** may also precede the verb:

    Zeigen Sie es mir **bitte**!
    Kommen Sie **doch bitte** herein!
    Helfen Sie ihm **doch mal**!
    Bitte nimm Platz!

8. In indirect imperatives, for example, if one wants to report that a request was made, the modal **sollen** is used:

    Sie sagte, du **sollst** sie bald besuchen.   *She said you should visit her soon.*

9. Reflexive pronouns are always retained in imperative forms (see p. 164):

    Beeil **dich** bitte!   *Please hurry.*
    Entschuldigt **euch**!   *Apologize.*

Übungen

*17. Ergänzen Sie!

1. Hans und Gabi, _____ (helfen) uns bitte!
2. Herr Brinkmann, _____ (hereinkommen)!
3. Mutti, _____ bitte _____ (hersehen)!
4. Kinder, _____ (sein) nett zu ihm!
5. Peter, _____ (sprechen) mit deinem Lehrer!
6. Oma und Opa, _____ (bleiben) gesund!
7. Ursula, _____ (öffnen) doch bitte das Fenster!
8. Frau Schreiner, _____ (nehmen) bitte Platz!

18. Übersetzen Sie!

1. Let's take a walk.
2. Ingrid, have a good time.
3. Astrid, please be on time.
4. Let's go shopping.
5. Do not disturb.
6. Children, please don't forget the tickets.
7. Let's go right and then straight ahead.
8. Mrs. Bauer, please get in.
9. Let's take the bus.
10. Petra, don't be angry.

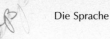

19. Ute möchte dem alten Mann helfen.

BEISPIEL: *Ute:* Soll ich die Tasche tragen?
Der alte Mann: Ja, sei doch bitte so gut und trag die Tasche!

Soll ich das Fenster öffnen?
Soll ich den Fernseher anstellen?
Soll ich die Katze füttern?
Soll ich das Zimmer saubermachen?
Soll ich die Tür zumachen?
Soll ich den Tisch decken?
Soll ich die Zeitung holen?
Soll ich Kaffee kochen?

20. Warum hörst du nicht zu?

BEISPIEL: *Hans:* Hilf mir!
Jochen: Was hast du gesagt?
Hans: Ich habe gesagt, du sollst mir helfen.

Mach uns die Tür auf!
Sei pünktlich!
Hab keine Angst!
Bring mir die Zeitung mit!
Überleg es dir!
Setz dich hin!
Ruf deine Eltern an!
Schrei nicht so laut!
Stör uns nicht!

The Future Tense

The future tense uses a form of **werden** and the infinitive in last position:

Ich	werde	mit ihm darüber	sprechen.
Du	wirst	die Prüfung	bestehen.
Er	wird	Dolmetscher	werden.
Sie	wird	später	kommen.
Es	wird	sich bestimmt	ändern.
Wir	werden	nach Frankreich	fahren.
Ihr	werdet	euch bestimmt gut	unterhalten.
Sie	werden	uns vielleicht	besuchen.
Sie	werden	uns vor dem Theater	treffen.

If the modal verbs or **lassen, sehen, hören,** or **helfen** are used in the future tense, these verbs stand in last position:

Ihr **werdet** schwer **arbeiten müssen.** — You'll have to work hard.
Ich **werde** dir den Koffer **tragen helfen.** — I'll help you carry the suitcase.

1. Usually the present tense with a time phrase is used to express future time (p. 8):

Am Wochenende **fahren** wir ans Meer. — We're going to the shore over the weekend.

2. Without a time phrase the future tense is more common:

Du **wirst sehen,** daß ich recht habe. — You'll see that I am right.

3. The future tense is used if an intention or determination should be stressed:

Du **wirst** ihn nicht **besuchen!** — You're not going to see him.

4. Often **werden** + *infinitive* is used to express present probability. This should not be mistaken for future time. Usually adverbs like **vielleicht** *(perhaps),* **sicher** *(certainly),* **wohl** *(probably),* or **wahrscheinlich** *(probably)* are used. They follow the verb and all pronouns:

Sie hat viel zu tun. Sie wird **wohl** keine Zeit haben. — She has a lot to do. She probably has no time.
Warum ist Hans nicht gekommen? Er wird **vielleicht** krank sein. — Why didn't Hans show up?—Perhaps he is sick.

Übungen

*21. Setzen Sie die Sätze ins Futur!

BEISPIEL: Sie besteht die Prüfung.
Sie wird die Prüfung bestehen.

1. Wir schenken ihm eine Schallplatte.
2. Ihr könnt nicht mitkommen.
3. Sie studiert an der Heidelberger Universität.
4. Ladet ihr die Müllers auch ein?
5. Wir lassen uns ein Haus bauen.
6. Das lohnt sich bestimmt.
7. Wir können es nicht unterscheiden.
8. Das liegt nur an euch.
9. Sie muß schweigen.
10. Er kann es nicht feststellen.

22. Übersetzen Sie!

1. Next summer I will go to Europe.
2. I promise you, I will not forget it.
3. We arrive in Stuttgart at 9.47 P.M.

Er wartet draußen, wahrscheinlich.

4. He is probably waiting outside. *Ich werde Italienisch lernen.*
5. I am going to learn Italian.
6. You're not going to tell her anything. *Du wirst sie gar nicht erzählen*
7. I'll have my bike repaired. *Ich werde mein Fahrrad reparieren lassen.*

23. Im nächsten Jahr wird sich alles ändern.

Neujahrswünsche des alten Mannes.

> BEISPIEL: Die Menschen sind nett zu mir.
> *Die Menschen werden nett zu mir sein.*

Die Nachbarn laden mich ein.
Ich bin nicht mehr allein.
Meine Freunde haben Zeit für mich.
Ich ziehe in eine andere Gegend.
Die Leute unterhalten sich mit mir.
Ich schreibe meinen Kindern.
Das Leben lohnt sich wieder.

24. Lieber etwas anderes.

> BEISPIEL: Gehst du ins Kino oder bleibst du zu Hause?
> *Ich werde zu Hause bleiben.*

Lädst du Barbara oder ihre Schwester ein?
Liest du den *Spiegel* oder *Playboy*?
Lernst du Deutsch oder Französisch?
Gehst du schwimmen, oder mußt du arbeiten?
Sagst du etwas, oder schweigst du?
Sprichst du mit deinem Vater oder mit deiner Mutter?
Reparierst du es selbst, oder läßt du es reparieren?
Trägst du Jeans oder einen Anzug?

25. Sie wird sicher sehr unglücklich sein.

Petra hat Peter verlassen. Peter stellt sich vor, wie es Petra jetzt geht.

> BEISPIEL: Sie ist sehr unglücklich. (sicher)
> *Sie wird sicher sehr unglücklich sein.*

Sie denkt oft an mich. (wohl)
Ich fehle ihr sehr. (sicher)
Sie kann ohne mich nicht leben. (wahrscheinlich)
Sie kann mich nicht vergessen. (wohl)
Sie ist aber gar nicht unglücklich. (vielleicht)
Sie geht auf viele Parties. (wahrscheinlich)
Sie hat einen neuen Freund. (vielleicht)
Sie mag ihn sehr. (wohl)
Sie liebt mich nicht mehr. (vielleicht)

Kapitel 2

Märchen

**Weak, Strong, and Mixed Verbs : The Simple
Past Tense : The Present Perfect Tense : The
Past Perfect Tense**

Wortschatz

Substantive

der Bauch, -̈e   *belly, stomach*
das Ehepaar, -e   *married couple*
die Erziehung   *education, raising*
der Held, -en   *hero*
die Hochzeit, -en   *marriage, wedding*
das Interesse an + Dat.   *interest in*
der König, -e   *king*
die Kraft, -̈e   *power, force*
das Märchen, -   *fairy tale*
die Sicherheit   *security, safety*
die Werbung   *advertising*
der Wert, -e   *value; worth*
das Wunder, -   *miracle*

Verben

befehlen (ie,a,o) + Dat.   *to order*
behandeln   *to treat; to deal with*
erfüllen   *to fulfill*
sich erkundigen (nach)   *to inquire (about)*
erschrecken (i, erschrak, [ist] o)   *to get frightened*
erschrecken (weak)   *to scare, to frighten*
glauben an + Akk.   *to believe in*

handeln von   *to deal with*
lösen   *to solve*
stoßen (ö,ie,o)   *to push; to hit*
sich verhalten (ä,ie,a)   *to act, to behave*
verschwinden (a, [ist] u)   *to disappear*
sich wundern über + Akk.   *to be surprised at*

Adjektive, Adverbien

fröhlich   *happy*
geschickt   *talented, skillful*
grausam   *cruel*
häßlich   *ugly*
jemals   *ever*
lebendig   *alive*
möglichst (schnell)   *as (fast) as possible*
seltsam   *strange*

Andere Wörter

es geht um   *it is about, it is a matter of, it is concerned with*
satt sein   *to have enough (food)*
Was ist los?   *What's the matter?*

Weak, Strong, and Mixed Verbs

Verbs in English and German are either classified as weak, strong, or mixed. There is a difference in the way weak, strong, and mixed verbs form their past tenses. A weak verb (sometimes referred to as regular) is a verb that does not change its stem in the present and past tenses. A strong verb (sometimes referred to as irregular) often changes its stem in the present and past tenses. There is a third group of mixed verbs, which have characteristics of both weak and strong verbs.

German and English have three tenses to describe events or actions that occurred in the past.

Präteritum	Simple past
Dann ging ich nach Hause.	*Then I went home.*

Perfekt	Present perfect
Ich bin nie in der Schweiz gewesen.	*I have never been in Switzerland.*

Plusquamperfekt	Past perfect
Der Zug war abgefahren.	*The train had left.*

The Simple Past of Weak Verbs

Weak verbs add these endings to the unchanged stem:

	sagen	
ich	sag**te**	te
du	sag**test**	test
er		
sie	sag**te**	te
es		
wir	sag**ten**	ten
ihr	sag**tet**	tet·
sie	sag**ten**	ten
Sie	sag**ten**	ten

If the stem ends in **-d** or **-t**, or in **-m** or **-n** (preceded by a consonant other than **-r-** or **-t-**), an **-e-** is inserted between the stem and ending:

	warten	reden	rechnen	lernen
ich	wartete	redete	rechnete	lernte
du	wartetest	redetest	rechnetest	lerntest
er				
sie	wartete	redete	rechnete	lernte
es				
wir	warteten	redeten	rechneten	lernten
ihr	wartetet	redetet	rechnetet	lerntet
sie	warteten	redeten	rechneten	lernten
Sie	warteten	redeten	rechneten	lernten

The Simple Past of the Modals

Modal verbs have no umlaut in the simple past. Note the change in **mögen:**

> g > ch

	können	**wollen**	**müssen**	**sollen**	**dürfen**	**mögen**
ich	konnte	wollte	mußte	sollte	durfte	mochte
du	konntest	wolltest	mußtest	solltest	durftest	mochtest
er sie es	konnte	wollte	mußte	sollte	durfte	mochte
wir	konnten	wollten	mußten	sollten	durften	mochten
ihr	konntet	wolltet	mußtet	solltet	durftet	mochtet
sie	konnten	wollten	mußten	sollten	durften	mochten
Sie	konnten	wollten	mußten	sollten	durften	mochten

Mögen can be used with a direct object or another verb (see p. 10).

1.   If used with a direct object, it means *to like:*

> Ich **mag** ihn.   *I like him.*
> Ich **mochte** ihn nicht.   *I didn't like him.*

2.   If used with another verb, **mögen** has to be replaced by **wollen** in the simple past:

> Sie **möchte** mitkommen.   *She would like to come along.*
> Gestern **wollte** sie nicht mitkommen.   *Yesterday she didn't want to come along.*

The Simple Past of Strong Verbs

Strong Verbs add the following endings to the *changed stem.* Because the stem change is unpredictable, it must be memorized:

	sein	
ich	war	—
du	war**st**	st
er sie es	war	—
wir	war**en**	en
ihr	war**t**	t
sie	war**en**	en
Sie	war**en**	en

1. First and third persons singular have no endings.
2. If the verb ends in **-d** or **-t,** an **-e-** is inserted between stem and ending:

	kommen	bleiben	finden	bitten
ich	kam	blieb	fand	bat
du	kamst	bliebst	fandest	batest
er				
sie	kam	blieb	fand	bat
es				
wir	kamen	blieben	fanden	baten
ihr	kamt	bliebt	fandet	batet
sie	kamen	blieben	fanden	baten
Sie	kamen	blieben	fanden	baten

The Simple Past of Mixed Verbs

Mixed verbs have a stem change like strong verbs, but they have endings of weak verbs.

	bringen	
ich	brach**te**	te
du	brach**test**	test
er		
sie	brach**te**	te
es		
wir	brach**ten**	ten
ihr	brach**tet**	tet
sie	brach**ten**	ten
Sie	brach**ten**	ten

The forms of the mixed verbs in the simple past:

brennen	er brannte
bringen	er brachte
denken	er dachte
kennen	er kannte
nennen	er nannte
senden	er sandte
wenden	er wandte
wissen	er wußte

Haben and **werden** (in the simple past) act like mixed verbs:

ich	hatte	ich	wurde
du	hattest	du	wurdest
er		er	
sie	hatte	sie	wurde
es		es	
wir	hatten	wir	wurden
ihr	hattet	ihr	wurdet
sie	hatten	sie	wurden
Sie	hatten	Sie	wurden

NOTE:

1. There is no progressive form in the German simple past:

    Ich **sprach** mit meinen Eltern.   *I* was talking *to my parents.*
    Sie **sprach** oft mit ihm.   *She often* talked *with him.*

2. If a verb is separable, the prefix in a main clause is in last position:

    Wir **fuhren** um 19.37 Uhr **ab.**   *We left at 7:37 P.M.*

Übungen

*1. Setzen Sie ins Präteritum!

1. Sie warten auf uns.
2. Die Fee erfüllt ihm drei Wünsche.
3. Wir müssen uns beeilen.
4. Könnt ihr euch das nicht leisten?
5. Sie antworten nicht auf meinen Brief.
6. Warum willst du nicht daran glauben?
7. Ich kann sie nicht unterscheiden.
8. Eine alte Frau öffnet die Tür.
9. Du sollst uns anrufen.
10. Ich möchte nicht mit ihm sprechen.

2. Setzen Sie ins Präteritum!

1. Sie bringt mich nach Hause.
2. Wir stehen vor der Kirche.
3. Du sprichst zuviel.
4. Ihr seid zu müde.
5. Ich sitze am Fenster.
6. Wir kennen ihn nicht.
7. Das weiß ich nicht.

8. Tut es weh?
9. Wir steigen am Bahnhof um.
10. Du hast keine Zeit.
11. Ich ziehe mir den Mantel an.
12. Sie ruft mich am Abend an.
13. Es fällt uns sehr schwer.
14. Sie erschrickt immer, wenn sie mich sieht.
15. Er verhält sich ganz anders als sonst.

*3. Übersetzen Sie!

1. The fairy tales appeared in 1815.
2. Then they met an ugly woman.
3. My grandmother told me the story.
4. I got to know him a year ago.
5. She pushed her into the fire.
6. He ordered us to wait for him.
7. Her children always had an interest in fairy tales.
8. The story was about a happy little girl.
9. She experienced many miracles.
10. We inquired about his name.

4. Übersetzen Sie!

1. We had to be silent.
2. You were supposed to write a letter.
3. She didn't need to explain it.
4. We wanted to stay home.
5. I couldn't solve the problem.
6. We were not allowed to see her.
7. I liked her very much.
8. She didn't want to talk about it.
9. Were you able to pick her up?

*5. „Der Rattenfänger von Hameln"

Setzen Sie die Verbformen im Präteritum ein!

Ende des 13. Jahrhunderts _____ (geben) es in der Stadt Hameln eine große Plage. Viele viele Ratten und Mäuse _____ (leben) in den Häusern und _____ (fressen) alle Lebensmittel auf. Eines Tages _____ (kommen) ein fremder Mann in die Stadt und _____ (anbieten) dem Bürgermeister _____, Hameln von Ratten und Mäusen zu befreien. Alle Menschen _____ (sein) sehr froh und _____ (versprechen) ihm einen anständigen Lohn *(wages)*. Die Menschen _____ (sich wundern), als der Mann eine Flöte _____ (hervorziehen) und darauf _____ (spielen). Aber sie _____ (sich wundern) noch mehr, als alle Ratten und Mäuse aus den Häusern _____ (kommen) und

hinter ihm _____ (herlaufen), bis an den Fluß, wo sie ins Wasser _____
(springen) und _____ (ertrinken). Als aber der Rattenfänger seinen Lohn
_____ (verlangen), _____ (wollen) ihn ihm die Bürger nicht geben. Der
Mann _____ (müssen) die Stadt verlassen. Aber er _____ (zurückkommen)
bald _____. Und wieder _____ (nehmen) er seine Flöte und _____
(spielen) darauf. Aber diesmal _____ (folgen) ihm alle Kinder der Stadt. Als sie
an den Berg _____ (kommen), _____ (öffnen) sich dieser. Der Rattenfänger
und die Kinder _____ (gehen) hinein, und der Berg _____ (schließen) sich
hinter ihnen. Die Eltern _____ (suchen) überall und _____ (weinen), aber
ihre Kinder _____ (sehen) sie nie wieder.

6. Die Brüder Grimm

Ergänzen Sie die Verbformen im Präteritum!

Man spricht kaum von Jakob Grimm und Wilhelm Grimm, sondern fast immer
von den Brüdern Grimm. Das ist nicht schwer zu verstehen, denn die Brüder
führten ein gemeinsames Leben: Jakob (1785) und Wilhelm (1786) _____
(werden) in der Nähe von Frankfurt in Hessen geboren. Sie _____ (besuchen)
das Gymnasium in Kassel und _____ (studieren) an der Universität von
Marburg Jura. Wilhelm _____ (heiraten) und _____ (haben) drei Kinder,
Jakob _____ (bleiben) ledig. Die Brüder _____ (werden) Bibliothekare und
1830 Professoren an der Universität von Göttingen. Als der König von Hannover
die liberale Verfassung widerrief *(repealed the liberal constitution)*, _____
(protestieren) die Brüder Grimm und _____ (müssen) das Land verlassen. Drei
Jahre später _____ (werden) sie Professoren an der Berliner Universität. In
Berlin _____ (leben) die Brüder bis zu ihrem Tode. Wilhelm _____
(sterben) 1859, Jakob 1863.
      Jakob und Wilhelm Grimm _____ (sein) weltberühmte Forscher. Mit ihnen
_____ (beginnen) die Folkloristik und die moderne Philologie. Jakob _____
(schreiben) die *Deutsche Grammatik* und die *Deutsche Mythologie* und mit
seinem Bruder das *Deutsche Wörterbuch,* und miteinander _____ (sammeln, *to
collect*) sie europäische Volksmärchen. Die *Kinder- und Hausmärchen* _____
(erscheinen) 1812–1815. Diese Märchen sind bis heute das berühmteste Buch
deutscher Sprache geblieben.

7. Das siebte Geißlein sieht und hört alles.

   BEISPIEL: Ich hörte jemand draußen rufen.
                 Ich hörte, wie jemand draußen rief.

1.   Ich hörte jemand an der Tür klopfen.
2.   Ich sah meinen ältesten Bruder die Tür öffnen.
3.   Ich sah den Wolf in der Tür stehen.
4.   Ich hörte uns alle schreien.
5.   Ich sah uns alle weglaufen.
6.   Ich sah meine älteste Schwester unter dem Tisch sitzen.
7.   Ich hörte meine Schwestern in den Ofen und in den Schrank springen.

8.   Ich sah meine Brüder in die Küche und unter die Waschschüssel laufen.
9.   Ich sah den Wolf alle finden und auffressen.
10. Ich hörte mein Herz klopfen.

8. Hundert Jahre deutsche Geschichte

BEISPIEL: 1848 (sein) in Deutschland Revolution.
                1848 war in Deutschland Revolution.

1866 (führen) Preußen und Österreich Krieg.
1871 (werden) Deutschland ein Nationalstaat.
1914 (beginnen) der Erste Weltkrieg.
1918 (geben) es wieder eine Revolution.
1919 (schließen) Deutschland Frieden.
1923 (gehen) es der deutschen Wirtschaft schlecht.
1926 (erhalten) Gustav Stresemann den Friedensnobelpreis.
1933 (kommen) Hitler an die Macht *(power)*.
1939 (anfangen) er den Zweiten Weltkrieg.
1945 (verlieren) Deutschland diesen Krieg.
1949 (bestehen) Deutschland aus zwei Staaten.

The Present Perfect Tense

The present perfect is a compound tense. It consists of two parts:

1.   a conjugated form of the auxiliary **haben** or **sein**;
2.   the past participle of the main verb, which remains unchanged.

In a main clause the past participle is in *last position.*

	Auxiliary		Past Participle
ich	habe		gemacht
du	hast		gemacht
er			
sie	hat	eine Reise durch die Schweiz	gemacht
es			
wir	haben		gemacht
ihr	habt		gemacht
sie	haben		gemacht
Sie	haben		gemacht

Haben or *sein* as Auxiliary

The auxiliary is conjugated. Most verbs take **haben** as an auxiliary. **Sein** is used under the following *two* conditions:

1.   The verb is intransitive, that is, it does not take a direct object.
2.   The verb expresses either a change of place or a change of condition.

> Ich **bin** um halb neun aufgewacht.
> Wann **seid** ihr nach Hause gekommen?
> Er **ist** viel gereist.

> *I woke up at half past eight.*
> *When did you come home?*
> *He traveled a lot.*

Distinguish:

> Er **ist** um sieben zur Arbeit gefahren.
> Er **hat** meinen Wagen gefahren.

> *He went to work at seven.*
> *He drove my car.*

NOTE:
There are a few exceptions to this rule.

1.   **Sein** and **bleiben** are conjugated with **sein:**

> Wo **seid** ihr gewesen?
> Wie lange **bist** du dort geblieben?

2.   The impersonal verbs **geschehen, passieren,** and **gelingen** are conjugated with **sein:**

> Wann **ist** das geschehen?
> Ihr **ist** nichts passiert.
> Das Foto **ist** Ihnen gelungen.

3.   In southern Germany, Austria, and Switzerland the verbs **stehen, sitzen, liegen,** and **hängen** (answering the question **wo?**) are usually conjugated with **sein:**

> Das Geld **ist** auf dem Tisch gelegen.
> Wo **ist** er gesessen?

The Past Participle of Weak Verbs

Most weak verbs form their past participle by adding the prefix **ge-** and the suffix **-t** to the unchanged stem:

> ge + mach + t
> ge + frag + t

If the stem ends in **-d** or **-t,** or **-m** or **-n** (preceded by a consonant except **-r-** and **-l-**) the suffix is **-et:**

> gewartet
> geredet
> geöffnet

The Past Participle of Strong Verbs

Strong verbs form their past participle by adding the prefix **ge-** and the suffix **-en** to the stem. With many strong verbs a stem change occurs:

```
ge + gang + en
ge + nomm + en
ge + blieb + en
ge + komm + en
```

As with the simple past, the stem change is unpredictable and must be memorized.

The Past Participle of Mixed Verbs

Mixed verbs form their past participle by adding the prefix **ge-** and the suffix **-t** to the mostly changed stem:

brennen	gebrannt
bringen	gebracht
denken	gedacht
haben	gehabt
kennen	gekannt
nennen	genannt
senden	gesandt
wenden	gewandt
wissen	gewußt

The Past Participle without the *ge*-Prefix; Separable Verbs

If the first syllable of the verb does not carry the accent, the past participle is formed without the **ge**-prefix.

1. **Verbs ending in -ieren:**

studieren	Wo haben Sie **studiert?**
telefonieren	Ich habe **telefoniert.**

2. **Verbs with inseparable prefixes:**

bestellen	Wann hast du die Karten **bestellt?**
verkaufen	Wir haben unser Haus **verkauft.**
erhalten	Haben Sie meinen Brief **erhalten?**

Verbs with separable prefixes form their past participle by placing the **-ge-** between prefix and stem. These verbs can be weak, strong, or mixed:

> Er ist schon längst ab**ge**fahren.
> Ich habe noch nicht ein**ge**kauft.
> Was habt ihr mir mit**ge**bracht?

Übungen

*9. Ergänzen Sie: *haben* oder *sein?*

1. _____ ihr Ski gelaufen?
2. Der Wagen _____ vor der Tür gestanden.
3. Ich _____ zum ersten Mal einen Porsche gefahren.
4. Ich _____ in der ersten Reihe gesessen.
5. Wir _____ viel gereist.
6. Es _____ lange geregnet.
7. Seine Großmutter _____ gestorben.
8. Ich _____ radgefahren, aber ich _____ Peters Rad gefahren.
9. Wann _____ das passiert?
10. Wir _____ den ganzen Vormittag spazierengegangen.
11. Wie lange _____ ihr geblieben?
12. Wo _____ du gewesen?

10. Telegramme

Ergänzen Sie **haben** *oder* **sein!**

> BEISPIEL: Gut angekommen. Erik
> *Ich bin gut angekommen. Erik*

Prüfung bestanden. Traute
Mit Hans gesprochen. Elisabeth
Geld bekommen. Barbara
Tante Ludmilla gestorben. Siegfried
Paket abgeschickt. Onkel Otto
Susanne geheiratet. Werner
Unfall gehabt. Nichts passiert. Karl
Kinder verschwunden. Mutter Geiß
Hexe ins Feuer gestoßen. Hänsel und Gretel
Hochzeit verschlafen. Brief folgt. Sylvia

*11. Setzen Sie ins Perfekt!

1. Warum antwortest du ihm nicht?
2. Denkst du an das Buch?
3. Das weiß ich nicht.

4. Ich schließe die Tür.
5. Wann schreibst du den Brief?
6. Wo liegt der Paß?
7. Es schmeckt sehr gut.
8. Es wird kalt.
9. Wir ziehen in die Schweiz.
10. Sie kommen heute abend.
11. Wandert ihr den ganzen Tag?
12. Geht ihr zu Fuß?
13. Sie haben keine Zeit.
14. Ich stelle den Koffer vor die Tür.
15. Wir sprechen mit ihr.

12. Setzen Sie ins Perfekt!

1. Ich wende mich an die Polizei.
2. Bringst du ihn nach Hause?
3. Er wächst jeden Tag.
4. Was trinkst du?
5. Sie tun es nicht.
6. Warum schreist du denn?
7. Sie fliegen nach Stockholm.
8. Was halten Sie von dieser Idee?
9. Sie sitzen am Fenster.
10. Wie lange bleibt ihr?
11. Wir essen schon.
12. Was rätst du ihm?
13. Ich friere die ganze Zeit.
14. Kennst du ihn nicht?
15. Wir lassen unseren Wagen zu Hause.

13. Setzen Sie ins Perfekt!

1. Warum erschreckst du mich?
2. Er verhält sich richtig.
3. Ich fange am Montag an.
4. Wann ruft ihr an?
5. Die Sonne verschwindet gerade.
6. Sie frühstücken schon.
7. Wer holt dich ab?
8. Ich lerne sie am Wochenende kennen.
9. Wir unterhalten uns gerade darüber.
10. Sie verspricht es mir.
11. Sie gewinnen eine neue Sicherheit.
12. Er studiert Zeitungswissenschaft.
13. Die Märchen erscheinen 1812.
14. Sie besteht die Prüfung.

14. Ich habe es schon getan.

> BEISPIEL: Frag doch deinen Vater!
> *Ich habe ihn schon gefragt.*

1. Ruf doch Barbara an!
2. Sprich doch mit deinen Eltern!
3. Entscheide dich doch!
4. Steh doch auf!
5. Denk doch darüber nach!
6. Lade doch Ute ein!
7. Erkundige dich doch!
8. Bestell doch die Karten!
9. Kauf doch ein!

15. Übersetzen Sie!

1. How did you like my new dress?
2. I wrote her a long letter.
3. Did you go by bus or did you walk?
4. Did you like the food?
5. How long did they stay?
6. She was sitting next to me.
7. Yesterday I got up very early.
8. I watched TV all night.
9. They went shopping an hour ago.

16. Eine Deutschlandreise

Was hat Heidi in Deutschland gemacht?

> BEISPIEL: in Frankfurt ankommen
> *Sie ist in Frankfurt angekommen.*

mit dem Schiff auf dem Rhein fahren
im Kölner Dom eine Messe hören
den Zug nach Heidelberg nehmen
am Neckar spazierengehen
nach München weiterfahren
im Hofbräuhaus Bier trinken
in den Bergen wandern
auf die Zugspitze steigen
von München abfliegen

17. Ein Ferientag

Sabine möchte wissen, was Hans den ganzen Tag gemacht hat.

BEISPIEL: 9.30 Uhr—aufstehen
Um halb zehn bin ich aufgestanden.

10.00 Uhr—frühstücken
10.50 Uhr—in die Stadt fahren
11.15 Uhr—Karl treffen
11.20 Uhr—einkaufen gehen
12.10 Uhr—Mittag essen
13.00 Uhr—Brief an Monika schreiben
13.30 Uhr—Fußball spielen
15.15 Uhr—Musik hören
15.45 Uhr—Kaffee trinken
16.15 Uhr—zu dir kommen

18. „Schneewittchen und die sieben Zwerge"

Wer ist in unserem Haus gewesen?

BEISPIEL: auf meinem Stuhl sitzen
Wer hat auf meinem Stuhl gesessen?

aus meiner Tasse trinken
in meinem Buch lesen
von meinem Teller essen
mit meinem Messer schneiden
in meinem Bett liegen
meine Jacke tragen
mit meinem Fußball spielen
mit meinem Fahrrad fahren
von meinem Brot nehmen
meinen Mantel anziehen

The Modals in the Present Perfect Tense

If the *modals* and **brauchen** are used with a dependent infinitive, they form the present perfect tense with the infinitive instead of the past participle:

Ich habe nicht anrufen **können.**   *I couldn't call.*
Wir haben lange warten **müssen.**   *We had to wait for a long time.*
Er hat nicht zu bezahlen **brauchen.**   *He didn't have to pay.*

All modal verbs form their perfect tense with **haben:**

Ich bin früh gegangen.
but: Ich **habe** früh gehen müssen.

If the modal verbs are used as main verbs, that is, without the dependent infinitive, the past participles are used. These are rather rare instances:

müssen	gemußt
dürfen	gedurft
sollen	gesollt
können	gekonnt
wollen	gewollt
mögen	gemocht

Ich habe das nicht **tun können.**	*I wasn't able to do it.*
Ich habe das nicht **gekonnt.**	*I wasn't able to.*

The Verbs *lassen, sehen, hören,* and *helfen* in the Present Perfect Tense

With a dependent infinitive the verbs **lassen, sehen, hören,** and **helfen**—like the modals—form the present perfect tense with the infinitive instead of the past participle:

Ich habe dich nicht kommen **hören.**	*I didn't hear you come.*
Hast du sie wegfahren **sehen?**	*Did you see her leave?*
Wir haben den Wagen reparieren **lassen.**	*We have had the car repaired.*

NOTE:

Ich habe sie **gehört.**	Wir haben ihr **geholfen.**
Ich habe sie **sprechen hören.**	Wir haben ihr den Wagen **schieben helfen.**

Übungen

*19. Perfekt mit Modalverben

BEISPIEL: Wir haben uns noch nicht entschieden. (können)
Wir haben uns noch nicht entscheiden können.

1. Er hat angerufen. (wollen)
2. Ich habe darüber nachgedacht. (müssen)
3. Sie hat es nicht getan. (dürfen)
4. Habe ich dir geholfen? (können)
5. Ich habe ihn abgeholt. (sollen)
6. Sie ist plötzlich weggefahren. (müssen)
7. Ich habe dir Bescheid gesagt. (sollen)
8. Warum ist es passiert? (müssen)

20. Ich habe es nicht selbst gemacht.

BEISPIEL: Hast du die Fotos selbst gemacht?
Nein, ich habe sie machen lassen.

1. Hast du den Fernseher selbst repariert?
2. Habt ihr das Haus selbst gebaut?
3. Hat er die Rede selbst geschrieben?
4. Hast du den Zahn selbst gezogen?
5. Hast du die Haare selbst geschnitten?
6. Hat sie das Kleid selbst gemacht?
7. Habt ihr die Blumen selbst hingebracht?
8. Hat er die Karten selbst bestellt?

21. Nichts ändert sich.

Der alte Mann erzählt, was er an diesem Tag erlebt hat.

BEISPIEL: Der Wecker hat getickt. (hören)
Ich habe den Wecker ticken hören.

Das Bild hängt an der Wand. (sehen)
Meine Nachbarn haben miteinander gesprochen. (hören)
Jemand ist die Treppe hinuntergegangen. (hören)
Die Kinder spielen auf der Straße. (sehen)
Jemand hat geläutet. (hören)
Autos sind vorbeigefahren. (sehen)
Die Fotos liegen auf dem Tisch. (sehen)
Menschen sind spazierengegangen. (sehen)

22. Ich habe den Wolf hereinkommen sehen.

BEISPIEL: Der Wolf hat im Bett gelegen. (Rotkäppchen / sehen)
Rotkäppchen hat den Wolf im Bett liegen sehen.

1. Eine Stimme hat gerufen. (Hänsel und Gretel / hören)
2. Eine alte Frau ist aus dem Haus getreten. (wir / sehen)
3. Eine Dornenhecke ist gewachsen. (die Leute / sehen)
4. ˙ Viele Prinzen sind in den Dornen gestorben. (wir / sehen)
5. Die Müllerstochter hat das Stroh gesponnen. (Rumpelstilzchen / helfen)
6. Ein altes Männchen ist um das Feuer getanzt. (ich / sehen)
7. Die Räuber haben gegessen und getrunken. (die vier Tiere / sehen)
8. Jemand hat draußen gerufen. (ich / hören)
9. Der Jäger ist gekommen. (die Stiefmutter / lassen)

The Past Perfect Tense

The past perfect tense *(Plusquamperfekt)* is formed with the simple past of **haben** or **sein** and the past participle of the main verb. Verbs use the same auxiliary **(haben / sein)** in the past perfect as they do in the present perfect:

Ich **hatte** ihn **gefragt.**	*I had asked him.*
Er **war** nach Hause **gegangen.**	*He had gone home.*

With a dependent infinitive the modals and the verbs **brauchen, lassen, sehen, hören,** and **helfen** use the simple past of **haben** and the infinitive instead of the past participle:

Wir hatten mit ihm sprechen **wollen.**	*We had wanted to talk with him.*
Ich hatte ihn nie spielen **sehen.**	*I had never seen him play.*

The past perfect tense is used to indicate that an event occurred before another event in the past:

Als ich am Flughafen **ankam, war** das Flugzeug schon **abgeflogen.**	*When I arrived at the airport, the plane had already departed.*

The past perfect is often used with the conjunction **nachdem** *(after)*, which introduces a dependent clause with the verb in the last position:

Nachdem ich mit ihm gesprochen hatte, rief ich dich an.	*After I had talked to him, I called you.*

Übungen

*23. Setzen Sie ins Plusquamperfekt!

1. Das Studium fiel ihr sehr schwer.
2. Das Interesse an Märchen ist immer sehr groß.
3. Ich höre ihn die Treppe heraufkommen.
4. Damals geschahen viele Wunder.
5. Ich wollte nicht daran glauben.
6. Er konnte die Aufgaben nicht lösen.
7. Bist du jemals in Rußland gewesen?
8. Wir durften dir leider nicht helfen.
9. Habt ihr euch danach erkundigt?

24. Ergänzen Sie die Verben im Plusquamperfekt!

anfangen, besuchen, sich erkundigen, erleben, gehen, schreiben, studieren, verbringen, wohnen

1. Nachdem ich im Traum viele Wunder _____, wachte ich auf.
2. Ich kam erst an, nachdem der Film schon ~~angefangen~~

3. Ich studierte in Tübingen, nachdem ich das Gymnasium in Balingen
   _____ . *[handwritten: besucht hatte]*
4. Nachdem ich zu Bett _____ , klingelte das Telefon. *[handwritten: gegangen war]*
5. Nachdem ich mich nach seiner Adresse _____ , ging ich hin. *[handwritten: erkundigt hatte]*
6. Ich wurde Arzt, nachdem ich sieben Jahre Medizin _____ . *[handwritten: studiert hatte]*
7. Wir zogen nach Würzburg, nachdem wir zwölf Jahre im Schwarzwald
   _____ . *[handwritten: gewohnt hatten]*
8. Nachdem ich den Brief _____ , brachte ich ihn zur Post. *[handwritten: geschrieben hatte]*
9. Nachdem wir einen wunderschönen Urlaub ___✓___ , kehrten wir wieder
   nach Hause zurück. *[handwritten: verbracht hatten]*

25. Aber ich ich hatte doch an alles gedacht!

> BEISPIEL: Es waren keine Karten mehr da. (bestellen)
> *Aber ich hatte sie doch bestellt.*

[handwritten: ✓]

1. Müllers sind nicht gekommen. (einladen)
2. Er wußte nicht Bescheid. (anrufen)
3. Der Fernseher war kaputt. (reparieren lassen) *[handwritten: ihn]*
4. Wir haben den Brief nicht bekommen. (aufgeben)
5. Er hatte keine Ahnung. (Bescheid sagen lassen) *[handwritten: Ich hatte ihm bescheid sagen lassen]*
6. Die Zimmer sind leider belegt. (bezahlen)
7. Die Adresse stimmte nicht. (sich erkundigen) *[handwritten: Ich habe mich erkundigt.]*
8. Die Plätze sind besetzt. (reservieren)

Use of the Present Perfect and the Simple Past

Simply said, German has two groups of tenses. One group, the present and present perfect tenses, is used in conversation. The other group, the simple past and the past perfect, is used for narration. The distinction between simple past and present perfect is particularly troublesome for a native speaker of English because it does not agree at all with the distinction made in English. *I have gone, I have been going,* and *I went* can all be expressed by the German perfect tense **Ich bin gegangen,** depending on the context.

Note the different use of the tenses in the following conversation:

A: Ich **habe** deinen Großvater nicht **gekannt.** Wann **ist** er denn **gestorben?**

B. Er **ist** vor fünf Jahren **gestorben.**

A: Damals **habt** ihr doch noch in Wien **gewohnt,** nicht wahr?

B: Ja, wir **sind** doch erst vor drei Jahren hierher **gezogen.**

A: *I didn't know your grandfather. When did he die?*

B: *He died five years ago.*

A: *At that time you were still living in Vienna, weren't you?*

B: *Yes, we only moved here three years ago.*

THE SIMPLE PAST

The simple past is the *narrative* past. It is used to tell a story. If "B" in our preceding dialogue were to tell about his grandfather, he or she would use the simple past:

> An meinen Großvater kann ich mich gut erinnern: Wir **lebten** damals noch in Wien. Mein Großvater **kam** drei- bis viermal im Jahr zu Besuch und **brachte** mir immer etwas Besonderes mit. Darauf **hatte** ich mich natürlich **gefreut.** Wir **gingen** oft miteinander spazieren und **verstanden** uns sehr gut.

THE PRESENT PERFECT

1. The present perfect is the *conversational* past. It is used to express past events in conversation:

Wie lange **bist** du gestern abend **geblieben?**—Nicht lange. Ich **bin** bald nach dir **weggegangen.**	*How long did you stay last night?—Not long. I left soon after you.*

2. The present perfect tense is used in informal writing, for example, a letter to a friend or a relative:

Liebe Mutter, wir **sind** gut **angekommen.** Peter **hat** uns vom Bahnhof **abgeholt.** Er **ist** groß **geworden.** Ich **habe** ihn fast nicht **erkannt.**	*Dear Mother, we arrived safely. Peter picked us up at the station. He has grown a lot. I almost didn't recognize him.*

3. The present perfect is used in situations where a past event still has a bearing on the present:

Auf dieser Burg **hat** Luther die Bibel **übersetzt.**	*In this castle Luther translated the Bible.*

4. The future perfect (**Bis morgen werde ich es geschrieben haben.**) is rare in German. The present perfect may be used to refer to actions that will be completed in the future:

Sonntag um diese Zeit **habe** ich alles **erledigt.**	*By this time on Sunday I will have settled everything.*

NOTE:

1. With the *modals* and **sein,** even in conversation the simple past is more common than the present perfect:

    > **Hast** du gestern abend noch lange **gearbeitet?**—Nein, ich **war** zu müde. Ich **konnte** mich einfach nicht mehr konzentrieren. Ich **habe** Hans-Peter **angerufen,** und wir **sind** ins Kino **gegangen.**

2. In northern Germany the simple past is used more frequently, even in conversation. On the other hand, in southern Germany the present perfect is preferred, even in narration. The following passage is by the Bavarian writer Ludwig Thoma *(Lausbubengeschichten):*

Am Nachmittag **ist** die Tante Theres **gekommen** mit ihrer Rosa, und der Onkel Pepi **ist** auch **gekommen** mit der Tante Elis. Wir **sind** im Gartenhaus **gesessen** und **haben** Kaffee **getrunken.** Meine Mutter **war** sehr lustig, weil so viele Leute beisammen **waren,** und Cora **hat** gleich die Kaffeekanne **genommen** und **hat eingeschenkt.** Sie **hat** den Onkel Pepi **gefragt,** ob er hell oder dunkel will. Da **hat** er **gesagt,** er mag dunkel gern, und **hat** Cora **angeschaut** und **hat gelacht.**

3.   In practice a mixture of simple past and present perfect occurs in colloquial German, in conversation as well as in informal writing:

Ich **bin** dann erst **heimgefahren,** um mich umzuziehen. Als ich nach Hause **kam, war** niemand da. Ich **wollte** nicht warten. Ich **habe** mich also **umgezogen, bin** dann in die Küche **gegangen** und **habe** mir etwas zu essen **gemacht.** Als ich weggehen **wollte, rief** Jochen an. Er **hatte** auch keine Ahnung, wann der Vortrag stattfinden **sollte.** Ich **fuhr** jedenfalls allein **hin.**

Übungen

26. Interview

Heinrich Krause bewirbt sich um eine Stelle als Elektriker bei der Firma Rosen. Er hat einen Lebenslauf geschrieben.

Ich **wurde** am 15. Juni 1957 in Trier **geboren.** Mein Vater **arbeitete** als Werkmeister in einer Maschinenfabrik, meine Mutter **war** Verkäuferin im Kaufhaus Hertie. Ich **besuchte** die Volksschule und die Handelsschule in Trier. Mit 15 Jahren **begann** ich meine Lehre *(apprenticeship)* als Elektriker bei der Firma Kapfinger. 1973 **mußte** ich meine Lehre unterbrechen. Ich **hatte** damals einen schweren Mopedunfall und **verbrachte** ein halbes Jahr im Städtischen Krankenhaus. Ich **beendete** meine Lehre bei der Firma Böhnisch. 1976 **bestand** ich die Gesellenprüfung. Dann **arbeitete** ich die nächsten Jahre bei der Firma Böhnisch. Leider **starb** Herr Böhnisch vor einem Jahr. Frau Böhnisch kann das Geschäft nicht weiterführen und will es deshalb verkaufen. Ich suche daher eine neue Stelle. 1978 **heiratete** ich Fräulein Adelheid Wegener. Wir haben eine Tochter.

Als Heinrich Krause zum Interview kommt, hat Herr Rosen diesen Lebenslauf noch nicht gelesen. Er stellt ihm also viele Fragen.

> *Herr Rosen:* Herr Krause, ich habe leider noch keine Zeit gehabt, mir Ihren Lebenslauf anzuschauen. Erzählen Sie mir doch etwas von sich! Wann sind Sie denn geboren?
> *Herr Krause:* Ich bin 1957 geboren.
> *Herr Rosen:* Und wo sind Sie geboren?
> *Herr Krause:* Hier in Trier.
> *Herr Rosen:* Können Sie mir etwas von Ihren Eltern erzählen?
> *Herr Krause:* . . .

Bitte sprechen Sie dieses Interview zu Ende!

27. Im Beethovenhaus

Ludwig Schröder liebt Beethoven über alles. Er geht mit seiner Freundin Lutzi durch eines von Beethovens Wohnhäusern.

BEISPIEL: in diesem Haus wohnen
Stell dir vor: In diesem Haus hat Beethoven gewohnt!

auf diesem Klavier spielen
auf diesem Stuhl sitzen
mit diesem Löffel essen
mit diesem Messer schneiden
aus diesem Becher trinken
an diesem Schreibtisch schreiben
in diesem Bett schlafen
an diesem Fenster stehen
in diesem Garten spazierengehen
unter diesem Baum komponieren

28. Was für ein Sekretär!

Frau Sommer hat einen fleißigen Sekretär.

BEISPIEL: den Brief schreiben
Frau Sommer: Wann schreiben Sie den Brief?
Sekretär: Bis um 5 Uhr habe ich ihn geschrieben.

den Brief zur Post bringen
die Rechnungen bezahlen
die Bank anrufen
Herrn Mayer Bescheid sagen
den Text übersetzen
sich nach dem Preis erkundigen
den Computer reparieren
sich entscheiden
die Papiere finden
mit Dr. Fritz sprechen

29. Übersetzen Sie!

1. Where did you go last night?
2. I had to wait for almost an hour.
3. A fairy appeared and fulfilled my three wishes.
4. By tonight I'll have written the essay.
5. Dear parents, I hope you arrived at home safely.
6. When did Brecht die?
7. (Newspaper report:) The accident happened at 3 P.M. A car drove into a tree . . .

8. The story was about a girl and her little brother.
9. They moved to France.—I didn't know about that.
10. I have had my TV repaired again.
11. We were very surprised.

30. Setzen Sie in die angegebene Zeitstufe!

1. Wir teilen es Ihnen mit. (Plusquamperfekt)
2. Es funktionierte nicht. (Perfekt)
3. Er will nicht mitkommen. (Perfekt)
4. Sie hilft einem jungen Ehepaar im Haushalt. (Futur)
5. Du brauchst es nicht zu übersetzen. (Präteritum)
6. Dr. Müller wird mich behandeln. (Perfekt)
7. Es geschah an einem Sonntagnachmittag. (Plusquamperfekt)
8. Wir können es erledigen. (Perfekt)
9. Es wird spät. (Perfekt)
10. Wir haben uns in Salzburg kennengelernt. (Präteritum)
11. Sie weiß nicht, wo das Konzert stattfindet. (Präteritum)
12. Alles liegt an euch. (Plusquamperfekt)
13. Er verschwand zwei Monate später. (Perfekt)
14. Wir werden es feststellen lassen. (Perfekt)
15. Ich half ihr den Koffer tragen. (Plusquamperfekt)

Kapitel 3
Miteinander leben

**The Noun : The Article : Limiting Words :
Declension of Nouns : The Personal Pronoun**

Wortschatz

Substantive

die Bedingung, -en   condition
die Bildung   education; culture
die Bindung, -en   tie, bond
das Ergebnis, -se   result
der Fachmann, die Fachleute   expert
die Fähigkeit, -en   ability, qualification
die Geduld   patience
die Gewalt, -en   force; power; violence
der Hof, ⁻e   courtyard
die Lehre, -en   apprenticeship
der Neid   envy
das Vorurteil, -e   prejudice
die Weise, -n   way; manner

Verben

ab·hängen (i,a) von   to depend on
auf·fallen (ä, fiel auf, [ist] a) + Dat.   to
    be struck by, to notice
beobachten   to observe, to watch
entsprechen (i,a,o) + Dat.   to correspond
    to
heraus·finden (a,u)   to find out
kämpfen (um; gegen)   to fight (for;
    against)
kommen (kam, [ist] o) zu   to come to
leihen (ie,ie) + Dat./Akk.   to loan
sich etwas leihen von   to borrow
    something from

reißen (i, [ist] i)   to tear
sammeln   to collect
teil·nehmen (nimmt,a,o) an + Dat.   to
    participate in, to take part in
töten   to kill
sich verstecken   to hide
sich wenden (wandte,gewandt) an +
    Akk.   to turn to, to talk to
zerstören   to destroy

Adjektive, Adverbien

ähnlich   similar
aufgeregt   excited; nervous
bestimmt   certain; definite
geistig   intellectual, mental
gemeinsam   common, joint; together
gesamt   entire
unterwegs   on the road, on the way

Andere Wörter

böse sein + Dat.   to be angry with
eine Frage stellen + Dat.   to ask
    someone a question
Glück haben   to be lucky
recht sein + Dat.   to be all right (with)
überlegen sein + Dat.   to be superior to
überzeugt sein von   to be convinced of
vor allem   above all

Gender of Nouns

All nouns in German are capitalized. All nouns have a grammatical gender. A noun is either masculine, feminine, or neuter. The genders are indicated by the definite article:

der Tisch, die Uhr, das Buch

With human beings and animals the grammatical gender usually agrees with the biological terms of male and female:

der Mann, die Frau; der Kater, die Katze

With most nouns, however, there is no way of telling the grammatical gender at all. *Therefore the gender of each noun must be memorized.*

Some gender rules, according to the *meaning* or *ending* of a noun, may be made and are of practical use.

MASCULINE

1.   Male human beings and animals:

> der Vater, der Bruder, der Hahn *(rooster),* der Löwe *(lion)*

2.   Days of the week, months, seasons, and the directions:

> der Freitag, der September, der Frühling, der Süden

NOTE:

> das Jahr, die Woche

3.   Makes of cars:

> der Mercedes, der VW, der BMW

4.   Professions and instruments ending in **-er:**   *exception das messer*

> der Lehrer, der Bäcker, der Kugelschreiber, der Computer

5.   Most nouns derived without an ending:

> der Fall, der Fluß, der Zug

6.   Most nouns ending in **-el, -en, -ling, -s:**   *exceptions: die Gabel die Schüssel*

> der Schlüssel, der Wagen, der Lehrling, der Hals

7.   Foreign nouns ending in **-ent, -eur, -ismus, -ist, -or:**

> der Student, der Ingenieur, der Marxismus, der Polizist, der Professor

FEMININE

1.   Female human beings and animals; often the nouns are formed with the suffix **-in,** and often with an umlaut:

> die Lehrerin, die Ärztin, die Henne, die Löwin

2.   Cardinal numbers used as nouns:

> die Fünf, die Million

3.   Ships and makes of airplanes:

> die Bremen, die Boeing

4.   German rivers and non-German rivers ending in **-a or -e:**

> die Donau, die Mosel, die Elbe; die Themse, die Wolga

Exceptions:

der Rhein, der Main, der Neckar, der Inn

Most non-German rivers are masculine:

der Mississippi, der Nil, der Amazonas

5. Nouns ending in **-ei, -heit, -keit, -schaft:**

    die Bäckerei, die Krankheit, die Schwierigkeit, die Gesellschaft

6. Most nouns ending in **-e:**

    die Kälte, die Straße, die Rose

7. Foreign nouns ending in **-enz, -ie, -ik, -ion, -tät, -ung, -ur:**

    die Intelligenz, die Industrie, die Musik, die Diskussion, die Universität, die Erzählung, die Natur

not a foreign word

NEUTER

1. Young human beings and animals:

    das Kind, das Baby, das Kalb, das Lamm

2. Diminutives, most often with the suffixes **-chen** or **-lein:**

    das Mädchen, das Fräulein, das Kätzchen, das Brüderlein

3. Continents, towns, and most countries:

    das unbekannte Afrika, das moderne München, das südliche Spanien

5 Deutschland

EXCEPTIONS:

MASCULINE	der Irak, der Iran, der Libanon, der Kongo
FEMININE	die Schweiz, die Tschechoslowakei, die Türkei die Bundesrepublik Deutschland, die BRD die Deutsche Demokratische Republik, die DDR die Sowjetunion, die UdSSR
PLURAL	die Vereinigten Staaten, die USA die Niederlande

NOTE:
Countries that are either masculine, feminine or plural must always be used with the definite article.

4. Other parts of speech used as nouns (unless they refer to people):

    das Essen, das Neu(e)ste, das Englische

5. Most nouns ending in **-nis, -tel, -tum:**

    das Ergebnis, das Viertel, das Eigentum

6.   Most nouns with the prefix **Ge-**:

   das Gebäude, das Gefühl

7.   Foreign nouns ending in **-ium, -ma, -ment, -um**:

   das Gymnasium, das Thema, das Parlament, das Museum

The gender of *compound nouns* is determined by the last component (base word):

   der Wirt + das Haus = das Wirtshaus
   das Haus + der Wirt = der Hauswirt

Übungen

*1. Ergänzen Sie den bestimmten Artikel!

___ Drogerie	___ Gepäck	___ Brötchen
___ Arbeiter	___ Aufgabe	___ Flug
___ Beruf	___ Fernsehen	___ Meinung
___ Motor	___ Löffel	___ Kuchen
___ Polizei	___ Regen	___ Metzger
___ Leben	___ Osten	___ Donau
___ Gewerkschaft	___ Größe	___ März
___ Nachbar	___ Null	___ Kellner

2. Ergänzen Sie den bestimmten Artikel!

___ Landschaft	___ Lehre	___ Märchen
___ Ergebnis	___ Spiegel	___ Sommer
___ Werbung	___ Gesellschaft	___ Vorstellung
___ Erziehung	___ Wiedersehen	___ Sicherheit

Plural of Nouns

There are no definite rules for the formation of the plural of nouns in German. *Therefore the plural must be memorized together with the gender.* The following generalizations, however, can be made and should be of use.

German nouns in the way they form their plural fall into the following categories.

1.   Masculine and neuter nouns ending in **-el, -en,** and **-er;** all diminutives in **-chen** and **-lein.**

Signal	Singular	Plural
(no change)	der Schlüssel	die Schlüssel
	der Wagen	die Wagen
	der Teller	die Teller
	das Mädchen	die Mädchen

2. Masculine nouns ending in **-el, -en,** and **-er** with the stem vowel **a, o;** or **u;** two feminine nouns.

Signal	Singular	Plural
(no ending) umlaut only	der Apfel	die Äpfel
	der Ofen	die Öfen
	der Bruder	die Brüder
	die Mutter	die Mütter
	die Tochter	die Töchter

add umlaut

no ending in plural

3. Neuter and masculine nouns, mostly monosyllabic. Nouns ending in **-ling** and **-nis;** in the case of **-nis** the **s** is doubled.

Signal	Singular	Plural
-e	der Abend	die Abende
	der Tag	die Tage
	das Bein	die Beine
	das Schiff	die Schiffe
	der Lehrling	die Lehrlinge
	das Erlebnis	die Erlebnisse

e

4. Many masculine and some feminine nouns, mostly monosyllabic.

Signal	Singular	Plural
-e	der Sohn	die Söhne
+ umlaut	der Stuhl	die Stühle
	die Stadt	die Städte

¨e

5. Many neuter and some masculine nouns, mostly monosyllabic.

Signal	Singular	Plural
-er	das Kleid	die Kleider
	das Kind	die Kinder
	der Geist	die Geister

-er

6. Many neuter and some masculine nouns, mostly monosyllabic.

Signal	Singular	Plural
-er	das Buch	die Bücher
+ umlaut	das Haus	die Häuser
	der Mann	die Männer

¨

x

7. Most feminine nouns belong in this category. The plural ending is **-n** if the noun ends in **-e;** all feminine nouns ending in **-ei, -heit, -in, -ion, -keit, -schaft, -tät,** and **-ung.** In the case of **-in** the **n** is doubled.

-n

Some masculine nouns following the weak declension (see p. 55) belong here as well as masculine nouns ending in **-ist** and **-or.**

Signal	Singular	Plural
-n **-en**	die Tasche die Antwort die Freundin die Nation die Universität der Mensch der Junge der Polizist der Professor	die Taschen die Antworten die Freundinnen die Nationen die Universitäten die Menschen die Jungen die Polizisten die Professoren

8.   Only foreign nouns.

Signal	Singular	Plural
-s	das Kino die Kamera die Party	die Kinos die Kameras die Partys or die Parties

Note the following special cases.

1.   These nouns are used only in the plural:

die Geschwister	*brothers and sisters*
die Leute	*people*
die Ferien	*vacation*
die Lebensmittel	*food*
die Möbel	*furniture*
die Papiere	*documents*

2.   Some nouns are plural in English but singular in German:

die Brille	*glasses*
der Inhalt	*contents*
der Lohn	*wages*
die Treppe	*stairs*
die Hose	*trousers*
die Schere	*scissors*
die Mathematik	*mathematics*
die Physik	*physics*
das Mittelalter	*the Middle Ages*
das Gemüse	*vegetables*

3.   Some nouns have special plural forms:

der Fachmann	die Fachleute
die Firma	die Firmen
das Thema	die Themen
der Bus	die Busse
das Museum	die Museen
das Gymnasium	die Gymnasien

4.   The following nouns have different plural forms with a different meaning:

die Bank	die Banken	*banks*
	die Bänke ~	*benches*
das Wort	die Wörter	*isolated words*
	die Worte	*connected words*

Übungen

*3. Ergänzen Sie den Plural!

der Arm	_e Arme_ #3		das Fahrrad		#5
die Fabrik	_-e Fabriken_ #7		der Film	_die Filme_ #4	
der Anzug	_-e Anzüge_ #3		das Fach	_Fächer_	
der Fehler	_-e Fehler_ #1		der Weg		
die Tochter	_-e Töchter_ #1		die Möglichkeit		
die Studentin	_die_ #4		die Tür	_die Türen_ #7	
der Sohn	#4		das Zimmer	_die Zimmer_ 1	
das Mädchen	#1		das Glas		
der Paß	_die Pässe_ #2		das Dorf	_-e Dörfer_ #6	
die Firma	#4		die Erzählung	_e —en_ #1	

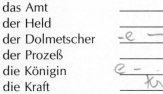

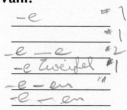

4. Ergänzen Sie den Plural und begründen Sie Ihre Wahl!

das Amt		das Wunder	_-e_ #1	
der Held	#	das Märchen	#1	
der Dolmetscher	_-e —_ #1	der König	_-e -e_ #2	
der Prozeß		der Zweifel	_-e Zweifel_ #1	
die Königin	_e -_ #	die Beziehung	_-e —en_ #1	
die Kraft	_Kräfte_	die Religion	_-e —en_	

The Article

There are *definite articles* (**der, die, das**) and *indefinite articles* (**ein, eine, ein**) in German. In many instances the use of the articles in German and English differs.

The definite article in German (unlike in English) is used in the following categories.

1.   With most abstract and general nouns:

Das Leben ist interessant.	*Life is interesting.*
Die Zeit vergeht schnell.	*Time passes fast.*
Was hältst du von **der** Ehe?	*What do you think of marriage?*

2.   With meals, days of the week, and months:

Ich rufe dich nach **dem** Abendessen an.	*I'll call you after dinner.*
Ich habe ihn **am** Montag getroffen.	*I met him on Monday.*

3.   With names of streets and geographical names:

Ich wohne in **der** Kantstraße.	*I live on Kant Street.*
Ich mag **den** Bodensee.	*I like Lake Constance.*

With countries that are feminine, masculine, and plural.

Sie wohnt in **der** Schweiz.	*She's living in Switzerland.*

With countries that are neuter only when they are modified:

Deutschland ist geteilt.	*Germany is divided.*
Ich kann **das** schöne Italien nicht vergessen.	*I can't forget beautiful Italy.*

4.   With parts of the body and articles of clothing (generally with the reflexive pronoun); English uses possessive adjectives (see p. 165):

Er wäscht sich **die** Hände.	*He is washing his hands.*
Sie zieht sich **den** Mantel an.	*She is putting on her coat.*

5.   With certain common phrases:

im Bett	*in bed*
mit **dem** Zug	*by train*
nach **der** Schule	*after school*
während **der** Arbeit	*during work*
ins Ausland	*abroad*
in **der** Stadt	*in town*
den ganzen Tag	*all day*

6.   With proper names, especially in southern Germany and Austria:

Hier kommt **die** Gabi.	*Here comes Gabi.*
Das ist doch **der** Karajan!	*That's Karajan, isn't it?*

The definite or indefinite article (unlike in English) is not used in the following categories.

1.   With the verbs **sein, werden,** and **bleiben** to denote profession, nationality, or denomination:

Ich bin Kanadier.	*I am a Canadian.*
Meine Schwester wird Ärztin.	*My sister is going to be a doctor.*

If the noun is modified, the article is used:

Sie ist **eine** sehr gute Anwältin.   *She is an excellent lawyer.*

2.   After **als** meaning *as a(n):*

Als Kind habe ich viel gelesen.   *As a child I read a lot.*

3.   With illnesses the article is generally omitted:

Ich habe Fieber.   *I have a fever.*
but: Ich habe **eine** Erkältung.   *I have a cold.*

Übungen

*5. Entscheiden Sie! Mit oder ohne Artikel?

1.   Sie ist _____ Amerikanerin.
2.   Ich wohne in _____ Schillerstraße.
3.   Wir fahren mit _____ Bus.
4.   Was machst du nach _____ Essen?
5.   _____ Mont Blanc ist der höchste Berg Europas.
6.   Er arbeitet dort als _____ Physiker.
7.   Sie sollten _____ moderne Japan kennenlernen.
8.   Er hat sich _____ Bein gebrochen.
9.   Ein Lied von Schubert heißt: " _____ Tod und _____ Mädchen."
10.   Ich bin _____ Studentin.

6. Übersetzen Sie!

1.   All day I have been waiting for you.
2.   They live in the GDR.
3.   Where is Goethe Street?
4.   She has a toothache.
5.   I lived there as a student.
6.   Life can be beautiful.
7.   He is an excellent lawyer.
8.   Why don't you go abroad?
9.   Are you an Austrian?
10.   Pick me up after school.

Declension of Nouns

There are four cases in German: *nominative, accusative, dative,* and *genitive.*
Most nouns don't assume distinct case endings. Of these there are only two:

1.   **-(e)s** in the genitive singular masculine and neuter.
2.   **-n** in the dative plural.

The case is indicated by the definite article.

		Masculine	Neuter	Feminine
SINGULAR				
	Nominative	der Anzug	das Buch	die Seite
	Accusative	den Anzug	das Buch	die Seite
	Dative	dem Anzug	dem Buch	der Seite
	Genitive	des Anzugs	des Buch**es**	der Seite
PLURAL				
	Nominative	die Anzüge	die Bücher	die Seiten
	Accusative	die Anzüge	die Bücher	die Seiten
	Dative	den Anzüge**n**	den Büche**rn**	den Seiten
	Genitive	der Anzüge	der Bücher	der Seiten

SPECIAL DECLENSION

A number of masculine nouns follow a special declension, also referred to as *weak declension.* These nouns add **-n** or **-en** in all cases except the nominative singular. If the noun ends in **-e** the ending is **-n.** Most masculine nouns with the plural ending in **-n** belong in this category.

1.   A number of common masculine nouns:

   der Bauer, der Held, der Herr, der Junge, der Kollege, der Mensch, der Nachbar

   NOTE:
   Herr, adds **-n** in the singular, **-en** in the plural.

2.   Foreign nouns ending in **-ant, -ent, -ist, -oge:**

   der Konsonant, der Student, der Polizist, der Psychologe

3.   Some nouns indicating nationalities:

   der Franzose, der Chinese, der Türke

4.   Some nouns add **-ns** in the genitive singular:

der Gedanke	des Gedankens
der Name	des Namens
der Buchstabe	des Buchstabens
das Herz	des Herzens

NOTE:
Herz is the only neuter noun following this special declension.

Nominative	der Mensch	der Junge	der Herr	der Student	der Name
Accusative	den Menschen	den Jungen	den Herrn	den Studenten	den Namen
Dative	dem Menschen	dem Jungen	dem Herrn	dem Studenten	dem Namen
Genitive	des Menschen	des Jungen	des Herrn	des Studenten	des Namens

Limiting Words

Since most nouns have only two distinct case endings, the article preceding the noun must not only indicate gender and number of that noun but also its case. Articles and other words that can assume the same function as articles are called *limiting words*. Those limiting words that are declined like the definite article are called **der**-*words;* those that are declined like the indefinite article are called **ein**-*words*. The endings of limiting words are called *primary endings*.

der-WORDS

	Masculine	Neuter	Feminine	Plural
Nominative	dieser	dieses	diese	diese
Accusative	diesen	dieses	diese	diese
Dative	diesem	diesem	dieser	diesen
Genitive	dieses	dieses	dieser	dieser

ein-WORDS

	Masculine	Neuter	Feminine	Plural
Nominative	mein	mein	meine	meine
Accusative	meinen	mein	meine	meine
Dative	meinem	meinem	meiner	meinen
Genitive	meines	meines	meiner	meiner

der-*words* and **ein**-*words* take the same endings. *But in three instances* **ein**-*words take no endings at all:*

> *nominative* masculine and neuter
> *accusative* neuter

der-WORDS

Singular		Plural	
der	*the* or *that*	die	*the* or *these*
dieser	*this*	diese	*these*
jeder	*each* or *every*	alle	*all*
welcher	*which*	welche	*which*
jener	*that*	jene	*those*
mancher	*many a*	manche	*some*

ein-WORDS

Singular		Plural	
ein	*a, an*	(no plural)	
kein	*no, not a, not any*	keine	*no, not any*
was für ein	*what kind of a*	was für	*what kind of*
so ein, solch ein	*such a*	solche	*such*
mein, dein	*my, your*	meine,	*my, your*
(all possessive adjectives)		deine	

Limiting adjectives agree in gender, number, and case with the noun they modify:

> **Was für einen** Mantel möchten Sie?
> Ich fahre mit **dem** nächsten Bus.
> Das entspricht **meinen** Wünschen.
> Dort steht das Haus **seiner** Eltern.

Possessive Adjectives

The German *possessive adjectives* are:

ich	**mein**	*my*
du	**dein**	*your*
er	**sein**	*his*
sie	**ihr**	*her*
es	**sein**	*its*
wir	**unser**	*our*
ihr	**euer**	*your*
sie	**ihr**	*their*
Sie	**Ihr**	*your*

Possessive adjectives are declined like the indefinite article. When **euer** takes an ending, the last **-e** is dropped; in colloquial German the same is true with **unser:**

> Wo habt ihr **euren** Wagen?
> Habt ihr **uns(e)re** Nachbarn kennengelernt?

The choice of the possessive adjective is determined by the possessor; the ending, however, is determined by the noun it modifies:

> Peter besucht **seinen** Bruder.
> Monika ruft **ihren** Bruder an.
> Peter geht mit **seiner** Freundin spazieren.
> Monika schenkt **ihrem** Freund ein Buch.

Übung

*7. Ergänzen Sie die Possessivpronomen!

1. Wo ist _____ *(my)* Gepäck?
2. Es war nicht _____ *(their)* Schuld.
3. Herr Brecht, hier ist _____ *(your)* Paß.
4. Kinder, dort kommt _____ *(your)* Straßenbahn.
5. Herr Maier ist _____ *(our)* Mechaniker.
6. Dort kommen Gabi und _____ *(her)* Schwester.
7. Wo wohnt Uwe? Weißt du _____ *(his)* Adresse?
8. Monika muß zu Hause sein. Dort hängt _____ *(her)* Mantel.
9. Hans, ich habe _____ *(your)* Fotos noch nicht gefunden.
10. Frau Huber, ist das _____ *(your)* Koffer?

The Nominative Case

The limiting words in the *nominative case* are:

	Masculine	Neuter	Feminine	Plural
der-WORDS	der	das	die	die
	dieser	dieses	diese	diese
	welcher	welches	welche	welche
	jeder	jedes	jede	alle

	Masculine	Neuter	Feminine	Plural
ein-WORDS	ein	ein	eine	—
	kein	kein	keine	keine
	mein	mein	meine	meine

The interrogative pronouns in the nominative are **wer** *(who)* and **was** *(what)*:

Wer kommt mit?	*Who is coming along?*
Was soll das sein?	*What is that supposed to be?*

The nominative case is used

1. For the subject of the sentence:

> **Die Kinder** spielen im Hof.

2. For the predicate nominative as a complement of the verbs **bleiben, heißen, sein,** and **werden:**

> Sie ist und bleibt eine gute Ärztin.
> Er wird Physiker.
> Ich heiße Gisela Fuller.

Übung

8. Setzen Sie die Substantive in den Plural und ändern Sie die Verbformen!

1. Dieses Haus ist sehr alt.
2. Welches Bild gefällt Ihnen?
3. Deine Freundin ist sehr nett.
4. Was für ein Ausweis ist das?
5. Jede Bedingung ist mir recht.
6. Das ist kein Fachmann.
7. Wo ist der Herr?
8. So eine Hose ist sehr praktisch.
9. Das war ein wunderschöner Tag.

The Accusative Case

The limiting words in the *accusative case* are:

	Masculine	Neuter	Feminine	Plural
der-WORDS	den	das	die	die
	diesen	das	die	die
	welchen	welches	welche	welche
	jeden	jedes	jede	alle

	Masculine	Neuter	Feminine	Plural
ein-WORDS	einen	ein	eine	—
	keinen	kein	keine	keine
	meinen	mein	meine	meine

The interrogative pronouns in the accusative are **wen** *(whom)* and **was** *(what)*:

> **Wen** habt ihr eingeladen?   *Whom did you invite?*
> **Was** hat er euch gesagt?   *What did he tell you?*

The accusative case is used

1.   As the direct object of transitive verbs:

> Ich kenne **Ihren Bruder.**
> Wir brauchen **keinen Fernsehapparat.**
> Er sucht **seine Schwester.**

2.   With **es gibt:**

> Gibt es **einen billigen Flug?**

3.   After the following prepositions (see p. 81):

> **bis, durch, entlang, für, gegen, ohne, um**
>
> Dieses Fahrrad ist **für** meinen Opa.

4.   After the following prepositions answering the question **wohin** (see p. 00):

> **an, auf, hinter, in, neben, über, unter, vor, zwischen**
>
> Ich gehe **in** den Keller.

5.   With certain time expressions (see p. 104):

> Es hat **den ganzen Tag** geregnet.

6.   With measures:

> Der Rhein ist dort **einen Kilometer** breit.

Personal Pronouns in the Accusative Case

Pronouns replace nouns and are therefore also determined by gender, number, and case. The personal pronouns in the nominative and *accusative case* are:

Nominative	Accusative	
ich	**mich**	*me*
du	**dich**	*you*
er	**ihn**	*him*
sie	**sie**	*her*
es	**es**	*it*
wir	**uns**	*us*
ihr	**euch**	*you*
sie	**sie**	*them*
Sie	**Sie**	*you*

Übungen

*9. Ergänzen Sie die Formen!

1. Bitte, ich suche _____ (der Bahnhof).
2. Ich verstehe _____ (Ihre Frage) nicht.
3. _____ (was für ein) Mantel suchen Sie?
4. Sie hat _____ (ihr Mann) verlassen.
5. Geben Sie bitte _____ (dieser Brief) auf!
6. Kennt ihr _____ (unser Nachbar)?
7. Verlangen Sie _____ (Herr Müller)!
8. Ich weiß weder _____ (seine Adresse) noch _____ (seine Telefonnummer).
9. Warum beobachtest du _____ (der Junge) dort drüben?
10. Wiederholen Sie bitte _____ (der Satz)!
11. Neid zerstört _____ (der Charakter).
12. Weißt du _____ (sein Name)?

10. Schreiben Sie die Sätze zu Ende!

BEISPIEL: Wir haben ihn gesucht, *und er hat uns gesucht.*

1. Ich rufe euch an,
2. Er braucht mich,
3. Sie beobachtete uns,
4. Du liebst ihn,
5. Er erkannte mich,
6. Sie hat ihn geküßt,
7. Ihr holt uns ab,
8. Ich mag dich,

11. Antworten Sie!

1. Verstehst du ihn?—Nein,
2. Kennen Sie mich?—Ja,
3. Haben Sie uns erwartet?—Nein,
4. Verstehst du es?—Ja,
5. Habt ihr ihn getroffen?—Nein,
6. Suchst du uns?—Ja,
7. Werdet ihr uns besuchen?—Ja,

12. Suchen und Finden

Gabi ist nicht sehr ordentlich.

BEISPIEL: Ausweis / Geld
Sie sucht ihren Ausweis und findet ihr Geld.

Handschuhe / Schirm
Paß / Zeugnis

Rezept / Zigaretten
Papiere / Brief
Kugelschreiber / Telegramm
Fahrschein / Schlüssel
Brille / Spiegel
Post / Fahrkarte
Werkzeug / Schreibmaschine
Zeitung / Wörterbuch

13. Ich habe es nicht gemacht.

BEISPIEL: Wagen / reparieren / er
Hat er den Wagen repariert?
Nein, er hat ihn nicht repariert.

Wohnung / vermieten / ihr
Zug / erreichen / du
Brief / bekommen / Sie
Geld / brauchen / du
Fehler / entdecken / Sie
Dolmetscher / bestellen / du
Herr Winter / anrufen / du
Ergebnis / wissen / Gabi
Mann / töten / Sie

The Dative Case

The limiting words in the *dative case* are:

	Masculine	Neuter	Feminine	Plural
der-WORDS	dem	dem	der	den
	diesem	diesem	dieser	diesen
	welchem	welchem	welcher	welchen
	jedem	jedem	jeder	allen
ein-WORDS	einem	einem	einer	—
	keinem	keinem	keiner	keinen
	meinem	meinem	meiner	meinen

The interrogative pronoun in the dative is **wem** *(to whom, for whom)*:

Wem hast du es verkauft?   *To whom did you sell it?*

All nouns add **-n** in the dative plural except if

1.   The plural already ends in **-n:**

     die Schulen   den Schulen

2.   The plural ends in **-s:**

     die Fotos   den Fotos

Monosyllabic nouns, masculine and neuter, may add an **-e** in the dative singular:

     auf dem Land**e**
     zu Haus**e**

1.   The dative case is used as the *indirect object* of a verb.

In English the indirect object is expressed through word order or the prepositions *to* or *for,* in German through the dative case:

Sie hat **ihrem Freund** eine Krawatte gekauft.	*She bought her boyfriend a tie.* *She bought a tie for her boyfriend.*
Ich habe **meinen Eltern** ein Telegramm geschickt.	*I sent my parents a telegram.* *I sent a telegram to my parents.*

Although the following verbs may be used with only one object, they are very often used with two objects, the direct object in the accusative case and the indirect object in the dative case. These verbs may be classified as follows:

a. Verbs with the general meaning of *giving* or *taking:*

anbieten, bringen, geben, holen, kaufen, leihen, schenken, schicken, senden, verkaufen

b. Verbs with the special meaning of *giving information, advice,* and so on:

empfehlen, erklären, erzählen, mitteilen, raten, sagen, schreiben, vorstellen, wünschen

Often the direct object of these verbs is an impersonal **es** or a dependent clause:

Er hat **es** seinen Eltern noch nicht gesagt.	*He has not told his parents yet.*
Ich habe ihm geschrieben, **daß wir am Sonntag ankommen.**	*I wrote him that we'll be arriving on Sunday.*

In some instances the direct object of the verb became part of the predicate, for example, in **einen Wunsch erfüllen** and **eine Frage stellen:**

Ich möchte Ihnen **eine Frage stellen.**	*I would like to ask you a question.*

2. The dative is always used with the following verbs:

> **antworten, auffallen, entsprechen, fehlen, folgen, gefallen, gehören, gelingen, glauben** (a person), **helfen, leichtfallen, leid tun, passen, schmecken, schwerfallen, weh tun, zuhören**

Warum hast du **ihr** nicht geholfen?	*Why didn't you help her?*

Note the following difficult constructions:

Sie fehlt **mir** sehr.	*I miss her a lot.*
Dein Kleid gefällt **mir.**	*I like your dress.*
Das Experiment ist **mir** gelungen.	*I succeeded in my experiment.*
Es ist **mir** nicht aufgefallen.	*I didn't notice it.*

3. With **es geht:**

Wie geht es **Ihren Eltern?**	*How are your parents?*

4. With many adjectives:

> **böse, bekannt, dankbar, egal, gleich, lieb, möglich, recht, wichtig**

Es ist **mir** sehr wichtig, daß Sie an unserer Reise teilnehmen.	*It is very important to me that you take part in our trip.*

If the adjective is preceded by **zu,** the meaning of the dative in English is *for:*

Das ist **ihm** zu weit.	*That is too far for him.*

5. After the following prepositions (see p. 83):

> **aus, außer, bei, mit, nach, seit, von, zu**

Sie ist **mit** ihrem Freund gekommen.	*She came with her boyfriend.*

6. After the following prepositions answering the question **wo** (see pp. 88-89):

> **an, auf, hinter, in, neben, über, unter, vor, zwischen**

Sie ist **in** der Bibliothek.	*She is in the library.*

The personal pronouns in the nominative, accusative, and *dative case* are:

Nominative	Accusative	Dative
ich	mich	**mir**
du	dich	**dir**
er	ihn	**ihm**
sie	sie	**ihr**
es	es	**ihm**
wir	uns	**uns**
ihr	euch	**euch**
sie	sie	**ihnen**
Sie	Sie	**Ihnen**

Word Order of Nouns and Pronouns

The sequence of elements (nouns, pronouns, and adverbs) following the conjugated verb is determined by the principle of *increasing informational value,* that is, new follows old, unknown elements follow known elements. The end of the sentence will contain the most important information. From this follows that a noun with a definite article or a possessive adjective will precede a noun with an indefinite article and that pronouns precede nouns:

> Ich habe meinem Freund eine Schallplatte geschenkt.
> Sie hat mir dieses Buch mitgebracht.

[handwritten: dative is always first, unless the accusative is a pronoun.]

In most instances the following rules apply.

1.   *Pronouns precede nouns:*

> Morgen sage **ich es** meiner Mutter.
> Gehört **dir** das Buch?

It is also possible, for reasons of emphasis, to have the object pronoun follow the subject noun:

> Gehört das Buch **dir?**

2.   When subject and objects are *personal pronouns,* they follow this sequence: *subject, accusative object, dative object:*

> Warum willst **du es mir** nicht zeigen?
> Leider konnte **ich ihn dir** nicht mitbringen.

3.   When subject and objects are *nouns,* the following sequence generally applies: *subject, dative object, accusative object:*

> Heute morgen stellte der Bundeskanzler der Presse die neuen Minister vor.

Following the principle of increasing informational value, the dative object may follow the accusative object:

> Wem willst du die Jacke schenken?—Ich werde die Jacke meinem Freund
>   schenken.

Study the following minidialogues:

> A: Wie gefällt dir der Pullover?
> B: Sehr gut. Willst du ihn mir kaufen?

> A: Gehört der Wagen dir oder deinen Eltern?
> B: Er gehört mir.

> A: Wem soll ich diesen Kalender schenken?
> B: Vielleicht schenkst du den Kalender deiner Nachbarin.
> A: Aber letztes Jahr habe ich meiner Nachbarin auch einen Kalender geschenkt.
> B: Dann schenk ihn mir!

Zu = dative mmmg (handwritten note)

Übungen

*14. Ergänzen Sie!

1. Das Haus gehört *einer* _____ (meine Chefin).
2. Es ist *mienm* (mein Vater) nicht recht, daß ich so spät nach Hause komme.
3. Ich erzähle *den* _____ (die Kinder) ein Märchen.
4. Wir haben es *keinem* _____ (kein Mensch) gesagt.
5. Hilf bitte *der* _____ (die Dame) dort!
6. Das ist *mienem* (mein Freund) zu langweilig.
7. Er hat *seiner* _____ (seine Tante) Parfum geschenkt.
8. Das entspricht nicht *ihren* _____ (ihre Fähigkeiten). — *corresponds* / *abilities* (handwritten notes)
9. Wie geht es *ihrer* _____ (Ihre Familie)?
10. *einem* _____ (so ein Mann) glaube ich nicht.

*15. Ergänzen Sie die Personalpronomen!

1. Herr Maier, ich möchte *Ihnen* _____ eine Frage stellen.
2. Anita, wie geht es *dir* _____?
3. Klaus, es tut *dir* _____ leid, daß ich *dir* _____ weh getan habe.
4. Kinder, wie schmeckt *euch* _____ das Essen?
5. Wann können Sie mir den Wagen bringen?—Ich kann *den Wagen* _____ morgen früh bringen.
6. Opa kann es nicht allein schaffen. Bitte helft *ihm* _____!
7. Ich verstehe diese Bedingung nicht. Bitte erklären Sie *sie* _____ *mir* _____!
8. Wir haben *euch* _____ alles erzählt. Warum habt ihr *uns* _____ nicht zugehört?
9. Wann stellst du mir deinen neuen Freund vor?—Warte, ich stelle *ihn* _____ *dir* _____ gleich vor.

16. Schreiben Sie die Sätze zu Ende!

BEISPIEL: Ich zeige es dir, *und du zeigst es mir.*

1. Ich helfe dir, *und du hilfst mir.*
2. Du gefällst ihm, *und er gefällt dir.*
3. Er glaubt dir, *und du glaubst ihm.*
4. Wir helfen euch, *und ihr helft uns.*
5. Sie leiht es uns, *und wir leihen ihnen.*
6. Ihr fehlt mir, *und ich fehle euch.*
7. Sie verspricht es euch, *und ihr versprecht es ihr.*
8. Ich sage es ihnen, *und sie sagen es mir.*

17. Antworten Sie mit Pronomen!

1. Gehört der Koffer euch?—Ja, *er gehört uns.*
2. Gefällt dir Hans?—Nein, *er gefällt mir nicht.*
3. Braucht ihr mich?—Nein, *wir brauchen dich nicht.*
4. Schreibst du deiner Freundin?—Ja,

5. Sagt ihr es ihnen?—Nein, *wir sagen es ihnen nicht.*
6. Versprechen Sie es uns?—Ja, *ich verspreche es euch.*
7. Glaubt er dir?—Nein,
8. Ist es Ihrem Bruder recht?—Nein, *es ist ihm nicht recht,*
9. Tut sie dir leid?—Ja, = *sie tut mir leid.*

18. Schreiben Sie die Sätze neu!

1. Sie mag ihn nicht. (gefallen) —
2. Das paßt ihm nicht. (recht sein) *Das ist ihm nicht recht*
3. Ich habe meine Eltern angerufen. (schreiben)
4. Deutsch lernen gefällt uns nicht. (Spaß machen) =
5. Schmeckt dir der Kuchen nicht? (mögen) *magst du den Kuchen nicht?*
6. Das ist unser Gepäck. (gehören) *Das Gepäck gehört uns, nicht?*
7. Ich möchte dich etwas fragen. (Frage stellen) =
8. Sie hat mir nicht geantwortet. (fragen)
9. Er hat mich gesucht. (folgen)

19. Übersetzen Sie!

1. How is your mother? — *Deiner Mutter*
2. Did he like the trip?
3. I miss them. *Sie fehlen mir. Ich vermisse sie.*
4. I didn't like the lecture. *Die Vorlesung hat mir*
5. My children are fine. *Es geht meinen Kindern gut.*
6. We didn't notice it. =
7. He is much too curious for me. *Er ist mir viel zu neugierisch*

20. Bilden Sie Sätze!

1. warum / töten / ein Mensch / ein anderer Mensch / ? (Präsens)
2. es gibt / ein Teilnehmer / aus Japan / . (Präteritum)
3. das Ergebnis / entsprechen / meine Vorstellungen / . (Präteritum)
4. das Experiment / gelingen / wir / . (Perfekt) *das E... ist uns gelungen*
5. die Zeit auf dem Floß / immer wichtig sein / wir / . (Futur) *gewesen*
6. das Floß / zu klein sein / er /. (Präsens)
7. er / wollen / erklären / es / alle Menschen / . (Präsens)
8. die Teilnehmer / bilden / ein starker Kontrast / . (Präteritum)
9. die Menschen / folgen / unser Beispiel / . (Futur)

21. Ersetzen Sie durch Pronomen!

BEISPIEL: Erklären Sie diesen Menschen Ihr Reiseziel!
Erklären Sie es diesen Menschen!
Erklären Sie ihnen Ihr Reiseziel!
Erklären Sie es ihnen!

1. Er hat der Wissenschaft interessante Ergebnisse versprochen.
2. Ich werde der Öffentlichkeit alle Teilnehmer vorstellen.

3. Wir wünschen Professor Genovés diesen großen Erfolg.
4. Die Regierung hat dem Team das Geld geliehen.
5. Er zeigte der Presse das Floß.

22. Weihnachtsgeschenke

Barbara erzählt ihrer Freundin Renate, was sie wem zu Weihnachten geschenkt hat.

BEISPIEL: *Renate: Was hast du deinem Vater geschenkt?*
Barbara: Ich habe ihm einen Pullover geschenkt.
Renate: Und deiner Mutter?
. . .

Vater	Schallplatte
Mutter	zwei Bücher
Onkel	Pullover
Tante	Kalender
Großeltern	Wurst
Katze	Märchenbuch
Bruder	Handtasche
Schwester	Krawatte
Freund	Koffer
Nachbarn (Pl.)	Werkzeug
Hund	Wollball
Kollege	Hemd

23. Ergänzen Sie!

1. _Ihm_ (Er) ist diese Reise sehr wichtig.
2. Die Begegnung mit Hexen ist _ihnen_ (die Kinder) eine wirkliche Begegnung.
3. Ist _Ihnen_ (Sie) das möglich?
4. Das ist _uns_ (wir) gleich.
5. Sie ist _ihrem_ (ihr Bruder) sehr böse.
6. Was Sie da sagen, ist _mir_ (ich) bekannt.
7. Ist es _euch_ (ihr) recht, daß wir jetzt schon nach Hause gehen?
8. _Ihm_ (Mein Mann) ist alles egal.

24. Das ist mir zu teuer.

BEISPIEL: Warum liest Peter nicht? (langweilig)
Das ist ihm zu langweilig.

1. Warum kommst du nicht um zehn? (spät) – Ich bin verspätet
2. Warum fahrt ihr nicht nach Alaska? (kalt) – es ist mir zu kalt
3. Warum lernt Paula nicht Deutsch? (einfach) – es ist ihr ___
4. Warum gehen sie nicht in die Disko? (laut) – sie ist ihnen ___
5. Warum laufen Sie nicht Ski? (gefährlich) – ist mir
6. Warum geht Joachim nicht zu Fuß? (weit) – Es ist ihm zu weit

7.   Warum spielen die Kinder nicht Fußball? (schmutzig) *Es ist ihnen*
8.   Warum sitzt ihr nicht im Garten? (heiß) *Es ist euer___ Zu Schmutzig*

25. Kannst du es mir holen?

Sabine liegt krank im Bett. Ihr Bruder Rolf hilft ihr.

BEISPIEL: *Rolf: Soll ich dir dein Buch bringen?*
Sabine: Ja, kannst du es mir bringen?

Soll ich dir den Brief aufgeben?   — *Ja, kannst du ihn aufgeben.*
Soll ich dir die Medizin geben?
Soll ich dir die Katze füttern?   *Genitive*
Soll ich dir die Post bringen?
Soll ich dir das Märchen vorlesen?   *der Mann — des Mannes*
Soll ich dir meine Fotos zeigen?   *das Kind — des Kindes*
Soll ich dir die Zeitung holen?   *die Frau — der Frau (no s)*
Soll ich dir das Zimmer aufräumen?

The Genitive Case   *Plural   die Männer — der Männer*
die Frau — der Frauen

The limiting words in the *genitive case* are:

	Masculine	Neuter	Feminine	Plural
der-WORDS	des	des	der	der
	dieses	dieses	dieser	dieser
	welches	welches	welcher	welcher
	jedes	jedes	jeder	aller
ein-WORDS	eines	eines	einer	—
	keines	keines	keiner	keiner
	meines	meines	meiner	meiner

The interrogative pronoun in the genitive is **wessen** *(whose)*:

Wessen Gepäck ist das?   *Whose luggage is that?*

Masculine and neuter nouns add **-s** or **-es** in the *genitive singular* (see also p. 55).

1.   **-es** rather than **-s** is added

a. If the noun ends in **-s**, **-ß**, **-sch**, or **-z**:

das Glas	des Glases
der Fluß	des Flusses
der Fisch	des Fisches
der Platz	des Platzes

b. With most monosyllabic nouns, unless they end in a vowel sound:

das Haus	des Hauses	der See	des Sees
der Baum	des Baum**es**	der Schuh	des Schuhs

2. **-s** rather than **-es** is added

a. With all polysyllabic nouns:

das Gepäck	des Gepäcks

b. If a monosyllabic noun is the base word of a compound, **-s** rather than **-es** is used:

der Hof	des Hof**es**
der Bahnhof	des Bahnhof**s**

3. Nouns ending in **-nis** double the last **s**:

das Erlebnis	des Erlebnisses

4. Proper names add an **-s**:

Uwe	Uwe**s**
Ingrid	Ingrid**s**

If the name ends in an **s**-sound, either an apostrophe is added or the genitive is replaced by **von**:

Hans	Hans'
	von Hans

The genitive case is used

1. To indicate any relationship (origin, part, characteristic, possession, etc.) between nouns. The noun in the genitive case modifies the other noun:

Wir leben in einer Welt **der Gewalt.**	*We live in a world of violence.*
Die Ergebnisse **dieses Experiments** werden bald veröffentlicht.	*The results of this experiment will soon be published.*
Du hast die Hälfte **des Kuchens** aufgegessen.	*You ate half of the cake.*

In particular the genitive expresses *possession:*

Dort hängt der Mantel **meiner Schwester.**	*My sister's coat is hanging over there.*
Heines Gedichte gefallen mir.	*I like Heine's poems.*

2. With the following prepositions (see p. 86):

(an)statt, trotz, während, wegen

Wir mußten **wegen** des schlechten Wetters zu Hause bleiben.	*Because of bad weather we had to stay home.*

3. To express indefinite time (see p. 104):

Eines Abends traf ich ihn vor dem Theater wieder.	*One night I met him again in front of the theater.*

NOTE:

A noun in the genitive case may also modify other parts of speech.

Das ist eines **der schönsten Bilder.**	*That is one of the most beautiful pictures.*
Viele **seiner früheren Bekannten** wohnen nicht mehr hier.	*Many of his former acquaintances don't live here anymore.*

In English the relationship between two nouns can be expressed in two ways,

1.   Through a genitive form used mostly with persons:

> *my father's boss*
> *the professor's lecture*

2.   Through a prepositional phrase used with things and ideas:

> *the price of the picture*
> *the title of the novel*

In German the genitive case is used for persons, things, and ideas alike:

> die Vorlesung des Professors
> der Preis des Bildes

If the noun in the genitive case (the modifier) is a *proper name*, it *precedes* the noun it modifies:

> Wo ist **Sylvias** Handtasche?   *Where is Sylvia's handbag?*

If the noun in the genitive case (the modifier) is a *common noun*, it *follows* the noun it modifies:

Ich habe den Geburtstag **meines Bruders** vergessen.	*I forgot my brother's birthday.*
Wir haben den Anfang **des Films** verpaßt.	*We missed the beginning of the film.*

Although in written German the genitive case is customary, in spoken German there is a tendency to replace it by *von + dative:*

> Die Reparatur **von meinem Wagen** (= meines Wagens) war teuer.
> Ich kümmere mich um den Haushalt **von meiner Tochter** (= meiner Tochter).

Übungen

*26. Ergänzen Sie den Genitiv (see also pp. 55-56)

das Büro	_____	das Gespräch	_____
der Komponist	_____	das Kind	_____
der Gasthaus	_____	der Schwede	_____
das Fach	_____	der Bauer	_____
das Frühstück	_____	der Name	_____
der Herr	_____	das Mädchen	_____
der Unterricht	_____	der Soziologe	_____

der Tod _____   der Motor _____

das Geschäft _____   das Jahrhundert _____

*27. Ergänzen Sie!

1. Ich wohne im dritten Stock _unser Haus_ (unser Haus).
2. Er kennt das Ergebnis jedes _seiner_ (seine Experimente).
3. Ich bin vom Erfolg _meiner_ (meine Arbeit) überzeugt.
4. Ich bin bestimmt Anfang _der Woche_ (die Woche) wieder da.
5. Sie nahm an einem _meiner_ (meine Experimente) teil.
6. Ich erwarte ihn Ende _____ (der Monat) zurück.
7. Das ist der Hund _unsers_ (unser Nachbar).
8. Ich entdeckte ihn in der Ecke _des_ (der Garten).
9. Frau Hollinger ist die Sekretärin _eines_ (ein Kollege).
10. Wissen Sie den Namen _dieses_ (dieser Herr)?

28. Reise zum Ich

Ergänzen Sie!

Wir leben in einer Welt _____ (die Gewalt). Und ich möchte den Grund _der_ (die Aggression) _der_ (die Menschen) herausfinden. ,,Was ist das Ziel _Ihrer_ (Ihre Reise)?'' wurde ich oft gefragt. Ich möchte die wahre Psyche _des_ (der Mensch) entdecken und die zeigt der Mensch nur in Augenblicken _der_ (die Krise) und _der_ (die Gefahr). Die Zusammensetzung _unsers_ (unser Team) spielte natürlich eine große Rolle. Es war wichtig, daß die Nationalität, Religion, Sprache und Bildung _aller_ (alle Teilnehmer) verschieden waren. Am Ende _der_ (die Reise) gab es viele Daten. Die Ergebnisse _meiner_ (meine Studien) habe ich inzwischen veröffentlicht. Zwei _der_ (die Ergebnisse) möchte ich hier mitteilen: Die Aggression _des_ (der Mensch) ist nicht durch einen Instinkt determiniert. Und auf dem Floß war das sexuelle Bedürfnis _der_ (die Frauen) größer als das _der_ (die Männer). Wir alle aber waren davon überzeugt, auf dem Floß die wichtigste Zeit _unsers_ (unser Leben) verbracht zu haben.

29. Übersetzen Sie!

1. Here is the address of the hotel.
2. Is this your uncle's office?
3. I don't know the price of these books.
4. Can you tell me the name of this store?
5. This is my sister's apartment.
6. I didn't hear the beginning of the lecture.
7. Where is Peter's girlfriend?
8. Give me the title of each book.
9. This is our neighbor's car.

— 30. Ersetzen Sie den Genitiv durch den Dativ mit *von* und umgekehrt!

1. Das sind die Bücher unserer Studenten.   *von unseren S— ↗*
2. Wo hast du das Gepäck deiner Gäste?
3. Sie ist eine Klassenkameradin von meinem Sohn.   *meines Sohnes*
4. Das Ende von dem Film habe ich leider vergessen.
5. Sie ist die Tochter eines Kollegen.   *von einem Kollegen*
6. Die Hälfte von meinem Geld kann ich mir sparen. —   *meines Geldes*
7. Ich kann dir die Adresse von der Werkstatt geben.

— 31. Was ist ein Stadtplan?

Bestimmen Sie die zusammengesetzten Substantive!

> BEISPIEL: Der Stadtplan *ist der Plan der Stadt*

Die Landkarte
Die Reiseteilnehmer
Die Stadtgrenze
Die Hautfarbe   *ist die Farbe der Haut.*
Der Restaurantbesitzer
Der Monatsanfang
Das Volksmärchen   *das Märchen des Volks*
Der Handschuh   *der Schuh des Hands.*

32. Ergänzen Sie!

1. Er ist _____ (sein Bruder) überlegen.
2. Warum hast du _____ (dieser Brief) versteckt?
3. Wie kann man in einer Welt _____ (die Gewalt) überleben?
4. Das Haus entspricht _____ (unsere Vorstellung).
5. Ist _____ (Sie) dieses Zimmer recht?
6. Die Ergebnisse _____ (diese Studien) werden wir veröffentlichen.
7. Konflikte hingen von den Traditionen _____ (die Teilnehmer) ab.
8. Es fällt _____ (ich) nicht leicht, darüber zu sprechen.
9. Bist du _____ (deine Schwester) noch böse?
10. Es ist _____ (alle Teilnehmer) gelungen, einander die Masken abzureißen.
11. Warum beobachten Sie _____ (Ihr Nachbar)?
12. _____ (Meine Frau) ist das sofort aufgefallen.

— 33. Fragen Sie!

> BEISPIEL: *Mein Vater hat das gesagt.*
> *Wer hat das gesagt?*

1. Sie werden dort *Ihre Kollegen* treffen.
2. Der Stadtplan gehört *mir*.
3. Geben Sie mir bitte *den Anzug dort drüben*!

4. *Den Wagen* müssen Sie reparieren lassen.
5. Dort drüben ist *Mozarts* Geburtshaus.
6. Ich habe ihr *Blumen* geschenkt.
7. Sie hat es *Peter* erzählt.
8. Wir haben *Herrn Sommer* kennengelernt.
9. Das sind die Koffer *unserer Gäste*.
10. Vergiß bitte *die Sachen* nicht!

Der-Words and *ein*-Words as Pronouns

Besides having the function of limiting words, all **ein**-*words* and **der**-*words* may be used as pronouns:

Ich nehme diese Schallplatte. Und **welche** nimmst du?	*I take this record. And which one do you take?*
Braucht ihr einen Wagen?—Nein, wir brauchen **keinen.**	*Do you need a car?—No, we don't need one.*

Der, das, die are frequently used instead of personal pronouns when the demonstrative quality is to be stressed:

Weißt du, wo Peter ist? **Den** suche ich schon seit einer Stunde.	*Do you know where Peter is? I have been looking for him for an hour.*

The pronouns follow a slightly different declension than the definite article.

	Masculine	Neuter	Feminine	Plural
Nominative	der	das	die	die
Accusative	den	das	die	die
Dative	dem	dem	der	denen
Genitive	des**sen**	des**sen**	der**en**	der**en**

Das may refer to persons and things regardless of their gender or number if it replaces a predicate nominative. It may also refer to a general idea:

Das ist ein sehr guter Film.	*This is a very good film.*
Das sind meine Kinder.	*These are my children.*
Das weiß ich nicht.	*I don't know that.*

If **ein**-*words* are used as pronouns, they take primary endings even in those cases where **ein**-*words* as limiting adjectives do not, for example, in the *nominative masculine and neuter* and *accusative neuter:*

Fahren wir mit deinem Wagen. **Meiner** ist in der Werkstatt.	*Let's go with your car. Mine is in the shop.*

	Masculine	Neuter	Feminine	Plural
Nominative	mein**er**	mein**(e)s**	meine	meine
Accusative	meinen	mein**(e)s**	meine	meine
Dative	meinem	meinem	meiner	meinen
Genitive	meines	meines	meiner	meiner

In colloquial German **eines** is usually shortened to **eins**:

Ich möchte ein Glas Bier.—Bringen Sie
mir bitte auch **eins.**

*I would like a glass of beer.—Please,
bring one for me, too.*

The pronoun **ein** does not have a plural form. When referring to a noun without an article (singular or plural) **welch-** *(some)* is used:

Brauchen wir Wein?—Nein, wir haben
noch **welchen** zu Hause.
Es gibt keine Karten mehr, aber morgen
können Sie **welche** bekommen.

*Do we need wine?—No, we still have
some at home.*
*There are no tickets left, but you can
get some tomorrow.*

Übungen

*34. Ergänzen Sie die Formen von *der, das, die*!

1. Warum sprichst du nicht mehr mit Sebastian?—_____ bin ich böse.
2. Ich weiß nicht, welchen Pullover ich nehmen soll. _____ oder
   _____ ?
3. Können Sie morgen wiederkommen?—Nein, _____ geht leider nicht.
4. Sieh mal da drüben die Meyers! Was fällt dir an _____ auf?
5. Frau Dörfelt! _____ leihe ich nichts mehr.
6. Du solltest vielleicht deine Eltern fragen!—Nein, _____ ist alles recht.

35. Ergänzen Sie die Pronomen!

1. Brauchst du Geld?—Natürlich brauche ich _____.
2. Hast du Zigaretten?—Nein, ich habe _____, aber ich kaufe
   gleich _____.
3. Wo ist ein Stuhl?—Hier steht _____.
4. Wir müssen ein Taxi bestellen.—Ich habe schon _____ bestellt.
5. Ich kaufe mir eine Zeitung.—Kannst du mir auch _____ mitbringen?
6. Bist du schon einmal mit einem TEE-Zug gefahren?—Nein, ich bin noch nie
   mit _____ gefahren.
7. Mir fehlen Schlüssel.—Hier liegen _____.
8. Hast du dir Geld von ihr geliehen?—Nein, und ich werde mir auch
   _____ von ihr leihen.
9. Wie gefällt dir mein neues Kleid?—So _____ kaufe ich mir auch.

36. Ich gehe einkaufen.

BEISPIEL: *Haben wir Bier?*
Nein, wir haben keins, aber ich kaufe gleich welches.

Wein, Bier, Eier, Milch, Kaffee, Äpfel, Butter, Obst, Gemüse

37. Ergänzen Sie die Possessivpronomen!

1. Ist das dein Wagen da draußen?—Nein, _____ steht in der Garage.
2. Das Haus auf dem Foto gehört euch?—Ja, das ist _____.
3. Fahren wir mit Inges Auto oder deinem?—Fahren wir mit _____. Inges ist zur Zeit kaputt.
4. Ist das Dörfelts Volkswagen?—Ja, das ist _____.
5. Wo ist Susannes Büro?—Dort links, das ist _____.
6. Sind das unsere Karten?—Ja, das sind _____.
7. Wir brauchen eine Bratpfanne. Geh doch zu den Müllers hinüber und leih dir _____.

38. Antworten Sie!

1. Ist das Peters Fahrrad?—*Ja, das ist seins.*
2. Sind das Utes Bücher?
3. Ist das Pauls Wörterbuch?
4. Sind das eure Fotos?
5. Ist das dein Kugelschreiber?
6. Ist das Günters Sportwagen?
7. Ist das Barbaras Koffer?
8. Sind das Werners Schlüssel?
9. Ist das euer Garten?
10. Ist das dein Spielzeug?

The Indefinite Pronoun *man*

The German indefinite pronoun **man** is more generally used than its English equivalent *one*. It may correspond to English *one, people, you, they, we*. **Man** is always used with a verb in the third person singular.

Das kann **man** nicht ändern.   *One can't help that.*
Hier macht **man** das anders.   *Here we do that differently.*
Das kann **man** nicht so sagen.   *You can't say it like that.*

Man has only a nominative form. In the accusative and dative cases the corresponding forms of **ein-** are used.

Man sollte tun, was **einem** gefällt.

Nom.	man
Acc.	einen
Dat.	einem

The reflexive pronoun for **man** is **sich,** the possessive adjective is **sein.**

Übungen

*39. Ergänzen Sie!

1. Wenn _____ nett ist, helfen _____ die Leute.
2. Es kann _____ ja nicht alles gefallen.
3. _____ tut, was _____ kann.
4. Was _____ versucht, gelingt _____ nicht immer.
5. Es kann _____ passieren, daß _____ aufwacht und nicht weiß, wo _____ ist.
6. Wenn _____ nicht schreit, hört _____ keiner.
7. Niemand hilft _____, wenn _____ Hilfe braucht.
8. Kommt _____ hier zum Bahnhof?

40. Übersetzen Sie!

1. Where can one buy a camera?
2. You never know, what she thinks.
3. One should be nice to one's neighbor.
4. At night you are too tired to read a book.
5. How do you get to the airport?
6. One can't always do what one likes.
7. People don't talk about that.

Kapitel 4

Ausländer in der Bundesrepublik

Prepositions : Adverbs of Place : Time Expressions

Wortschatz

Substantive

das Heim, -e   *home*
die Heimat   *home; homeland*
der Lohn, , ⁻e   *payment, wages*
der Mut   *courage*
der Traum, ⁻e   *dream*
der Vertrag, ⁻e   *contract; treaty*

Verben

auf·wachen (ist)   *to wake up*
begreifen (begriff, begriffen)   *to understand*
beruhigen   *to calm down*
sich bewerben (i,a,o) bei   *to apply at*
erkennen (erkannte, erkannt)   *to recognize; to realize*
fliehen (o, [ist] o)   *to flee*
sich gewöhnen an + Akk.   *to get used to*
handeln   *to act; to behave*
klagen   *to complain*
klar·machen + Dat./Akk.   *to make (something) clear (to someone)*
putzen   *to clean*
rennen (rannte, [ist] gerannt)   *to run*
schießen (o, geschossen)   *to shoot, to fire*
springen (a, [ist] u)   *to jump, to leap*
spüren   *to sense, to feel*

träumen von   *to dream of*
wagen   *to dare*
zurück·kehren (ist)   *to return*

Adjektive, Adverbien

anständig   *decent*
beinah(e)   *almost*
einzeln   *single; separate*
fern   *away; distant*
gering   *low; small*
längst   *long ago; for a long time*
mitten in   *in the middle of*
nebenbei   *on the side*
schrecklich   *terrible*

Andere Wörter

es sei denn   *unless*
etwas (nichts) dafür können   *(not) to be to blame, (not) to be able to help it*
einen Kurs belegen   *to register for a course, to take a course*
eine Rede halten (ä,ie,a)   *to give a speech*
in Ruhe lassen (läßt, ließ, gelassen) + Akk.   *to let be, to let alone*
einen Vorwurf machen + Dat.   *to blame, to reproach*

Prepositions

In both English and German the use of prepositions is very idiomatic. There are definite rules but also many exceptions. The best solution to mastering the prepositions will often be to memorize prepositional phrases as part of your vocabulary.

Prepositions govern cases. The correct choice of preposition and the correct choice of case are the two major problems in dealing with prepositions in German. There are four groups.

1.   Prepositions always used with the *accusative:*

   bis, durch, für, gegen, ohne, um

2.   Prepositions always used with the *dative:*

>   aus, außer, bei, gegenüber, mit, nach, seit, von, zu

3.   Prepositions always used with the *genitive:*

>   (an)statt, trotz, während, wegen

4.   Prepositions either used with the *accusative* answering the question **wohin?** or with the *dative* answering the question **wo?**

>   an, auf, hinter, in, neben, über, unter, vor, zwischen

Prepositions with the Accusative

The following prepositions have objects in the accusative case:

>   **bis, durch, für, gegen, ohne, um**

The following contractions are common:

durch das	**durchs**	Er sprang durchs Fenster.
für das	**fürs**	Das ist etwas fürs Leben.
um das	**ums**	Er ist ums Haus gegangen.

[handwritten note in right margin: bis - never takes an object with and article — bis is often future]

bis

as far as	Ich fahre nur **bis** München.	*I am only going as far as Munich.*
until	Wir bleiben **bis** nächsten Montag.	*We'll stay until next Monday.*
to	Es dauert zwei **bis** drei Stunden.	*It will last two to three hours.*
by	Ich bin **bis** morgen abend zurück.	*I'll be back by tomorrow night.*

Bis is often used with another preposition, in which case the second preposition determines the case:

	Sie hat **bis in** die Nacht gearbeitet.	*She worked into the night.*
	Wir fuhren **bis zum** Wald.	*We drove as far as the woods.*
(Idiomatic)	**Bis** morgen!	*See you tomorrow.*

durch

through	Gehen wir **durch** den Park.	*Let's go through the park.*
by	Diese Bäume wurden **durch** den Sturm zerstört.	*These trees were destroyed by the storm.*
(Idiomatic)	Ich habe es **durch** Zufall erfahren.	*I learned about it by chance.*

für

for	Das Buch ist **für** dich.	*The book is for you.*
	Ich fahre **für** eine Woche weg.	*I am going away for a week.*

gegen

against	Warum bist du **gegen** ihn?	*Why are you against him?*
into, against	Ich bin **gegen** einen Baum gefahren.	*I drove into a tree.*
around, about	Sie kommen **gegen** zehn.	*They'll come around ten.*

ohne

without	**Ohne** dich könnte ich es nicht schaffen.	*Without you I couldn't manage it.*

um

around, at	Wir sitzen **um** den Tisch.	*We're sitting around the table.*
	Diese Kirche wurde **um** 1900 gebaut.	*This church was built around 1900.*
	Der Zug fährt **um** 12.44 Uhr ab.	*The train departs at 12:44 P.M.*

Um is often intensified by the adverb **herum** following the noun or pronoun.

Wir fuhren **um** das Haus **herum**.

Übungen

*1. Ergänzen Sie!

1. Ich warte _____ (until two).
2. Diese Schallplatte ist _____ (for my parents).
3. Wer nicht _____(for me) ist, ist _____ (against me).
4. Warum bist du _____ (without your brother) gekommen?
5. Gehen wir doch durch (through the woods). die Wälder den Wald
6. Für Wen (For whom) ist das Buch?
7. Er ist _____ (into a wall) gelaufen.
8. Wir sind den Garten (through the garden) gekommen.
9. Ich bin um acht (at eight) aufgewacht.

2. Übersetzen Sie!

1. He left without his umbrella.
2. By Friday he will be back.
3. Why do you want to fight against him?
4. We'll leave around ten.
5. They are going to stay until next Thursday.
6. Don't leave without me.
7. I got to know her through my neighbor.
8. We only go as far as Mainz.
9. The pharmacy is just around the corner.
10. I bought this tie for my father.

Prepositions with the Dative

The following prepositions have objects in the dative case:

aus, außer, bei, gegenüber, mit, nach, seit, von, zu

The following contractions are common:

bei dem	**beim**	Wir sind beim Essen.
von dem	**vom**	Ich komme gerade vom Arzt.
zu dem	**zum**	Ich muß zum Bahnhof.
zu der	**zur**	Wie komme ich zur Post?

aus

from	Sie kommt **aus** Frankreich.	*She comes from France.*
	Das Schloß ist **aus** dem 18. Jahrhundert.	*The castle is from the 18th century.*
out of	Sie kommen gerade **aus** dem Theater.	*They are just coming out of the theater.*
	Ich habe es **aus** Angst gesagt.	*I said it out of fear.*
made of	Das Haus war **aus** Kuchen.	*The house was made of cake.*

außer

except	Alle kamen **außer** meinem Bruder.	*All came except my brother.*
besides	**Außer** ihm war niemand da.	*Besides him nobody was there.*
out of	Der Fahrstuhl ist **außer** Betrieb.	*The lift is out of order.*

bei

near	Eßlingen liegt **bei** Stuttgart.	*Eßlingen is near Stuttgart.*
	Ich wohne **bei** der Universität.	*I live near the university.*
with	Sie wohnt **bei** ihrer Tante.	*She is living with her aunt.*
at	Er ist **beim** Arzt.	*He is at the doctor's.*
at, upon	**Bei** meiner Ankunft war niemand am Bahnhof.	*Nobody was at the station upon my arrival.*
during	Wir sprechen **beim** Essen darüber.	*We'll talk about it during dinner.*
in case of	Wir fahren nur **bei** gutem Wetter.	*We'll go only if the weather is good.*
for/at	Sie arbeitet **bei** Siemens.	*She works for Siemens.*
(idiomatic)	Wir sind **bei** der Arbeit.	*We're at work.*
	Ich habe kein Geld **bei** mir.	*I have no money with me.*

gegenüber

across from, opposite	Das Haus ist der Kirche **gegenüber.**	*The house is across from the church.*

Gegenüber *must* follow a pronoun; it usually follows a noun:

Sie sitzt mir **gegenüber**.	*She sits across from me.*

mit

with	Ich komme **mit** meiner Schwester.	*I'll come with my sister.*
	Ich habe mich **mit** dem Messer geschnitten.	*I cut myself with the knife.*
by	Sie kommen **mit** dem Schiff.	*They are coming by ship.*

nach

to	Ich fahre im Sommer **nach** Italien.	*I am going to Italy in the summer.*
	Wann fährst du **nach** Göttingen?	*When are you going to Göttingen?*
	Gehen Sie **nach** rechts.	*Go to the right.*
after	Was macht ihr **nach** dem Essen?	*What are you doing after dinner?*
according to	Seinem Telegramm **nach** muß er wieder zurück sein.	*According to his telegram he must be back.*

In the sense of *according to,* **nach** usually follows the noun.

(Idiomatic)	Ich gehe **nach** Hause.	*I am going home.*

seit

for	Ich studiere **seit** drei Jahren.	*I have been a student for three years.*
since	Sie ist **seit** Montag wieder da.	*She has been back since Monday.*

For an action begun in the past that continues in the present, German uses the present tense, often with the adverb **schon** and the preposition **seit**. English uses the present perfect.

Ich warte **schon seit** zwei Stunden.	*I have been waiting for two hours.*

von

from	Ich komme gerade **von** Innsbruck.	*I have just come from Innsbruck.*
	Das ist nicht weit **von** hier.	*That's not far from here.*
	Von wem ist der Brief?	*From whom is the letter?*
	Ich komme gerade **von** ihr.	*I am just coming from her place.*
off	Nimm die Bücher **vom** Tisch!	*Take the books off the table.*
by	Der Roman ist **von** Döblin.	*The novel is by Döblin.*
	Diese Universität wird **von** vielen Studenten besucht.	*This university is attended by a lot of students.*
of	Er ist ein Kollege **von** meinem Bruder. (= Er ist ein Kollege meines Bruders.)	*He is a colleague of my brother.*

zu

to	Gehst du **zur** Bibliothek?	*Are you going to the library?*
	Kommt doch **zu** mir!	*Come to my place.*
	Ich muß **zum** Zahnarzt.	*I have to go to the dentist.*
at, for	Was machst du **zu** Weihnachten?	*What are you doing at Christmas?*
	Zu meinem Geburtstag bekomme ich ein Fahrrad.	*For my birthday I'll get a bike.*
	Geben Sie mir zwei Karten **zu** 10 Mark!	*Give me two tickets at 10 marks.*
(Idiomatic)	Wann bist du **zu** Hause?	*When are you at home?*
	Ich gehe **zu** Fuß.	*I'll walk.*
	Wann ist das Spiel **zu** Ende?	*When is the game over?*
	Wir sind **zu** dritt.	*We are three.*
	Ich habe den Film **zum** zweiten Mal gesehen.	*I saw the film for the second time.*
	zum Beispiel	*for example*
	zur Zeit	*for the time being*

Übungen

*3. Ergänzen Sie!

1. Hast du deinen Ausweis _____ (with you)?
2. Wohnen Sie immer noch _____ (with your relatives) auf dem Land?
3. Die Post ist _____ (across from) Bahnhof.
4. Alle waren da _____ (except for her).
5. Wir wohnen _____ (for a year) in Jugoslawien.
6. Ich habe es _____ (out of joy) gesagt.
7. _____ (According to the news) hat er die Wahl gewonnen.
8. Das Armband war _____ (made of) Silber.
9. Nimm bitte deine Sachen _____ (off the) Bett!
10. Ich habe sie _____ (since) letztem Freitag nicht gesehen.
11. Sind Sie _____ (by) Wagen oder _____ (by) Zug gekommen?
12. Was hast du _____ (for Christmas) bekommen?

4. Übersetzen Sie!

1. According to his letter he is fine.
2. I have been waiting for an hour.
3. What do you do after breakfast?
4. Let's walk.
5. Did you come by bus?
6. Did you ever read a play by Brecht?
7. I am living with my sister.
8. What did you get for Christmas?
9. I would like five stamps at 50 Pfennig.

10.   When was the film over?
11.   He works for a bank.
12.   I will ask her during lunch.
13.   They are from Brazil.
14.   He has few friends besides us.

Prepositions with the Genitive

The following prepositions have objects in the genitive case:

(an)statt, trotz, während, wegen

anstatt, statt

instead of	**Statt** des Buches nehme ich diese Schallplatte.	*I'll take this record instead of the book.*

trotz

in spite of	Wir kommen **trotz** des Regens.	*We'll come in spite of the rain.*

während

during	Wir können **während** des Essens darüber sprechen.	*We can talk about it during dinner.*

wegen

because of	**Wegen** des schlechten Wetters blieben wir zu Hause.	*Because of the bad weather we stayed at home.*

In colloquial speech these prepositions are also used with the dative:

Wegen **dem Regen** sind wir zu Hause geblieben.

Note the following compounds:

weswegen	*why*
deswegen	*that's why*

Wegen may also be combined with personal pronouns in the following way:

ich	meinetwegen	*because of me, on my account*
du	deinetwegen	
er,es	seinetwegen	
sie	ihretwegen	
wir	unsretwegen	
ihr	euretwegen	
Sie	Ihretwegen	

Deinetwegen mußte ich eine ganze Stunde warten.	*Because of you I had to wait for a whole hour.*

In colloquial speech **meinetwegen** may also take on the meaning of *for all I care (as far as I am concerned, I don't mind):*

Meinetwegen kannst du mitkommen.   *As far as I am concerned you can come along.*

Other prepositions requiring the genitive case include:

oberhalb	*above*
unterhalb	*below*
diesseits	*on this side of*
jenseits	*on the other side of*
außerhalb	*outside of*
innerhalb	*inside of, within*

Übungen

*5. Ergänzen Sie!

1. Wegen _____ (eine Bratpfanne) kann es zu einem Atomkrieg kommen.
2. Trotz _____ (ihre Geduld) hatte unsere Mutter eines Tages genug und nannte unsere Nachbarin eine Schlampe.
3. Während _____ (die Mittagszeit) verprügelten die Dörfelts meinen Bruder Hans.
4. Innerhalb _____ (eine Stunde) wurden aus Freunden Feinde.
5. Wegen _____ (unsere Nachbarn) mußten wir weiterkämpfen.
6. Unterhalb _____ (die Haustür) hatten wir eine Grube gegraben.
7. Statt _____ (unser Feind) ging Dörfelts Untermieter in die Luft.
8. Diesseits und jenseits _____ (die Straße) stand eine Atomkanone.
9. Statt _____ (unsere Stadt) gibt es jetzt einen graubraunen Fleck.

6. Übersetzen Sie!

1. It happened during the war.
2. Would you rather live inside or outside the city?
3. You need not stay because of us.
4. Because of your courage we are very proud of you.
5. I don't mind if we stay at home.
6. Can you come instead of your colleague?
7. Because of our children we don't want to move.

7. Wir kommen wegen des Geldes.

BEISPIEL: die Bratpfanne ausleihen
Sie möchten sicher die Bratpfanne ausleihen.
Ja, wir kommen wegen der Bratpfanne.

das Zimmer mieten
die Rechnung bezahlen

den Vertrag unterschreiben
den Brief lesen
die Karten abholen
den Fernseher reparieren
die Blumen abgeben
die Wohnung anschauen

8. Verbote

BEISPIEL: Vorlesung: schlafen
Es ist verboten, während der Vorlesung zu schlafen.

Deutschunterricht: Englisch sprechen
Prüfung: sich unterhalten
Fußballspiel: Alkohol trinken
Vorstellung: rauchen
Fahrt: die Türen öffnen
Nacht: singen
Arbeitszeit: spazierengehen

Prepositions with the Dative or Accusative

The following prepositions have objects in either the dative or the accusative case. They are often referred to as *either . . . or* or *two-way prepositions:*

an, auf, hinter, in, neben, über, unter, vor, zwischen

In their basic meaning these prepositions describe a location or direction, relating it to a fixed point of reference, for example, *a house:*

vor dem Haus	*in front of the house*
im Haus	*in the house*
hinter dem Haus etc.	*behind the house*

The following contractions are common:

an das	**ans**	Wir fahren ans Meer.
an dem	**am**	Frankfurt liegt am Main.
auf das	**aufs**	Leg die Sachen aufs Bett!
in das	**ins**	Geht ihr mit ins Kino?
in dem	**im**	Sie sind im Theater.

The choice of case, dative or accusative, depends on the meaning of the verb. English, for example, distinguishes between *in* and *into,* depending on whether one wants to indicate location or destination:

He was working in *the garden.*
He went into *the house.*

In German the difference between *in* (location) and *into* (destination) is expressed through case following these prepositions:

> Er arbeitete **im** Garten.
> Er ging **ins** Haus.

1. The prepositions take the *dative case* with verbs expressing *location or movement within a given area.* The dative answers the question **wo?**

> Sie sitzen dort **auf der Bank.**   *They are sitting over there on a bench.*
> Gehen wir **im Park** spazieren.   *Let's take a walk in the park.*

    Common verbs with the dative are:

> **arbeiten, bleiben, essen, hängen, kaufen, lesen, liegen, schlafen, sein, sitzen, spielen, stehen, warten, wohnen**

2. The prepositions take the *accusative case* with verbs expressing *movement toward a destination.* The accusative answers the question **wohin?**

> Ich gehe **in die Bibliothek.**   *I am going to the library.*
> Schreiben Sie es bitte **an die Tafel!**   *Please write it on the blackboard.*

    Common verbs with the accusative are:

> **bringen, fahren, fliegen, gehen, hängen, kommen, laufen, (sich) legen, rennen, (sich) setzen, stellen, tragen**   \

NOTE:

1. Prepositional phrases that modify nouns are always in the dative:

> **Das Auto vor dem Haus** gehört Onkel Fritz.
> Hast du **die Fotos auf dem Tisch** gesehen?

2. With time expressions the prepositions **in, an,** and **vor** are used only in the dative, **auf** and **über** only in the accusative (see p. 107).

By far the most frequently used prepositions in this category are **in, auf,** and **an.**

in

in, into	Er ist **in** der Schule.	*He is in school.*
	Wir gehen **ins** Haus.	*We are going into the house.*
in, to	Warst du schon einmal **in** der DDR?	*Have you ever been in the GDR?*
	Wann kehrst du **in** die Türkei zurück?	*When are you returning to Turkey?*
in	Ich bin **in** einer Stunde zurück.	*I'll be back in an hour.*
	Was macht ihr **im** Sommer?	*What are you doing during the summer?*
	Im März fahren wir zu meinen Eltern.	*We are going to my parents' place in March.*

Dative always contracts to **im.**

(idiomatic)	Wir fahren **in** die Berge.	*We are going to the mountains.*
	Er wohnt **im** vierten Stock.	*He is living on the fourth floor.*
	Übersetzen Sie den Satz **ins** Deutsche!	*Translate the sentence into German.*

an

on	Häng den Kalender **an** die Wand!	*Hang the calender on the wall.*
at	Wir waren **am** Meer.	*We were at the ocean.*
	Ich sitze lieber **am** Fenster.	*I'd rather sit at the window.*
to	Gehen wir **an** den Strand.	*Let's go to the beach.*
on	Was machst du **am** Dienstag?	*What are you doing on Tuesday?*
	Ich bin **am** 15. Mai geboren.	*I was born on May 15.*
in, at	**Am** Nachmittag habe ich Zeit.	*I have time in the afternoon.*

Dative always contracts to **am.**

(idiomatic)	Ich werde **an** der Heidelberger Universität studieren.	*I will study at Heidelberg University.*
	Ich warte dort drüben **an** der Ecke.	*I'll wait on the corner over there.*
	Gehen wir wieder **an** die Arbeit.	*Let's go back to work.*
	am Anfang; **am** Ende	*at the beginning; at the end*
	Du bist **an** der Reihe.	*It's your turn.*

The superlative of adverbs and predicate adjectives always uses **am** (p. 156):

| | **Am** liebsten höre ich Musik. | *I like listening to music the most.* |

auf

on	Setz dich **auf** den Stuhl!	*Sit down on the chair.*
	Die Kinder spielen **auf** der Straße.	*The children are playing on the street.*
in	Wie heißt das **auf** deutsch?	*How does one say that in German?*
to	Ich gehe **auf** die Bank.	*I am going to the bank.*
at	Sie ist **auf** der Post.	*She is at the post office.*
for	Sie fährt **auf** zwei Monate nach Neapel.	*She is going to Naples for two weeks.*
(idiomatic)	Wir wohnen lieber **auf** dem Land.	*We'd rather live in the country.*
	Was sehen Sie dort **auf** dem Bild?	*What do you see in the picture?*
	Sie ist **auf** einer Geschäftsreise.	*She is on a business trip.*
	auf welche Weise; **auf** diese Weise	*in which way; in this way*

über

over, above	Das Bild hängt **über** dem Sofa.	*The picture is hanging above the sofa.*
across	Fahren Sie rechts **über** die Brücke!	*Go across the bridge to your right.*
more than, over	Ich habe **über** eine Stunde gewartet.	*I waited for more than an hour.*

unter

under	Die Schuhe stehen **unter** dem Bett.	*The shoes are under the bed.*
among	Sie sind **unter** Kollegen.	*You are among colleagues.*
less than, under	**Unter** 200 Mark bekommst du nichts.	*You won't get anything under 200 marks.*

vor

in front of, before	Ihr Wagen steht **vor** der Tür.	*Your car is standing in front of the door.*
ago	Der Zug ist **vor** einer Stunde abgefahren.	*The train left an hour ago.*
before	Es ist zehn **vor** zehn.	*It is ten before ten.*
(idiomatic)	**vor** allem	*above all*

hinter

| behind | Sieh **hinter** dem Schrank nach! | *Look behind the closet.* |

neben

| next to, beside | Setz dich **neben** mich! | *Sit next to me.* |

zwischen

| between | Ich saß **zwischen** Julia und Renate. | *I sat between Julia and Renate.* |

Übungen

*9. Die Präposition *in*: Dativ oder Akkusativ?

1. Sie arbeitet bis spät ~~in der~~ Bibliothek.
2. Thomas Mann wohnte in seinen letzten Jahren ~~in der~~ Schweiz.
3. Ich gehe ~~in den~~ Keller.
4. Die Bluse hängt bestimmt ~~im~~ Schrank.
5. Sie ist ~~in der~~ Werkstatt.
6. Heute abend gehen wir ~~ins~~ Konzert.
7. Er ist wahrscheinlich noch ~~in der~~ Küche.

8. Gehen wir _____ Park spazieren. *(Park does not change location)*
9. Ich kaufe _____ Supermarkt ein.
10. Er arbeitet bestimmt _____ Garten.

*10. Bilden Sie Fragen!

BEISPIEL: *Wo wollen wir einkaufen?*
            Kaufen wir im Supermarkt ein!

1. _____?—Essen wir dort im Restaurant!
2. _____?—Stellen wir den Tisch hier vor das Fenster!
3. _____?—Unterhalten wir uns im Garten!
4. _____?—Warten wir am Eingang!
5. _____?—Fahren wir an den Strand!
6. *wohin*?—Stellen wir die Blumen dort auf den Tisch! *Sollen wir die Blumen stellen?*

11. Übersetzen Sie!

1. What is in the bottle? *Was ist in der Flasche.*
2. I live in the country. *Ich wohne auf dem Land.*
3. She would like to study French and history at Hamburg University. *an der H.U. = Uni*
4. I am writing an example on the blackboard. — *ich schreibe ein*
5. Translate this letter into English. — *(ins Englisch) Beispiel an die Tafel.*
6. How long will you stay in the U.S.A.? *in den U.S.A. (plural)*
7. Above all don't come too late. *Kommen Sie vor allem (das Beispiel changes location)*
8. They fled to Switzerland. *in*
9. She is in her office. *Sie ist in ihrem Büro*
10. The bike in front of the house belongs to Helga.
11. Say it in German, please. = *Sage es auf deutsch bitte.*
12. Don't you see the sign over the door?

Special Verbs with Dative/Accusative Prepositions

The following verbs are often used with the dative/accusative prepositions.
Because they look alike, they are easily confused.

Legen, setzen, and **stellen** are transitive, weak, often used reflexively, and take
the accusative case with two-way prepositions. They answer the question **wohin?**

> Ich **habe** die Schlüssel auf den Tisch **gelegt.**

Liegen, sitzen, and **stehen** are intransitive, strong, and take the dative case with
two-way prepositions. They answer the question **wo?** In southern Germany and
Austria the perfect tenses are built with **sein:**

> Vor fünf Minuten **haben (sind)** sie noch auf dem Tisch **gelegen.**

1. legen (legte, gelegt)	to lay, to put (lying position)
sich legen	to lie down
liegen (lag, hat [ist] gelegen)	to lie

Legen Sie die Karten auf den Tisch!	*Lay the cards on the table.*
Kann ich mich aufs Sofa **legen?**	*Can I lie down on the sofa?*
Er **liegt** noch im Bett.	*He is still lying in bed.*

2. setzen (setzte, hat gesetzt)	to set
sich setzen	to sit down
sitzen (saß, hat [ist] gesessen)	to sit

Setzen Sie den Fernseher vor den Bücherschrank!	*Set the TV in front of the bookcase.*
Setz dich neben uns!	*Sit down next to us.*
Wir **haben (sind)** in der vierten Reihe **gesessen.**	*We sat in the fourth row.*

3. stellen (stellte, gestellt)	to put, to place (upright)
sich stellen	to place oneself, to stand
stehen (stand, hat [ist] gestanden)	to stand

Stellen Sie den Schrank in die Ecke.	*Put the closet into the corner.*
Ich **stelle** mich neben die Tür.	*I'll stand next to the door.*
Das Auto **stand** in der Garage.	*The car stood in the garage.*

A less common verb is **hängen,** which may be weak and transitive or strong and intransitive:

hängen (hängte, gehängt)	to hang
hängen (hing, hat [ist] gehangen)	to hang

Ich **habe** das Schild ans Tor **gehängt.**	*I hung the sign on the gate.*
Der Mantel **hing** im Schrank.	*The coat was hanging in the closet.*

Übungen

12. Ergänzen Sie! *liegen* oder *(sich) legen?*

1. Wo sind die Briefe?—Ich habe sie auf den Tisch _gelegt_.
2. Als ich nach Hause kam, _lag_ er schon im Bett.
3. Peter, _leg_ bitte meinen Mantel aufs Bett!
4. Nürnberg _liegt_ in Bayern.
5. Ich habe deinen Ausweis neben die Lampe _gelegt_.—Dort _liegt_ er aber nicht.
6. Wo ist der Hund?—Vor fünf Minuten hat er dort in der Ecke _gelegen_

13. Ergänzen Sie! *sitzen* oder *(sich) setzen?*

1. _____ wir uns in die letzte Reihe!
2. Wir haben uns schon an den Tisch _____.
3. Wo wollen Sie _____?
4. Darf ich mich neben Sie _____ oder _____ Sie lieber allein?
5. Wo habt ihr _____?

14. Ergänzen Sie! *stehen* oder *stellen?*

1. Es _____ gestern in der Zeitung.
2. Er hat drei Stunden vor dem Haus _____ und gewartet.
3. Ich habe den Koffer neben das Bett _____.
4. Wohin sollen wir den Fernseher _____?
5. Es _____ auf Seite 98.

15. Übersetzen Sie!

1. Put the letter on my desk.
2. She was standing at the window.
3. Hang the picture next to the door.
4. We were sitting in the fourth row.
5. Sit down next to me.
6. Your money is lying on the table next to the lamp.
7. Lie down on the sofa.
8. She is sitting between our guests.

16. Sie liegt steht schon dort.

BEISPIEL: Wäsche: Schrank
            Bitte leg die Wäsche in den Schrank!
            Sie liegt schon im Schrank.

Blumen: Tisch
Bild: Wand
Bier: Keller
Mantel: Schrank
Bücher: Regal
Koffer: Ecke
Geld: Tisch
Wein: Kühlschrank

17. Peter hat seinen Führerschein vergessen.

Peter hat seinen Führerschein vergessen; er ruft seinen Freund Werner an.

> BEISPIEL: *Peter:* Ich glaube, ich habe den Führerschein auf den Schreibtisch gelegt.
> *Werner:* Es tut mir leid, aber auf dem Schreibtisch liegt er nicht.

im braunen Anzug
unter den Fotos auf dem Tisch
in der blauen Hose
auf dem Bett
im Bücherregal
zwischen den Briefen
im Badezimmer
in der Büchertasche
auf der Heizung
neben dem Fernseher

18. Die Erfüllung eines Traumes

Gürlüks richten sich ihr neues Haus ein. Freunde helfen dabei.

> BEISPIEL: Sessel: Bett/Ecke
> *Wohin stellen wir den Sessel?*
> *Am besten dort neben das Bett.*
> *Nein, neben dem Bett gefällt er mir nicht.*
> *Dann vielleicht hier in die Ecke.*

Schrank: Wand/Tür
Teppich: Heizung/Schreibtisch
Vase: Fernseher/Regal
Bild: Wand/Kamin
Tisch: Ecke/Fenster
Fernseher: Tisch/Schrank
Lampe: Boden/Nachttisch
der Kassettenrecorder: Radio/Regal

Prepositions of Place

Local prepositions answering the questions **wohin? wo? woher?** belong to the most frequently used. The following survey only points to the most important usage. Prepositions listed in this survey are the dative preposition **aus, bei, nach, von,** and **zu** and the two-way prepositions **an, auf,** and **in.**

	Wohin	**Wo**	**Woher**
GEOGRAPHICAL LOCATION			
City	nach Köln	in Köln	aus/von Köln
Country	nach Italien	in Italien	aus/von Italien
Continent	nach Europa	in Europa	aus/von Europa
(with Article)	in die DDR in die USA	in der DDR in den USA	aus der DDR aus den USA
GENERAL DIRECTION, DESTINATION	zum Rathaus		vom Rathaus
ACTIVITY	zum Essen zur Arbeit	beim Essen bei der Arbeit	vom Essen von der Arbeit
ENCLOSED SPACE			
Building	in die Kirche	in der Kirche	aus der Kirche
Room	ins Zimmer	im Zimmer	aus dem Zimmer
Container	in den Schrank	im Schrank	aus dem Schrank
INSTITUTIONS FREQUENTED BY THE PUBLIC	auf die Post auf die Bank	auf der Post auf der Bank	von der Post von der Bank
HOME	nach Hause	zu Hause	von zu Hause
SOMEONE'S PLACE	zu dir zu meinen Eltern	bei dir bei meinen Eltern	von dir von meinen Eltern
PROFESSIONAL PLACE	zum Arzt	beim Arzt	vom Arzt
SURFACE			
Horizontal	auf den Tisch	auf dem Tisch	vom Tisch
Vertical	an die Wand	an der Wand	von der Wand
BORDER	an die Grenze an den Fluß an den Rand ans Meer	an der Grenze am Fluß am Rand am Meer	von der Grenze vom Fluß vom Rand vom Meer
Idiomatic	aufs Land in die Berge auf die Insel ins Ausland	auf dem Land in den Bergen auf der Insel im Ausland	vom Land aus den Bergen von der Insel aus dem Ausland

SPECIAL PROBLEMS

1. **Bei** or **an**? The preposition **bei** indicates proximity without contact, and **an** indicates contact on one side:

beim Fenster	*by the window*
am Fenster	*at the window*

2. **Zu, in,** or **auf**? The preposition **zu** stresses direction and general destination, **in** is goal-oriented and emphasizes the actual entering of a building, whereas **auf** with buildings frequented by the public points to the activity to be performed there:

Ich gehe **zur** Post.	*(I am going in this direction.)*
Ich gehe **in die** Post.	*(I am entering the office.)*
Ich gehe **auf die** Post.	*(I want to buy stamps.)*

    In everyday speech you can hear all three prepositions used interchangeably in the context of buildings frequented by the public:

Ich muß jetzt **zur** Universität.	
Ich muß jetzt **auf die** Universität.	*I have to go to the university now.*
Ich muß jetzt **in die** Universität.	

3. **An, auf,** or **in**? The choice between them depends on whether the object of these prepositions is conceived as one-, two-, or three-dimensional. **An** is used with one-dimensional borderlines: **Grenze, Wand, Tür, Fenster, Meer, Fluß.**
    Auf is used with two-dimensional objects: **Boden, Stuhl, Tisch, Sofa, Straße.**
    In is used with three-dimensional objects: **Haus, Gebäude, Zimmer, Schrank, Tasche, Wagen, Garten.**

4. **Aus** or **von**? Both prepositions answer the question **woher?** but with people **aus** points to origin and **von** refers to temporary stay:

Sie kommt **aus** München.	*(She was born in Munich or is living there.)*
Sie kommt **von** München.	*(She just arrived here from Munich.)*

5. Note the prepositions that go with **Schule** or **Universität** and **Straße:**

Er geht **auf die** Berufsschule.	*He attends the vocational school.*
Um acht gehen die Kinder **zur/in die** Schule.	*At eight the children go to school.*
Peter studiert **an der** Grazer Universität.	*Peter is a student at Graz University.*
Wir wohnen **in der** Marxstraße.	*We live on Marx Street.*
Ich wohne Rosenstraße 12.	*I live on 12 Rosenstraße.*
Die Kinder spielen **auf der** Straße.	*The children are playing on (in) the street.*

98 Kapitel 4

Übungen

*19. Wohin gehen Sie?

1. Ich gehe _____ Gasthaus, _____ Kino, _____ Bibliothek, _____ Frühstück, _____ Hause, _____ Kirche, _____ Eltern.
2. Sie muß _____ Büro, _____ Arbeit, _____ Friseur, _____ Stadt, _____ Fabrik, _____ Krankenhaus, _____ Keller.
3. Wir fahren _____ Leipzig, _____ Tschechoslowakei, _____ Ausland, _____ Türkei, _____ Frankreich, _____ USA.
4. Ich setze mich _____ Ecke, _____ Tisch, _____ Sofa, _____ Stuhl, _____ Heizung, _____ Fenster.

*20. Wo warst du?

1. Heute abend war ich _____ Konzert, _____ Party, _____Tanzen, _____ Stadt, _____ Restaurant, _____ Theater.
2. Die Kinder spielen _____ Straße, _____ Hof, _____ Garten, _____ Wohnzimmer, _____ Park, _____ Keller.
3. Wir wohnen _____ Stadt, _____ Kaiserstraße, _____ 2. Stock, _____ Land, _____ Bergen, _____ Meer, _____ Donau.
4. Warst du schon _____ Zahnarzt, _____ Robert, _____ Post, _____ Friseur,_____ Markt?

*21. Woher kommt ihr?

1. Wir kommen _____ Arzt, _____ Essen, _____ Arbeit, _____ Hause, _____ Küche, _____ Einkaufen.
2. Dieses Paket kommt _____ Ausland, _____ Sowjetunion, _____ Eltern, _____ USA, _____ Firma.
3. Wir kommen gerade _____ Innsbruck, _____ Land, _____ Frankreich, _____ Strand, _____ Onkel, _____ Meer zurück.

22. Schreiben Sie die Sätze neu!

BEISPIEL: Wir wohnen in der Schweiz. (fahren)
Wir fahren in die Schweiz.

1. Wir setzen uns ans Fenster. (sitzen)
2. Ich gehe in die Küche. (arbeiten)
3. Wir wohnen auf dem Land. (fahren)
4. Sie wartet vor der Kirche. (stehen)
5. Er geht in die Vorlesung. (sein)
6. Stellen wir den Schrank in die Ecke! (stehen)
7. Ich gehe ins Bett. (lesen)
8. Ich fliehe in die USA. (wohnen)
9. Wir gehen ins Restaurant. (essen)
10. Sie sitzt neben ihm. (sich setzen)
11. Fahren wir in die Berge? (skilaufen)
12. Ich habe das Bier in den Keller gebracht. (stehen)

23. Brot bekommen Sie beim Bäcker.

BEISPIEL: *Bitte, wo kann ich Brot bekommen?*
              Brot bekommen Sie beim Bäcker.

Tabletten	Konditorei	Seife	Apotheke
Briefmarken	Markt	Whisky	Metzger
Fleisch	Kiosk	Blumen	Buchhandlung
Kuchen	Supermarkt	Zeitungen	Drogerie
Bücher	Post		

24. Was haben deine Freunde am Wochenende gemacht?

BEISPIEL: Berge fahren/wandern
              Ich bin in die Berge gefahren und gewandert.

Hause bleiben / Garten arbeiten
Konzert sein / Tanzen gehen
Rad fahren / Freundin Tennis spielen
Strand fahren / Sonne liegen
Meer fahren / Strand spazierengehen
Restaurant essen / Party gehen

Adverbs of Place

Adverbs of place indicate a position or a direction. The following positional adverbs answer the question **wo?** Unlike English, these adverbs *never* indicate a direction:

1.	hier	*here*		
	da	*here; there*		
	dort	*there*		
2.	draußen	*outside*	hinten	*in the back*
	drinnen	*inside*	links	*to/on the left*
	oben	*upstairs; above*	rechts	*to/on the right*
	unten	*downstairs; below*	drüben	*over there*
	vorn	*in the front*		

Often various adverbs are combined:

Sein Büro ist **hier rechts**.	*His office is here to the right.*
Er sitzt **dort drüben links**.	*He is sitting over there to the left.*

NOTE:

1.   The adverb **da** may take on the meaning of *here* or *there* depending on the context:

Er ist nicht mehr **da**.	*He is not here anymore.*
Da liegt die Zeitung.	*There is the paper.*

2.   To answer the questions **wohin?** and **woher?** the preposition **nach** or **von**
     must be added to the positional adverbs:

> Wohin gehst du?—Ich gehe **nach** draußen.
> Woher kommst du?—Ich komme **von** oben.

Hin and **her** are very important directional adverbs. Whereas **her** indicates a
direction *toward,* **hin** indicates a direction *away from the speaker or observer:*

> Kommt bitte **herein!**   (The speaker is inside.)
> Geht bitte **hinein!**   (The speaker is outside.)

To form questions, **hin** and **her** are combined with **wo.** The split position is
more colloquial:

> Wohin geht sie jetzt?   **Wo** geht sie jetzt **hin?**
> Woher kommt ihr so spät?   **Wo** kommt ihr so spät **her?**

Hin and **her** are combined with prepositions to indicate the various directions
or motions toward or away from the observer or speaker. The preposition **in**
changes to **ein** in the compound:

aus	hinaus	*out(side)*	heraus
in	hinein	*in(side)*	herein
auf	hinauf	*up(stairs)*	herauf
unter	hinunter	*down(stairs)*	herunter
über	hinüber	*over (there/here)*	herüber

Hin and **her** either by themselves or in compounds function as separable verbal
prefixes:

> Gehen Sie bitte **hin**unter!
> Warum kommt er nicht **her?**
> Ich habe den Koffer schon **hinaus**getragen.

Hin and **her** are often combined with the positional adverbs **hier, da,** and **dort:**

> Legen Sie es bitte **hierher!**   *Lay it here, please.*
> Wie weit ist es bis **dorthin?**   *How far is it to there?*

NOTE:

> *I was there.*   Ich war **dort.**
> *I went there.*   Ich bin **dorthin** gefahren.
>
> *He was here.*   Er war **hier.**
> *He came here.*   Er ist **hierher**gekommen.

Fore reasons of emphasis, **hin-** and **her-**compounds may reinforce the meaning
of a preposition.

> Kommt endlich **ins** Haus **herein.**
> Wir fuhren **durch** die Innenstadt **hindurch.**

Compounds with **hin** and **her** are often shortened in colloquial German so that there is no differentiation made between **hin** and **her.**

hinaus/heraus	raus
hinein/herein	rein
hinauf/herauf	rauf
hinunter/herunter	runter
hinüber/herüber	rüber

> Gehen wir **raus** (= hinaus)!
> Wann kommt ihr **rüber** (= herüber)?

For **hin** and **her** in time adverbs see p. 103.

Übungen

*25. Ergänzen Sie *hin* oder *her*!

1. Gib mir das Buch _____!
2. Ich bin müde. Ich werde mich _____legen.
3. Wo willst du denn jetzt noch _____?
4. Kommst du _____unter, oder soll ich _____aufkommen?
5. Was ist mit ihr passiert?—Sie ist _____gefallen und hat sich weh getan.
6. Wo hast du das Geld _____?
7. Steigen Sie dort die Treppe _____auf!
8. Komm _____ein und setz dich _____!

26. Ergänzen Sie Adverbien mit *hin* oder *her*!

1. Es regnet. Warum gehst du nicht _hin_ ?
2. Geh bitte zu unseren Nachbarn _hin_ und frag sie, ob sie zu einem Glas Wein _her_kommen wollen!
3. Warst du schon in Venedig?—Nein, aber im Sommer fahren wir _hin_.
4. Kommen Sie bitte _her_ und nehmen Sie Platz!
5. Was macht ihr denn da unten? Kommt endlich _her_!
6. Fahren Sie dort über die Brücke _hin_!
7. Was machen die Kinder dort oben auf dem Baum? Sag ihnen, sie sollen _her_kommen!

27. Übersetzen Sie!

1. The bus stop is over there. = _dort drüben_
2. Let's go outside. _hinaus_
3. When did she go there? _hingegangen_ _dort_
4. Put the money here on the table. _Legen Sie das Geld hierher auf dem Tisch._

5.   Tell Michael he should come downstairs.
6.   They are sitting outside.
7.   I asked Mr. Miller to come over.   *Sie bat Herrn Müller herüber zu kommen*

Time Expressions

Time expressions answer the questions **wann** *(when)*, **wie lange** *(how long)*, and **wie oft** *(how often)*. Time expressions are used with and without prepositions.

SPACES OF TIME

der Augenblick, -e	*the moment*
der Moment, -e	
die Sekunde, -n	*second*
die Minute, -n	*minute*
die Stunde, -n	*hour*
der Tag, -e	*day*
die Woche, -n	*week*
der Monat, -e	*month*
das Jahr, -e	*year*
das Jahrzehnt, -e	*decade*
das Jahrhundert, -e	*century*
die Tageszeit, -en	*time of day*
die Jahreszeit, -en	*season*

DAYS AND TIMES OF THE WEEK

The days of the week are masculine:

> Montag, Dienstag, Mittwoch, Donnerstag,
> Freitag, Samstag (Sonnabend), Sonntag
> but: das Wochenende

MONTHS AND SEASONS

The months and seasons are masculine:

> Januar, Februar, März, April, Mai, Juni,
> Juli, August, September, Oktober, November, Dezember
>
> Frühling, Sommer, Herbst, Winter

TIME OF DAY

> der Morgen, der Vormittag, der Mittag, der Nachmittag, der Abend
>
> die Nacht, die Mitternacht

ADVERBS

vorgestern	*the day before yesterday*
gestern	*yesterday*
heute	*today*
morgen	*tomorrow*
übermorgen	*the day after tomorrow*
heute morgen	*this morning*
heute früh	*this morning*
morgen früh	*tomorrow morning*
heute abend	*tonight (before bedtime)*
heute nacht	*tonight (after bedtime)*
tagsüber	*during the day*

TIME ADVERBS WITH *hin* AND *her*

Some time adverbs are compounds of **hin** and **her:**

bisher	*up to now*
seither	*since then*
vorher	*before that*
nachher	*after that*
vorhin	*a while ago*

Her by itself functions as a time adverb:

Es ist zehn Jahre **her.**	*It was ten years ago.*
Es ist erst zwei Wochen **her.**	*It's only been two weeks.*

TELLING TIME

There are two common ways to ask for the time of day:

Wie spät ist es?	*What time is it?*
Wieviel Uhr ist es?	

German has two ways of telling time: official and colloquial. The official time uses the 24-hour clock in timetables, on radio and television, and all official announcements:

8.24 Uhr	acht Uhr vierundzwanzig
23.12 Uhr	dreiundzwanzig Uhr zwölf

The colloquial way uses the 12-hour clock in everyday speech:

8.10 Uhr	Es ist zehn (Minuten) nach acht.
16.15 Uhr	Es ist Viertel nach vier.
	or: Es ist Viertel fünf.
7.20 Uhr	Es ist zwanzig nach sieben.
	or: Es ist zehn vor halb acht.

12.25 Uhr	Es ist fünf vor halb eins.
21.30 Uhr	Es ist halb zehn.
15.35 Uhr	Es ist fünf nach halb vier.
19.40 Uhr	Es ist zehn nach halb acht.
	or: Es ist zwanzig vor acht.
10.45 Uhr	Es ist Viertel vor elf.
	or: Es ist drei Viertel elf.
6.50 Uhr	Es ist zehn vor sieben.

DEFINITE TIME, DURATION OF TIME, AND INDEFINITE TIME

To indicate definite time without a preposition, German uses the accusative case:

Ich komme **nächsten Sonntag** zurück.	*I'll return next Sunday.*
Wir gehen **jeden Abend** spazieren.	*We take a walk every night.*

Duration of time is also expressed in the accusative case:

Es regnete **den ganzen Tag.**	*It rained all day.*

Memorize the following expressions:

diese Woche	*this week*
vorige Woche	*last week*
den ganzen Tag	*all day*
jeden Tag	*every day*

To express indefinite time, German uses the genitive case:

Eines Tages traf ich ihn auf der Straße.	*One day I met him on the street.*

ADVERBS OF REPETITION AND DURATION

To answer the question **wie lange?** *(how long?)*, German adds the suffix **-lang** to the plural of nouns:

stundenlang	*for hours*
tagelang	*for days*
wochenlang	*for weeks*
monatelang	*for months*
jahrelang	*for years*

Es hat **wochenlang** geregnet.	*It rained for weeks.*

With specific time indications **lang** is optional:

Ich habe **zwei Stunden (lang)** auf dich gewartet.	*I waited for you for two hours.*
Zwei Jahre (lang) hat er nicht geschrieben.	*He didn't write for two years.*

To express habitual time, days of the week and times of the day become adverbs:

Wir spielen **donnerstags** Karten.	*On Thursdays we play cards.*
Er ist **vormittags** zu Hause.	*He is at home in the mornings.*

To answer the question **wie oft?** *(how often? how many times?)*, German adds the suffix **-mal** to cardinal numbers, and the noun **Mal** to ordinal numbers:

einmal	*once*
zweimal	*twice*
dreimal	*three times*
zehnmal	*ten times*

Ich habe ihn erst **zweimal** gesehen.	*I have only seen him twice.*

das erste Mal	*the first time*
das zweite Mal	*the second time*

Das erste Mal brauchst du nichts zu bezahlen.	*The first time you don't have to pay.*

Memorize the following expressions:

diesmal	*this time*
jedesmal	*each time*
zum ersten Mal	*for the first time*
zum letzten Mal	*for the last time*

*Never use **Zeit** in expressions answering "how many times?"*

Time Expressions: Survey

Hours of the Day

um	Der Film beginnt **um** neun.	*The film starts at nine.*

Times of the Day

am	**Am** Vormittag habe ich Zeit.	*In the morning I have time.*
	Er ruft dich **am** Abend an.	*He will call you in the evening.*
in	Sie kamen spät **in der** Nacht an.	*They arrived late at night.*

Days and Times of the Week

am	Was macht ihr **am** Samstag?	*What are you doing on Saturday?*
—	Mittwoch bin ich beim Arzt.	*Wednesday I'll be at the doctor's.*
am	Wir besuchen ihn **am** Wochenende.	*We will visit him on the weekend.*

Holidays

zu	**Zu** Weihnachten haben wir Besuch.	*We will have guests over Christmas.*

Month

im	Das Semester beginnt **im** Mai.	*The semester starts in May.*

Season

im	**Im** Sommer sind wir in Europa.	*We'll be in Europe in the summer.*

Date

am	Ich bin **am** 29. Februar geboren.	*I was born on February 29.*

Year

—	1982 waren wir in Norwegen.	*In 1982 we were in Norway.*
im Jahr(e)	**Im Jahr(e)** 1982 waren wir in Norwegen.	*In the year 1982 we were in Norway.*

Definite Time

Acc.	Ich sehe sie **jeden Abend.**	*I see her every night.*
	Salzburg, **den** 12. April	*Salzburg, April 12*

Duration

Acc.	Er hat **den ganzen Tag** gearbeitet.	*He worked all day.*

Indefinite Time

Gen.	**Eines Abends** traf ich sie im Konzert.	*One night I met her at a concert.*

When? Past Time

vor + Dat.	Sie ist **vor einer Stunde** angekommen.	*She arrived an hour ago.*

When? Future Time

in + Dat.	**In einem Jahr** kann viel passieren.	*A lot can happen in a year.*

How long? Future Time

auf/für + Acc.	Wir fahren **auf eine Woche (für eine Woche)** in die Berge.	*We'll go to the mountains for a week.*

For how long? Past to Present

| seit | Ich bin **seit einer** Woche hier. | *I have been here for a month.* |

Since when? Past to Present

| seit | Ich weiß es **seit letztem Montag.** | *I have known it since last Monday.* |

How long?

| -lang | Es regnete **stundenlang.** | *It rained for hours.* |
| (lang) | Du warst **zwei Stunden (lang)** am Telefon. | *You were on the phone for two hours.* |

How often?

| -mal | Ich habe **dreimal** angerufen. | *I called three times.* |
| Mal | Sind Sie **zum ersten Mal** hier? | *Are you here for the first time?* |

NOTE:
1. *Two-way prepositions* in time expressions take the following cases:

> **an, in,** and **vor** always dative
> **auf** and **über** always accusative

2.   DATE

There are two common ways to ask the date:

> Der wievielte ist heute?   *What's the date today?*
> Den wievielten haben wir heute?

The corresponding answers are:

> Heute ist der zwölfte Mai.   *Today is the twelfth of May.*
> Heute haben wir den zwölften Mai.

At the head of a letter one should write location and date:

> München, den 12. Mai 1984

3.   YEAR

The preposition **in** is *not* used before *year.* German has the choice between the following:

> Ich bin **1982** in Spanien gewesen.
> Ich bin **im Jahr(e)** 1982 in Spanien gewesen.

4.   THE PREPOSITION *for*

In the context of time expressions, *for* is an important preposition in English, but it can only occasionally be translated as **für** into German:

I have been working here for years.	Ich arbeite hier schon **seit Jahren (jahrelang)**.
We waited for hours.	Wir haben **stundenlang** gewartet.
I have been in Rome for a month.	Ich bin **seit einem Monat** in Rom.
It happened for the first time.	Es ist **zum ersten Mal** passiert.

Only in the following instance *for* may be translated as **für** (or **auf**): to express duration in the *future* with motion verbs.

| *I will go to Belgium* for a week. | Ich fahre **für eine Woche** (= **auf eine Woche**) nach Belgien. |

5.   PAST SITUATIONS

Distinguish between the following situations: all "past" situations use the accusative case (+ **lang**) with the verb in the simple past or present perfect tense; "up to now" situations use the preposition **seit** with the verb in the present tense.

| *I lived in Nuremberg* for two years. | Ich wohnte **zwei Jahre (lang)** in Nürnberg. |
| *I have been living in Nuremberg* for two years. | Ich wohne **seit zwei Jahren** in Nürnberg. |

Übungen

√ *28. Ergänzen Sie!

1. Wann kommst du?—Ich komme _____ Dienstag, _____ vier, _____ April, _____ Wochenende, _____ Herbst, _____ Abend, _____ Frühling, _____ Woche, _____ Monat.
2. Was macht ihr nächst_____ Mittwoch, _____ Sommer, _____ Neujahr, _____ Abend, dies_____ Wochenende, _____ Weihnachten?
3. Wann bist du angekommen?—_____ Woche, _____ Sonntag, _____ Monat, _____ drei Tagen, _____ Jahr, letzt_____ Freitag.
4. Seit wann ist er hier?—_____ Dienstag, _____ Woche, _____ Jahr, _____ zwei Monaten, _____ letzt_____ Freitag.

29. Ergänzen Sie!

1. Dieses Bild ist _____ vom _____ 16. Jahrhundert.
2. Warst du schon früher hier?—Nein, ich bin _____ ersten _____ Mal in Florenz.
3. Herzliche Glückwünsche _____ zur _____ Hochzeit.
4. Diese Arbeit muß _____ am _____ 1. September fertig sein.
5. Georg Büchner lebte _____ vom _____ 1813 _____ bis _____ 1837.
6. Wir fahren _____ in _____ vier Wochen weg.
7. Ich werde das Buch _____ am _____ Montag lesen.
8. Er ist _____ vorigen _____ Monat angekommen.

9. Wie lange dauert die Reparatur?—Zwei Tage.—Dann komme ich
~~übermorgen~~ wieder.
10. Ich fahre morgen ~~für einen~~ Tag aufs Land.
11. Das Semester beginnt _am_ 1. Oktober.

30. Übersetzen Sie!

1. We have been living in Salzburg for a year.
2. I waited for an hour. _Ich habe ein Stunde gewartet_
3. You have been on the phone for more than an hour.
4. I lived in Belgrad for a year.
5. He has been playing soccer for years.
6. I was a student at Tübingen University for five years.
7. I have been waiting for you since this morning.
Ich warte auf dich seit heute morgen.

31. Übersetzen Sie!

1. It's 25 minutes past 9.
2. She's leaving on Tuesday.
3. I have only seen the film once.
4. We have been waiting for hours.
5. He will visit us next Sunday.
6. What's the date today?
7. Tomorrow morning we have to get up at 6.
8. At night we usually stay at home.
9. See you next Monday.
10. I studied all day.
11. We called you four times.
12. I talked to her an hour ago.
13. I'll tell you someday.
14. It's been three years.

32. Übersetzen Sie!

1. I was born in 1956.
2. On Sundays we go to church.
3. Can you wait a moment?
4. What are you doing tonight?
5. She will return in a week.
6. They arrived an hour ago.
7. I'll go to the beach for a day.
8. Next time I will make it clear to him.
9. Shall we meet before or after dinner?
10. Are you working on Saturday?

33. Setzen Sie die folgenden Sätze in die Vergangenheit!

BEISPIEL: Er kehrt in einem Jahr in die Türkei zurück.
Er ist vor einem Jahr in die Türkei zurückgekehrt.

1.   Nächste Woche fahre ich zu meinen Eltern.
2.   Übermorgen kommt er an.
3.   Im nächsten Jahr bewerbe ich mich bei Bayer.
4.   Der Film beginnt gleich.
5.   In zwei Monaten bin ich im Ausland.

34. Ändern Sie die Sätze!

BEISPIEL: Wir sind vor zehn Minuten nach Hause gekommen. (sein)
Wir sind seit zehn Minuten zu Hause.

1.   Der Film hat vor 15 Minuten begonnen. (laufen)
2.   Wir sind vor einem Jahr ins Ausland gezogen. (wohnen)
3.   Ich habe sie vor drei Jahren kennengelernt. (kennen)
4.   Mein Großvater ist vor ein paar Jahren gestorben. (tot sein)
5.   Ich habe das Geld vor 10 Minuten auf den Schreibtisch gelegt. (liegen)
6.   Er ist vor einer halben Stunde eingeschlafen. (schlafen)
7.   Ich bin erst vor 5 Minuten aufgewacht. (wach sein)
8.   Sie wurde vor einem Jahr unsere neue Chefin. (sein)

Kapitel 5
Arbeit und Freizeit

The General Subjunctive

Wortschatz

Substantive

die Angelegenheit, -en *affair; business*
die Begeisterung *enthusiasm*
das Boot, -e *boat*
das Fließband, ̈er *assembly line*
die Gleichberechtigung *equal rights*
die Küste, -n *coast*
die Leistung, -en *achievement,*
    accomplishment
der Meister, - *foreman*
der Rand, ̈er *edge; border; margin*
die Schachtel, -n *box*
die Schicht, -en *(work) shift; stratum*
die Seele, -n *soul*
die Unterhaltung, -en *conversation;*
    entertainment
die Verantwortung, -en *responsibility*

Verben

an·fangen (ä,i,a) mit *to begin with; to do*
    with
an·sehen (ie,a,e) als + Akk. *to consider*
    something to be
(sich) auf·regen *to get upset, to upset*
sich aus·drücken *to express*
sich beklagen über + Akk. *to complain*
    about
blicken *to look*
entstehen (entstand, [ist] entstanden) *to*
    originate; to start

fangen (ä,i,a) *to catch*
fließen (o, [ist] geflossen) *to flow, to run*
fort·fahren (ä,u,a) *to continue*
kündigen + Dat. *to give notice; to lay*
    off
stecken *to put; to stick*
steigen (ie, [ist] ie) *to climb; to increase*
sich vor·nehmen (nimmt vor, nahm vor,
    vorgenommen) *to make plans*

Adjektive, Adverbien

ewig *eternal*
gleichzeitig *simultaneously*
günstig *favorable*
höflich *polite*
regelmäßig *regularly*
sinnvoll *meaningful*
spätestens *at the latest*
tatsächlich *indeed, really*
vorwärts *forward*
zufällig *by chance*

Andere Wörter

beschäftigt sein *to be employed; to be*
    busy; to work
einverstanden sein mit *to agree with*
sich scheiden lassen (läßt, ließ,
    lassen) *to get a divorce*
Schluß machen *to finish*

The General Subjunctive

The *indicative mood* expresses what is real, certain, and definite:

Er **ist** nicht hier.
Das **weiß** ich nicht.
Wenn es mir besser **geht, komme** ich
    mit.

He is not here.
I don't know that.
If I am feeling better, I'll come along.

The *subjunctive mood* expresses what is unreal, uncertain, hypothetical, possible, and indefinite. It is also used to make polite requests and to report what has been said.

WISHES

Wenn ich nur Zeit **hätte!**

If only I had time.

UNREAL (CONTRARY-TO-FACT) CONDITIONS

Wenn es mir besser **ginge, würde** ich **mitkommen.**   *If I felt better, I would come along.*

HYPOTHETICAL STATEMENTS

Wir **würden** lieber mit dem Zug **fahren.**   *We would rather go by train.*

Das **könnte** dein Bruder **sein.**   *That could be your brother.*

Ich **hätte** ihn nicht **angerufen.**   *I wouldn't have called him.*

POLITE REQUESTS, STATEMENTS, AND QUESTIONS

Könnten Sie mir **helfen?**   *Could you help me?*

Wir **sollten** jetzt **gehen.**   *We should go now.*

UNREAL COMPARISONS

Ihr war, als **wäre** sie **krank.**   *She felt as if she were sick.*

INDIRECT DISCOURSE (SEE KAPITEL 9)

Er sagte, er **müßte** noch **arbeiten.**   *He said he still had to work.*

There are two sets of subjunctive forms.

1. The *general subjunctive* (also called Subjunctive II), by far the most important, is derived from the simple past and the past perfect indicative:

    Er sagte, er **läge** im Krankenhaus, weil er einen Unfall **gehabt hätte.**

2. The *special subjunctive* (also called Subjunctive I) is used mainly as an alternate form in indirect discourse. Its usage will be discussed later (see Kapitel 9). It is derived from the present tense and the present perfect indicative:

    Er sagte, er **liege** im Krankenhaus, weil er einen Unfall **gehabt habe.**

In contrast to the varied tenses of the indicative, the subjunctive has only two tenses. We distinguish *present time* and *past time* subjunctive.

	Indicative	General Subjunctive	
PRESENT TENSE FUTURE	Ich gehe nach Hause. Ich werde nach Hause gehen.	PRESENT TIME	Ich ginge nach Hause.
SIMPLE PAST PRESENT PERFECT PAST PERFECT	Ich ging nach Hause. Ich bin nach Hause gegangen. Ich war nach Hause gegangen.	PAST TIME	Ich wäre nach Hause gegangen.

General Subjunctive: Present Time

In English the simple past tense forms of the indicative are identical with the present time forms of the subjunctive:

SIMPLE PAST INDICATIVE   *They* were *here last night.*

PRESENT SUBJUNCTIVE   *If they* were *here now, you could talk to them.*

The verb form *were* is used to serve two purposes:

1.   To express a past time situation in the indicative mood.
2.   To express a present time situation in the subjunctive mood.

German follows a similar pattern. The present time forms of the general subjunctive in German are either identical with the simple past forms of the indicative (weak verbs), or they are derived from them (all other verbs).

The endings of the present time subjunctive are the same *for all verbs:*

ich	-e
du	-est
er	
sie	-e
es	
wir	-en
ihr	-et
sie	-en
Sie	-en

WEAK VERBS

The present time of the general subjunctive is identical with the simple past of the indicative:

ich	fragte	arbeitete
du	fragtest	arbeitetest
er		
sie	fragte	arbeitete
es		
wir	fragten	arbeiteten
ihr	fragtet	arbeitetet
sie	fragten	arbeiteten
Sie	fragten	arbeiteten

The verb forms **fragte** and **arbeitete** are ambiguous. Context and sentence structure, however, should make the implied mood clear.

Indicative Past	Sie **fragte** mich nicht.	*She didn't ask me.*
Subjunctive Present	Wenn sie mich nur **fragte**!	*If only she would ask me.*

STRONG VERBS

Strong verbs have distinct subjunctive forms. The present time of the general subjunctive is derived from the simple past indicative. To the simple past stem (**war-, fuhr-, blieb-**) add the subjunctive endings listed above and add an umlaut whenever possible (**a,o,u**).

	Indicative Past	Subjunctive Present	Indicative Past	Subjunctive Present	Indicative Past	Subjunctive Present
ich	war	wäre	fuhr	führe	blieb	bliebe
du	warst	wär(e)st	fuhrst	führ(e)st	bliebst	bliebest
er						
sie	war	wäre	fuhr	führe	blieb	bliebe
es						
wir	waren	wären	fuhren	führen	blieben	blieben
ihr	wart	wär(e)t	fuhrt	führ(e)t	bliebt	bliebet
sie	waren	wären	fuhren	führen	blieben	blieben
Sie	waren	wären	fuhren	führen	blieben	blieben

In spoken German the **-e-** in the second persons singular and plural is generally omitted in forms that have an umlaut and thus are clearly distinct from the indicative: **du wärst, du führst, ihr wärt, ihr führt.**

The following verbs have irregular subjunctive forms that are considered archaic and therefore are generally substituted by a **würde**-paraphrase (see p. 117):

	Indicative Past	Subjunctive Present
helfen	sie half	sie hülfe
sterben	sie starb	sie stürbe
werfen	sie warf	sie würfe

The verb **stehen** has two alternate forms:

sie stände
sie stünde

MODAL VERBS

The modals **wollen** and **sollen** have identical forms in the simple past indicative and the present subjunctive. The other modal verbs add an umlaut to the simple past forms indicative:

ich	könnte	dürfte	müßte	möchte
du	könntest	dürftest	müßtest	möchtest
er sie es	könnte	dürfte	müßte	möchte
wir	könnten	dürften	müßten	möchten
ihr	könntet	dürftet	müßtet	möchtet
sie	könnten	dürften	müßten	möchten
Sie	könnten	dürften	müßten	möchten

MIXED VERBS

The following verbs have irregular subjunctive forms in that they have an **-e-** rather than an **-ä-** in the present time general subjunctive:

	Indicative	Subjunctive
brennen	sie brannte	sie brennte
kennen	sie kannte	sie kennte
nennen	sie nannte	sie nennte
senden	sie sandte	sie sendete
wenden	sie wandte	sie wendete

The verbs **haben, bringen, denken,** and **wissen** add an umlaut to their simple past forms in the indicative:

ich	hätte	brächte	dächte	wüßte
du	hättest	brächtest	dächtest	wüßtest
er sie es	hätte	brächte	dächte	wüßte
wir	hätten	brächten	dächten	wüßten
ihr	hättet	brächtet	dächtet	wüßtet
sie	hätten	brächten	dächten	wüßten
Sie	hätten	brächten	dächten	wüßten

Übungen

*1. Setzen Sie in den Konjunktiv!

BEISPIEL: Wenn wir es machen, . . .
Wenn wir es machten, . . .

1. Wenn ich dich abhole, . . .
2. Wenn du ihm Bescheid sagst, . . .
3. Wenn wir ihm ein Paket schicken, . . .
4. Wenn ihr mir zuhört, . . .
5. Wenn du dich besser ausdrückst, . . .
6. Wenn ich etwas feststelle, . . .
7. Wenn sie sich beeilt, . . .
8. Wenn er länger arbeitet, . . .

2. Ergänzen Sie die Konjunktivformen!

1. Wenn er nur endlich _____ (anfangen)!
2. Wir _____ (bleiben) lieber zu Hause.
3. Wenn er einverstanden _____ (sein), _____ (lassen) wir uns scheiden.
4. Wenn der Regen nur endlich _____ (aufhören)!
5. Ich wünschte, ihr _____ (können) mitkommen!
6. Wenn ihr mitkommen _____ (dürfen), _____ (sein) es sehr schön.
7. Wenn du nur mehr Geduld _____ (haben)!
8. Wenn du ihr heute _____ (schreiben), _____ (bekommen) sie den Brief spätestens am Freitag.
9. Ich _____ (lesen) lieber etwas anderes.
10. Wenn er nur Bescheid _____ (wissen)!
11. Das _____ (tun) mir sehr leid.
12. Es _____ (gehen) mir viel besser, wenn ich nicht am Fließband arbeiten _____ (müssen).

The *würde*-Paraphrase

In English, *would* + infinitive functions as an alternate for the subjunctive:

> *If only he* came.
> *If only he* would come.

In German, **würde** + infinitive is an alternate form for the general subjunctive. There is no difference in meaning between the following sentences:

> Wenn er nur endlich **käme!**
> Wenn er nur endlich **kommen würde!**

Würde + infinitive corresponds to English *would* + infinitive.

Würde is the present time subjunctive form of **werden:**

ich	würde
du	würdest
er	
sie	würde
es	
wir	würden
ihr	würdet
sie	würden
Sie	würden

In written and formal German the subjunctive forms are preferred. In spoken and colloquial German the **würde**-paraphrase is becoming more and more the dominant form. In particular **würde** + infinitive is preferred:

1. with weak verbs to avoid ambiguity because they have identical forms in the simple past indicative and present time subjunctive:

    Ich **würde** mich lieber nicht **beklagen.**   *I would rather not complain.*

2. with verbs with irregular subjunctive forms:

ich würde helfen	*instead of:* ich hülfe
ich würde sterben	ich stürbe
ich würde kennen	ich kennte

    Es **wäre besser,** wenn du ihr **helfen würdest.**

For further applications of **würde** + infinitive see the following paragraphs.

NOTE:
The subjunctive forms—rather than the **würde**-paraphrase—should be used with **haben, sein,** and the modals:

    Wenn du **wolltest, könntest** du viel mehr **schaffen.**
    Wenn wir einen Fernseher **hätten, wären** wir sehr **glücklich.**

Übungen

3. Gebrauchen Sie die Umschreibung mit *würde!*

BEISPIEL: Wir kennen uns nicht aus.
             Wir würden uns nicht auskennen.

1. Du leihst dir Geld.
2. Sie weiß nicht Bescheid.
3. Du hilfst ihr bestimmt.
4. Er geht zu Fuß.

5. Ich trinke nichts.
6. Ihr belegt einen Sprachkurs.
7. Ich nehme nicht an der Reise teil.
8. Wir wenden uns an die Polizei.

4. Hättest du Lust . . .?

BEISPIEL: ans Meer fahren/in den Bergen wandern
   Hättest du Lust, ans Meer zu fahren?
   Ich würde eigentlich lieber in den Bergen wandern.

ein Glas Wein trinken/etwas essen
ein Buch lesen/schlafen gehen
feiern/sich ausschlafen
frühstücken/im Bett bleiben
anrufen/einen Brief schreiben
im Restaurant essen/zu Hause bleiben
zu Fuß gehen/ein Taxi nehmen
kündigen/mehr Gehalt fordern

General Subjunctive: Past Time

The past time subjunctive is used to make hypothetical statements about the past, to express that something might have happened but did not:

> *If I had known . . .*
> *I wish I could have talked to him.*

In English the past perfect forms of the indicative are identical with the past time forms of the subjunctive:

INDICATIVE PAST PERFECT   *Unfortunately, I* had *not* known *that.*

SUBJUNCTIVE PAST TIME   *If I* had known *that, I* would have told you.

The past time of the general subjunctive in German is also derived from the past perfect tense of the indicative:

> Wenn ich das **gewußt hätte, wäre** ich   *If I* had known *that, I* would have stayed
>   zu Hause **geblieben.**   *at home.*

The past time of the general subjunctive consists of forms of **wäre** or **hätte** and the past participle:

$$\left. \begin{array}{l} \text{hätte} \\ \text{wäre} \end{array} \right\} + \text{past participle}$$

English uses the past perfect forms of the indicative or *would have* + past participle to express a past time subjunctive.

There is no **würde**-*paraphrase in the past time subjunctive in German.*

General Subjunctive of Modals: Past Time

Modal verbs use the double-infinitive construction to form their perfect tenses (see pp. 35 and 38). The past time subjunctive of modal verbs is derived from the past perfect of the indicative:

INDICATIVE	Sie **hatte** warten **müssen.**	*She had had to wait.*
SUBJUNCTIVE	Sie **hätte** warten **sollen.**	*She should have waited.*

The past time of the general subjunctive in German follows this pattern:

> hätte + infinitive + modal (infinitive)

Compare the following constructions in German and English:

Ich **hätte** ihn **anrufen sollen.**	*I should have called him.*
Sie **hätte** etwas **sagen können.**	*She could have said something.*
Ihr **hättet** uns nicht **abzuholen brauchen.**	*You wouldn't have needed to pick us up.*

In a dependent clause **hätte** *precedes* the double infinitive (see p. 190):

Ich bin sicher, daß du **hättest mitkommen können.**	*I am sure that you could have come along.*

Übungen

*5. Ich hätte es nicht gemacht.

BEISPIEL: Er hat ihm geschrieben.
Ich hätte ihm nicht geschrieben.

1. Er hat sich beklagt.
2. Sie hat sich scheiden lassen.
3. Sie haben den Vertrag unterschrieben.
4. Sie sind dageblieben.
5. Er hat den Zug verpaßt.
6. Sie ist mitgefahren.
7. Sie hat ihn eingeladen.
8. Er hat die Prüfung bestanden.

6. Ich hätte es auch machen können.

> BEISPIEL: Er ist mitgefahren. (können)
> *Ich hätte auch mitfahren können.*

1. Sie ist dageblieben. (wollen)
2. Sie hat den Fernseher repariert. (können)
3. Er hat die Frage nicht beantwortet. (können)
4. Sie ist früher gekommen. (müssen)
5. Sie hat ihn angerufen. (sollen)
6. Sie haben sich entschuldigt. (müssen)
7. Er hat die Arbeit nicht getan. (wollen)

Wishes in the General Subjunctive

Contrary-to-fact wishes are expressed in the subjunctive mood:

> **INDICATIVE** *I don't have time.*
>
> **SUBJUNCTIVE** *I wish I had time.*

To express wishes in the general subjunctive, German uses one of the following patterns.

1. Present time subjunctive forms of **wollen** or **wünschen** as introduction, followed by a main clause:

Ich **wollte,** du könntest mitkommen.	*I wish, you could come along.*
Ich **wünschte,** du hättest mitkommen können.	*I wish, you could have come along.*

2. A **wenn**-clause with the verb in last position. **Nur** or **doch nur** *(only)* is added as intensifier after the subject and object pronouns:

Wenn sie doch nur **anriefe!**	*If only she would call.*
Wenn du ihn nur **hättest sehen können!**	*If only you could have seen him.*

3. The conjunction **wenn** may be omitted. The conjugated verb is in first position. This construction is less common:

Hätte ich es nur gewußt!	*If only I had known.*

The **würde**-paraphrase may be used except for **haben, sein,** and the modals:

Ich wünschte, ihr **würdet** länger bleiben.	*I wish you would stay longer.*

Übungen

*7. Ergänzen Sie!

1. Sie geht nicht zum Arzt. Ich wünschte,
2. Ich kann nicht einschlafen. Wenn . . .
3. Das Fließband steht nicht still. Ich wollte,
4. Er ist nicht einverstanden. Ich wünschte,
5. Wir dürfen sie nicht besuchen. Wenn . . .
6. Sie kehrt nicht zurück. Ich wollte,
7. Wir wissen nicht Bescheid. Wenn . . .
8. Er interessiert sich nicht dafür. Ich wollte,

8. Übersetzen Sie!

1. If only we had more time.
2. I wish I could talk to her.
3. If only she liked me.
4. I wish I could speak better French.
5. I wish they would go home.
6. If only I were young again.
7. I wish we could afford this house.
8. If only you wouldn't drive so fast.

9. Ich wünschte . . .!

BEISPIEL: Kommt er mit?
Nein, aber ich wünschte, er käme mit.

Liebt sie dich?
Weißt du die Antwort?
Laßt ihr euch scheiden?
Haben Sie einen Porsche?
Sind Sie Professor?
Glaubt er dir?
Bekommt ihr mehr Lohn?
Spielt es eine Rolle?

*10. Ergänzen Sie!

1. Wir hatten keine Zeit. Wenn . . .
2. Sie kamen zu spät. Wenn . . .
3. Er konnte nicht mitkommen. Ich wünschte,
4. Du hast dich nicht beworben. Ich wünschte,
5. Sie hat gekündigt. Wenn . . .
6. Ihr konntet uns nicht besuchen. Wenn . . .
7. Du bist nicht geblieben. Ich wollte,

11. Übersetzen Sie!

1. If only he had been here.
2. If only I could have talked to them.
3. I wish she would have let me know.
4. If only I had had enough money.
5. I wish I could have met her.
6. I wish you wouldn't have asked that question.
7. If only I could have helped.

12. Zu spät!

BEISPIEL: Warum haben wir den Dörfelts nicht die Bratpfanne geschenkt?
Ich wünschte, wir hätten ihnen die Bratpfanne geschenkt!

1. Warum hast du Frau Dörfelt eine Schlampe genannt?
2. Warum habe ich sie geschlagen?
3. Warum konnten wir nicht mit ihnen sprechen?
4. Warum haben wir uns ein Gewehr gekauft?
5. Warum haben wir nicht auf dich gehört?
6. Warum haben wir uns nicht an die Polizei gewandt?
7. Warum haben wir ausgerechnet eine Atomkanone gekauft?

Unreal (Contrary-to-Fact) Conditions

A conditional sentence consists of a **wenn**-clause (*if*-clause) that states the condition and a conclusion. The condition may precede or follow the conclusion:

Wenn ich Zeit **hätte, würde** ich euch abholen.
Ich **würde** euch abholen, wenn ich Zeit **hätte.**

The indicative mood is used in "open" conditions, that is, conditions that are real and that may be fulfilled:

Wenn ich genug Geld habe, fahre ich nach Europa.	*When I have enough money, I'll go to Europe.*

The subjunctive mood is used in unreal conditions, that is, conditions that are contrary-to-fact, conditions that are just imagined:

Wenn ich du **wäre, würde** ich nach Frankreich **fahren.**	*If I were you, I would go to France.*

Note the difference between "open" conditions in the indicative mood and "contrary-to-fact" conditions in the subjunctive mood:

Wenn ich genug Geld **habe, fahre** ich nach Italien.	*When I have enough money, I'll go to Italy.*
Wenn ich genug Geld **hätte, würde** ich nach Italien **fahren.**	*If I had enough money, I would go to Italy.*

Except with **haben, sein,** and the modals the **würde**-paraphrase is common in the conclusions. Also in the conditions the **würde**-paraphrase is gaining more and more ground in colloquial German, especially with weak verbs. However, the pattern below still occurs more often than not and is therefore to be followed:

Condition	Conclusion
wenn . . . present time subjunctive	**würde, könnte,** etc. . . . infinitive

Wenn es mir besser ginge, würde ich mitkommen.
Wenn wir Deutsch lernten, könnten wir in Heidelberg studieren.

Contrary-to-fact conditions may occur in *past situations:*

Wenn es nicht geregnet hätte, wäre ich an den Strand gefahren.
If it had not rained, I would have gone to the beach.

Wenn ihr schon gestern hättet fahren wollen, hättet ihr mir Bescheid sagen müssen.
If you had wanted to leave already yesterday, you should have told me.

The conclusion is often introduced by **dann** or **so:**

Wenn ich das gewußt hätte, **dann** wäre das nicht passiert.
Wenn ich das gewußt hätte, **so** wäre das nicht passiert.

It is not uncommon in spoken and written German to omit the conjunction **wenn** in conditions. In these instances the conjugated verb is in first position; **dann** or **so** occurs quite often in the conclusion.

Wäre ich klug, so **würde** ich anderswo **arbeiten.**
Were I smart, I would work somewhere else.

Hättest du angerufen, dann **hätte** ich **gewartet.**
Had you called, then I would have waited.

Sometimes an adverbial phrase in the main clause may replace the **wenn**-clause:

Bei schönem Wetter wären wir aufs Land gefahren.
= **Wenn das Wetter schön gewesen wäre,** wären wir . . .
Ohne dich hätten wir es nie geschafft.
= **Wenn du nicht gewesen wärst,** hätten wir . . .

Übungen

13. Setzen Sie die Sätze in den Konjunktiv der Gegenwart und der Vergangenheit!

BEISPIEL: Wenn ich Zeit habe, komme ich mit.
Wenn ich Zeit hätte, würde ich mitkommen.
Wenn ich Zeit gehabt hätte, wäre ich mitgekommen.

1. Wenn das Wetter schön ist, gehen wir spazieren.
2. Wenn ihr zu spät aufsteht, verpaßt ihr den Zug.
3. Wenn er vorsichtiger fährt, hat er keinen Unfall.
4. Wenn wir mehr verdienen, müssen wir höhere Steuern zahlen.

5. Wenn ich reich bin, leihe ich dir Geld.
6. Wenn sie mehr lernt, besteht sie die Prüfung.
7. Wenn ihr mitkommt, macht es mehr Spaß.
8. Wenn du bleiben kannst, freue ich mich.

*14. Schreiben Sie die Sätze im Konjunktiv!

1. Wenn ich 20 Jahre alt bin, suche ich mir anderswo eine Arbeit.
2. Wenn man mich fragt, sage ich ,,Nein''.
3. Wenn Sie hier bleiben wollen, müssen Sie sich an die Fließbandarbeit gewöhnen.
4. Wenn mich meine Frau verläßt, ist es mir fast lieber.
5. Wenn ich es noch 2 Jahre ertrage, dann habe ich hier 25 Jahre gearbeitet.
6. Wenn ich zur Inspektion gehöre, geht es mir besser.
7. Wenn ich Meister bin, bin ich stolz auf meine Leistung.
8. Wenn ich keinen Fernseher habe, kann ich das Leben nicht ertragen.

15. Übersetzen Sie!

1. If I knew his phone number, I would call him.
2. If the suit weren't so expensive, I would buy it.
3. What would you do if they invited you?
4. If I were you, I would be very proud of my daughter.
5. If I had been a foreman, I would have had more responsibility.
6. We all would be glad if we could return to our homeland.
7. It would be much better if the teacher would treat him like the other boys.

16. Schreiben Sie die Sätze zu Ende!

1. Es wäre viel besser gewesen,
2. Wenn ich perfekt Deutsch könnte,
3. Wenn es nicht so weit gewesen wäre,
4. Was hätten Sie getan,
5. Was würdest du tun,
6. Wenn ich Ferien hätte,
7. Wohin würdet ihr fahren,
8. Wenn sie sich hätte scheiden lassen,

17. Transformieren Sie die Sätze!

BEISPIEL: Wenn du auf mich gehört hättest, wäre das nicht passiert.
Hättest du auf mich gehört, dann wäre das nicht passiert.

1. Wenn du langsamer gefahren wärst, hätte es keinen Unfall gegeben.
2. Wenn du mich angerufen hättest, hätte ich dich vom Bahnhof abgeholt.
3. Wenn es nicht regnen würde, könnten wir draußen sitzen.
4. Wenn ich deine Adresse gewußt hätte, hätte ich dir geschrieben.
5. Wenn er mitkäme, wären wir zu fünft.

6. Wenn man mir kündigen würde, müßte ich mich um eine andere Stelle bewerben.
7. Wenn er pünktlich wäre, brauchten wir jetzt nicht zu warten.
8. Wenn sie sich erkundigt hätte, wüßten wir jetzt Bescheid.

18. Es wäre besser, wenn . . .

> BEISPIEL: Schreiben wir einen Brief!
> *Ja, es wäre besser, wenn wir einen Brief schrieben.*

Bleiben wir zu Hause!
Fangen wir mit der Arbeit an!
Beeilen wir uns!
Rufen wir sie an!
Fahren wir heim!
Lassen wir uns Zeit!
Helfen wir ihnen!
Sprechen wir mit ihm!

19. Wenn ich Meister wäre, . . .

> BEISPIEL: Ich spüre Verantwortung.
> *Wenn ich Meister wäre, würde ich Verantwortung spüren.*

Meine Arbeit füllt mich aus.
Ich bin stolz auf meine Leistung.
Die Arbeit macht mir Spaß.
Ich bin abends nicht immer so erledigt.
Ich brauche nicht in Schichten zu arbeiten.
Ich kann mir vielleicht ein Haus leisten.
Ich kann meine Freizeit sinnvoll ausfüllen.
Ich habe viele Hobbys.

20. Was meinen Sie?

> BEISPIEL: Soll ich nach Frankreich oder nach Italien fahren?
> *Wenn ich Sie wäre, würde ich nach Italien fahren.*

Soll ich mir einen Porsche oder einen Ferrari kaufen?
Soll ich Petra oder Paula heiraten?
Soll ich Deutsch oder Französisch lernen?
Soll ich das rote oder das grüne Kleid nehmen?
Soll ich ihr ein Buch oder eine Schallplatte schenken?
Soll ich arbeiten oder ins Theater gehen?
Soll ich mit dem Zug oder mit dem Auto fahren?
Soll ich Jura oder Medizin studieren?

Hypothetical Statements

German uses the general subjunctive to make hypothetical statements and conjectures and to express possibilities:

Ich **würde** lieber zu Hause **bleiben.**	*I would rather stay at home.*
Wir **könnten mitkommen.**	*We could come along.*
Sie **hätte** das auch **machen sollen.**	*She should have done it, too.*
Das **wäre** wunderbar.	*That would be wonderful.*

The general subjunctive is also used to suggest rather than to state something:

Wir **sollten** nach Hause **gehen.**	*We should go home now.*
Ich **würde** es anders **machen.**	*I would do it differently.*

The **würde**-paraphrase may be used except with **haben, sein,** and the modals.

Polite Requests, Statements, and Questions

German, like English, uses the general subjunctive to make requests and questions sound more polite:

INDICATIVE	**Haben** Sie einen Augenblick Zeit?	*Do you have a moment?*
SUBJUNCTIVE	**Hätten** Sie einen Augenblick Zeit?	*Would you have a moment?*
	Würdest du mir einen Gefallen **tun?**	*Would you do me a favor?*
	Könntest du mir **helfen?**	*Could you help me?*
	Wären Sie damit **einverstanden?**	*Would you agree?*
	Ich **möchte** gern **wissen,** wie es ihm geht.	*I would like to know how he is.*

Paraphrases with **würde, könnte,** and **möchte** are of particular importance in this application of the subjunctive. Indeed, the **würde**-paraphrase *must* be used with all verbs except for **haben, sein, wissen,** and the modals:

Würden Sie bitte **herkommen?**	(*never:* Kämen Sie bitte her?)

The **würde**-paraphrase in this context is also common with the verb **sein:**

Würden Sie so freundlich **sein,** mir die Tür zu öffnen?	*Would you be so kind to open the door for me?*

Übungen

*21. Ich hätte auch Angst gehabt.

BEISPIEL: Er hatte Angst.
Ich hätte auch Angst gehabt.

1. Sie kann ihm nicht helfen.
2. Wir sind spazierengegangen.

3. Sie wollte nicht bleiben.
4. Es tut ihm leid.
5. Sie fahren ans Meer.
6. Sie war zu müde.
7. Sie lassen sich scheiden.
8. Wir haben das Haus verkauft.
9. Sie nimmt es nicht.
10. Ich konnte es nicht lesen.

22. Wenn ich der Fischer gewesen wäre!

> BEISPIEL: jeden Tag viermal ausfahren
> *Wenn ich der Fischer gewesen wäre, wäre ich jeden Tag viermal ausgefahren.*

viele Fische fangen
in drei Jahren einen Kutter haben
ein Fischrestaurant eröffnen
Fische direkt nach Paris exportieren
einen Hubschrauber kaufen
nicht den ganzen Tag am Hafen sitzen
ein reicher Mann werden
auf meine Leistung stolz sein

23. An deiner Stelle hätte ich es nicht getan.

> BEISPIEL: Ich bin in der BRD geblieben. (in die Türkei zurückkehren)
> *An deiner Stelle wäre ich in die Türkei zurückgekehrt.*

1. Ich bin aufgestanden. (im Bett bleiben)
2. Ich bin weitergefahren. (aussteigen)
3. Ich habe meinen Wagen verkauft. (behalten)
4. Ich habe nicht gefragt. (sich erkundigen)
5. Ich habe angerufen. (einen Brief schreiben)
6. Ich habe gekämpft. (wegrennen)
7. Ich habe ihn geheiratet. (verlassen)

24. Berufsberatung

Sie wissen noch nicht, was Sie einmal werden wollen. Sie fragen einen Bekannten um Rat. ,,Warum werden Sie nicht Professor?''—,,Meinen Sie?''

> BEISPIEL: Sie haben lange Ferien.
> *Sie hätten lange Ferien.*

Sie verdienen viel.
Sie haben viel Freizeit.
Sie können morgens lange schlafen.
Sie sind immer mit intelligenten Menschen zusammen.
Sie können den ganzen Tag Bücher lesen.

Sie werden respektiert.
Man kann Ihnen nicht kündigen.
Die Arbeit macht Ihnen Spaß.

25. Was hättest du denn getan?

Fragen Sie nach den kursiv gedruckten Wörtern!

> BEISPIEL: Wir haben ***zwei Stunden*** gewartet.
> *Wie lange hättest du denn gewartet?*

Ich bin *ins Kino* gegangen.
Ich habe *Sascha* eingeladen.
Sie hat das *grüne* Kleid genommen.
Ich habe *fünfmal* angerufen.
Er hat *Gabi* geglaubt.
Sie hat ihm *100 Mark* geliehen.
Ich habe *ihr* die Blumen gegeben.
Sie hat einen *Sommer*mantel gekauft.

26. Fischer und Tourist

> BEISPIEL: Der Fischer liegt den ganzen Tag im Boot.
> *Tourist: Ich würde nicht den ganzen Tag im Boot liegen.*

Er fährt nur einmal aus.
Er arbeitet nur, um zu leben.
Ihm reichen zwei Dutzend Fische.
Er will nicht reich werden.
Er kauft kein Motorboot.
Er döst den ganzen Tag am Strand.
Ihm ist die Arbeit nicht sehr wichtig.
Ihm gefällt das Nichtstun.

27. Ohne Fernseher war es besser.

> BEISPIEL: Wir unterhalten uns nicht mehr.
> *Seit wir den Fernseher haben, unterhalten wir uns nicht mehr.*
> *Du hast recht, man müßte sich viel mehr unterhalten.*

Wir sprechen nicht mehr miteinander.
Wir treiben keinen Sport mehr.
Wir lesen keine Bücher mehr.
Wir gehen nicht mehr aus.
Wir laden keine Freunde mehr ein.
Wir gehen nicht mehr ins Kino.
Wir hören keine Musik mehr.
Wir besuchen keine Bekannten mehr.
Wir gehen nicht mehr tanzen.

*28. Seien Sie höflicher!

> BEISPIEL: Nehmen Sie bitte Platz!
> *Würden Sie bitte Platz nehmen!*

1. Darf ich Ihnen eine Frage stellen?
2. Geben Sie das bitte her!
3. Setz dich bitte hin!
4. Vergeßt es bitte nicht!
5. Hör bitte zu!
6. Können Sie bitte einen Augenblick warten?
7. Sei bitte vorsichtig!
8. Kannst du mir helfen?
9. Hat er etwas dagegen?
10. Kann ich etwas zu trinken bekommen?

29. Sagen Sie es höflicher!

> BEISPIEL: Steigen Sie bitte aus!
> *Würden Sie bitte aussteigen!*

Hilf uns bitte!
Machen Sie bitte Schluß!
Kannst du mir 50 Mark leihen?
Bestellst du mir zwei Karten?
Hast du einen Moment Zeit für mich?
Kann ich mit Helga sprechen?
Warten Sie bitte draußen!
Sei bitte so nett und öffne die Tür!

30. Ein Problem

William möchte den Professor überzeugen, die Deutschprüfung auf einen anderen Tag zu legen; er muß deshalb sehr höflich sein.

> BEISPIEL: Haben Sie einen Augenblick Zeit für mich?
> *Hätten Sie einen Augenblick Zeit für mich?*

Ich habe ein Problem.
Vielleicht können Sie mir damit helfen.
Ist es möglich, unsere Prüfung auf Montag zu verschieben?
Dann sind wir besser vorbereitet.
Wir müssen außerdem den Konjunktiv noch ein wenig üben.
Sie tun mir auch persönlich damit einen großen Gefallen.
Am Wochenende kommt meine Freundin zu Besuch.
Natürlich lerne ich alles, und meine Freundin hilft mir dabei.

31. Ferienpläne

John möchte in Europa Ferien machen, Joe lieber in den USA bleiben. John versucht seinen Freund zu überzeugen. Gebrauchen Sie den Konjunktiv!

BEISPIEL: *John: Drüben gäbe es wunderbare Museen.*
             Joe: Museen gibt's auch hier.

Joe: Ich spreche lieber Englisch.
Ich interessiere mich nicht für Geschichte.
Hamburger schmecken viel besser.
Burgen und Schlösser kann ich auch in Disneyland sehen.
Ich kenne meine Verwandten nicht.
Deutsches Bier kann ich auch hier bekommen.
Was soll ich in Italien?

Unreal Comparisons

The general subjunctive is used in unreal comparisons that are introduced by the conjunctions **als, als ob,** or **als wenn** meaning *as if.*

Als ob and **als wenn** introduce dependent clauses with the verb in last position. **Als** is immediately followed by the conjugated verb:

Du sprichst Deutsch,	*You speak German*
als ob es deine Muttersprache **wäre.**	*as if it were your mother tongue.*
als wäre es deine Muttersprache.	

Unreal comparisons are often introduced by the following phrases:

es scheint	*it seems*
du siehst aus	*you look*
sie tut (so)	*she acts*
mir ist	*I feel*

Es scheint, **als würde** es **regnen.**	*It seems as if it would rain.*
Du siehst aus, **als wenn** es dir nicht gut ginge.	*You look as if you are not feeling well.*
Sie tat so, **als würde** sie mich nicht kennen.	*She acted as if she did not know me.*
Mir ist, **als ob** ich ihn schon mal gesehen hätte.	*I feel as if I had seen him before.*

The **würde**-paraphrase may be used except with **haben, sein,** and the modals.

Übungen

*32. Ergänzen Sie!

1. Er kann die Arbeit nicht schaffen, aber er tut so, als
2. Er ist 35 Jahre alt, aber er sieht aus wie 50.—Ja, er sieht aus, als ob
3. Von ihm hängt doch nicht die ganze Produktion ab!—Nein, aber er tut so, als
4. Er hat gar nichts verstanden, aber er tat so, als wenn

5. Ist er Franzose?—Nein, aber er spricht Französisch, als
6. Sie kann Deutsch, aber sie tut so, als wenn
7. Glaubst du, es wird regnen?—Ja, es scheint, als
8. Bist du krank?—Sehe ich denn aus, als wenn

*33. Es scheint, als ob . . .

BEISPIEL: Ich glaube, er ist krank.
Ja, es scheint, als ob er krank wäre.

1. Er ist verliebt.
2. Es hat geschneit.
3. Der Test ist schwer.
4. Sie will nicht mitkommen.
5. Es wird wärmer.
6. Sie weiß nicht Bescheid.
7. Er hat die ganze Nacht gearbeitet.

34. Als wäre es . . .

BEISPIEL: Du sprichst Italienisch wie ein Italiener.
Du sprichst Italienisch, als wärst du ein Italiener.

1. Er behandelt mich wie seinen Bruder.
2. Fühl dich wie zu Hause!
3. Es ist so heiß wie im Juli.
4. Du gibst Geld aus wie ein Millionär.
5. Ich fühle mich wie ein neuer Mensch.
6. Das Haus sieht aus wie eine Kirche.
7. Ich behandle sie wie meine Tochter.
8. Du siehst aus wie Frank.

35. Er tut so.

BEISPIEL: *Hatte er denn keine Ahnung?*
Doch, aber er tut so, als ob er keine Ahnung gehabt hätte.

Er wußte Bescheid.
Er ist dabeigewesen.
Sie hat sich darüber gefreut.
Es ist ihr recht.
Sie kann Spanisch.
Sie hat uns eingeladen.
Es hat ihn interessiert.
Man hat mit ihr gesprochen.

36. Ergänzen Sie die Formen!

1. Er hätte mich _____, aber er hat mich nicht angerufen.
2. Die Zeit vergeht so schnell. Wenn _____!

3. Es wäre besser gewesen, du _____ zu mir gekommen und _____ mich gefragt.
4. Was _____ Sie an meiner Stelle tun?
5. Wenn wir das früher gewußt _____, _____ das bestimmt nicht passiert.
6. Das ist mir zu schwer.—Mir _____ das nicht zu schwer.
7. _____ Sie mir bitte helfen?
8. Wenn ich nur _____, wo sie wohnt!
9. Wenn ich du _____, _____ ich mich scheiden.
10. Gott sei Dank haben wir es geschafft. Aber ohne deine Hilfe _____.
11. Kommst du mit ins Kino?—Vielleicht. Lieber _____.
12. Hatte er keine Angst?—Doch, aber er tut so, _____.
13. Wenn ich Zeit _____, _____ ich natürlich mitgekommen.
14. An deiner Stelle _____ ich ihn nicht eingeladen.
15. Ich kann nicht mitfahren, aber ich wünschte, _____.
16. Sie sind zu spät gekommen. Sie _____ lieber früher _____.
17. Ich konnte ihm nicht helfen. Wenn _____!
18. Hat er es wirklich vergessen?—Ja, es scheint, _____.

37. Übersetzen Sie!

1. If only she would go to the doctor.
2. You should have come earlier.
3. I wish I could play, too.
4. Would you like a glass of wine?
5. We should talk to him.
6. I wish I had passed the exam.
7. If you had your passport, we could go to France.
8. She should make up her mind.
9. I could have helped you, too.
10. If I were you, I would call her and apologize.
11. You look as if you were very tired.
12. If you had written, we could have met.

Kapitel 6

Frauen

Limiting Words : Descriptive Adjectives :
Adjective Declension : Ordinal Numbers :
Adjectives as Nouns : Comparison of
Adjectives and Adverbs

Wortschatz

Substantive

die Bemerkung, -en   *remark, comment*
der Betrieb, -e   *firm, business, enterprise*
die Bevölkerung, -en   *population*
das Gebirge, -   *mountains*
der Gedanke, des Gedankens, -n
      thought; idea
der Grundsatz, ⁻e   *principle*
die Pflicht, -en   *duty, obligation*
das Recht, -e   *right; law*
der Schritt, -e   *step*
die Stellung, -en   *position*
die Weile   *while*

Verben

ab·lehnen   *to refuse*
ahnen   *to suspect; to guess, foresee*
auf·räumen   *to clear up; to put away*
begegnen [ist] + Dat.   *to meet, to
      encounter*
bestimmen   *to decide*
betrachten   *to look at; to consider*
bieten (o,o)   *to offer*
gefallen (ä,ie,a) + Dat./an + Dat.   *to
      like about*
halten (ä,ie,a) für   *to take for; to consider*
her·stellen   *to produce*
sich kümmern um   *to take care of*

sich richten nach   *to depend on; to
      comply with, to go by*
schieben (o,o)   *to push*
sich sorgen um   *to worry about*
sich trennen   *to separate*
vergleichen (i,i) mit   *to compare with*
vor·werfen (i,a,o) + Dat./Akk.   *to blame,
      to reproach (someone for
      something)*

Adjektive, Adverbien

allerdings   *of course; but*
gewiß   *certain(ly); probably*
großartig   *excellent, wonderful*
männlich   *male; masculine*
schwanger   *pregnant*
verantwortlich   *responsible*
vernünftig   *reasonable*
weiblich   *female; feminine*

Andere Wörter

einerseits . . . andererseits   *on the one
      hand . . . on the other hand*
es macht mir etwas/nichts aus   *I mind/
      don't mind*
den Tisch decken   *to set the table*
durch Zufall   *by chance*

Limiting Words

Nouns are characterized by gender, number, and case and are usually preceded by a limiting word. Since most nouns by themselves don't reveal gender, number, and case through their endings, the limiting words have to assume that function:

> Ich brauche **einen** Wagen. Wieviel kostet **dieser** Wagen?

Limiting words are divided into two groups with a slightly different declension: they are either **der**-words or **ein**-words, depending on whether they are declined like the definite or the indefinite article (see p. 56).

der-WORDS   **der** *(the)*, **dieser** *(this)*, **jeder** *(each)*, **welcher** *(which)* **jener** *(that)*

ein-WORDS   **ein** *(a, an)*, **kein** *(no, not a)*, **was für ein** *(what kind of)* **so/solch ein** *(such a)*,
      mein, dein . . . *(my, your . . .)*

Der-words and **ein**-words take the same endings, but in the following three instances **ein**-words don't take endings at all:

Nominative case: masculine and neuter
Accusative case: neuter

The following endings of limiting words are called primary endings.

	Masculine	Neuter	Feminine	Plural
Nominative	dies **er**	dies **es**	dies **e**	dies **e**
	mein -	mein -	mein **e**	mein **e**
Accusative	dies **en**	dies **es**	dies **e**	dies **e**
	mein **en**	mein -	mein **e**	mein **e**
Dative	dies **em**	dies **em**	dies **er**	dies **en**
	mein **em**	mein **em**	mein **er**	mein **en**
Genitive	dies **es**	dies **es**	dies **er**	dies **er**
	mein **es**	mein **es**	mein **er**	mein **er**

Übungen

*1. Ergänzen Sie!

1. Was gefällt dir an _____ (diese Frau)?
2. Ich habe _____ (dieser Mann) immer für _____ (mein Freund) gehalten.
3. Sie sorgt sich um _____ (ihr Vater).
4. Seit wann bist du schwanger?—Seit _____ (eine Weile).
5. Ich richte mich nach _____ (deine Wünsche).
6. Würdest du bitte _____ (der Tisch) decken!
7. Ich werde mich um _____ (unser Gast) kümmern.
8. Wann sind Sie _____ (dieser Herr) begegnet?
9. Wir wohnen am Rande _____ (das Gebirge).
10. Vergleichen Sie bitte _____ (Ihr Roman) mit _____ (dieser Film).
11. Sie sollten _____ (dieser Grundsatz) folgen.
12. Es ist _____ (Ihr Recht) und _____ (Ihre Pflicht), mit ihm darüber zu sprechen.
13. Ich kenne _____ (jedes Wort) und _____ (jeder Gedanke) von ihr.
14. In _____ (dieser Betrieb) werden Textilien hergestellt.

Descriptive Adjectives

A descriptive adjective may be part of the predicate or it may be used to modify and to characterize a noun. As part of the predicate (predicate adjective), the adjective is used with verbs like **sein, werden,** and **bleiben.** Predicate adjectives don't have endings:

> Sie **ist** sehr **intelligent.**
> Es **wird dunkel.**
> Hoffentlich **bleibt** es **schön.**

An adjective may directly modify a noun (attributive adjective). *Adjectives modifying a noun are always inflected, that is, always have an ending.* These adjectives are part of a noun phrase. A typical noun phrase has a noun at its core and a limiting word and/or a descriptive adjective preceding it.

Limiting Word	Descriptive Adjective	Noun
die	ganze	Bevölkerung
ein	guter	Gedanke
unser	neuer	Betrieb
	liebe	Eltern

NOTE:
Either the limiting word or the descriptive adjective must show gender, number, and case by its ending. If the limiting word does not, the descriptive adjective will.

Descriptive adjectives take one of the following two types of endings:

1. A primary ending (also called *strong* ending), which indicates gender, number, and case of the noun.
2. A secondary ending (also called *weak* ending), which does not indicate gender, number, and case. This secondary ending is used more frequently.

NOTE:

1. Adjectives ending in **-er** and **-el** lose the **-e-** before the ending:

teuer	ein **teures** Zimmer
dunkel	die **dunkle** Straße

2. The adjective **hoch** loses the **-c-** when it takes an ending:

hoch	ein **hoher** Berg

Secondary Endings

A descriptive adjective takes a secondary ending when it is preceded by a limiting word indicating gender, number, and case. The descriptive adjective therefore does not need to indicate these categories:

> Wer ist **das junge** Mädchen dort drüben?
> Ich möchte **den dunkelblauen** Mantel.

The secondary ending is **-en** except for (1) the nominative singular of all three genders; (2) the neuter and feminine singular accusative, where it is **-e.**

	Masculine	Neuter	Feminine	Plural
Nom.	der groß**e** Mann	das klein**e** Kind	die jung**e** Frau	die alt**en** Leute
Acc.	den groß**en** Mann	das klein**e** Kind	die jung**e** Frau	die alt**en** Leute
Dat.	dem groß**en** Mann	dem klein**en** Kind	der jung**en** Frau	den alt**en** Leuten
Gen.	des groß**en** Mannes	des klein**en** Kindes	der jung**en** Frau	der alt**en** Leute

Übungen

*2. Ergänzen Sie!

1. Dieser Brief ist von meiner _____ (französisch) Freundin.
2. Es gibt hier leider keine _____ (gut) Museen.
3. Ich habe gestern abend eine sehr _____ (nett) Dame kennengelernt.
4. Er arbeitet in einer _____ (klein) Bäckerei.
5. Wir nehmen den _____ (gelb) Pullover.
6. Was haben Sie mit Ihrem _____ (alt) Wagen gemacht?
7. Ich möchte keine _____ (teuer) Kamera.
8. Er kommt aus einer _____ (klein) Stadt in Bayern.
9. Die Kirche steht vor einem _____ (hoch) Berg.
10. Woher hast du dieses _____ (wunderschön) Bild?

3. Christa und Rosa gehen einkaufen.

BEISPIEL: *Rosa:* Wie gefällt dir der grüne Mantel?
Christa: Welchen grünen Mantel meinst du?

die Hose	hellblau
das Kleid	rot
die Krawatte	gelb
die Strümpfe (pl.)	schwarz
der Mantel	grau
die Schuhe (pl.)	weiß
der Rock	braun
der Anzug	dunkelgrün
die Bluse	
das Hemd	

*4. Übersetzen Sie!

1. Barbara is the daughter of an old friend.
2. Do you know the name of a good hotel?

3. I didn't understand the meaning of the whole story.
4. I forgot the title of his new book.
5. Vaduz is the capital of a small country.

Primary Endings

A descriptive adjective takes a primary ending when it is not preceded by a limiting word or when the limiting word has no ending (**ein, kein, mein,** etc.). In these cases the descriptive adjective assumes the determining function and takes the endings of the limiting words (**der**-words):

> Wir haben heute **schönes Wetter.**
> Ich bin **ein alter Mann.**

In the genitive singular masculine and neuter, however, the adjective takes the secondary ending **-en** (rather than **-es**) because most nouns have a characteristic **-s** ending in the genitive:

> Wegen **schlechten Wetters** fand das Spiel nicht statt.

NOTE:

Distinguish between stem and ending: **dieser** has a primary ending and is therefore followed by a descriptive adjective with a secondary ending, whereas **unser** and **euer** have no ending and are therefore followed by a descriptive adjective with a primary ending:

> **dieser alte** Wagen
> **unser alter** Wagen

	Masculine	Neuter	Feminine	Plural
Nom.	(ein) alt**er** Wein	(ein) schlecht**es** Wetter	rot**e** Rose	gut**e** Bücher
Acc.	alt**en** Wein	(ein) schlecht**es** Wetter	rot**e** Rose	gut**e** Bücher
Dat.	alt**em** Wein	schlecht**em** Wetter	rot**er** Rose	gut**en** Büchern
Gen.	alt**en** Weines	schlecht**en** Wetters	rot**er** Rose	gut**er** Bücher

Übungen

*5. Ergänzen Sie!

1. _____ (frisch) Äpfel!
2. Ich suche ein Paar _____ (rot) Schuhe.
3. Führen Sie auch _____ (französisch) Zeitungen?
4. Ich lese da gerade ein _____ (interessant) Buch.
5. Das war ein ziemlich _____ (langweilig) Film.

6.   Dort gibt es _____ (gut) Wein.
7.   Bei _____ (schlecht) Wetter bleiben wir zu Hause.
8.   _____ (jung) Mann, können Sie mir helfen?
9.   Peter ist der Sohn _____ (reich) Eltern.
10. Wir suchen ein Haus mit _____ (groß) Garten.
11. _____ (gut) Tag!
12. Wegen _____ (stark) Regens mußten wir sehr langsam fahren.

6. Was essen und trinken Sie gern?

BEISPIEL: Ich trinke gern französischen Cognac.—Und Sie?

das Eis	holländisch
das Bier	italienisch
der Whisky	französisch
die Salami	deutsch
die Pizza	chinesisch
der Wein	russisch
der Tee	amerikanisch
der Käse	ungarisch
der Cognac	

Was für ein and *welcher*

Adjectives are often elicited by questions introduced by **welcher** *(which)* or **was für ein** *(what kind of)*. They are both limiting words, **welcher** being a **der**-word, **was für ein** being an **ein**-word.

1.   The answer to **was für ein** requires the indefinite article or no article. **Für** here is not a preposition requiring the accusative. The plural **was für** has no endings:

Was für ein Kleid möchten Sie?—Ein rotes.
What kind of a dress would you like?—A red one.

Bei **was für einer** Firma hast du gearbeitet?
For what kind of a firm did you work?

In the nominative and accusative it is colloquial to separate **was für ein**:

Was hat er **für einen** Beruf?
What kind of a profession does he have?

2.   The answer to **welcher** requires a definite article, a possessive, or a demonstrative adjective:

Welchen Pullover magst du?—Den grünen.
Which sweater do you like?—The green one.

Mit **welchem** Zug bist du gekommen?—Mit dem um 12.46 Uhr.
Which train did you come with?—With the one at 12:46.

3.   **Was für ein** and **welch** (undeclined) may also occur in exclamations:

> **Was für ein** großartiger Mensch!   *What a wonderful person.*
> **Welch ein** interessanter Gedanke!   *What an interesting idea.*

Übungen

*7. Fragen Sie nach den kursiven Wörtern!

1.   Das *gelbe* Kleid gefällt mir besser.
2.   Ich habe mich bei der Firma *Huber* beworben.
3.   Wir kaufen uns einen *japanischen* Wagen.
4.   Ich möchte einen *Winter*mantel.
5.   Sie studiert an der *Münchner* Universität.
6.   Ich suche eine *interessantere* Stellung.
7.   Wir wohnen im Hotel *Zu den vier Jahreszeiten.*
8.   Ich möchte Sie in einer *persönlichen* Angelegenheit sprechen.
9.   Sie sieht gern *französische* Filme.

8. Antworten Sie!

> BEISPIEL: Was für eine Frau möchtest du? (reich)
> *Ich möchte eine reiche Frau.*

1.   Welcher Wagen gefällt Ihnen? (dunkelgrün)
2.   Was für ein Zimmer suchen Sie? (ruhig)
3.   An was für Frau denken Sie? (jung)
4.   Welches Bild gefällt Ihnen besser? (modern)
5.   Was für Rosen wollen Sie ihr schenken? (rot)
6.   Für was für einen Mann interessieren Sie sich? (sportlich, humorvoll)
7.   Was für Leute waren auf der Party? (nett, jung)
8.   Welchen Mantel wollen Sie nehmen? (grün)

9. Machen Sie Ihren Gastgebern Komplimente!

> BEISPIEL: Die Rede war großartig.
> *Was für eine großartige Rede!*

1.   Der Garten ist herrlich.
2.   Der Wein ist gut.
3.   Das Haus ist schön.
4.   Die Nachbarn sind interessant.
5.   Der Hund ist intelligent.
6.   Die Kinder sind lieb.
7.   Das Essen war ausgezeichnet.
8.   Die Leute sind nett.

Descriptive Adjectives: Declension Summary

1. If a descriptive adjective is preceded by a limiting word with an ending, the adjective takes the secondary ending (**-e/-en**).
2. If the descriptive adjective is not preceded by a limiting word with an ending, the adjective takes a primary ending.

	Masculine			Neuter		
	Primary	Secondary		Primary	Secondary	
Nom.	dies**er**	gut**e**	Wein	dies**es**	gut**e**	Bier
	gut**er**		Wein	gut**es**		Bier
Acc.	dies**en**	gut**en**	Wein	dies**es**	gut**e**	Bier
	gut**en**		Wein	gut**es**		Bier
Dat.	dies**em**	gut**en**	Wein	dies**em**	gut**en**	Bier
	gut**en**		Wein	gut**em**		Bier
Gen.	dies**es**	gut**en**	Weines	dies**es**	gut**en**	Bieres
	gut**en**		Weines	gut**en**		Bieres

	Feminine			Plural		
	Primary	Secondary		Primary	Secondary	
Nom.	dies**e**	rot**e**	Farbe	dies**e**	rot**en**	Kleider
	rot**e**		Farbe	rot**e**		Kleider
Acc.	dies**e**	rot**e**	Farbe	dies**e**	rot**en**	Kleider
	rot**e**		Farbe	rot**e**		Kleider
Dat.	dies**er**	rot**en**	Farbe	dies**en**	rot**en**	Kleidern
	rot**er**		Farbe	rot**en**		Kleidern
Gen.	dies**er**	rot**en**	Farbe	dies**er**	rot**en**	Kleider
	rot**er**		Farbe	rot**er**		Kleider

NOTE:

1. Two or more descriptive adjectives preceding the same noun all take the same ending:

> Ich suche ein **großes, ruhiges** Zimmer.
> Marburg ist eine **alte,** nicht sehr **große, romantische** Stadt.

2. A noun mentioned in the preceding phrase may be deleted in the following phrase. The adjective is inflected even if the noun is only understood. The adjective is not capitalized:

> **Das grüne Kleid** steht mir nicht. Ich nehme **das blaue.**
> *The green dress doesn't suit me. I'll take the blue one.*
> Führen Sie auch **deutsche Weine?**— Nein, nur **französische.**
> *Do you also carry German wines?—No, only French ones.*

3.   Adjective endings in **-er** that are derived from the names of cities or countries are not inflected. They are always capitalized:

> Ich hätte gern 100 Gramm **Schweizer** Käse.   *I'd like 100 grams Swiss cheese.*
>
> Wir wohnen in der **Stuttgarter** Straße.   *We live on Stuttgart Street.*

To determine the correct adjective ending, observe the following steps:

> **EXAMPLE A**   Sie kommt aus einer klein_____ Stadt in Bayern.

1.   The adjective **klein** is preceded by a limiting word with an ending **(einer)**.
2.   The adjective takes a secondary ending.
3.   **Stadt** is singular feminine and in the dative case following the preposition **aus.**
4.   The secondary ending singular feminine dative is **-en.**

> Sie kommt aus einer **kleinen** Stadt in Bayern.

> **EXAMPLE B**   Dort gibt es sehr gut_____ Wein.

1.   The adjective **gut** is not preceded by a limiting word.
2.   The adjective takes a primary ending.
3.   **Wein** is singular masculine and in the accusative case after **es gibt.**
4.   The primary ending singular masculine accusative is **-en.**

> Dort gibt es **guten** Wein.

Übungen

10. Ergänzen Sie!

Lieb_____ Schwan!
Du schreibst, ich soll den ganz_____ Dreck liegen lassen und zu
mein_____ lieb_____ Mann kommen. Aber wer räumt den Dreck dann
auf? Du bestimmt nicht! Weißt du eigentlich, was ich d_____
ganz_____ Tag tue? Während du noch in dein_____ warm_____ Bett
liegst, wecke ich unsr_____ Kinder und mache in d_____
kalt_____ Küche das Frühstück. Schließlich verläßt du dein_____
schön_____ warm_____ Bett und setzt dich an d_____
gedeckt_____ Tisch. Du liest dein_____ Zeitung, und ich helfe d_____
Kindern bei ihr_____ letzt_____ Hausaufgaben. Seid ihr all_____ aus
dem Haus, muß ich das schmutzig_____ Geschirr spülen, die ganz_____
Wäsche waschen, bei gut_____ und schlecht_____ Wetter im Garten
arbeiten und den ganz_____ Haushalt in Ordnung bringen. Denn wenn
mein_____ müd_____ Mann von sein_____ schwer_____ Arbeit
nach Hause kommt, möchte er ein sauber_____, gemütlich_____,
ordentlich_____ Heim vorfinden. Um den dumm_____ Haushalt möchte er

sich nicht kümmern müssen. Das ist doch Frauenarbeit! Lieb_____ Mann: Haushalt und Beruf sind die gemeinsam_____ Aufgabe beid_____ Eheleute. Mit nicht so herzlich_____ Grüßen von Dein_____ Odile.

11. Ergänzen Sie das Adjektiv *blau*!

BEISPIEL: Ich suche einen Mantel.
Ich suche einen blauen Mantel.

1. Welches Kleid möchten Sie?
2. Wir haben keine Hosen.
3. Dort liegt Ihr Kleid.
4. Hosen stehen mir.
5. Gehört Ihnen dieser Mantel?
6. In der Hose siehst du gut aus.
7. Ich trage nur Kleider.
8. Haben Sie lange Mäntel?

12. Ergänzen Sie!

1. Das ist ein _____ (wichtig) Grundsatz.
2. Er wird zu der _____ (gesamt) Bevölkerung sprechen.
3. Er ist ein Mensch mit _____ (interessant) Vergangenheit.
4. Nach einer _____ (klein) Weile fuhren wir weiter.
5. Die Alpen sind ein _____ (groß, europäisch) Gebirge.
6. Besuchen Sie den _____ (Köln) Dom!
7. Gibt es typisch _____ (männlich) und _____ (weiblich) Eigenschaften?
8. Das Märchen handelt von einer _____ (wunderschön) Prinzessin und ihrer _____ (böse) Stiefmutter.
9. Sie haben ein Haus in den _____ (Tirol) Bergen.
10. _____ (herzlich) Dank für Ihr Geschenk!

13. Setzen Sie die Adjektive ein!

europäisch	Ich sehe Filme gern.
frisch	Äpfel! Tomaten!
ganz/groß	Dieser Abend hat mir Spaß gemacht.
dunkelblau	Dieses Kleid paßt mir nicht mehr.
bayrisch	Trinken Sie Bier!
neu	Von welchem Buch sprichst du?
schlecht	Bei diesem Wetter bleiben wir zu Hause.
gut	Er ist Arzt.
schön	Wir haben dort ein paar Tage verbracht.
modern	Magst du Kunst?
dunkel	Ich möchte eine Flasche Bier.
ganz	Während des Sommers hat es geregnet.

14. Übersetzen Sie!

1. Can I pay with American money?
2. Where is my dark blue tie?
3. We live on Nuremberg Street.
4. Where did you put my black suitcase?
5. What a beautiful day!
6. We have to pay high taxes.
7. There are about 500 foreign students.
8. I was very lucky.
9. Do I have to wait the whole evening?
10. I saw him half an hour ago.

15. Ändern Sie die Sätze!

1. Wir haben einen sympathischen, jungen Mann getroffen. (begegnen)
2. Ich habe ein interessantes Buch gelesen. (Film)
3. Wo steht der neue Wagen? (dein)
4. Wir haben mit sehr netten jungen Leuten gesprochen. (kennenlernen)
5. Welcher moderne Komponist gefällt dir? (mögen)
6. Wo ist dein neues Kleid? (Kleider)
7. Ich mag deinen neuen Freund. (gefallen)
8. Der junge Mann ist mir sofort aufgefallen. (bemerken)
9. Sie kommt ohne ihren italienischen Freund. (mit)

16. Ein Geschenk für Martin

BEISPIEL: Ich möchte einen schwarzen Tiger.
Tiger haben wir, aber keine schwarzen.
Wie wär's mit einem violetten?
Nein danke, Martin mag nur schwarze Tiger.

der Tiger, -	weiß
der Löwe, -n	grün
das Krokodil, -e	violett
der Elefant, -en, -en	blau
die Ente, -n	grau
der Bär, -en, -en	schwarz
der Hase, -n, -n	
das Nilpferd, -e	
die Giraffe, -n	
das Känguruh, -s	

Adjective Declension: Special Problems

Indefinite adjectives like **andere** *(other)*, **einige** *(some)*, **mehrere** *(several)*, **viele** *(many)*, and **wenige** *(few)* act like descriptive adjectives. They take a primary ending if there is no primary ending preceding them. They take a secondary ending if they follow a limiting word with an ending. Other descriptive adjectives that follow take the same ending as the indefinite adjective:

> Ich habe **viele gute Bücher** gelesen.— *I read many good books.—But can you*
> Aber kannst du dich an **diese** *recall these many books?*
> **vielen Bücher** erinnern?
> Sie hat **einige interessante** *She made some interesting remarks.*
> **Bemerkungen** gemacht.

Remember that **alle** and **keine** are limiting words. Descriptive adjectives that follow them take secondary endings:

> Er verliebt sich in **alle hübschen** *He falls in love with all pretty girls.*
> **Mädchen.**
> Wir haben **keine roten Rosen** mehr. *We don't have anymore red roses.*

Descriptive adjectives that follow cardinal numbers (**zwei, drei,** etc.) take primary endings.

> Geben Sie mir **zwei schöne Äpfel!** *Give me two nice apples.*

Übungen

*17. Ergänzen Sie!

1. Auf der Party habe ich viele _____ (jung) Leute getroffen, und alle _____ (jung) Leute waren sehr nett.
2. Wie viele _____ (deutsch) Filme hast du gesehen?
3. Wir führen nur wenige _____ (ausländisch) Zeitungen.
4. Was machst du mit deinen _____ (viel) Büchern?
5. Ich habe einige _____ (schön) Platten mit _____ (klassisch) Musik zu Hause.
6. Ich habe alle _____ (italienisch) Filme der letzten Jahre gesehen.
7. Während der _____ (ganz) Ferien hatten wir nur zwei _____ (schön) Tage.
8. Wohin mit den _____ (viel) Koffern?
9. Unser Haus hat viele _____ (groß) Zimmer.

18. Drücken Sie es anders aus!

1. Ich sehe alle neuen Filme. (jeder)
2. Draußen steht ein fremder Herr. (zwei)

3. Ich mag moderne Gemälde. (keine)
4. Wir haben keine deutschen Bücher. (viele)
5. Das ist der neue Chef. (unser)
6. Ich habe keine englischen Zeitungen gefunden. (wenige)
7. Ich nehme zwei rote Kleider. (alle)
8. Wo ist mein schwarzer Mantel? (der)
9. Wir zeigen drei sehr gute spanische Filme. (ein)

Derselbe, dasselbe, dieselbe

Derselbe, dasselbe, and **dieselbe** *(the same, the same one)* are compounds of the definite article and the adjective **selb-.** They may be used as demonstrative pronouns or as adjectives. The first part follows the primary declension; the second part, the secondary declension. Adjectives following **derselbe,** etc. take secondary endings:

Wir wohnen in **demselben** Hotel wie ihr.

We live in the same hotel as you do.

Jeden Tag **dieselbe** langweilige Arbeit.

Every day the same boring work.

	Masculine	Neuter	Feminine	Plural
Nom.	derselbe	dasselbe	dieselbe	dieselben
Acc.	denselben	dasselbe	dieselbe	dieselben
Dat.	demselben	demselben	derselben	denselben
Gen.	desselben	desselben	derselben	derselben

Übungen

*19. Ergänzen Sie!

1. Sie hatte gestern _____ Kleid an.
2. Habt ihr noch _____ Wagen?
3. Wir wohnen in _____ Haus.
4. Ich mache jeden Tag _____.
5. Wir stammen beide aus _____ Gegend.
6. Wir haben immer noch _____ Probleme.
7. Ich bewerbe mich um _____ Arbeit.
8. Wir sind mit _____ Zug gekommen.
9. Das war am Abend _____ Tages.

20. Der alte Mann

Er trägt jeden Tag _____ Kleidung: _____ grauen Hut, _____ graue
Hose, _____ grauen Rock. Er machte jeden Tag _____ Spaziergang, sah
_____ Häuser, _____ Bäume, sprach mit _____ Menschen. Jeden Tag
sah er in seinem Zimmer _____ Stühle, _____ Bett, _____ Schrank. Er
setzte sich an _____ Tisch, las _____ Zeitungen.

21. Übersetzen Sie!

1. I made the same mistake again.
2. Why should I see the same film twice?
3. Are you still working in the same firm?
4. We had the same bad weather the whole time.
5. We have the same interests.
6. It is about the same people.
7. It was in September of the same year.

22. Zwillinge

BEISPIEL: haben: Gedanken
             Wir haben dieselben Gedanken.

lernen: Fremdsprachen
gefallen: Mädchen
schmecken: Essen
sich interessieren für: Dinge
lesen: Bücher
träumen von: Reisen
folgen: Grundsätze
haben: Krankheiten

Ordinal Numbers

Ordinal numbers answer the question **der (das, die) wievielte?**

Der wievielte ist heute?—Heute ist **der zwölfte.**	*What's the date today?—Today is the twelfth.*
Das wievielte Glas ist es?—**Das dritte.**	*Which glass is that?—The third.*

Ordinal numbers add **-t-** to the cardinal numbers from 2 to 19 and **-st-** from 20 upward. Ordinal numbers are declined like adjectives:

Gehen Sie **die erste Straße** links.   *Take the first street to your left.*

der, das, die	erste	elfte	zwanzigste
	zweite	zwölfte	einundzwanzigste
	dritte	dreizehnte	zweiundzwanzigste
	vierte	vierzehnte	dreißigste
	fünfte	fünfzehnte	vierzigste
	sechste	sechzehnte	fünfzigste
	sieb(en)te	siebzehnte	sechzigste
	achte	achtzehnte	hundertste
	neunte	neunzehnte	
	zehnte		

Note the irregular forms: **der erste, der dritte, der siebte, der achte.**

When ordinal numbers are written as numbers, a period is placed after the number:

Das war am **3.** Februar.
München, den **21.** November.

Übungen

23. Schreiben Sie die Zahlen aus!

1. Mein Büro ist im _____ (2.) Stock.
2. Der wievielte ist heute?—Heute ist der _____.
3. Das Semester beginnt am _____ (29.) August.
4. Das ist der _____ (1.) Satz *(movement)* der _____ (3.) Sinfonie von Sibelius.
5. Wann hast du Geburtstag? Am _____.
6. Wir brauchen ein _____ (2.) Auto.
7. Geht die _____ (4.) Straße links!
8. Den Film möchte ich kein _____ (2.) Mal sehen.

24. Lesen Sie laut!

1. Er ruft jeden 3. Tag an.
2. Wir wohnen im 1. Stock.
3. Marie Antoinette war mit Ludwig XVI. verheiratet.
4. Spielen Sie den 3. Satz der 5. Sinfonie von Beethoven!
5. Das war mein 4. Glas Bier.
6. Wilhelm II. war der letzte Kaiser Deutschlands.
7. Weihnachten ist am 24. Dezember.
8. München, den 4. 7. 1984.
9. Wir haben Karten in der 10. Reihe.

Present and Past Participles as Adjectives

In both English and German the present and past participles are used as adjectives. As such the appropriate adjective endings are added.

1. The *present participle* is formed by adding **-d** (English *-ing*) to the infinitive.

> gehen + -d = gehend
> schlafen + -d = schlafend

> Was machen Sie am **kommenden** Wochenende?   *What are you doing on the coming weekend?*

2. For the formation of the *past participle* see pages 30–31.

> Ich suche eine gut **bezahlte** Stellung.   *I am looking for a well-paid position.*

Übungen

25. Ergänzen Sie das Partizip Präsens!

1. Lesen Sie bitte den _____ (folgen) Satz!
2. Wir möchten ein Zimmer mit _____ (fließen) kaltem und warmem Wasser.
3. Gesucht: Gut _____ (aussehen) Mann nicht über 30 Jahre.
4. Er ist ein _____ (bedeuten) Politiker.
5. _____ (führen) Betrieb sucht selbständig _____ (denken) Bürochef.
6. Sympathische, attraktive Dame sucht _____ (passen) Ehepartner.
7. Ein großer Teil der _____ (arbeiten) Bevölkerung ist ohne Rechte.

26. Ergänzen Sie die richtige Endung!

1. Wir wohnen in den Vereinigt_____ Staaten.
2. Die repariert_____ Wagen stehen dort drüben.
3. Möbliert_____ Zimmer gesucht.
4. Wir sind ein bekannt_____ Betrieb und suchen erfahren_____ Sekretär.
5. Möchtest du ein weichgekocht_____ oder ein hartgekocht_____ Ei?
6. Hausgemacht_____ Bratwurst!
7. Das ist eine sehr gut geschrieben_____ Arbeit.
8. Möchten Sie gebraten_____ oder gebacken_____ Kartoffeln?
9. Unglücklich verheiratet_____ Mann sucht geschieden_____ oder ledig____ Frau.

Adjectives as Nouns

Adjectives and participles may be used as nouns. They are then capitalized, but they are declined like adjectives. Adjectival nouns in the singular masculine and feminine and in the plural refer to people, in the neuter singular they refer to a thing or a concept:

der kranke Mann	der Kranke	*the sick man*
die alte Frau	die Alte	*the old woman*
die fremden Leute	die Fremden	*the strangers*
das gute Ding	das Gute	*the good thing*

Der/Die Deutsche *(German)* is the only nationality that is an adjectival noun:

Ich bin **Deutscher.**	*I am a German.*
Meine Schwägerin ist **Deutsche.**	*My sister-in-law is a German.*
Seine Eltern sind **Deutsche.**	*His parents are Germans.*

Adjectives used as nouns follow the normal rules of adjective declension:

Das ist **mein Verlobter.**	*This is my fiancé.*
Ich habe **viele Verwandte,** aber **alle Verwandten** leben in Frankreich.	*A have a lot of relatives, but all relatives live in France.*
Petra ist **eine Bekannte** von mir.	*Petra is an acquaintance of mine.*

	Masculine	Feminine	Plural
Nom.	der Bekannte ein Bekannter	die Bekannte eine Bekannte	die Bekannten Bekannte
Acc.	den Bekannten einen Bekannten	die Bekannte eine Bekannte	die Bekannten Bekannte
Dat.	dem Bekannten einem Bekannten	der Bekannten einer Bekannten	den Bekannten Bekannten
Gen.	des Bekannten eines Bekannten	der Bekannten einer Bekannten	der Bekannten Bekannter

Neuter adjectival nouns are often preceded by **etwas, nichts, viel, wenig,** or **alles.** Nouns after **etwas, nichts, viel,** and **wenig** take primary endings. Nouns after **alles** take secondary endings:

Ich habe heute etwas **Interessantes** gehört.	*I heard something interesting today.*
Das war nichts **Neues.**	*That was nothing new.*
Alles **Gute** zum Geburtstag!	*All the best on your birthday.*

Ander- is not capitalized:

Wir haben nichts **anderes.**   *We have nothing else.*

Übungen

27. Ergänzen Sie!

1. Werner ist ein guter _____ (bekannt) von mir.
2. Darf ich Ihnen meinen _____ (verlobt) vorstellen?
3. Hausarbeit und Beruf bilden ein _____ (ganz).
4. Ist Ihr Mann _____ (deutsch)?
5. Erik, du _____ (arm)! Du mußt das ganze Wochenende arbeiten.
6. Unsere Ferien verbrachten wir bei _____ (verwandt) auf dem Land.
7. _____ (reich) und _____ (arm) wird es immer geben.
8. In unserem Betrieb arbeiten viele _____ (angestellt).
9. Wie geht es der _____ (krank)?
10. Kennst du den _____ (blond) da drüben?

28. Ergänzen Sie!

1. Alles _____ (gut) zur Verlobung!
2. Was gibt es _____ (neu)?
3. Ich verlange von dir nichts _____ (unmöglich).
4. Weißt du schon etwas _____ (neu)?
5. Über ihn habe ich nicht viel _____ (gut) gehört.
6. Es war nichts _____ (wichtig).
7. Mir ist etwas sehr _____ (dumm) passiert.
8. Alles _____ (ander-) wißt ihr schon.

29. Übersetzen Sie!

1. My friend is a German.
2. There were several people injured.
3. Would you like something else?
4. Where are your relatives?
5. It wasn't anything special.
6. Rudolf, I would like to meet your fiancée.
7. Why are so many strangers in our town?

Comparison of Adjectives and Adverbs

Formation

Descriptive adjectives and adverbs have three levels or degrees of comparison: *base form, comparative,* and *superlative.*

In English there are two ways of comparison:

Base Form	*small*	*interesting*
Comparative	*smaller*	*more interesting*
Superlative	*smallest*	*most interesting*

In German there is only *one* way, regardless of the length of an adjective or adverb; there is no equivalent in German of the English comparison with *more/most.*

The comparative is formed by adding **-er**, the superlative by adding **-st/-est** to the base form.

Base Form	klein	interessant
Comparative	kleiner	interessanter
Superlative	kleinst-	interessantest-

NOTE:

1. Adjectives ending in **-er** and often adjectives ending in **-en** and **-el** drop the **-e-** in the comparative but retain it in the superlative.

Base Form	**Comparative**	**Superlative**
teuer	teurer	teuerst-
trocken	trockner	trockenst-
dunkel	dunkler	dunkelst-

2. Most one-syllable adjectives with the vowels **a, u, o** take an umlaut in the comparative and superlative.

Base Form	**Comparative**	**Superlative**
kalt	kälter	kältest-
jung	jünger	jüngst-
groß	größer	größt-

3. If the adjective ends in **-d, -t,** or in an **s**-sound (**-s, -sch, -ß, -z**); the superlative suffix is **-est** rather than **-st.** The adjective **groß** is an exception.

gesund	gesündest-
leicht	_chtest-
heiß	heißest-
kurs	kürzest-
groß	größt-

4. A few adjectives and adverbs have irregular comparison.

Base Form	Comparative	Superlative
gern	lieber	liebst-
gut	besser	best-
viel	mehr	meist-
hoch	höher	höchst-
nah(e)	näher	nächst-

5. Unlike English, German uses the definite article with **meist-:**

die meisten Leute   *most people*

6. Note the comparison of **gern:**

Ich lese **gern.**   *I like to read.*
Ich gehe **lieber** schwimmen.   *I prefer to go swimming.*
     I'd rather go swimming.
Ich gehe **am liebsten** tanzen.   *Most of all I like to dance.*

7. Memorize the following adverbial superlatives ending in **-ens.**

höchstens	*at (the) most*
wenigstens	*at least*
mindestens	*at least*
frühestens	*at the earliest*
spätestens	*at the latest*
meistens	*mostly*

Comparison of Adjectives and Adverbs: Use

Comparative forms take adjective endings when they modify a noun. Superlative forms always have endings.

1. *Attribute adjectives.* When preceding a noun, comparative and superlative are inflected. They follow the same declension as adjectives in their base form:

comparative ending–adjective ending
↓   ↓
Hier ist ein größ**er-es** Zimmer.
Haben Sie keinen billig**er-en** Anzug?

Das ist ein schnell**er** Wagen.
Das ist ein schnell**erer** Wagen.
Das ist unser schnellst**er** Wagen.

The comparative forms **mehr** and **weniger** never take endings:

Sie hat **mehr** Zeit.	*She has more time.*
Dieser Wagen verbraucht **weniger** Benzin.	*This car consumes less gasoline.*

The superlative is preceded by a definite article or a possessive adjective:

Das war **der schönste Tag** seit langem.	*This has been the nicest day in a long time.*
Peter ist **mein bester Freund.**	*Peter is my best friend.*

2. *Adverbs.* Adverbs in the comparative don't take endings. In the superlative the construction **am _____en** is used:

Sie tanzt **gern,** aber ich gehe **lieber** spazieren.	*She likes to dance, but I prefer to take walks.*
Sie verdient **am meisten.**	*She earns the most.*

German uses **immer** + *comparative* for the English double comparative:

Er spielt **immer besser.**	*He is playing better and better.*
Alles wird **immer teurer.**	*Everything is getting more and more expensive.*

3. *Predicate adjectives.* In the comparative, predicate adjectives don't take endings:

Unsere Reise ist bestimmt **teurer.**	*Our trip will certainly be more expensive.*

In the superlative there are two options. If a noun is implied and can be supplemented, the definite article is used. In all other cases the **am _____en** construction is used:

Dieses Gemälde ist **das teuerste** (Gemälde) unseres Museums.	*This painting is the most expensive one in our museum.*
Zu Hause ist es immer **am schönsten.**	*It's always nicest at home.*

Compare:

Das ist **unser bestes Zimmer.**	*This is our best room.*
Dieser Wagen fährt **am schnellsten.**	*This car drives the fastest.*

Wie komme ich **am schnellsten** zum Flughafen?	*What is the fastest way to the airport?*
In unserem Betrieb ist Herr Moll **der wichtigste.**	*In our firm Mr. Moll is most important.*
Im Februar war es **am kältesten.**	*In February it was coldest.*

Making Comparisons

To express that two persons or things are (not) equal, German uses **(nicht) so . . . wie** *(as . . . as)*, **genauso/ebenso . . . wie** *(just as . . . as)* and the base form of the adjective or adverb:

Heidelberg ist **nicht so groß wie** Stuttgart.	*Heidelberg is not as large as Stuttgart.*
Sie verdient **genauso viel wie** ich.	*She earns just as much as I do.*

To express that two things or persons are unequal, German uses **als** *(than)* and the comparative:

Sie ist **älter als** er.	*She is older than he is.*
Ich fahre **schneller als** du.	*I drive faster than you do.*

The second part of the comparison may be a dependent clause with **wie** and **als** as subordinating conjunctions (see p. 200).

Der Film war **nicht so gut, wie** ich gedacht hatte.	*The film wasn't as good as I had thought.*
Die Prüfung **war leichter, als** ich erwartet hatte.	*The exam was easier than I had expected.*

Übungen

*30. Ergänzen Sie Komparativ und Superlativ!

1. Er wohnte in dem _____ (schön) Haus der Stadt.
2. Diese Kamera ist mir zu teuer. Haben Sie keine _____?
3. Sie hat einen _____ (groß) Garten als ich.
4. Hier ist es so laut. Haben Sie kein _____ Zimmer?
5. Ich nehme den _____ (nah) Bus.
6. Haben Sie nichts _____ (elegant)?
7. Dieser Film gefällt mir von allen _____.
8. Was tun Sie _____?—Reisen.
9. Hamburg ist die _____ (groß) Stadt der Bundesrepublik.
10. Können Sie mir sagen, wie ich _____ (schnell) zum Bahnhof komme?
11. Heute war der _____ (schön) Tag unserer Ferien.
12. Haben Sie keine _____ (gut) Waschmaschine?—Nein, das ist unsere _____.

31. Ergänzen Sie die Komparativformen von *gern, viel, gut!*

1. Wohnst du _____ auf dem Land oder in der Stadt?
2. Sie hat _____ Geld als ich.
3. Ich bleibe _____ zu Hause.
4. Eine _____ Frau als dich gibt es nicht.
5. Das nächste Mal suche ich mir ein _____ Hotel.
6. Sie hat _____ verdient als ich.
7. Sie spricht _____ Französisch als ich.

32. Ergänzen Sie die Adverbien!

frühestens, höchstens, meistens, spätestens, wenigstens

1. Ich muß _____ um halb elf weggehen. Die letzte Straßenbahn fährt um Viertel vor 11.
2. Sie hätte mir _____ Bescheid sagen können.
3. Ich kann _____ um 9 bei dir sein. Früher geht es nicht.
4. Das kostet _____ 60 Mark. Mehr bestimmt nicht.
5. _____ geht er am Nachmittag spazieren.
6. Wieviel es kostet, weiß ich nicht. _____ 150 Mark, vielleicht auch mehr.

33. Übersetzen Sie!

1. This is the oldest church in Munich.
2. We are looking for a larger apartment.
3. The exams are getting more and more difficult.
4. The book was much better than the film.
5. You need a larger suitcase.
6. He is not as smart as she is.
7. Do you have a more comfortable chair?
8. What is the fastest way to the beach?
9. What will you do next time?
10. I consider him the better president.

34. Vergleiche

BEISPIEL: Hamburg/Köln (groß)
             Ist Hamburg so groß wie Köln?
             Nein, Hamburg ist größer als Köln.

Buch / Film (gut)
Mercedes / BMW (teuer)
Schwarzwald / Alpen (hoch)
Russisch / Deutsch (leicht)
Schweiz / Österreich (groß)
Rhein / Donau (lang)
Heidelberg / Mannheim (schön)
Kirche / Rathaus (alt)

35. Ergänzen Sie mit passenden Superlativen!

> BEISPIEL: In Italien *sind die Menschen am freundlichsten.*
> In Deutschland *gibt es das beste Bier.*

1. In Frankreich
2. In Japan
3. In den USA
4. In Österreich
5. In der Schweiz
6. In Spanien
7. In der Sowjetunion
8. In England

36. Ich halte sie für . . .

> BEISPIEL: Thomas Mann / Hermann Hesse (Dichter : bedeutend)
> *Vergleichen Sie bitte Thomas Mann mit Hermann Hesse!*
> *Ich halte Thomas Mann für den bedeutenderen Dichter.*

Schumann / Mozart (Komponist : groß)
Marx / Hegel (Philosoph : kompliziert)
Essen / München (Stadt : schön)
Französisch / Spanisch (Sprache : leicht)
Rosa / Sylvia (Frau : attraktiv)
Roosevelt / Truman (Präsident : bedeutend)
Kokoschka / Klimt (Maler : interessant)
das Kapital / die Bibel (Buch : wichtig)
Jane Fonda / Meryl Streep (Schauspielerin : gut)
Hans / Werner (Mensch : geschickt)

37. Ich wünschte, ich hätte den leichteren genommen.

> BEISPIEL: Dieser Koffer ist sehr schwer.
> *Ich wünschte, ich hätte den leichteren genommen.*

Dieser Weg ist sehr weit.
Diese Plätze sind sehr billig.
Dieser Wagen ist sehr klein.
Diese Couch ist sehr kurz.
Diese Bücher sind sehr langweilig.
Diese Hose ist sehr eng.
Dieser Zug ist sehr langsam.
Dieses Hotel ist sehr teuer.

38. Haben Sie keine billigere Kamera?

BEISPIEL: Kamera : teuer
Diese Kamera ist mir zu teuer. Haben Sie keine billigere?
Nein, das ist leider unsere billigste.

Fernseher : groß
Wagen : langsam
Hotel : teuer
Betrieb : groß
Brot : alt
Anzug : schwer
Flug : spät
Möbel : alt
Waschmaschine : billig

39. Was ist besser?

Beantworten Sie jede Frage mit drei bis vier Sätzen, und in jedem Satz sollte eine Komparativ- oder Superlativform erscheinen.

BEISPIEL: Ist es besser, viel oder wenig zu arbeiten?
Wenn man viel arbeitet, verdient man mehr Geld und kann sich mehr leisten. Man kann sich ein größeres Haus und teurere Autos kaufen. Aber man hat weniger Freizeit. Arbeitet man weniger, hat man vielleicht ein zufriedeneres Leben.

1. Ist es besser, verheiratet oder ledig zu sein?
2. Sollte man als Türke in der BRD oder in der Türkei leben?
3. Ist es für eine Frau besser berufstätig oder Hausfrau zu sein?
4. Ist es besser, Kinder oder keine Kinder zu haben?
5. Hat man es in dieser Welt als Mann oder als Frau besser?
6. Lebt man in der BRD oder in den USA besser?

Kapitel 7
Deutsche Vergangenheit

Reflexive Pronouns : Verbs with Prepositions : *Da*-Compounds : *Wo*-Compounds : Word Order in the Main Clause : Negation

Wortschatz

Substantive

die Ausstellung, -en   *exhibition*
die Bedeutung, -en   *meaning; importance*
das Brett, -er   *board*
die Buchhandlung, -en   *bookstore*
das Eisen, -   *iron*
das Erdgeschoß, -sse   *ground floor*
die Furcht   *fear*
das Gefängnis, -se   *prison*
der Geist   *spirit*
das Grab, ¨er   *grave*
der Jude, -n   *Jew*
das Lager, -   *camp*
das Loch, ¨er   *hole*
die Macht, ¨e   *power*
der Pfarrer, -   *pastor; priest, minister*
der Regisseur, -e   *director (film, theater)*
der Richter, -   *judge*
der Schauspieler, -   *actor*
der Schriftsteller, -   *writer*
die Siedlung, -en   *housing development*
der Soldat, -en   *soldier*
das Urteil, -e   *judgment*
der Zaun, ¨e   *fence*
die Zeitschrift, -en   *magazine*
der Zusammenhang, ¨e   *connection;
     relationship*

Verben

sich an·schließen (o,o) + Dat.   *to join*
bedauern   *to regret*
begleiten   *to accompany*

besorgen   *to get*
dabei·sein (ist, war, ist dabeigewesen)   *to
     take part; to be there; to be in the
     midst of*
ein·treten (tritt, a, [ist] e) in + Akk.   *to
     enter; to join*
gelten (i,a,o) als   *to be considered to be*
genügen   *to suffice*
graben (ä,u,a)   *to dig*
mit·machen   *to join*
prüfen   *to examine*
reinigen   *to clean*
sinken (a, [ist] u)   *to sink*
sich verabschieden (von)   *to say good-
     bye (to); to take one's leave (from)*
verhaften   *to arrest*

Adjektive, Adverbien

durcheinander   *in a mess; mixed up,
     confused*
heimlich   *secretly*
jedenfalls   *in any case*
menschlich   *humane; human*
quer   *crosswise*
sowieso   *anyhow*

Andere Wörter

Selbstmord begehen (beging,
     begangen)   *to commit suicide*

Reflexive Pronouns

If the subject and the object of a sentence are identical, *reflexive pronouns* are used:

Ich frage sie.	*I ask her.*
Ich frage **mich.**	*I ask myself.*
Sie tötete ihn.	*She killed him.*
Sie tötete **sich.**	*She killed herself.*

German uses the personal pronouns as reflexive pronouns except for the third person and the polite second person where the reflexive pronoun is **sich:**

ich	wasche	**mich**
du	wäschst	**dich**
er ⎫		
sie ⎬	wäscht	**sich**
es ⎭		
wir	waschen	**uns**
ihr	wascht	**euch**
sie	waschen	**sich**
Sie	waschen	**sich**

When used with the formal address **Sie, sich** is not capitalized:

Setzen Sie **sich!**   *Have a seat.*

Reflexive pronouns may be used as (a) the direct object, (b) the indirect object, and (c) the prepositional object:

a. Er wäscht **sich.**   *He's washing himself.*
b. Ich kaufe **mir** eine Kamera.   *I'll buy myself a camera.*
c. Hat er das für **sich** bestellt?   *Did he order that for himself?*

Reflexive pronouns are used with two kinds of verbs.

1.   Reflexive verbs are those verbs that must always be used with a reflexive pronoun. They are far more numerous in German than in English:

Habt ihr **euch** gut unterhalten?   *Did you enjoy yourselves?*
Ich muß **mich** beeilen.   *I have to hurry.*

2.   There is a larger group of verbs that may be used reflexively or nonreflexively, depending on whether the action of the verb refers back to the subject or not:

Ich stelle den Koffer neben das Fenster.   *I'll put the suitcase next to the window.*
Ich stelle **mich** neben das Fenster.   *I'll stand next to the window.*

NOTE:

1.   Reflexive verbs and verbs used reflexively always take **haben** in the perfect tenses:

Wir **haben** uns **geirrt.**   *We made a mistake.*
Dafür **hatte** ich mich nie **interessiert.**   *I had never been interested in that.*

2.   **Selbst** or **selber** is a particle used to emphasize a noun or pronoun. It follows the word to be emphasized:

Ich habe es **selbst** gemacht.   *I did it myself.*

When used with a reflexive pronoun, **selbst** or **selber** emphasizes the reflexive meaning:

Ich kümmere mich **selber** darum.   *I will take care of it myself.*

3.   Unlike personal pronouns, reflexive pronouns are always retained in imperative forms:

Ärgere **dich** nicht!   *Don't get angry.*
Beeilen wir **uns!**   *Let's hurry.*
Setzen Sie **sich** bitte!   *Please take a seat.*

4.   Reflexive pronouns in the plural often take on a reciprocal meaning (each other):

Sie streiten **sich** schon wieder.   *They are arguing again.*

If the reciprocal meaning must be clarified, the reflexive pronoun may be replaced by the reciprocal pronoun **einander:**

Sie lieben **einander.**   *They love each other.*
Wir sollten **einander** helfen.   *We should help one another.*

Einander forms one word with prepositions:

Wir müssen öfter **miteinander**   *We have to talk more with each other.*
sprechen.
Im letzten Krieg haben wir   *In the last war we fought against each*
gegeneinander gekämpft.   *other.*

Reflexive Pronouns and Cases

Reflexive pronouns may be in the accusative or dative case. This is an issue only in the first and second persons singular because the reflexive pronouns are otherwise the same in both cases.

	Accusative	Dative
ich	mich	mir
du	dich	dir
er		
sie	sich	
es		
wir	uns	
ihr	euch	
sie	sich	
Sie	sich	

1. The reflexive pronoun is in the accusative case if the subject and the direct object refer to the same person or thing:

> Er zieht **sich** gerade an.   *He's just getting dressed.*

Often, though, the reflexive pronoun has lost all meaning of a "direct object":

> Ich fürchte **mich**.   *I am afraid.*
> Wir freuen **uns** auf morgen.   *We are looking forward to tomorrow.*

2. The reflexive pronoun is in the dative case if the verb requires the dative case or if there is already a direct object in the sentence. In this instance the subject and the indirect object refer to the same person:

> Du schadest **dir**, wenn du rauchst.   *You harm yourself if you smoke.*
> Ich habe **mir** 100 Mark geliehen.   *I borrowed 100 marks.*
> Was hast du **dir** gekauft?   *What did you buy for yourself?*

Dependent or infinitive clauses may be substitutes for the direct object:

> Ich habe mir gedacht, **daß du zu spät**   *I figured that you wouldn't make it on*
>   **kommen wirst.**   *time.*

With clothing or with parts of the body German uses the reflexive pronoun in the dative rather than a possessive adjective as does English:

> Er zieht **sich den Mantel** an.   *He's putting on his coat.*
> Ich will **mir** nur **die Hände** waschen.   *I only want to wash my hands.*

Übungen

*1. Ergänzen Sie die Reflexivpronomen!

1. Ich kann _____ kein Taxi leisten.
2. Hat er _____ erkältet?
3. Wir möchten _____ verabschieden.
4. Warum hast du _____ nicht beworben?
5. Willst du es _____ nicht noch einmal überlegen?
6. Ihr habt _____ bestimmt sehr über unseren Brief gewundert.
7. Warum wenden Sie _____ nicht an die Polizei?
8. Werdet ihr _____ scheiden lassen?

2. Bilden Sie Imperative!

> BEISPIEL: sich um die Kinder kümmern
>   *Kümmere dich um die Kinder!*
>   *Kümmert euch um die Kinder!*
>   *Kümmern Sie sich um die Kinder!*

sich beeilen
sich etwas wünschen

sich das Geld leihen
sich nach dem Preis erkundigen
sich verabschieden
sich scheiden lassen
sich an die Polizei wenden
sich den Film ansehen

3. Beeil dich bitte!

BEISPIEL: sich beeilen
Sag ihm, er soll sich beeilen!
Beeil dich bitte!

sich verabschieden
sich den Mantel anziehen
sich entschuldigen
sich die Hände waschen
sich nicht ärgern
sich um das Essen kümmern
es sich überlegen
sich bei der Zeitung bewerben

4. Wir brauchen einander.

BEISPIEL: Ich brauche ihn,
Ich brauche ihn, und er braucht mich.
Wir brauchen einander.

Sie sucht mich,
Er hilft ihr,
Sie gefällt mir,
Du schreibst ihm,
Ich gehöre dir,
Er liebt sie,
Du magst ihn,

5. Hänschen will nicht.

BEISPIEL: sich waschen
Mutter: Hänschen, wasch dich bitte!
Hänschen: Ich will mich nicht waschen.

sich anziehen
sich die Jacke anziehen
sich entschuldigen
sich die Hände waschen
sich verabschieden
sich ins Bett legen
sich die Haare kämmen

6. Drücken Sie es anders aus!

1.   Ich werde darüber nachdenken. (sich überlegen)
2.   Sie klagt über Kopfschmerzen. (sich beklagen)
3.   Mein Vater war im Konzentrationslager. (sich befinden)
4.   Er ist in die Partei eingetreten. (sich anschließen)
5.   Ich werde mit ihm sprechen. (sich unterhalten)
6.   Sorgt ihr für die Getränke? (sich kümmern)
7.   Was hast du denn erwartet? (sich vorstellen)
8.   Hast du nach dem Preis gefragt? (sich erkundigen)
9.   Wir haben beschlossen, nicht mitzufahren. (sich entscheiden)

7. Übersetzen Sie!

1.   Ute, you have to get dressed.
2.   Are you interested in literature?
3.   I bought myself a new TV.
4.   Did you have a good time?
5.   Let's sit down.
6.   Unfortunately I have to say goodbye.
7.   He won't join the party.
8.   Mrs. Bauer, please think about it.
9.   I'll take care of the food.
10. Children, put on your coats.

Verbs with Prepositions

The prepositions that have been discussed in Chapter 4 are part of time phrases, place phrases, and so on, answering questions such as **wann, wie lange, wohin, wo.** The choice of the prepositions depends on the object, that is, the noun or pronoun following the preposition:

Wohin geht sie?	Sie geht ins Kino.
	zu Peter.
	nach Hause.
	auf die Post.
Wann kommt er wieder?	Am Mittwoch.
	Zu Weihnachten.
	Im September.
	Um halb sechs.

Many verbs, however, require prepositional objects. As part of such objects the prepositions are obligatory complements of the verb:

warten auf	*to wait for*
denken an	*to think of*

Ich warte	auf meinen Freund.		Er denkt	an seine Freundin.
	auf die Straßenbahn.			an seine Arbeit.
	auf die Post.			an nichts.
	auf meine Chefin.			an seinen Bruder.

The prepositions used with these verbs have to be memorized. With *either/or* prepositions like **an, auf, in,** the case a preposition requires has to be memorized as well:

sich erinnern an + acc.	*to remember*
liegen an + dat.	*to be due to*

Ich erinnere mich **an ihn.**	*I remember him.*
Das liegt **am Wetter.**	*That is due to the weather.*

The following list contains only the most commonly used verbs with prepositions.

an + acc.

denken an	*to think of*
sich erinnern an	*to remember*
sich gewöhnen an	*to get used to*
glauben an	*to believe in*
schreiben an	*to write to*
sich wenden an	*to turn to, to talk to*

an + dat.

gefallen an	*to like about*
liegen an	*to be due to; to depend on*
teilnehmen an	*to take part in*

auf + acc.

antworten auf	*to answer*
sich freuen auf	*to look forward to*
warten auf	*to wait for*

aus + dat.

bestehen aus	*to consist of*

bei + dat.

arbeiten bei	*to work at*
sich bewerben bei	*to apply at*
wohnen bei	*to live with*

für + acc.

sich interessieren für	*to be interested in*
sorgen für	*to take care of; to see to*

in + acc.

    eintreten in   *to enter into*

mit + dat.

    anfangen mit   *to begin with*
    aufhören mit   *to stop with*
    fahren mit   *to go by*
    sprechen mit   *ta talk to/with*
    sich unterhalten mit   *to talk to/with*

nach + dat.

    sich erkundigen nach   *to inquire about*
    sich richten nach   *to go along with; to act according to*
    suchen nach   *to look for*

über + acc.

    sich ärgern über   *to be angry about*
    sich beklagen über   *to complain about*
    sich freuen über   *to be happy about*
    nachdenken über   *to think about*
    sprechen über   *to talk about*
    sich unterhalten über   *to talk about*
    sich wundern über   *to be surprised about*

um + acc.

    gehen um   *to be about*
    sich kümmern um   *to look after, to take care of*
    sich sorgen um   *to worry about*

von + dat.

    abhängen von   *to depend on*
    halten von   *to think of*
    handeln von   *to deal with*
    sprechen von   *to talk about/of*
    träumen von   *to dream about*
    sich verabschieden von   *to say goodbye to*
    verstehen von   *to understand about*
    wissen von   *to know about*

vor + dat.

    sich fürchten vor   *to be afraid of*

zu + dat.

    gehören zu   *to belong to*

Some verbs have a prepositional object in addition to another object in the dative or accusative case or even two prepositional objects:

sich bewerben bei (dat.) um (acc.)	to apply at/for
bitten (acc.) um (acc.)	to ask for
danken (dat.) für (acc.)	to thank for
einladen (acc.) zu (dat.)	to invite for
erinnern (acc.) an (acc.)	to remind of
fragen (acc.) nach (dat.)	to ask about
gratulieren (dat.) zu (dat.)	to congratulate on
halten (acc.) für (acc.)	to take for; to consider to be
sprechen mit (dat.) über (acc.)	to talk with/about
sich unterhalten mit (dat.) über (acc.)	to talk with/about
vergleichen (acc.) mit (dat.)	to compare with

Ich bitte **dich** nur **um 20 Mark.**	*I am only asking you for 20 marks.*
Darf ich **Sie zu einem Glas** Wein einladen?	*May I invite you for a glass of wine?*

Some predicate adjectives have prepositional objects:

bereit sein zu (dat.)	to be ready for
böse sein auf (acc.)	to be angry at
einverstanden sein mit (dat.)	to agree with
fertig sein mit (dat.)	to be finished with
froh sein über (acc.)	to be glad about
stolz sein auf (acc.)	to be proud of
überzeugt sein von (dat.)	to be convinced of

Übungen

*8. Ergänzen Sie!

1. Ich möchte mich _____ eine neue Stelle bewerben.
2. Wohnen Sie noch _____ Frau Müller?
3. Wir freuen uns schon sehr _____ die Ferien
4. Hat jemand _____ mir gefragt?
5. Du mußt dich _____ ihren Wünschen richten.
6. Muß ich mich denn _____ alles kümmern?
7. Es liegt nur _____ euch.
8. Ob wir fahren oder nicht, hängt _____ Wetter ab.
9. Ich möchte mich _____ deinem Onkel verabschieden.
10. Wir werden _____ Ihre Antwort nachdenken.

*9. Ergänzen Sie!

1. Das Haus besteht _____ (das Erdgeschoß), erstem und zweitem Stock.
2. Wende dich doch _____ (der Pfarrer)!
3. Was haben die Menschen damals _____ (die Lager) gewußt?
4. Was hältst du _____ (die Schauspielerin)?
5. Wir alle fürchteten uns _____ (die Nazis).
6. Wir haben uns nicht _____ (das Urteil) gewundert.
7. Es geht _____ (deine Zukunft).
8. Was gefällt dir _____ (dieser Schriftsteller)?

10. Was gehört zusammen?

Ich antworte	von dieser Idee.
Es geht	nach euch.
Wir richten uns	aus vier Zimmern.
Ich gratuliere dir	an ihm.
Was gefällt dir	an den Direktor.
Wenden Sie sich	zum Geburtstag.
Die Wohnung besteht	um meine Familie.
Was haltet ihr	auf deine Fragen.

11. Übersetzen Sie!

1. We are looking forward to their visit.
2. Let's start with the work.
3. Please compare the photo with this picture here.
4. I'll take care of him.
5. Is she still living with her parents?
6. We went by bus.
7. I don't remember her.
8. You'll get used to the people.
9. She is afraid of him.

12. Was hältst du von ihm?

BEISPIEL: Faßbinder ist ein guter Regisseur.
Was hältst du von Faßbinder?
Ich halte ihn für einen guten Regisseur.

Angela ist eine ausgezeichnete Schauspielerin.
Hundertwasser ist ein bedeutender Maler.
Inge ist eine interessante Frau.
Herr Meyer ist ein netter Kollege.
Christa Wolf ist eine großartige Schriftstellerin.
Bertram und Söhne ist ein erfolgreicher Betrieb.
Herr Schmidt ist ein guter Pfarrer.

Da-Compounds

If the noun in a prepositional phrase refers to a thing or a concept, it is not replaced by a pronoun but instead by **da-** *(there)* followed by the preposition. Whereas in English these **da-***compounds* are generally limited to legal language *(therewith, therein),* they occur very frequently in German:

Ich warte **vor der Tür.**	*I'll wait in front of the door.*
Ich warte **davor.**	*I'll wait in front of it.*
Wir fahren **mit der Straßenbahn.**	*We'll take the streetcar.*
Wir fahren **damit.**	*We'll take it.*

If the preposition begins with a vowel, an **-r-** is inserted:

an	daran	auf	darauf
in	darin	aus	daraus

The following **da**-compounds occur:

dadurch	daraus	daran
dafür	dabei	darauf
dagegen	damit	dahinter
darum	danach	darin
	davon	daneben
	dazu	darüber
		darunter
		davor
		dazwischen

The prepositions **außer, seit,** and **ohne** and the prepositions with the genitive do not form **da**-compounds. The following expressions are used as substitutes:

außerdem	*besides*
seitdem	*since then*
ohne das	*without that*
währenddessen	*during that*
deswegen	*because of that*
trotzdem	*in spite of that*
stattdessen	*instead of that*

Er ist krank, aber er kommt **trotzdem.**	*He is sick, but he'll come in spite of that.*
Ich gehe einkaufen; **währenddessen** kannst du hier aufräumen.	*I'll go shopping; in the meantime you can clean up here.*

If the prepositional phrase is a place phrase answering the questions **wohin, wo, woher,** an adverb of place is often used as a substitute rather than a **da**-compound (see p. 99):

Ich fahre **nach Europa.**—Und wann fährst du **dorthin?**	*I am going to Europe.—And when are you going there?*
Ich glaube, sie ist **im Garten.**—Nein, **da** ist sie nicht.	*I think she is in the garden.—No, she is not there.*

A **da**-compound is used to refer to an idea that has been mentioned before:

Um acht gehe ich ins Kino.—Und was machst du **danach?**	*At eight I'll go to the movies.—And what are you going to do after that?*

A dependent clause or an infinitive clause may replace a prepositional object. In these instances a **da**-compound is often used to anticipate the following clause. This construction is quite common:

Denk **daran,** daß du morgen eine Prüfung hast!	*Remember (the fact) that you have an exam tomorrow.*
Es hängt **davon** ab, wann er zurückkommt.	*It depends on (the fact) when he'll be back.*
Es geht **darum,** ihn zu überzeugen.	*It is a matter of convincing him.*

Wo-Compounds

If the noun in a prepositional phrase refers to a person, the preposition and the interrogative pronouns **wen** or **wem** are used:

Für wen hast du das gekauft?	*For whom did you buy that?*
Mit wem wollen Sie sprechen?	*With whom do you want to talk?*

If the noun refers to a thing or a concept, a compound consisting of **wo** and a preposition is used. If the preposition begins with a vowel, an **-r-** is inserted:

Worauf wartet er?	*What is he waiting for?*
Womit fangen wir an?	*What are we starting with?*

Except for the prepositions **hinter, neben,** and **zwischen, wo-** combines with the same prepositions as **da-** does.

NOTE:

1.   A **wo-**compound may never be used with persons. Distinguish:

> **Mit wem** fährst du?—**Mit meiner Schwester.**
> **Womit** fährst du?—**Mit dem Wagen.**

2.   With prepositional objects, when the preposition is part of the verb, a **wo-**compound should be used. If, however, the preposition is part of a place

phrase, time phrase, and so on, interrogatory adverbs such as **wohin, wo, woher, wann** are used. Distinguish:

> **Worauf** wartet er?—**Auf seinen Freund.**
> **Wo** wartet er?—**Vor dem Theater.**
> **Wann** bist du angekommen?—**Vor einer Stunde.**

Übungen

*13. Ergänzen Sie!

1. Weißt du, wo Peter ist? Ich warte schon seit einer Stunde _____.
2. Vor 15 Jahren habe ich Gabriele zum letzten Mal gesehen. Ich kann mich gar nicht mehr _____ erinnern.
3. Vielen Dank für die Schallplatte. Ich habe mich sehr _____ gefreut.
4. Es hängt _____ ab, wieviel ich verdiene.
5. Wo sind deine Eltern? Ich möchte mich gern _____ verabschieden.
6. Er hat mir einen langen Brief geschrieben, aber ich habe ihm noch nicht _____ geantwortet.
7. Sie ist die Chefin. Da müssen wir uns wohl _____ richten.
8. Ich finde Klaus sehr nett. Was hältst du _____?
9. Sie kann den Unfall nicht vergessen. Heute hat sie wieder _____ geträumt.
10. Ich kann mich nicht _____ erinnern, daß ich das gesagt habe.
11. Ich sorge _____, daß alles klappt.
12. Wo bist du gewesen? Bärbel hat _____ gesucht.

14. Antworten Sie!

1. Interessierst du dich für Architektur?—Nein,
2. Haben Sie sich nach der Zeitschrift erkundigt?—Ja,
3. Versteht sie etwas von Medizin?—Nein,
4. Sind Sie mit dem Preis einverstanden?—Ja,
5. Kannst du dich noch an deinen Großvater erinnern?—Ja,
6. Haben Sie sich über meinen Brief gewundert?—Ja,
7. Hast du ihn an unsere Verabredung erinnert?—Nein,
8. Werden Sie sich um meine Freunde kümmern?—Ja,

*15. Ergänzen Sie!

1. _____ seid ihr gefahren?—Mit dem Bus.
2. _____ geht es?—Um meinen Urlaub.
3. _____ haben Sie gesprochen?—Mit dem Pfarrer.
4. _____ hast du Angst?—Vor Siegfried.
5. _____ wollen wir anfangen?—Mit diesem Buch hier.
6. _____ habt ihr euch unterhalten?—Über seine Arbeit.

7. _____ bist du böse?—Auf dich.
8. _____ soll es liegen?—An unserem Chef.

16. Fragen Sie nach dem kursiven Element!

1. Wir warten *auf den Direktor.*
2. Sie kommt *um eins.*
3. Er steht *vor der Tür.*
4. Ich kümmere mich *um die Musik.*
5. Er sprach *über den Zusammenhang von Macht und Geist.*
6. Der Zug fährt *in einer halben Stunde* ab.
7. Vergleichen Sie den Text *mit der Musik!*
8. Fragen Sie *nach Frau Sommer!*
9. Ich habe die Gläser *dort in den Schrank* gestellt.
10. Der Zaun ist *aus Eisen.*

17. Fragen Sie!

BEISPIEL: Wenden Sie sich an Frau Klein!
An wen?

Bewerben Sie sich bei Herrn Schubert!
Ich interessiere mich für Heidi.
Es liegt an seiner Dummheit.
Er freut sich auf das Semester.
Wir richten uns nach Renate.
Ich habe an den Direktor geschrieben.
Er hat sich nach unserer neuen Zeitschrift erkundigt.

18. Ergänzen Sie!

Ich habe genug! T. ist überzeugt _____, daß er sich alles leisten kann. Er will, daß ich nur _____ da bin, mich nur _____ kümmere, mich nur _____ richte. Er hält sich wirklich _____ etwas Besonderes. Ich soll froh sein, _____ verheiratet zu sein. Aber T. irrt sich. Ich hänge nicht _____ ab. _____ T. bin ich fertig. Ich lasse mich _____ scheiden.

19. Übersetzen Sie!

1. She is considered to be a great painter.
2. There is a fence made of iron and behind it is the grave.
3. We all wanted to take part in it.
4. We would like to say goodbye to your sister.
5. I'll take care of them.
6. Will you think about it?
7. I read his letter. But I don't know how to answer it.
8. He committed suicide. Do you know anything about it?

Word Order in the Main Clause

In German, due to case markings, the word order is more flexible than in English. In a *main clause* we may distinguish among 4 *positions*. Positions 2 and 4 are occupied by the predicate:

1	2	3	4
Gestern abend	habe	ich es ihm	erzählt.
Du	mußt	dich bei deinem Freund	entschuldigen.
Der Zug nach Rom	fährt	in wenigen Minuten von Gleis 3	ab.

Position 1 (also called *front field* [**Vorfeld**]) is the position preceding the conjugated verb. It may be occupied by almost any sentence element but only by *one*. This may or may not be the subject. If it is not the subject, the sentence element is either the answer to a question or is to receive a special emphasis. Except for the conjugated verb and the prefix, any sentence element may occupy position 1:

Die Bücher kann ich dir besorgen, aber die Schallplatten müssen warten.	*I can get the books for you, but the records have to wait.*
Mir genügt das.	*That suffices for me.*
Als großer Schriftsteller gilt er nicht, aber seine Bücher werden viel gelesen.	*He is not considered to be a great writer, but a lot of people read his books.*
Mit dem Zug ist er nicht gekommen.	*It was not the train he took.*
Angerufen hat sie nicht, aber geschrieben.	*She didn't call but she wrote.*
Noch werden wir ihn nicht verhaften.	*We won't arrest him yet.*
Schauspieler bist du nicht.	*An actor you are not.*
Helfen kann ich ihr nicht.	*I cannot help her.*

Position 2 is the position of the conjugated verb:

1	2	3
Sie	gilt	als eine bedeutende Schriftstellerin.
Seine Antwort	genügte	mir.
Er	gehörte	zu einer religiösen Gruppe.

Position 3 (also called *inner field* [**Satzfeld**]) is the position between the conjugated part of the predicate and its unconjugated complements. In position 3 the following rules generally apply (see p. 65).

1. *Nouns* appear in this sequence:
    subject, dative object, accusative object

    Heute morgen haben die Schüler ihrer Lehrerin viele Blumen mitgebracht.

2. *Personal pronouns* appear in this sequence:
    subject, accusative object, dative object

    Natürlich werde ich sie Ihnen besorgen.

3.   *Personal pronouns precede nouns* (but see p. 65):

> Morgen werde ich Ihnen das Geld zurückgeben.
> Das zweite Mal hat mir der Film viel besser gefallen.

4.   *Reflexive pronouns* follow the same rule as personal pronouns:

> Gestern hat sich Peter das Bein gebrochen.
> Vielleicht werde ich es mir ansehen.

5.   *Prepositional objects* as nouns or pronouns *follow* all other nouns or pronouns:

> Ich werde ihn an die Verabredung erinnern.
> Seit zwei Stunden wartet die Presse darauf.
> Ich habe meinen Nachbarn schon darum gebeten.
> Vielleicht kann meine Tante mit ihr sprechen.

6.   *Modifiers* (adverbial expressions) follow this sequence:
> *time, manner, place*

> Er ist heute morgen mit dem Fahrrad zur Arbeit gefahren.
> Wir haben uns jeden Freitag heimlich hinter der Kirche getroffen.

The following diagram outlines the basic sequence of sentence elements in *position 3:*

Pronouns	Nouns	Modifiers	Prepositional Objects
nom./acc./dat.	nom./dat./acc.	time/manner/place	pronouns/nouns

Of these elements, however, only the first (pronouns) and the last (prepositional objects) are generally fixed. The positions of the other elements are flexible. A modifier of time most often precedes the accusative object; directives (answers to **wohin-**questions), on the other hand, usually stand toward the end of position 3:

> Wir werden **morgen** das Urteil erfahren.
> Ich habe **gestern abend** einen ausgezeichneten Film gesehen.
> Ich habe den Mantel **in den Schrank** gehängt.

As has been mentioned before (p. 65), the sequence in position 3 is determined by the principle of increasing informational value. Something known precedes something unknown. If an element should receive special stress, it moves from its normal place toward the end of position 3:

> **Wer** war bei euch im Haus?—Seit zwei Monaten sind bei uns im Haus **Soldaten** gewesen.
> **Was** könnt ihr uns dafür besorgen?—Wir können euch dafür **Lebensmittel** besorgen.

Position 4 (also called *end field* [**Endfeld]**) contains the verbal complements, that is, the nonconjugated part of the predicate: separable prefix, infinitive, past participle, predicate noun, and predicate adjective:

1	2	3	4
Wir	machen	alle gern	mit.
Vielleicht	kann	ich Ihnen einen Paß	besorgen.
Am 20. April	ist	er in die Partei	eingetreten.
Bestimmt	wird	er	Pfarrer.
Seine Furcht	ist	doch nur	menschlich.

The verbal complement may also be a noun in the accusative or a prepositional phrase:

1	2	3	4
Das	spielt		keine Rolle.
1939	beging	er	Selbstmord.
Ich	lasse	dich	in Ruhe.

Übungen

20. Sprechen Sie die Sätze neu! Beginnen Sie mit dem kursiven Element!

1. Ich sehe ihn nicht *als meinen Freund* an.
2. Er will sich noch nicht *scheiden lassen*.
3. Das konnte *für meinen Vater* einen großen Schutz bedeuten.
4. Barbara wird sich *um die Gäste* kümmern.
5. Wir haben sie nicht *danach* gefragt.
6. Ich bin *ihnen* noch nicht begegnet.

21. Beantworten Sie die Fragen!

BEISPIEL: Wann sind Sie in die Schule gekommen? (im April 1933)
Im April 1933 bin ich in die Schule gekommen.

1. Wer hat Sie zur Schule begleitet? (meine Großmutter)
2. Wo hatte er seine Bücher versteckt? (im Kohlenkeller)
3. Wie lange haben Sie vor der Tür gewartet? (eine halbe Stunde)
4. Wie oft arbeitete Ihre Mutter in der Fabrik? (drei Tage in der Woche)
5. Wo gab Hitler seine Regierungserklärung ab? (über den Rundfunk)
6. Wie bist du hierher gekommen? (mit dem Taxi)
7. Wer hat dir dieses Buch gegeben? (mein Deutschlehrer)

*22. Ersetzen Sie die kursiven Substantive durch Pronomina!

1. Ich zeige meinen Eltern *meine neue Wohnung*.
2. Wir haben uns gestern *die neue Ausstellung* angesehen.
3. Ich schenke *meiner Freundin* diese Mütze.

4. Wir haben *Dörfelts* unsere neue Bratpfanne geliehen.
5. Wir verkaufen *unseren Nachbarn unseren neuen Wagen.*
6. Ich bringe *Rosa* dieses Kleid mit.
7. Sie hat es *ihrem Bruder* erzählt.

23. Bilden Sie Sätze!

1. Sie wollten . . . aussetzen. (das Kind / an der Kirche / im Frühling)
2. Er hat . . . gegeben. (vor unserem Haus / dieses Päckchen / mir)
3. Wir trafen uns . . . (jeden Sonntag / im Museum / heimlich)
4. Er sitzt . . . (allein / vor dem Fernseher / den ganzen Abend)
5. Wir wohnten . . . (außerhalb von Berlin / 5 Jahre lang / in einer Siedlung)
6. Die Familie lebte . . . (bei uns / seit August 1943)
7. Ich bin . . . begegnet. (vor einem Jahr / in einer Buchhandlung / ihm / zufällig)
8. Ich fahre . . . (zur Schule / im Winter / mit dem Bus)

24. Sagen Sie die Sätze neu!

BEISPIEL: Er hatte seit Jahren seine Bücher im Kohlenkeller versteckt. (Bücher)
Er hatte seit Jahren im Kohlenkeller Bücher versteckt.

1. Mein Vater hatte sich im Jahr 1932 einer religiösen Gruppe angeschlossen. (dieser religiösen Gruppe)
2. Ich habe mir diese Zeitschrift in der Buchhandlung gekauft. (eine Zeitschrift)
3. Er hat seiner Freundin dieses Foto versprochen. (einer Freundin)
4. Der Führer wird heute vor der ausländischen Presse eine Rede halten. (seine Rede)
5. Er schmuggelte diese Zeitungen jede Woche über die Grenze. (Zeitungen)

25. Übersetzen Sie!

1. We met them a week ago at a party.
2. We cannot afford a new car every year.
3. You probably can get this magazine in any bookstore.
4. I had a terrible dream last night.
5. We were at the coast of France last summer.
6. They have been living in West Germany for seven years.
7. Dialects were not very popular in the Federal Republic after the second world war.
8. We always met secretly at the home of the Grüns.
9. We spent last weekend in the mountains together.

Negation with *nicht* and *kein*

Kein *(no, not a, not any)* is used to negate a noun preceded by the indefinite article **ein** or an unpreceded noun. **Kein** is a limiting word following the declension of the possessive adjectives:

Hast du Zeit?—Nein, ich habe **keine** Zeit.	*Do you have time?—No, I have no time.*
Habt ihr einen Fernseher?—Nein, wir brauchen **keinen** Fernseher.	*Do you have a TV?—No, we don't need a TV.*
Haben Sie den *Spiegel?*—Nein, wir führen **keine** Zeitschriften.	*Do you have the Spiegel?—No, we don't carry magazines.*

Nicht is used in all other instances:

Ist das Ihr Haus?—Nein, das ist **nicht** unser Haus.	*Is this your house?—No, this is not our house.*
Ich kenne diese Buchhandlung **nicht**.	*I don't know this bookstore.*

Nicht is also used if the noun as object of the verb has really become part of the predicate: **Ski laufen, Tennis spielen.**

Er kann leider **nicht** Ski laufen.	*Unfortunately, he doesn't ski.*
Ich spiele **nicht** Tennis.	*I don't play tennis.*

In some of these cases **nicht** or **kein** may be used:

Sie spricht **kein/nicht** Deutsch.	*She doesn't speak German.*
Er ist **kein/nicht** Arzt.	*He is not a physician.*

Nicht/kein are often emphasized by **überhaupt** or **gar** *(at all):*

Ich wollte **gar nicht** kommen.	*I didn't want to come at all.*
Wir haben **überhaupt kein** Geld.	*We don't have any money at all.*

Position of *nicht*

Nicht may either negate an individual sentence element or an entire sentence. If it negates an individual element, it stands in front of that element. Negating one single element implies a contrast that is introduced by the conjunction **sondern** *(but rather).* Except for the conjugated verb, every element may be negated:

Nicht **mein Deutschlehrer** hat mir heute mittag vor unserem Haus das Buch geschenkt, sondern der Pfarrer.
Mein Deutschlehrer hat nicht **mir** heute mittag vor unserem Haus das Buch geschenkt, sondern meinem Freund Peter.
Mein Deutschlehrer hat mir nicht **heute mittag** vor unserem Haus das Buch geschenkt, sondern heute früh.

Mein Deutschlehrer hat mir heute mittag nicht **vor unserem Haus** das Buch
geschenkt, sondern in der Schule.

Mein Deutschlehrer hat mir heute mittag vor unserem Haus nicht **das Buch**
geschenkt, sondern ein Bild.

Mein Deutschlehrer hat mir heute mittag vor unserem Haus das Buch nicht
geschenkt, sondern geliehen.

If **nicht** negates the entire sentence, that is, the predicate, it occupies the
following positions.

NICHT

1. *follows* the subject, the verb, and all objects:

1	2	3
Ich	besorge	die Karten **nicht.**
Mir	genügt	das **nicht.**
Sie	gaben	uns das Geld **nicht.**

2. *precedes* the second part of the predicate and all verbal complements:

1	2	3	4
Wir	gehen		**nicht** aus.
Sie	ist		**nicht** müde.
Wir	spielen	am Sonntag	**nicht** Fußball.
Er	möchte		**nicht** mitmachen.
Ich	habe	das Bier	**nicht** bestellt.

3. *precedes* modifiers of manner:

1	2	3	4
Ich	möchte	**nicht** allein auf die Party	gehen.
Wir	haben	uns **nicht** heimlich	getroffen.

4. generally *precedes* modifiers of place, but it may also follow adverbs of
place:

1	2	3	4
Ich	komme	**nicht** von zu Hause.	
Sie	ist	**nicht** ins Kino	gegangen.
Es	lag	**nicht** auf dem Tisch.	
Er	war	**nicht** dort.	
Er	war	dort **nicht.**	

5. *follows* many (specific) time expressions:

1	2	3	4
Ich	bleibe	heute abend **nicht** lange.	
Er	hat	die ganze Nacht **nicht**	geschlafen.
Wir	können	am Sonntag **nicht**	mitkommen.

6. *precedes* the (general) time expressions **bald, früh, gleich, immer, oft, sofort, spät:**

1	2	3	4
Wir	konnten	**nicht** gleich	anrufen.
Sie	hat	ihn **nicht** oft	gesehen.
Wir	sind	**nicht** immer	hingegangen.

7. *follows* adverbs like **bestimmt, leider, natürlich, vielleicht, wahrscheinlich:**

1	2	3	4
Ich	kann	dich leider **nicht**	abholen
Er	wird	wahrscheinlich **nicht**	mitmachen.
Sie	hat	sich bestimmt **nicht**	geirrt.

8. generally *precedes* but may also follow prepositional objects:

1	2	3	4
Wir	haben	uns **nicht** um euch	gekümmert.
Sie	hat	mich **nicht** um Geld	gebeten.
Er	hat	auf meinen Brief **nicht**	geantwortet.

Adverbs and Pronouns of Negation

The same positional rules that apply to **nicht** apply to the other words of negation. The most common adverbs and pronouns of negation (and their positive counterparts) are:

a	ein	kein	*no*
something	etwas	nichts	*nothing*
somebody	jemand	niemand	*nobody*
once	einmal, mal	nie, niemals	*never*
anywhere	irgendwo	nirgends	*nowhere*

Hast du **etwas** bezahlen müssen?—Nein, ich habe **nichts** zu bezahlen brauchen.

Did you have to pay something?—No, I didn't have to pay anything.

Jemand/niemand may take inflectional endings:

Hast du mit **jemand(em)** gesprochen?—Nein, ich habe mit **niemand(em)** gesprochen.

Did you talk to somebody?—No, I didn't talk to anybody.

The adverbs **schon** *(already, yet)* and **noch** *(still)* are very commonly used in German and negated:

already	schon	noch nicht	*not yet*
still	noch	nicht mehr	*not anymore*

Haben Sie es ihm **schon** gesagt?—Nein, ich habe es ihm **noch nicht** gesagt.

Vielleicht kommt sie **noch.**—Nein, sie kommt bestimmt **nicht mehr.**

Have you told him already?—No, I have not told him yet.

Perhaps, she will still come.—No, she certainly won't come anymore.

Schon and **noch** may be combined with the above listed pronouns and adverbs:

Sind Sie **schon einmal** in Venedig gewesen?—Nein, **noch nie.**

Möchten Sie **noch etwas** essen?—Nein danke, ich möchte **nichts mehr.**

Have you ever (yet) been in Venice?— No, never (yet).

Would you (still) like to eat something?—No thank you, I don't want anymore.

Übungen

*26. Antworten Sie negativ!

1. Bleibst du zu Hause?
2. Kommt ihr mit?
3. Du hast Angst!
4. Haben Sie Kinder?
5. Möchten Sie Kaffee?
6. Du bist krank!
7. Sind Sie verheiratet?
8. Haben Sie eine Idee?
9. Spielt sie Klavier?
10. Kennen Sie diese Zeitschrift?

27. Negieren Sie die folgenden Sätze!

1. Wir gehen zu Fuß.
2. Es geht heute abend.
3. Er sorgt sich bestimmt um sie.
4. Wir gehen früh zu Bett.
5. Sie hat mich gefragt.
6. Wir brauchen den Wagen.
7. Wir fangen bestimmt um halb neun an.
8. Er ist mein Nachbar.
9. Er hat sie oft gesehen.

10. Wir fahren wahrscheinlich mit dem Bus.
11. Sie beginnt immer pünktlich.
12. Ich möchte allein gehen.
13. Wir geben dir das Geld.
14. Sie fährt morgen dorthin.

28. Peter und Petra sind sehr verschieden.

> BEISPIEL: Peter interessiert sich für klassische Musik.
> *Petra interessiert sich nicht für klassische Musik.*

Peter mag deutsche Filme.
Petra geht früh zu Bett.
Peter will Fußball spielen.
Peter geht gern spazieren.
Petra mag Pizza.
Petra kümmert sich um andere.
Peter tanzt gern.
Peter möchte auf dem Land wohnen.
Petra möchte einen Farbfernseher.

29. Schreiben Sie die Sätze zu Ende!

1. Ich bin nicht gestern dort gewesen, sondern
2. Er hat es mir nicht geschenkt, sondern
3. Ich nehme nicht den blauen Mantel, sondern
4. Sie hat nicht mich eingeladen, sondern
5. Nicht Bier habe ich bestellt, sondern
6. Er hat es nicht mir gesagt, sondern

30. Antworten Sie negativ!

> BEISPIEL: Hast du etwas gesehen?
> *Nein, nichts.*

Haben Sie etwas getrunken?
Haben Sie schon einmal Marihuana geraucht?
Hast du etwas erfahren?
Hat jemand angerufen?
Hast du ihn irgendwo gesehen?
Sind Sie ihr einmal begegnet?
Hat euch jemand Bescheid gesagt?
Seid ihr einmal dort gewesen?

31. Antworten Sie negativ!

> BEISPIEL: Ist er schon zurück?
> *Nein, noch nicht.*

Ist der Film schon aus?
Schläft sie noch?

Bist du schon fertig?
Können Sie noch warten?
Haben Sie sich schon verabschiedet?
Wohnt er noch in Darmstadt?

32. Übersetzen Sie!

1. The war isn't over yet.
2. Was somebody still there?
3. Were there still tickets left?
4. I didn't like the film at all.
5. There was nothing to eat.
6. Haven't you gotten your money yet?
7. I am not hungry.
8. We don't have anymore time.
9. I didn't find it anywhere.

33. Antworten Sie negativ!

1. Hast du Hunger?
2. Hat es dir Spaß gemacht?
3. Habt ihr noch einmal darüber gesprochen?
4. Ist sie noch da?
5. Hat jemand nach mir gefragt?
6. Bist du schon einmal in Spanien gewesen?
7. Möchtest du noch etwas trinken?
8. Habt ihr schon gegessen?
9. Bist du mir noch böse?
10. Hast du dir für heute abend etwas vorgenommen?
11. Habe Sie es irgendwo versteckt?
12. Machst du mir einen Vorwurf?

34. Christa und T.

T. lehnt alles ab, was Christa vorschlägt.

BEISPIEL: *Christa:* Wir könnten mit Martin Karten spielen.
             T.: Ich möchte nicht Karten spielen.

Ich würde gern einen Spaziergang machen.
Wir sind schon ewig nicht tanzen gegangen.
Im ,,Museum'' läuft ein guter Film.
Möchtest du etwas essen?
Soll ich Bernd fragen, ob er herüberkommen möchte?
Wie wäre es mit einem Glas Wein?
Möchtest du Schach spielen?
Im Westfernsehen läuft *Dallas*.
Ich habe vorhin diese Schallplatte gekauft.

Kapitel 8
Unser ferner Nachbar DDR

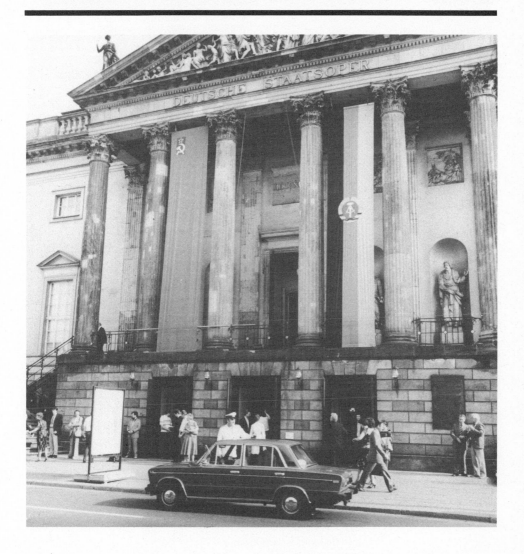

**Word Order : Dependent Clauses : Infinitive
Clauses : The Objective and Subjective Meanings
of Modal Verbs**

Wortschatz

Substantive

der Beweis, -e *proof*
das Bewußtsein *consciousness,
    awareness*
der Bürger, - *citizen*
der Fortschritt, -e *progress*
das Gehalt, ¨er *salary*
das Geheimnis, -se *secret*
die Gemeinschaft, -en *community*
die Stirn, -en *forehead*
die Versammlung, -en *meeting;
    gathering*
das Vertrauen *trust*
die Wirklichkeit *reality*

Verben

beantworten *to answer*
empfinden (a,u) *to feel, to sense*
erziehen (erzog, erzogen) *to educate*
hören auf + Akk. *to listen to*
klingen (a,u) *to sound*
rechnen mit *to expect; to rely upon*

schimpfen auf + Akk. *to grumble at*
schwitzen *to sweat*
überzeugen *to convince*
verachten *to despise*
sich wehren gegen *to resist*
zerbrechen (i,a, [ist] o) *to fall apart, to
    break to pieces*

Adjektive, Adverbien

eher *sooner, earlier; rather*
lächerlich *ridiculous*
niedrig *low*

Andere Wörter

aus diesem Grund; aus welchem
    Grund? *for this reason; for what
    reason?*
mir ist, als + Konjunktiv *I feel as if*
sich Zeit lassen (läßt, ließ, gelassen) *to
    take one's time*
vorhanden sein *to exist; to be at hand, to
    be available*

Word Order

Depending on the position of the verb, German distinguishes among three basic
word orders.

VERB IN SECOND POSITION

1.   In all statements the verb takes second position. The subject may or may
      not precede the verb:

> Ich **fahre** übermorgen nach Rostock.
> Übermorgen **fahre** ich nach Rostock.

The first position may be occupied by almost any *one* element, even a
clause:

> Weil du nicht angerufen hast, **bin** ich allein gegangen.

2.   The verb is in second position in informational questions starting with a
      question word:

> Warum **kommst** du so spät?

VERB IN FIRST POSITION

1.   In alternative questions (yes/no):

> **Hast** du mit ihm gesprochen?

2.   In commands:

> **Warten** Sie bitte einen Augenblick!

VERB IN LAST POSITION

In all dependent clauses:

> Wenn ich ihn **sehe,** sage ich ihm Bescheid.

Dependent Clauses

Conjunctions

Conjunctions are words used to connect phrases or clauses. There are two kinds of conjunctions:

1.   *Coordinating conjunctions* that connect two main clauses.
2.   *Subordinating conjuctions* that connect a dependent clause with a main clause.

Coordinating conjunctions do not change the word order. They do not count as sentence elements; the verb therefore keeps second place. Frequently used coordinating conjunctions are the following:

aber	*but*
denn	*for, because*
doch	*yet, but, however*
oder	*or*
sondern	*but (on the contrary)*
und	*and*

> Ich möchte gern mitkommen, **aber** ich habe keine Zeit.
> Er bleibt zu Hause, **denn** er hat eine Erkältung.

Clauses connected by coordinating conjunctions are normally separated by commas. A comma is not used before **oder** or **und** if the second clause is without either subject or verb.

> Ich gehe ins Fußballstadion, und du gehst ins Konzert.
> Sie fährt ins Büro und ruft dich dann an.
> Ich spreche mit Hans und du mit Peter.

Sondern *(but on the contrary)* always follows a negative clause and expresses that two ideas are incompatible:

> Sie waren nicht im Kino, **sondern** sind spazierengegangen.
>
> *They were not at the movies, but took a walk.*

Aber *(but)* follows either a positive or negative clause and expresses that two ideas stand in contrast but are compatible:

> Ich wollte mitgehen, **aber** er wollte nicht.
>
> *I wanted to go, but he didn't.*
>
> Es ist nicht kalt, **aber** ich friere.
>
> *It's not cold, but I am freezing.*

Subordinating conjunctions change the word order of the dependent clauses they introduce. The conjugated verb is in *last position.* The separable prefix precedes the conjugated verb and is attached to it; the past participle or infinitive immediately precedes the conjugated verb:

> Ich habe ihm gesagt, daß ich zu Hause **bleibe.**
> , daß ich nicht **mitkomme.**
> , daß ich mit dir **gesprochen habe.**
> , daß ich noch **arbeiten muß.**

NOTE:

Exception: In a dependent clause modal verbs always take *last position,* even if they are not the conjugated verb. This is of special importance with the perfect tenses of the modals (see pp. 35 and 36). The conjugated verb *precedes* the double infinitive. The same rule applies to verbs such as **sehen** and **lassen** if they function like modal verbs (see p. 36).

> Hast du eine Ahnung, warum er nicht **hat mitkommen dürfen?**
> Weißt du, wo sie sich das Kleid **hat machen lassen?**

A dependent clause is introduced by either a subordinating conjunction, by an interrogative pronoun or interrogative adverb, or by a relative pronoun. Every dependent clause is set off by commas:

> Ich habe keine Ahnung, **ob** sie angerufen hat.
> Kannst du mir sagen, **wann** sie zurückkommt?
> Der Pullover, **den** Sie mir vorher gezeigt haben, gefällt mir besser.

In dependent clauses the next element after·the connecting word is usually the subject, but object pronouns may precede a subject noun:

> Ich bin sicher, daß **Herr Müller uns** vorige Woche geschrieben hat.
> Ich bin sicher, daß **uns Herr Müller** vorige Woche geschrieben hat.

Reflexive pronouns precede a subject noun but follow a subject pronoun:

> Obwohl **sich mein Bruder** für Motorräder interessiert, . . .
> Obwohl **er sich** für Motorräder interessiert, . . .

If the dependent clause precedes the main clause, it is immediately followed by the conjugated verb of the main clause:

> Ob er angerufen **hat, weiß** ich nicht.
> *conjugated verb, conjugated verb*

Adverbial Conjunctions and Correlative Conjunctions

Adverbs may function as conjunctions. *They affect the word order.* Since they count as sentence elements when they occupy first position, the verb follows immediately. The position of adverbs is not fixed. They may also follow the verb:

> Beeil dich; **sonst** kommen wir zu spät!   *Hurry up; otherwise we'll be late.*
> Beeil dich; wir kommen **sonst** zu spät!   *Hurry up; we'll otherwise be late.*

Doch is used as an adverb, but almost as often it may be used as a coordinating conjunction:

> Wir müssen das Land verlassen; **doch** fällt es uns nicht leicht.
> Wir müssen das Land verlassen, **doch** es fällt uns nicht leicht.

There are conjunctions consisting of two parts—*correlative conjunctions*—that function in their respective clauses as adverbs or coordinating conjunctions:

entweder . . . oder	*either . . . or*
weder . . . noch	*neither . . . nor*
zwar . . . aber	*it is true . . . but*

> **Entweder** gehst du mit, **oder** ich gehe allein.   *Either you come along, or I am going alone.*
> **Weder** hast du uns geschrieben, **noch** hast du angerufen.   *Neither did you write us, nor did you call.*
> **Zwar** verstehe ich wenig davon, **aber** ich werde es versuchen.   *It is true, I don't understand much about it, but I will try.*

As adverbs **entweder, weder,** and **zwar** may follow the verb; **entweder** may also be used as a coordinating conjunction:

> Ich verstehe **zwar** wenig davon, **aber** ich werde es versuchen.
> **Entweder** du gehst mit, **oder** ich gehe allein.

Übungen

1. Verbinden Sie die Sätze mit *aber, denn, doch, oder, sondern* oder *und!*

1. Georg wohnt in Leipzig. Er studiert in Halle.
2. Sie glauben an den Staat. Sie glauben an den Sozialismus.
3. Früher hatte ich Angst vor ihm. Er war mein Chef.
4. Sie ist in der Bibliothek. Sie ist einkaufen gegangen.
5. Kurt Weill war kein Schriftsteller. Er war Komponist.
6. Wir müssen leider gehen. Der letzte Bus fährt in zehn Minuten.
7. Ich habe es dir oft gesagt. Du wolltest nicht auf mich hören.
8. Ich verdiene nicht viel. Die Arbeit macht mir Spaß.

2. Verbinden Sie die Sätze!

1. Wir spielen ein bißchen DDR. Das Spiel hat für uns keine Konsequenzen. (zwar . . . aber)
2. Man ist Bürger dieses Landes. Man muß es verlassen. (entweder . . . oder)
3. Die Arbeit ist nicht schwer. Ich zähle die Stunden nicht. (weder . . . noch)
4. Sie verlassen mein Haus. Ich rufe die Polizei. (entweder . . . oder)
5. Sie sind geschieden. Man sieht sie noch oft zusammen. (zwar . . . aber)
6. Er kümmerte sich nicht um mich. Er interessierte sich nicht für meine Probleme. (weder . . . noch)

Indirect Questions and Indirect Statements

Indirect questions are dependent clauses; the verb is always in last position. Indirect questions are introduced by either a question word or the conjunction **ob.**

In indirect *informational questions* the interrogative pronouns or adverbs function as subordinating conjunctions:

> Wann hat sie angerufen?—Ich weiß nicht, **wann** sie angerufen hat.

In indirect *alternative questions* the conjunction **ob** introduces a dependent clause; **ob** corresponds to English *if,* meaning *whether.*

> Hat sie angerufen?—Ich weiß nicht, **ob** sie angerufen hat.

Indirect statements are introduced by the subordinating conjunction **daß.** A **daß**-clause may stand for the subject, the direct object, or the prepositional object of the main clause:

SUBJECT   Daß du nicht mitkommen kannst, tut mir leid.

OBJECT   Ich weiß, daß er ein guter Schriftsteller ist.

PREPOSITIONAL OBJECT   Bitte rechne damit, daß wir erst nach zehn kommen.

After verbs such as **wissen, glauben,** and **denken,** and after positive introductory phrases, the conjunction **daß** may be omitted. The word order is that of the main clause:

> Ich glaube, **daß** wir zuviel Geld ausgegeben **haben.**
> Ich glaube, wir **haben** zuviel Geld ausgegeben.

After negative introductory phrases the conjunction **daß** (unlike English) must be used:

> Ich glaube nicht, **daß** er sich darüber Gedanken macht.

Übungen

*3. Ergänzen Sie die Nebensätze!

1. Wie komme ich am schnellsten zum Flughafen?—Ich kann Ihnen leider nicht sagen,
2. Sind morgen die Banken geöffnet?—Fragen Sie dort am Schalter,
3. Wo ist sie hingegangen?—Man hat mir nicht gesagt,
4. Was gefällt dir an ihr?—Ich bin nicht sicher,
5. Ist der Vertrag unterschrieben?—Fragen sie bitte meinen Sekretär,
6. Wann seid ihr ihm zum ersten Mal begegnet?—Ich kann mich nicht daran erinnern,

4. Ergänzen Sie!

1. Es liegt _____, daß er sich um nichts kümmert.
2. Es hängt _____ ab, was Sie damit tun wollen.
3. Ich warte _____, daß sie mit mir darüber spricht.
4. Wir wundern uns nicht _____, daß sie sich scheiden lassen.
5. Denk _____, daß du morgen zum Zahnarzt mußt!
6. Sorgen Sie _____, daß alles klappt!
7. Sind Sie _____ überzeugt, daß sie alles allein schaffen können?
8. Sie wird sich _____ kümmern, daß ihr rechtzeitig hinkommt.

5. Übersetzen Sie!

1. Can you tell me what she likes about him?
2. We are sorry that we have to lay you off.
3. She was angry about the fact that we didn't let her know.
4. I have no idea when the train for Munich departs.
5. Tell us please when we can expect you and your family.
6. It will depend on how much we can pay.
7. I think we can take our time.

*6. Ergänzen Sie die Nebensätze!

1. Er hat alles kommen sehen.—Ich weiß, daß
2. Wird Sie mitkommen dürfen?—Ich weiß nicht, ob
3. Er hat damit rechnen müssen.—Ja, ich habe ihm auch gesagt, daß
4. Ich habe mein Geld liegenlassen.—Wissen Sie, wo
5. Werden Sie dafür sorgen können?—Ich weiß noch nicht,
6. Sie hat meine Fragen nicht beantworten wollen.—Bist du denn überrascht, daß
7. Ich habe mich nicht darum kümmern können.—Kannst du mir sagen, warum

7. Er hat es nicht selbst gemacht.

BEISPIEL: Hat er das Auto selbst repariert?
Meinst du, daß er das Auto selbst repariert hat?
Ich bin sicher, daß er es hat reparieren lassen.

Hat er die Rede selbst geschrieben?
Hat er das Paket selbst abgeholt?
Hat er ihn selbst getötet?
Hat er die Sachen selbst erledigt?
Hat er die Fotos selbst gemacht?
Hat er das Haus selbst gebaut?
Hat er es ihr selbst gesagt?

Temporal and Conditional Clauses

Als, wenn, and **wann** introduce dependent clauses. The English meaning for all three is *when.*

Als refers to a single event or state in the past:

Sie war sehr froh, **als** sie den Brief bekam.	*She was very happy when she got the letter.*
Als wir im Schwarzwald wohnten, hatten wir noch kein Auto.	*When we live in the Black Forest, we didn't have a car yet.*

The verb in the **als-**clause is usually in the simple past. **Als,** however, may be used with the present tense if past events for reasons of style are narrated in the present tense (historic present):

Als sie am Bahnhof ankommt, ist Frank schon da.	*When she arrives at the station, Frank is already there.*

Wenn refers to repeated events in the past, present, or future *(whenever),* or to single events in the present or future *(when):*

Wenn ich Angst hatte, begann ich zu singen.	*When I got scared, I started to sing.*
Wenn ich mit der Arbeit fertig bin, können wir gehen.	*When I am done with the work, we can go.*

Wenn may also introduce a conditional clause *(if):*

Wenn mir die Arbeit gefällt, spielt das Gehalt keine Rolle.	*If I like my work, the salary doesn't matter.*

The clause **Wenn Frank gesund wird,** is ambiguous. The context should give us the correct meaning: *"If/When* Frank gets better . . . ”

The dependent clause introduced by **wenn** may be summarized by the adverb **dann** at the beginning of the main clause:

Wenn du nicht mitkommen willst, **dann** gehe ich allein.	*If you don't want to come along, then I'll go by myself.*

Wann *(when)* is an interrogative adverb used to introduce direct and indirect questions:

Wann darf ich ihn besuchen?—Ich werde den Arzt fragen, **wann** Sie ihn besuchen dürfen.	*When may I see him?—I'll ask the doctor when you may see him.*

Note the following:

		Meaning	
when	**Present + Future**	*at what time*	wann
		at the time when	wenn
	Past	*whenever*	wenn
		at the time when	als

Be also aware of the meanings of English *if:*

1. *If* that can be replaced by *whether* is **ob.**
2. *If* that cannot be replaced by *whether* is **wenn.**

Als/Wenn-clauses can stand for time phrases in the main clause, which are often introduced by the preposition **bei** *(at; during).*

Wir können uns **beim Essen** unterhalten.
Wir können uns unterhalten, **wenn wir essen.**

Wir lernten uns **bei der Arbeit im Büro** kennen.
Wir lernten uns kennen, **als wir im Büro arbeiteten.**

In English, and sometimes also in German, conjunctions and prepositions may have identical forms. Note the difference between the following subordinating conjunctions, adverbs, and prepositions:

Subordinating Conjunctions		Adverbs		Prepositions	
nachdem	*after*	nachher	*afterward*	nach	*after*
bevor	*before*	vorher	*before*	vor	*before*
während	*while*	inzwischen	*in the meantime*	während	*during*

Nachdem wir gegessen hatten, gingen wir spazieren.	*After we had eaten, we took a walk.*
Wir aßen; **nachher** gingen wir spazieren.	*We ate; afterward we took a walk.*
Nach dem Essen gingen wir spazieren.	*After dinner we took a walk.*

Nachdem introduces a dependent clause, in which only present perfect and past perfect may be used. Note the following sequence of tenses:

Past Perfect	Simple Past

Nachdem wir **angekommen waren, fuhren** wir sofort ins Hotel.

Present Perfect	Present Tense

Nachdem wir **angekommen sind, fahren** wir sofort ins Hotel.

Present Perfect	Future Tense

Nachdem wir **angekommen sind, werden** wir sofort ins Hotel **fahren.**

Vorher is an adverb; **vor** is a preposition with the dative case in time expressions; **bevor** introduces a dependent clause. The tense in dependent clause and main clause is usually the same:

Bevor du den Vorschlag ablehnst, solltest du darüber nachdenken.   *Before you reject the proposal, you should think about it.*

Während introduces a dependent clause; it is also a preposition with the genitive case; **inzwischen** is an adverb:

Während ich einkaufen gehe, könntest du den Tisch decken.   *While I am going shopping, you could set the table.*

Other subordinating conjunctions introducing temporal clauses are:

bis *(until),* **seit, seitdem** *(since),* **sobald** *(as soon as),* **solange** *(as long as)*

Solange sie schläft, möchte ich sie nicht stören.
Sobald sie aber aufwacht, frage ich sie.   *As long as she is asleep, I wouldn't like to disturb her.*
But as soon as she wakes up, I'll ask her.

Übungen

*8. Ergänzen Sie mit *als, wenn, wann* oder *ob!

1. Ruf mich an, _____ du wieder in Innsbruck bist!
2. _____ er selbst daran glaubt, weiß ich nicht.
3. _____ ich träume, träume ich von dir.
4. Sie half mir nie, _____ ich sie darum bat.
5. Er war leider nicht da, _____ ich mit ihm sprechen wollte.
6. _____ ich ihr begegnete, lächelte sie immer.
7. Können Sie mir sagen, _____ der Schnellzug aus Leipzig schon angekommen ist?
8. Ich weiß nicht, _____ die Mauer gebaut wurde.
9. _____ wir in Rostock wohnten, ging es uns nicht so gut.

9. Übersetzen Sie!

1. If he doesn't come, I'll go alone.
2. Last night when I took a walk, I met her again.
3. Do you know when he'll arrive?
4. When I came home, she was always watching TV.
5. Do you know if he is still in prison?
6. Whenever she asked me a question, I started to sweat.
7. I have no idea when I am going to answer his letter.

10. Bilden Sie *wenn . . . dann* Sätze!

> BEISPIEL: Ich will in Deutschland leben. Ich muß schwer arbeiten.
> *Wenn ich in Deutschland leben will, dann muß ich schwer arbeiten.*

1. Man möchte sich etwas leisten. Man muß verzichten lernen.
2. Man will in Deutschland nicht auffallen. Man muß sich anziehen wie Deutsche.
3. Meine Frau trägt deutsche Kleider. Sie sieht viel schöner aus.
4. Ich will etwas werden. Ich muß die Sprache des Landes können.
5. Man braucht uns. Man sollte freundlicher zu uns sein.
6. Die Deutschen kommen in unser Viertel. Sie sagen: Das ist der Orient.
7. Man möchte Deutsch lernen. Man muß einen Sprachkurs belegen.
8. Ich kehre in die Türkei zurück. Ich kann mir eine Autowerkstatt kaufen.

11. Bertolt Brecht

Bertolt Brecht—der größte deutsche dramatische Schriftsteller des 20. Jahrhunderts—wurde 1898 in Augsburg geboren.

> BEISPIEL: 1934: Brecht emigrierte nach Dänemark.
> *Brecht war 36 Jahre alt, als er nach Dänemark emigrierte.*

1917: Brecht machte in Augsburg das Abitur.
1918: Brecht studierte an der Münchner Universität Medizin.
1924: Brecht zog nach Berlin und lebte dort als freier Schriftsteller.
1926: Brecht begann, sich mit dem Marxismus zu beschäftigen.
1928: Brecht schrieb mit Kurt Weill die *Dreigroschenoper*.
1933: Brecht mußte das nationalsozialistische Deutschland verlassen.
1938: Brecht schrieb seine großen Stücke *(plays): Leben des Galilei* und *Mutter Courage und ihre Kinder*.
1941: Brecht zog in die USA.
1949: Brecht wurde Bürger der DDR.
1956: Brecht starb in Ost-Berlin.

12. Übersetzen Sie!

1. After you've paid we can go.
2. I'll think about your question afterward.
3. You told me that before.
4. While you were at the movies someone called.
5. I'll be there before the game starts.
6. We are going to the concert. Afterward we are meeting some friends.
7. Where will you be during the vacation?
8. Please wash the car. In the meantime I'll go shopping.
9. I'll pick you up after work.

13. Verwandeln Sie Präpositionen in Konjunktionen!

1. *Vor unserer Heirat* lebten wir bei meinen Großeltern. (bevor/heiraten)
2. *Nach dem Essen* arbeiteten wir im Garten. (nachdem/essen)
3. *Während unserer Unterhaltung* war ich sehr aufgeregt. (während/sich unterhalten)
4. *Nach seiner Rede* stellte man ihm viele Fragen. (nachdem/reden)
5. *Während des Mittagessens* sprachen wir darüber. (während/essen)
6. *Nach dem Tanzen* war ich sehr müde. (nachdem/tanzen)
7. *Nach seiner Ankunft* in der BRD suchte er sich eine Arbeit. (nachdem/ankommen)
8. *Vor seiner Abfahrt* möchte ich noch einmal mit ihm sprechen. (bevor/abfahren)

*14. Schreiben Sie die folgenden Sätze neu!

1. Wir können losgehen; vorher muß ich noch etwas erledigen. (bevor)
2. Während du Frank besuchst, rufe ich im Betrieb an. (inzwischen)
3. Solange wir gebraucht werden, dürfen wir bleiben. (sobald)
4. Er arbeitete 20 Jahre in dem Betrieb; nachher kündigte man ihm. (nachdem)
5. Sorg für die Getränke; inzwischen kümmere ich mich um die Musik. (während)
6. Nachdem wir eine Grube vor unserer Haustür gegraben haben, verstecken wir eine Bombe in ihrem Wagen. (nachher)
7. Sobald du gesund bist, darfst du aufstehen. (solange)

15. Die Bremer Stadtmusikanten

*Verbinden Sie die Sätze mit **nachdem**!*

1. Der Esel arbeitete sein ganzes Leben schwer. Sein Herr wollte ihn töten lassen.
2. Der Esel lief von zu Hause fort. Er traf unterwegs einen Hund, eine Katze und einen Hahn.
3. Sie entschieden sich, Stadtmusikanten zu werden. Sie gingen zusammen weiter.

4. Abends kamen sie zu einem Haus. Drinnen sahen sie Räuber essen und trinken.
5. Die Tiere sprangen einander auf den Rücken. Sie begannen, Musik zu machen.
6. Die Räuber bekamen Angst vor ihnen. Sie verschwanden im Wald.
7. Die Tiere aßen und tranken. Sie legten sich schlafen.

16. Der Tag eines Studenten

BEISPIEL: Er steht auf.
             Er nimmt ein Bad.
             Nachdem er aufgestanden war, nahm er ein Bad.
             Nachdem er ein Bad genommen hatte, . . .

Er zieht sich an.
Er frühstückt.
Er fährt zur Universität.
Er geht in die Vorlesung.
Er arbeitet in der Bibliothek.
Er ißt zu Mittag.
Er trifft seine Freundin.
Sie gehen spazieren.
Sie essen eine Pizza.

Further Subordinate Conjunctions and Adverbs

CAUSAL CLAUSES

SUBORDINATING CONJUNCTIONS	da	since
	weil	because
ADVERBS	daher ⎫ darum ⎭	therefore
	deshalb ⎫ deswegen ⎭	therefore, for that reason

Weil ich noch nicht fertig war, ist er allein gegangen.

Because I wasn't ready yet, he went alone.

Ich war noch nicht fertig; **deshalb** ist er allein gegangen.

I wasn't ready yet; therefore he went alone.

CONCESSIVE CLAUSES

| **SUBORDINATING CONJUNCTIONS** | obgleich ⎫ obwohl ⎭ | although |

ADVERB   trotzdem   *in spite of that*

> **Obwohl** es mir drüben besser ginge,   *Although I would be better off over*
>   bleibe ich hier.   *there, I am going to stay here.*
> Es ginge mir drüben besser; **trotzdem**   *I would be better off over there; in spite*
>   bleibe ich hier.   *of that I am going to stay here.*

MODAL CLAUSES

Indem introduces dependent clauses that establish the method by which something is achieved. **Indem** corresponds to English *by (do)ing:*

> Ich verdiente mir mein Studium, **indem**   *I earned my university education by*
>   ich in einer Fabrik arbeitete.   *working in a factory.*

Wie *(how)* introduces dependent clauses that indicate how a situation was achieved:

> Ich erzählte ihr, **wie** ich ihn   *I told her how I had gotten to know*
>   kennengelernt hatte.   *him.*

Während *(while, whereas)* not only introduces temporal clauses, it may also introduce a statement that is in contrast to the statement in the main clause:

> **Während** es bei uns viele Parteien gibt,   *Whereas we have many parties, you*
>   gibt es bei euch nur eine.   *only have one.*

COMPARATIVE CLAUSES

The subordinating conjunctions **wie** and **als** are used to express equality or inequality (see p. 157):

> Die Prüfung war so leicht, **wie** ich   *The exam was as easy as I had hoped.*
>   gehofft hatte.
> Es war viel später, **als** ich vermutet   *It was much later than I had assumed.*
>   hatte.

The correlative conjunction **je . . . desto/umso** *(the . . . the)* connects two comparative clauses: a first dependent clause with a second main clause:

je + comparative . . . conjugated verb, **desto/umso** + comparative + conjugated verb . . .

> **Je** länger wir warten, **desto** später wird   *The longer we wait, the later it gets.*
>   es.

Übungen

*17. Verbinden Sie die Sätze!

1. Ich habe kein Visum bekommen. Ich kann dich nicht besuchen. (da)
2. Wir haben nur eine sehr kleine Wohnung. Du mußt leider im Hotel übernachten. (deshalb)

3. Er hat jede Arbeit getan. Den Türken wird normalerweise die schwerste Arbeit gegeben. (obgleich)
4. Die Religion spielt im heutigen Leben noch immer eine große Rolle. Ein Priester war dabei. (weil)
5. Uns war das nur recht. Jetzt ärgerten sich auch unsere Hausnachbarn. (denn)
6. Das Kind erlebt die Angst sehr stark. Märchen müssen glücklich enden. (deswegen)
7. Ich helfe dir. Ich bin sehr müde. (obwohl)
8. Hier bei euch scheint meistens die Sonne. Bei uns regnet es die ganze Zeit. (während)
9. Er weiß nicht, ob er in die Türkei zurückfährt. Er plant seine Rückkehr. (trotzdem)
10. Wir hofften, den Grund der menschlichen Aggression herauszufinden. Wir nahmen an dieser Reise teil. (indem)

18. Gute Ratschläge

BEISPIEL: Wie bleibe ich gesund?—Sie müssen viel spazierengehen.
Indem Sie viel spazierengehen, bleiben Sie gesund.

1. Wie werde ich schlank?—Sie müssen weniger essen.
2. Wie werde ich klug?—Sie müssen täglich die Zeitung lesen.
3. Wie verbessere ich mein Deutsch?—Sie müssen oft ins Sprachlabor gehen.
4. Wie werde ich schön?—Sie müssen viel Milch trinken.
5. Wie lerne ich Französisch?—Sie müssen einen Kurs belegen.
6. Wie werde ich reich?—Sie müssen sich einen reichen Ehepartner suchen.

19. BRD und DDR

BEISPIEL: Man darf streiken.   Streiks sind verboten.
Während man in der BRD streiken darf, sind in der DDR Streiks verboten.

BRD	DDR
Es gibt einen freien Wohnungsmarkt.	Alle bekommen die gleichen Wohnungen.
Die Polizei ist für den Bürger da.	Der Bürger ist für die Polizei da.
Der Einzelne ist wichtiger.	Vor allem zählt die Gemeinschaft.
Ein Physiker verdient mehr als ein Facharbeiter.	Ein Facharbeiter verdient soviel wie ein Physiker.
Es gibt eine parlamentarische Demokratie.	Es gibt eine Diktatur des Proletariats.
Die Bürger interessieren sich vor allem für den Konsum.	Die Bürger haben größeres Interesse an Kultur.
Man zahlt meistens 20 Prozent seines Einkommens für Miete.	Man zahlt nur 5 Prozent.
Man darf überallhin reisen.	Man darf nur ins sozialistische Ausland reisen.

20. Dies ist mein Land.

BEISPIEL: Wir können uns weniger leisten.
Obwohl wir uns weniger leisten können, werde ich dieses Land nicht verlassen.

1. Wir dürfen nicht in den Westen reisen.
2. Es gibt die Mauer.
3. Ich darf nicht lesen, was ich will.
4. Der Staat behandelt uns wie Kinder.
5. Wir dürfen nicht streiken.
6. Ich habe weniger persönliche Freiheit.
7. Wir können uns nicht alles kaufen.
8. Ich kann nur eine kleine Wohnung haben.

21. Es war viel schöner, als ich dachte.

BEISPIEL: War der Urlaub so schön, wie ihr gehofft hattet?
Sogar noch viel schöner, als wir gehofft hatten.

1. Ist sie so intelligent, wie alle behauptet haben?
2. War die Party so langweilig, wie du befürchtet hattest?
3. Ist der Film so schlecht, wie Peter gemeint hat?
4. War das Buch so schwer, wie du angenommen hattest?
5. Ist sie so hübsch, wie du gehört hast?
6. Ist Deutsch so leicht, wie ich dir erzählt habe?
7. War es so weit, wie du vermutet hattest?
8. Ist die Vorlesung so interessant, wie du gehört hast?

22. Je später, desto besser.

BEISPIEL: Du lebst lange in Frankreich: Du sprichst gut Französisch.
Je länger du in Frankreich lebst, desto besser sprichst du Französisch.

1. Du wartest lange: Es wird schwierig.
2. Ihr kommt früh: Wir können viel schaffen.
3. Er ißt viel: Er wird dick.
4. Ihr bleibt lange: Mir ist es lieb.
5. Man verdient viel: Man muß hohe Steuern zahlen.
6. Ich sprach lange mit ihr: Sie gefiel mir gut.
7. Ich denke lange darüber nach: Ich werde ärgerlich.
8. Man fährt schnell: Es ist gefährlich.

23. Übersetzen Sie!

1. I went to the library. Afterward I took a walk.
2. He is considered a great writer; in spite of that I don't like his stories.
3. By talking to him you can perhaps help him.
4. I'll call you when she is back.
5. Do you know what she looks like?

6. I saw him often while I was in Vienna.
7. Whenever I was in Bad Tölz, she took care of me.
8. Before we go to visit them, we should send them a card.
9. As soon as I am finished, I'll let you know.
10. What did you do when you were in Germany?
11. Can you wait until I have talked to her?
12. Either you call me, or I'll call you.
13. After he had talked for two hours, nobody wanted to ask any questions.
14. Let's talk about it while we eat.
15. It was much easier than I had thought.
16. The longer you wait, the harder it gets.

Infinitive Clauses

The Infinitive with *zu*

There are two types of infinitives: the simple infinitive and the infinitive with the preposition **zu** (prepositional infinitive). The simple infinitive is used after *modals,* after **lassen, helfen, sehen,** and **hören,** and after **werden** to form the future tense (see pp. 8–12, 17):

> Wir **möchten** dich gern **einladen.**
> Ich **höre** ihn draußen **sprechen.**
> Wann **werden** Sie uns **besuchen?**

The *infinitive* + **zu** is used very much like English (infinitive with *to*) after many verbs, adjectives, and phrases:

> Ich fange an, Spanisch **zu lernen.**   *I am beginning to learn Spanish.*
> Sie hat keine Zeit, mir **zu helfen.**   *She doesn't have the time to help me.*

The verb **brauchen** with infinitive + **zu** is used to negate **müssen,** meaning "there is no need to do something." **Brauchen** is used with infinitive + **zu** only when it is negated or limited by **nur, erst,** or **bloß:**

> Muß ich dich abholen?—Nein, du   *Do I have to pick you up?—No, you*
>   **brauchst** mich **nicht**   *don't need to pick me up.*
>   **abzuholen.**
> Sie **brauchen** sich **nur zu**   *You only need to apologize.*
>   **entschuldigen.**

The infinitive + **zu** can function like a dependent clause. Almost any sentence element may be added to form an *infinitive clause.* An infinitive clause may not have a subject or a conjugated verb form.

1. In German the infinitive is always in *last position.* The preposition **zu** immediately precedes the infinitive. If the verb is separable, **zu** stands between prefix and infinitive to form one word:

Wir haben ihm geraten, nach Europa **zu** fahren.	*We advised him to go to Europe.*
Er hat mir versprochen, euch an**zu**rufen.	*He promised me to call you.*

2. An infinitive clause is separated from the main clause by a comma. If there is no extension, that is, if there is only infinitive + **zu,** it may be part of the main clause, but more often it will follow the main clause. In both of these cases it is not separated by a comma:

Ich habe vergessen, **die Rechnung zu bezahlen.**
Ich habe vergessen **zu bezahlen.**
Ich habe **zu bezahlen** vergessen.

3. The infinitive clause may function as the subject of the main clause, as the direct object, or as the prepositional object of some verbs:

SUBJECT — Es macht keinen Spaß, so viele Hausaufgaben zu machen.

OBJECT — Vergiß nicht, ihm Bescheid zu sagen.

PREPOSITIONAL OBJECT — Ich freue mich darauf, ein Jahr in der Schweiz zu verbringen.

The infinitive has two forms: *present infinitive* and *past infinitive:*

PRESENT	sagen	gehen
PAST	gesagt haben	gegangen sein

If the action in the infinitive clause precedes the action in the main clause, the past infinitive must be used:

	Hast du ihn eingeladen?—	*Did you invite him?*
PAST	Nein, ich **habe vergessen,**	*No, I forgot to invite him.*
PAST	ihn **einzuladen.**	
PRESENT	Aber jetzt **tut** es mir **leid,**	*But now I am sorry*
PAST	ihn nicht **eingeladen zu haben.**	*not to have invited him.*

Usually, however, in these instances a dependent clause is used instead:

Es tut mir leid, daß ich ihn nicht eingeladen habe. *I am sorry that I didn't invite him.*

NOTE:
There are important differences between English and German.

In the following three instances English often has an infinitive construction where German *does not* have one. German will have a dependent clause with a subject and conjugated verb instead.

1.   There is no infinitive clause possible after **sagen:**

> Sie hat mir **gesagt,** daß ich einkaufen   *She told me to go shopping.*
> gehen soll.

2.   There is no infinitive clause possible in indirect questions introduced by a question word:

> Kannst du mir sagen, **was** ich tun soll?   *Can you tell me what to do?*
> Ich weiß nicht, **wohin** ich gehen soll.   *I don't know where to go.*

3.   Modal verbs in German use a dependent infinitive without **zu:**

> Ich möchte eine Reise machen.   *I would like to take a trip.*

In English the verbs *want to* and *would like to* may take an object that in turn may function as the subject of an infinitive clause. In German only a dependent clause is possible:

> Ich **möchte,** daß du eine Reise machst.   *I would like you to take a trip.*

German, on the other hand, often uses infinitive constructions where English uses a gerund:

> Ich habe vorgeschlagen, das Thema zu   *I suggested changing the topic.*
> wechseln.

Dependent Clauses and Infinitive Clauses

The prepositions **um, ohne,** and **(an)statt** may be used to introduce infinitive clauses:

um . . . zu	*in order to*
ohne . . . zu	*without + -ing*
(an)statt . . . zu	*instead of + -ing*

In the case of **ohne . . . zu** and **(an)statt . . . zu** English uses the gerund. An infinitive clause is possible only in those cases where both clauses have *the same subject.* In the case of different subjects the following subordinating conjunctions must be used to introduce dependent clauses instead of infinitive clauses:

damit	*so that*
ohne daß	*without + -ing*
(an)statt daß	*instead of + -ing*

um . . . zu	Ich fahre in die Stadt, **um** einkaufen **zu** gehen.
damit	Ich fahre in die Stadt, **damit** du einkaufen gehen kannst.
ohne . . . zu	Er ging weg, **ohne** mit mir **zu** sprechen.
ohne daß	Er ging weg, **ohne daß** ich mit ihm sprechen konnte.
(an)statt . . . zu	**(An)Statt** mich anzurufen, schrieb er mir einen Brief.
statt daß	**Statt daß** er mich anrief, rief ich ihn an.

Übungen

*24. Ergänzen Sie!

1. Siehst du dir das Fußballspiel an?—Nein, ich habe keine Lust,
2. Bleibst du am Wochenende hier?—Ja, ich habe vor,
3. Würden Sie mir bitte helfen?—Ich habe jetzt leider keine Zeit,
4. Lernst du gern Fremdsprachen?—Ja, es macht Spaß,
5. Willst du das Buch lesen?—Nein, ich habe kein Interesse,
6. Wollt ihr in Europa bleiben?—Ja, wir haben uns entschieden,
7. Haben Sie ihm Bescheid gesagt?—Ich habe leider ganz vergessen,
8. Willst du an der Reise teilnehmen?—Ja, ich habe beschlossen,

*25. Ergänzen Sie!

1. Ich spreche mit einem anderen Planeten. Ich habe das Gefühl,
2. Wir verlassen unsere Freunde nicht gern. Es fällt uns schwer,
3. Der Staat will, daß seine Bürger die Kultur wichtiger nehmen. Der Staat erzieht seine Bürger,
4. Die Unterschiede zwischen den Klassen sind verschwunden. Die Klassenunterschiede scheinen
5. Wir bekommen persönliche Fragen gestellt. Wir müssen damit rechnen,
6. Viele möchten in die BRD reisen. Viele haben den Wunsch,

26. Übersetzen Sie!

1. She promised to lend me her bicycle.
2. Don't forget to call us.
3. She doesn't have the time to come along.
4. I am sorry to have done that.
5. It will be difficult to win this trial.
6. It is fun to hike in the mountains.
7. I admit having been there.
8. I don't recall having said that.

27. Sie brauchen nur . . .

BEISPIEL: Wieviel muß ich bezahlen? (nur 25 Mark)
Sie brauchen nur 25 Mark zu bezahlen.

1. Wann muß ich kommen? (erst um neun)
2. Muß ich selbst hingehen? (nur anrufen)
3. Was soll ich mitbringen? (nichts)
4. Muß ich mich um die ganze Party kümmern? (nur um die Getränke)
5. Wie lange mußten Sie warten? (nur zehn Minuten)
6. Wann muß der Vortrag fertig sein? (erst am Montag)
7. Muß ich mich schon im Sommer bewerben? (erst im Herbst)

28. Vergessen Sie es bitte nicht!

Bevor Frau Epple auf eine Geschäftsreise fährt, erinnert sie ihren Sekretär:

BEISPIEL: den Brief beantworten
Vergessen Sie bitte nicht, den Brief zu beantworten!

die Karten kaufen
den Vertrag vorbereiten
die Dokumente abholen
unser Telefon reparieren lassen
die Post aufgeben
sich nach dem neuen Gesetz erkundigen
sich um Frau Maier kümmern
Herrn Sulzbach einladen
das Gehalt auszahlen
die Möbel bestellen

29. Sie scheinen zufrieden zu sein.

BEISPIEL: Sind die Menschen in der DDR zufrieden?
Ja, sie scheinen zufrieden zu sein.

1.   Sind sie weniger materiell orientiert?
2.   Nehmen sie die Kultur wichtiger?
3.   Haben sie sich angepaßt?
4.   Zählt für sie nur die Gemeinschaft?
5.   Glauben sie an ihren Staat?
6.   Träumen sie von einem ,,Berliner Frühling''?
7.   Leben sie für eine Utopie?
8.   Haben sie die Mauer akzeptiert?

30. Warum lernen sie alle Deutsch?

BEISPIEL: Peter möchte seine deutschen Verwandten besuchen.
Warum lernt Peter Deutsch?
Um seine deutschen Verwandten zu besuchen.

1.   Robert möchte eine interessantere Arbeit finden.
2.   Sheila möchte Thomas Mann im Original lesen können.
3.   Susan möchte mehr Geld verdienen.
4.   Clarence möchte eine andere Kultur kennenlernen.
5.   William möchte in Marburg studieren.
6.   Steven möchte deutsche Filme verstehen können.
7.   Beth möchte sich mit ihren deutschen Freunden unterhalten.
8.   Larry möchte im Sommer in Österreich arbeiten.

*31. Verbinden Sie die Sätze oder ergänzen Sie! Wo es möglich ist, bilden Sie bitte Infinitivsätze!

um . . . zu, ohne . . . zu, statt . . . zu; damit,
ohne daß, statt daß

1. Hast du die Arbeit fertiggeschrieben?—Nein, ich bin gegangen,
2. Wir haben nicht gearbeitet. Wir haben Bier getrunken.
3. Er fährt nach Italien. Er will Kunstgeschichte studieren.
4. Sitz nicht zu Hause. Geh lieber tanzen!
5. Hast du mit ihm gesprochen?—Nein, er ist gegangen,
6. Ich helfe dir nicht. Du hilfst mir.
7. Sie ist zu Fuß gegangen. Sie ist nicht mit dem Wagen gefahren.
8. Wir helfen dir. Du sollst schneller fertig werden.

32. Übersetzen Sie!

1. I don't know how to write a letter in French.
2. My parents want me to study music.
3. I told you not to call.
4. We want you to work less.
5. He told me not to wait for him.
6. She would like us to start.
7. Can you tell me what to do?
8. We want you to be happy.

33. Übersetzen Sie!

1. He would like me to go alone.
2. I decided to become a lawyer.
3. It is no fun to travel by yourself.
4. Can you tell me what to buy?
5. There is no need for you to wait for us.
6. I told him not to bother you.
7. She didn't know what to say.
8. You only need to pay 15 marks.

The Objective and Subjective Meanings of Modal Verbs

Modal verbs may be used in an objective or a subjective meaning. Compare the following statements:

OBJECTIVE   Ich muß mit Frau Schmidt sprechen.   *I have to talk to Mrs. Schmidt.*

SUBJECTIVE   Hans muß krank sein.   *Hans must be sick.*

In the *objective use* modal verbs express an attitude toward a factual situation: the speaker expresses the necessity of talking to Mrs. Schmidt. The objective meanings of modals were discussed on pp. 9–10.

In the *subjective use* modals express an opinion or assumption and, depending on the modal verb, a varying degree of uncertainty: from the way Hans looks or acts, the speaker deduces that he must be sick.

1. **können** *to be possible*

    Sie **kann** morgen kommen.   *She can/may come tomorrow.*
    Sie **könnte** morgen kommen.   *She could/might come tomorrow.*

    The general subjunctive makes the statement less likely.

2. **dürfen** *to be likely*

    Bärbel **dürfte** schon zu Hause sein.   *Bärbel might already be at home.*

    Only the general subjunctive expresses a subjective meaning.

3. **Mögen** *to be possible*

    Das **mag** sein.   *That may be.*
    Sie **mag** recht haben.   *She may be right.*

4. **müssen** *to be almost certain*

    Frank **muß** sie sehr lieben.   *Frank must love her very much.*

5. **sollen** *to be supposed to, to be said to*

    Er **soll** viel Geld haben.   *He is supposed to have a lot of money.*

6. **wollen** *to claim to*

    Er **will** etwas von Musik verstehen.   *He claims to understand something about music.*

SUMMARY

Er kann		He can	
Er könnte		He could	
Er dürfte		He might	
Er mag	Schauspieler sein.	He may	be an actor.
Er muß		He must	
Er soll		He is supposed to	
Er will		He claims to	

As there is no difference in form in the present tense, only context can tell whether a statement with a modal verb has an objective or a subjective meaning.

In past time, however, there is a difference in form. The past tenses of the modal verbs with objective meaning were discussed on pages, 24, 35, and 38:

Er **mußte** sehr leiden.	*He had to suffer very much.*
Er **hat** sehr **leiden müssen.**	*He has had to suffer very much.*

In the *past time* the modal verbs with *subjective meaning* are used with the past infinitive (see p. 204):

Er **muß** sehr **gelitten haben.**	*He must have suffered very much.*
Er **mußte** sehr **gelitten haben.**	*He had to have suffered very much.*

Übungen

34. Entscheiden Sie: objektiver oder subjektiver Gebrauch?

1. In diesem Land kann man als Gast nicht leben.
2. Man muß entweder bleiben oder gehen.
3. Unsere Freunde könnten das Land nicht verlassen.
4. Ein Physiker dürfte 1000 Mark verdienen.
5. Er will uns überzeugen, daß die wahre Demokratie nur in der DDR existiert.
6. Es soll in der DDR mehr Polizisten geben als in der BRD.
7. Es kann sein, daß sie kein Visum nach Bulgarien bekommt.
8. Die Menschen in der DDR mögen weniger materiell orientiert sein.
9. Innerhalb eines Jahres sollen 60 Ärzte in den Westen verschwunden sein.
10. Der Staatssicherheitsdienst muß etwas von unseren Kontakten wissen.

*35. Ergänzen Sie die Modalverben!

BEISPIEL: Er ist es nicht gewesen. (können)
Er kann es nicht gewesen sein.

1. Das hat Peter getan. (müssen)
2. Sie hat Bescheid gewußt. (wollen)
3. Sie waren früher miteinander verheiratet. (sollen)
4. Er hat das nie gesagt. (können)
5. Sie hat große Angst gehabt. (müssen)
6. Er hat das anders gemeint. (mögen)
7. Sie sind zu Hause geblieben. (dürfen)

36. Übersetzen Sie ins Englische!

1. Jemand mußte es der Polizei gesagt haben.
2. Die Soldaten wollten alles prüfen.
3. Von draußen konnte ihn niemand gesehen haben.
4. Die Eltern sollen verschwunden sein.
5. Heute abend mag sie tot sein.
6. Die Nachbarn wollen nichts davon gewußt haben.
7. Ein gewisser Beamter muß sie beschützt haben.
8. Sie konnten sich nicht dagegen wehren.

37. Übersetzen Sie ins Deutsche!

1. She claims to be her aunt.
2. You must have heard about it.
3. She should thank them for it.
4. They might treat him as a Jewish child.
5. Eight people are supposed to have lived in this house.
6. She claims not to have seen anybody.
7. She was allowed to die a humane death.

38. Gebrauchen Sie Modalverben!

BEISPIEL: *Wahrscheinlich* kennt ihr die Ausstellung.
Ihr dürftet die Ausstellung kennen.

1. *Er behauptet,* er weiß nichts davon.
2. Er ist *bestimmt* sehr reich.
3. *Vielleicht* wartet sie am Bahnhof.
4. *Ich habe gehört,* daß sie wieder heiratet.
5. Es ist *etwa* halb eins.
6. *Es ist möglich,* daß er die Prüfung besteht.
7. *Ich nehme an,* daß sie nicht mehr kommt.
8. Es sind *vielleicht* 300 Menschen da.
9. *Sie behauptet,* sie kann kein Französisch.

Kapitel 9
Die Bundesrepublik—
Geschichte und Geschichten

Relative Clauses : Indirect Discourse

Wortschatz

Substantive

der Aschenbecher - *ashtray*
der Auftrag, ⁻e *commission; contract*
der Aufzug, ⁻e *elevator*
die Einladung, -en *invitation*
das Ereignis, -se *event*
der Nachtisch, -e *dessert*
der Roman, -e *novel*
der Schwiegervater, ⁻ *father-in-law*
die Sorte, -n *type; kind*
die Teilung, -en *division*
die Umwelt *environment*
das Verbrechen, - *crime*
der Verbrecher, - *criminal*
die Verlobung, -en *engagement*
die Verwaltung, -en *administration*
der Wohlstand *prosperity*

Verben

beeinflussen *to influence*
begrüßen *to welcome*
bei·treten (tritt, a [ist] e) + Dat. *to join*
sich bemühen *to make an effort, to try*

berühren *to touch*
loben *to praise*
nähen *to sew*
nützen + Dat. *to be of use*
vermeiden (ie,ie) *to avoid*

Adjektive, Adverbien

begeistert *enthusiastic*
feucht *humid, moist*
reizend *charming*
toll *fantastic*

Andere Wörter

einen Vertrag schließen (o,
        geschlossen) *to conclude a treaty*
es handelt sich um *it is about*
es liegt mir an + Dat. *I care about, it
        matters to me*
Schach spielen *to play chess*
sich Gedanken machen über + Akk. *to
        think about*
zum Teil *in part, partly*

Relative Clauses

A relative clause is a dependent clause that modifies a noun:

> Das ist ein sehr interessanter Film.
> Das ist ein Film, **der sehr interessant ist.**

Relative clauses in English are introduced by the relative pronouns *who, whom, whose, that,* and *which*. These relative pronouns relate the clauses to a preceding noun (or pronoun). This noun is called the antecedent of the relative pronoun.

Antecedent Relative Pronoun

> Do you know *the people who* are waiting outside?
> I forgot to thank you for *the book that* you sent me.

When two main clauses have an identical element, they may be combined to form a complex sentence consisting of a main clause and a relative clause:

> Do you know *the lady?* I just talked to *her (the lady).*
> Do you know *the lady to whom* I just talked?

German relative pronouns are determined by gender, number, and case. They are identical with the demonstrative pronouns and with the definite article except for the dative plural and the genitive singular and plural.

	Masculine	Neuter	Feminine	Plural
NOMINATIVE	der	das	die	die
ACCUSATIVE	den	das	die	die
DATIVE	dem	dem	der	denen
GENITIVE	dessen	dessen	deren	deren

The relative pronoun agrees in gender and number with its antecedent, but its case depends on its function within the relative clause:

> Kennst du **die Leute, denen** das Haus gehört?
> plural plural
> accusative dative

> Haben Sie **den Film** gesehen, **von dem** ich Ihnen erzählt habe?
> masculine   masculine
> singular   singular
> accusative   dative

The case of the antecedent has no infiuence on the relative pronoun:

> Wer ist **die Dame, die** dort drüben sitzt?
>
> Zeigen Sie es **der Dame, die** dort drüben sitzt!

> Who is the lady who is sitting over there?
>
> Show it to the lady who is sitting over there.

The relative pronoun may assume many functions within the relative clause: it may be the subject, a dative or an accusative object, a prepositional object, or it may indicate possession and thus require the genitive case:

SUBJECT   Der Zug, **der** gerade ankommt, hat Verspätung.

ACC. OBJECT   Sind das die Bücher, **die** du bestellt hast?

DAT. OBJECT   Wo ist die Dame, **der** ich die Karten geben soll?

PREP. OBJECT   Wer ist der Herr, **mit dem** Sie gerade gesprochen haben?

POSSESSIVE   Mein Freund, **dessen** Eltern aus Mexiko kommen, spricht natürlich ausgezeichnet Spanisch.

In order to find the correct form of the relative pronoun, determine gender and number of the antecedent and the function of the relative pronoun within its clause:

> **Der Fernseher, den** Sie mir vorher gezeigt haben, gefällt mir besser.

1.   Antecedent: **der Fernseher** = masculine, singular
2.   Function: direct object of **zeigen**

Hier ist **das Buch, nach dem** du gefragt hast.

1.   Antecedent: **das Buch** = nominative, singular
2.   Function: prepositional object in the dative after **nach**

NOTE:

1. Relative clauses are dependent clauses. The conjugated verb is in last position. Relative clauses are always separated from the main clauses by commas:

    Dort kommt der Bus, **den** du nehmen **sollst.**
    Das sind die Leute, **denen** wir unser Haus **verkauft haben.**

2. A relative clause follows its antecedent immediately, unless there is a genitive or the second part of the predicate to complete the main clause:

    Der Verbrecher, der vor einer Woche aus dem Gefängnis entkommen war, wurde gestern gefunden.
    Die Eltern meiner Freundin, **die** in Schweden wohnen, werden uns dieses Wochenende besuchen.
    Ich habe **den Roman** gelesen, **von dem** du mir erzählt hattest.

3. In English a relative pronoun may be omitted. In German relative pronouns may never be omitted:

    Did you read the letter (that, which) she wrote to me?   Hast du den Brief gelesen, **den** sie mir geschrieben hat?

4. If the relative pronoun functions as a prepositional object, the preposition always precedes this relative pronoun:

    Das war ein Vorschlag, **auf den** ich nie gekommen wäre.   *This was a suggestion that I never would have thought of.*

    There is no contraction between preposition and relative pronoun:

    Das Haus, **in dem** (*not* **im**) ich wohne, ist aus dem 18. Jahrhundert.

With relative pronouns it makes no difference whether the antecedent is a person or an object:

    Endlich kommt **der Bus, auf den** ich schon so lange warte.
    Endlich kommt **der Mann, auf den** ich schon so lange warte.

5. Instead of a preposition with a relative pronoun, it is possible to use a **wo-**compound if the antecedent is a place or a thing. The combination preposition + relative pronoun, however, is generally preferred:

    Hier ist das Haus, **in dem** Hofmannsthal geboren wurde.
    Hier ist das Haus, **worin** Hofmannsthal geboren wurde.

    War das der Film, **auf den** du dich so gefreut hattest?
    War das der Film, **worauf** du dich so gefreut hattest?

6.   The relative pronoun in the genitive often replaces a possessive adjective:

> Der Politiker hält morgen eine Rede. **Seine** Tochter studiert hier.
> Der Politiker, **dessen** Tochter hier studiert, hält morgen eine Rede.

Übungen

*1. Ergänzen Sie!

1.   der Betrieb, _____ meinem Onkel gehört
2.   seine Bemerkung, _____ mir nicht gefallen hat
3.   ein Film, _____ Titel ich vergessen habe
4.   ein Vorschlag, _____ ich ablehne
5.   eine Ausstellung, _____ ihr besuchen müßt
6.   die Dame, _____ der Garten gehört
7.   die Schallplatte, _____ Sie mir geschenkt haben
8.   die Zeitschrift, _____ ich bestellt hatte
9.   die Leute, _____Haus wir gemietet haben
10.   der Soldat, _____ bei uns wohnte
11.   eine Wohnung, _____ Miete niedrig ist
12.   ein Abend, _____ ihr keinen Spaß gemacht hat

2. Ergänzen Sie!

1.   die Kinder, _____ ich mich kümmern sollte
2.   die Grundsätze, _____ wir uns richten müssen
3.   der Pfarrer, _____ ich mich noch nicht verabschiedet habe
4.   die Partei, _____ wir uns anschließen wollen
5.   der Besuch, _____ wir gerechnet haben
6.   die Sache, _____ es sich handelt
7.   die Kollegen, _____ sie schimpfte
8.   die Dame, _____ Sie sich wenden müssen
9.   die Reise, _____ wir uns freuten
10.   die Adresse, _____ Sie gefragt haben
11.   eine Leistung, _____ du stolz sein kannst
12.   der Betrieb, _____ ich mich beworben habe

*3. Verbinden Sie die folgenden Sätze; der zweite Satz ist der Relativsatz!

1.   Wie heißt der Film? Du hast *ihn* vergangene Woche gesehen.
2.   Ich werde die Ferien mit einem alten Freund verbringen. Ich habe *mit ihm* in Marburg studiert.
3.   Kennen Sie Frau Wartburg? *Ihr* Mann arbeitet hier in der Verwaltung.
4.   Heute beginnen endlich die Ferien. Ich habe mich schon lange *darauf* gefreut.
5.   Wo ist die Frau hingegangen? *Sie* wollte meinen Wagen reparieren.
6.   Wer sind die Leute? *Ihr* Wagen steht vor unserem Haus.

7. Unsere Nachbarn sind nette und ruhige Leute. Wir alle helfen *ihnen* gern.
8. Dort kommen unsere Gäste. Du mußt dich *um sie* kümmern.
9. Wer ist dieser große Maler? Alle halten so viel *von ihm*.

4. Übersetzen Sie!

1. The only coat whose color I liked was too expensive.
2. Do you like the apartment you're living in?
3. I'll show you the book we're supposed to read.
4. Who are the people in whose house we are going to spend our vacation?
5. Do you know the people she's living with?
6. Is this the man you were afraid of?
7. That was the most boring film I've seen.
8. That's a castle I'd like to own.
9. I prefer the dress that you were showing us before.
10. Is this your money that is lying on the table?
11. Do you know the lady he's talking with?
12. This is the only name I can remember.

5. Drücken Sie es anders aus!

1. Das war Robert Neumann, den ich damals bei dir zum ersten Mal getroffen habe. (begegnen)
2. *Acali* war ein Experiment, das die Öffentlichkeit sehr interessierte. (sich interessieren für)
3. Die Bundesrepublik ist ein Land, das den jungen Leuten gefällt. (stolz sein auf)
4. Mercedes ist hier der Betrieb, auf den alles ankommt. (abhängen von)
5. Das war ein Ereignis, das ich nie vergessen werde. (sich erinnern an)
6. Die einzige Partei, in die ich eintreten würde, wären die Grünen. (beitreten)
7. Das ist eine Sache, die mir gefällt. (einverstanden sein mit)
8. Das wäre bestimmt ein Vorschlag, den ihr euch überlegen solltet. (sich Gedanken machen über)
9. Dort kommt Herr Hundshammer, mit dem du sprechen sollst. (sich wenden an)

6. Wer war es?

Ein Mann, _____ in Trier an der Mosel geboren ist,
, _____ in Bonn und Berlin Philosophie und Jura studiert hat,
, _____ Werke unsere Welt stark beeinflußt haben,
, _____ jahrelang in der Redaktion einer Zeitung gearbeitet hat,
, _____ berühmtestes Buch in viele Sprachen übersetzt wurde,
, _____ einen reichen Freund hatte und
, _____ dieser Freund finanziell geholfen hat,
, _____ von einem Land ins andere ziehen mußte,
, _____ in London gestorben ist,
, _____ Wirtschaftstheorie die heutige Welt gespalten hat,
, _____ Namen Sie bestimmt schon erraten haben!

7. Ein Abend mit den Zumpens

Ergänzen Sie!

Heute haben wir die Zumpens eingeladen, _____ Bekanntschaft ich meinem
Schwiegervater verdanke. Zumpen ist der Chef einer Kommission,
_____ wichtige Aufträge vergibt. An dem Auftrag, _____ ich schon seit
einem halben Jahr warte, könnte ich viel Geld verdienen. Der Abend,
_____ ich hier erzähle, war also sehr wichtig für mich. Bertha hatte den
dunklen Anzug, _____ ich trug, ausgewählt und auch die Krawatte,
_____ dazu paßte. Es ist schön, eine Frau zu haben, _____ genau weiß,
was man anzieht und was man den Gästen anbietet. Zumpens,
_____ unsere Wohnung sehr gefiel, lobten unsere Möbel und besonders eine
Barockmadonna, _____ sich Herr Zumpen sehr zu interessieren schien. Dann
aßen wir die Appetithappen, _____ Bertha so nett dekoriert hatte und zeigten
die Fotos, _____ wir auf unserer Hochzeitsreise gemacht hatten. Es wurde ein
wirklich gemütlicher Abend, _____ wir und die Zumpens sicher gern
zurückdenken werden. Und am nächsten Tag bekam ich den Auftrag, _____
es Bertha und mir gegangen war.

8. Das ist eine Schallplatte, die ich anhören möchte.

BEISPIEL: Schallplatte: anhören
Möchtest du diese Schallplatte anhören?
Ja, das ist eine Schallplatte, die ich anhören möchte.

Buch: lesen
Kurs: belegen
Land: leben in
Mann: kennenlernen
Film: sehen
Frau: verheiratet sein mit
Auto: besitzen
Reise: teilnehmen an

9. Das ist ein Vorschlag, mit dem ich nicht einverstanden bin.

BEISPIEL: Mit diesem Vorschlag bin ich nicht einverstanden.
Das ist ein Vorschlag, mit dem ich nicht einverstanden bin.

Für diese Angelegenheit interessiert sie sich.
Auf diese Leistung können Sie stolz sein.
In diese Stadt möchte ich zurückkehren.
An diese Arbeit kann ich mich gewöhnen.
Diese Sache werde ich nie begreifen.
Diese Frage hätten Sie nicht stellen sollen.
Dieser Partei sollten Sie beitreten.
Diesen Kurs sollten Sie belegen.

10. Wem gehört das Haus?

> BEISPIEL: Leute: Haus
> *Wissen Sie, wem das Haus gehört?*
> *Ja, ich kenne die Leute, denen das Haus gehört.*

Mann: Wagen
Frau: Hund
Kinder: Fußball
Mädchen: Fahrrad
Familie: Katze
Junge: Bücher
Ehepaar: Kinderwagen
Leute: Garten
Dame: Schlüssel

11. Wovon handelt das Märchen?

> BEISPIEL: Ein Mädchen hatte sehr lange Haare.
> *Das Märchen handelt von einem Mädchen, das sehr lange Haare hatte.*
> *Wie heißt das Märchen, in dem ein Mädchen sehr lange Haare hatte?*
> *Das Märchen heißt ,,Rapunzel''.*

Ein Frosch war früher ein Prinz.
Ein Mädchen schläft hundert Jahre.
Tiere wollen Musikanten werden.
Eine schöne Prinzessin wohnt bei den sieben Zwergen.
Zwei kleine Kinder sollen im Wald verhungern.
Ein böser Wolf frißt ein kleines Mädchen und seine Großmutter auf.
Ein armes Mädchen bekam ein Paar goldene Schuhe.
Ein Männchen kann Stroh zu Gold spinnen.
Ein Kater kann sprechen.

12. Ich will von einem alten Mann erzählen.

> BEISPIEL: Er sagt kein Wort mehr.
> *Ich will von einem alten Mann erzählen, der kein Wort mehr sagt.*

Er wohnt in einer kleinen Stadt.
Niemand kennt ihn.
Niemand spricht mit ihm.
Seine Haut ist trocken und runzelig.
In seinem Zimmer stehen zwei Stühle und ein Bett.
Niemand kümmert sich um ihn.
Er machte jeden Tag einen Spaziergang.
Niemand unterhielt sich mit ihm.
Er freute sich auf nichts mehr.
Er schuf sich eine neue Sprache.

13. Wer war . . .?

BEISPIEL: Wolfgang Amadeus Mozart
Wer war Wolfgang Amadeus Mozart?
Wolfgang Amadeus Mozart war ein Komponist, der wunderbare
Musik geschrieben hat.

Jakob und Wilhelm Grimm
Dörfelts
Thomas Jefferson
Konrad Adenauer
Wolfgang von Goethe
Christoph Kolumbus
Johann Sebastian Bach
Karl Marx
John F. Kennedy
George Washington
Pablo Picasso

Interrogative Adverbs as Relative Adverbs

The interrogative adverb **wo** must be used as a relative pronoun when it refers to
geographical names of places:

Wir blieben zwei Tage in Tübingen, **wo** ich studiert hatte.	*We stayed for two days in Tübingen, where I had been a student.*
Sie fährt morgen nach Rumänien, **wo** sie ein Jahr bleiben wird.	*Tomorrow she's going to Rumania where she'll be staying for a year.*

Wo may be used with any location. It then replaces the preposition **in** followed
by a relative pronoun in the dative:

Hier ist das Haus, **in dem** Schiller geboren wurde.	*Here is the house in which Schiller was born.*
Hier ist das Haus, **wo** Schiller geboren wurde.	*Here is the house where Schiller was born.*

Was is used as a relative pronoun in the following instances.

1. If the antecedent is an indefinite pronoun like **alles** *(everything),* **nichts**
    (nothing), **etwas** *(something),* **wenig** *(little),* **viel** *(much):*

Ich verstehe nicht **alles, was** sie sagt.	*I don't understand everything she's saying.*
Wir haben **nichts, was** Ihnen gefallen könnte.	*We don't have anything you might like.*

2. If the antecedent is a neuter adjective in the superlative used as a noun:

Das Beste, was Sie tun können, ist zu warten.	*The best thing you can do is to wait.*

3.   If the antecedent is the entire main clause rather than a single element:

Es geht ihr viel besser, was uns sehr
freut.

*She's feeling much better, which makes
us very happy.*

Wer (wen, wem, wessen) and **was** are used as relative pronouns when they
refer to an indefinite person *(he who, whoever)* or thing *(that which)*. The
relative clause precedes the main clause, which is introduced by the
demonstrative pronoun **der (den, dem, dessen).** If the relative pronoun and the
demonstrative pronoun are in the same case, the demonstrative pronoun may be
omitted. This construction is rather common with proverbs:

Wer Hilfe braucht, **dem** sollte man
helfen.

He who needs help should be given
help.

Wer mitkommen will, **(der)** soll mir
Bescheid sagen.

Whoever wants to come along should
let me know.

Was Sie sagen, interessiert mich.

What you're saying interests me.

Was ich nicht weiß, macht mich nicht
heiß.

What I don't know doesn't hurt me.

Übungen

*14. Ergänzen Sie!

1.   _____ Sie uns erzählt haben, hat uns sehr überrascht.
2.   Er erklärte uns die ganze Arbeit, _____ mich sehr interessierte.
3.   _____ zu spät kommt, muß draußen warten.
4.   Das Laboratorium, _____ wir unser Experiment machten, war ein Floß.
5.   _____ das Essen hier nicht schmeckt, der kann ja gehen.
6.   Es ging ihm nicht gut, _____ uns sehr leid tat.
7.   Du sprichst über etwas, _____ du nicht verstehst.
8.   Alles, _____ ich weiß, habe ich euch erzählt.
9.   Dort liegt Salzburg, _____ ich viele Sommer verbracht habe.
10.   _____ meine Vorlesung nicht gefällt, der soll eine andere besuchen.
11.   Das war das Schönste, _____ ich je erlebt habe.
12.   Sie hatte einen schweren Unfall gehabt, _____ ich damals noch nicht
wußte.
13.   Es gab vieles, _____ mich interessiert hätte.

15. Schreiben Sie die Sätze zu Ende!

1.   Wer nicht rechtzeitig kommt,
2.   Was er uns gesagt hat,
3.   Wir fahren nächste Woche nach New York,
4.   Das war das Billigste,
5.   Kennen Sie den Film,
6.   Wer Deutsch gelernt hat,
7.   Das war ein Ereignis,
8.   Es geht ihr viel besser,

16. Ergänzen Sie den fehlenden Satz!

1. _____, was mir leid tut.
2. _____, wo wir zwei Wochen bleiben.
3. _____, das ich kaufen möchte.
4. _____, muß 20 Mark bezahlen.
5. _____, was es gab.
6. _____, was uns sehr gefiel.

17. Wer nach München fährt . . .

BEISPIEL: *Wer nach München fährt, (der) sollte das Deutsche Museum besuchen.*

Berlin, DDR, Paris, Schweiz, Italien, New York, London, Österreich, Rom, USA, San Francisco, Heidelberg

18. Das war alles.

BEISPIEL: *Mehr hat er nicht gesagt?*
Nein, das war alles, was er gesagt hat.

Mehr konntest du nicht bekommen?
Mehr habt ihr nicht erreicht?
Mehr wollen Sie nicht bezahlen?
Mehr hat sie nicht gefragt?
Mehr hat sie nicht gewußt?
Mehr solltest du nicht verlangen?
Mehr habt ihr nicht erfahren?
Mehr werdet ihr nicht verkaufen?

19. Übersetzen Sie!

1. It was the cold from which we suffered the most.
2. That was all I could understand.
3. Last year we returned to Paris, where we had been married.
4. It was the cheapest thing we saw.
5. Whoever wants to join should register soon.
6. That was the best thing that happened.
7. Whoever doesn't like my suggestion can leave.
8. We saw little we wanted to buy.

Indirect Discourse

If you want to report to a person what someone else said or wrote, you have the choice between *direct discourse* and *indirect discourse.*

1.   In *direct discourse* you repeat word for word what someone else said or wrote and enclose the statement in quotation marks:

> Thomas sagte: „Wir haben Verwandte in der DDR.“
>
> Gabi sagte: „Ich kann nicht mitkommen.“

> *Thomas said, "We have relatives in the GDR."*
>
> *Gabi said, "I can't come along."*

2.   In *indirect discourse* you report what someone else said or wrote in your own words. German and English usually indicate indirect discourse by a change from indicative to subjunctive. In English this looks like a change in tense:

> Thomas sagte: „Wir **haben** Verwandte in der DDR.“
>
> Thomas sagte, sie **hätten** Verwandte in der DDR.
>
> Gabi sagte: „Ich **kann** nicht mitkommen.“
>
> Gabi sagte, sie **könnte** nicht mitkommen.

> *Thomas said, "We have relatives in the GDR."*
>
> *Thomas said they had relatives in the GDR.*
>
> *Gabi said "I can't come along."*
>
> *Gabi said she couldn't come along.*

It has become quite colloquial, though, in English as well as in German, to use the indicative instead:

> Gabi sagte, sie **kann** nicht mitkommen.

> *Gabi said she can't come along.*

In German this trend to use the indicative in colloquial German is particularly prevalent if the introductory verb (for example, **sagen**) is in the present tense or in the imperative:

> Sie **sagt,** sie **hat** keine Zeit.
>
> **Sagen** Sie ihr, sie **soll** mich gegen acht anrufen!

If the introductory verb is in the past, the subjunctive should be used in indirect discourse. Using the subjunctive implies that the speaker does not assume any responsibility for the truth of the statement. As has been mentioned before, German has two alternate subjunctive forms to express indirect discourse: the *general subjunctive* and the *special subjunctive.*

GENERAL SUBJUNCTIVE   Sie sagte, sie **könnte** es nicht tun, weil sie nichts davon **verstünde.**

SPECIAL SUBJUNCTIVE   Sie sagte, sie **könne** es nicht tun, weil sie nichts davon **verstehe.**

Indirect discourse will be practiced first with the general subjunctive; the special subjunctive will then be discussed on page 230. The general rules discussed in the following sections for indirect discourse apply to the special as well as the general subjunctive.

Indirect Statements

An indirect statement may appear as a main clause with the conjugated verb in second position, or it may appear as a dependent clause introduced by the conjunction **daß** with the conjugated verb in last position:

> Er sagte, darauf **käme** sie bestimmt nicht.
> Er sagte, daß sie bestimmt nicht darauf **käme.**

Indirect statements are introduced by verbs of saying:

antworten	*to answer*
behaupten	*to maintain*
berichten	*to report*
empfehlen	*to recommend*
erklären	*to explain; to declare*
erzählen	*to tell, to relate*
meinen	*to say; to express the opinion*
mitteilen	*to inform*
sagen	*to say*
schreiben	*to write*
versprechen	*to promise*
zugeben	*to admit*

The choice of subjunctive tense depends on the tense of the original direct statement.

1. If the direct statement is in the present tense, the indirect statement uses the present time subjunctive:

Er sagte: „Ich **bin** krank."	*He said, "I am sick."*
Er sagte, er **wäre** krank.	*He said he was sick.*

2. If the direct statement is in the future tense or in the present tense expressing future time, the indirect statement uses **würde** + infinitive. It is also possible to use the present subjunctive:

Sie erklärte: „Ich **fahre** am Wochenende ans Meer."	*She declared, "I will go to the beach over the weekend."*
Sie erklärte, sie **würde** am Wochenende ans Meer **fahren.**	*She declared she would go to the beach over the weekend.*
Sie erklärte, sie **führe** am Wochenende ans Meer.	*She declared she was going to the beach over the weekend.*
Er versprach: „Wir **werden** uns darüber Gedanken **machen.**"	*He promised, "We will think about it."*
Er versprach, sie **würden** sich darüber Gedanken **machen.**	*He promised they would think about it.*

3. If the direct statement is in any past tense (simple past, present perfect, past perfect), the indirect statement uses the past time subjunctive:

Sie haben geschrieben: „Wir **haben** sehr unter der Hitze **gelitten.**"	*They wrote, "We suffered very much from the heat."*
Sie haben geschrieben, sie **hätten** sehr unter der Hitze **gelitten.**	*They wrote they had suffered very much from the heat.*
Er hat gesagt: „Ich **war** zu müde."	*He said, "I was too tired."*
Er hat gesagt, er **wäre** zu müde **gewesen.**	*He said he had been too tired.*

NOTE:

The tense of the introductory verb has no influence on the choice of subjunctive forms:

Er sagt,	er bliebe zu Hause.
Er sagte,	er würde zu Hause bleiben.
Er wird sagen,	er wäre zu Hause geblieben.

Observe the following time relationship between direct and indirect statements:

Introductory Verb	Direct Statement	Indirect Statement
any tense	present tense	present time subjunctive
any tense	simple past	
	present perfect	past time subjunctive
	past perfect	
any tense	future tense	**würde** + infinitive

In indirect discourse the pronouns and possesive adjectives are changed according to the viewpoint of the speaker:

Sie sagten: „**Wir** fahren lieber mit **unserem** Wagen."	*They said, "We would rather take our car."*
Sie sagten, **sie** würden lieber mit **ihrem** Wagen fahren.	*They said they would rather take their car.*
Er hat versprochen: „**Ich** werde **dir** rechtzeitig Bescheid sagen."	*He promised, "I'll let you know in time."*
Er hat versprochen, **er** würde **mir** rechtzeitig Bescheid sagen.	*He promised he would let me know in time.*

Expressions of time and place are also changed accordingly:

Sie sagte: „Ich bin **morgen** nicht mehr **hier.**"	*She said, "Tomorrow I won't be here anymore."*
Sie sagte, sie wäre **am nächsten Tag** nicht mehr **dort.**	*She said she would not be there anymore the next day.*

If the direct statement contains an infinitive or a general subjunctive form, it remains unchanged in the indirect statement:

Er sagte: „Ich habe versucht, dich **anzurufen.**"	*He said, "I have tried to call you."*
Er sagte, er hätte versucht, mich **anzurufen.**	*He said he had tried to call me.*
Sie sagte: „Ich **wäre** auch gern **mitgekommen.**"	*She said, "I would have liked to come along."*
Sie sagte, sie **wäre** auch gern **mitgekommen.**	*She said she would have liked to come along.*

Indirect Questions and Indirect Commands

Indirect questions are in the subjunctive. They are dependent clauses with the conjugated verb in last position. Indirect questions are introduced by **„sie fragte, er wollte wissen, ich erkundigte mich,** and so on.

An indirect informational question is introduced by a question word:

Sie fragte: „Wann seid ihr angekommen?"	*She asked, "When did you arrive?"*
Sie fragte, **wann** wir angekommen wären.	*She asked when we had arrived.*

An indirect alternative (yes/no) question is introduced by **ob:**

Peter fragte: „Ist Bärbel zu Hause?"	*Peter asked, "Is Bärbel at home?"*
Peter wollte wissen, **ob** Bärbel zu Hause wäre.	*Peter wanted to know if Bärbel were at home.*

Indirect commands are expressed by the present subjunctive of **sollen** and the infinitive:

Sie sagten: „Erholt euch gut!"	*They said, "Get a good rest."*
Sie sagten, wir **sollten** uns gut erholen.	*They said we should get a good rest.*

Übungen

*20. Sagen Sie es in indirekter Rede! Beginnen Sie mit *Er sagte, . . .*!

1. „Er ist nicht zu Hause."
2. „Ich freue mich auf deinen Besuch."
3. „Wir werden euch bei der Arbeit helfen."
4. „Ich muß noch arbeiten."
5. „Wir wissen Bescheid."
6. „Er hat kein Interesse daran."
7. „Ich werde nicht bei euch bleiben."

8. ,,Wir fahren morgen weg.''
9. ,,Laura ist seit drei Tagen in Europa.''
10. ,,Ich kann dich nicht abholen.''

21. Sagen Sie es in indirekter Rede! Beginnen Sie mit *Sie sagte, Sie meinte,* oder *Sie erklärte, . . .!*

1. ,,Meine Nachbarn haben sich einen Mercedes gekauft.''
2. ,,Ich wollte nicht zu Hause bleiben.''
3. ,,Ich war schon immer dagegen.''
4. ,,Wir mußten die ganze Nacht arbeiten.''
5. ,,Ich habe dich angerufen.''
6. ,,Wir hatten große Angst.''
7. ,,Er hat zwei Stunden auf dich gewartet.''
8. ,,Ich konnte euch nicht Bescheid sagen.''
9. ,,Wir hatten es vergessen.''

22. Bilden Sie indirekte Fragen! Beginnen Sie mit *Sie wollte wissen, Sie erkundigte sich,* oder *Sie fragte, . . .!*

1. ,,Warum hat er Selbstmord begangen?''
2. ,,Seid ihr noch rechtzeitig hingekommen?''
3. ,,Wann werdet ihr euch anmelden?''
4. ,,Mußte sie sehr leiden?''
5. ,,Wann fährt der nächste Zug nach Bremen?''
6. ,,Was könnt ihr ihr vorwerfen?''
7. ,,Sorgst du dich um sie?''
8. ,,Wann sind Sie in die Partei eingetreten?''
9. ,,Hast du dich von Sylvia verabschiedet?''
10. ,,Wie geht es deinen Eltern?''

*23. Sagen Sie es in indirekter Rede!

1. ,,Schließt einen Vertrag!'' Er sagte uns,
2. ,,Gehen wir sprazieren!'' Ich schlug vor,
3. ,,Wartet auf uns!'' Sie riefen,
4. ,,Hol mich von der Arbeit ab!'' Ich bat sie,
5. ,,Ruf ihn doch an!'' Ich schlug ihr vor,
6. ,,Besucht uns in den Ferien!'' Wir sagten ihnen,
7. ,,Vergiß es nicht!'' Ich sagte ihm,
8. ,,Beeil dich bitte!'' Sie sagte mir,

24. Gebrauchen Sie den Konjunktiv statt des Infinitivs!

BEISPIEL: Er behauptete, den Mann nie vorher gesehen zu haben.
Er behauptete, er hätte den Mann nie vorher gesehen.

1. Er hat uns versprochen, die Bücher rechtzeitig zu besorgen.
2. Sie behauptet, krank zu sein.

3. Hildegard bat mich, sie zu begleiten.
4. Er erklärte, nichts davon zu verstehen.
5. Er hatte uns versprochen, uns dabei zu helfen.
6. Ich empfahl ihr, sich sofort anzumelden.
7. Sie erklärten, sich nicht mehr daran erinnern zu können.
8. Er versprach mir, sich um die Angelegenheit zu kümmern.

25. Übersetzen Sie!

1. She said she worried about him.
2. He promised me he would take care of the matter.
3. He asked me if I had spoken with her.
4. They wanted to know what I liked about him.
5. I told them I didn't mind waiting.
6. In the paper it says that he had committed suicide.
7. She told me I should set the table.
8. They told us they had expected us much earlier.
9. He said we should take our time.

26. Autounfall

BEISPIEL: War die Straße zu naß?
             Er behauptet, sie wäre ganz trocken gewesen.

Ist er zu schnell gefahren?
War er zu müde?
Ist er eingeschlafen?
Hat es stark geschneit?
Hat er nicht auf die Straße geblickt?
Hat er mit Susi geflirtet?
Ist er unvorsichtig gefahren?
Hat er zuviel getrunken?

27. Die Musik ist zu laut.

BEISPIEL: *Wolfi: Habt ihr schon gegessen?*
             Mutter: Was hat er gefragt (gesagt)?
             Ruth: Er hat gefragt, ob wir schon gegessen hätten.

Ist Papa schon da?
Ärgert euch nicht!
Hat Christa angerufen?
Kannst du mir Geld leihen?
Ich esse heute abend nicht zu Hause.
Wartet nicht auf mich!
Wann ist Peter weggegangen?
Laßt mich bitte in Ruhe!

28. Meinungen

Wir fragen die Menschen: ,,Sind die Deutschen noch eine Nation?"

> BEISPIEL: *Frau Huber: ,,Wir sind doch alle Deutsche."*
> *Frau Huber meint, sie wären doch alle Deutsche.*

Herr Schmidt: ,,Wir sprechen dieselbe Sprache."
Frau Salzer: ,,Die Menschen in Ost und West denken anders."
Frau Hansen: ,,Wir sehen alle das westdeutsche Fernsehen."
Herr Mäser: ,,Es gibt zwei Staaten, aber eine Nation."
Frau Mäser: ,,Meine französischen Freunde stehen mir näher."
*Frau Mayer: ,,Die Frage nach einer gemeinsamen Nation ist heute nicht mehr
    aktuell."*
Herr Frosch: ,,Wir haben andere Erfahrungen gemacht."
Herr Singer: ,,Wenn ich in die DDR fahre, bin ich nicht im Ausland."
Frau Löwe: ,,Das kommt darauf an, wie man ,Nation' versteht."
*Frau Peter: ,,Wenn ich meinen Bruder in Dresden besuche, streiten wir uns
    immer."*
Herr Schäfer: ,,Wir haben dieselbe Tradition und dieselbe Kultur."

29. Wie sich deutsche Schüler die USA vorstellen

*Deutsche Schüler im Alter von 15 bis 18 Jahren schrieben in Schulaufsätzen, wie
sie sich die USA vorstellten.*

> BEISPIEL: *Amerika liegt in Europa.*
> *Ein Schüler/Eine Schülerin schrieb, Amerika läge in Europa.*

Es muß herrlich sein, in New York zu leben.
Dort wird es einem nie langweilig, denn man kann jeden Abend etwas anderes
    unternehmen.
Die USA ist ein großes Land mit 22 Staaten.
Die Amerikaner haben viele verrückte Ideen, die dann auch immer zu
    uns nach Deutschland kommen.
Je mehr man hat, desto mehr will man, und desto unzufriedener wird man.
Für mich ist die USA ein Staat der Zukunft, und ich bin froh, da nicht
    zu leben.
Man darf einen Führerschein schon mit 16 Jahren machen, was ich persönlich
    sehr gut finde.
Das Land stelle ich mir sehr interessant und schön vor.

Special Subjunctive: Formation

The *special subjunctive* is an alternate subjunctive form in indirect discourse.
The present time of the special subjunctive is formed by adding the endings of
the general subjunctive to the infinitive stem. There are no vowel changes in the
special subjunctive.

	Indicative	Special Subjunctive		Indicative
	Present Tense	Present Time		Present Tense
ich	habe	habe	nehme	nehme
du	hast	habest	nehmest	nimmst
er sie es	hat	habe	nehme	nimmt
wir	haben	haben	nehmen	nehmen
ihr	habt	habet	nehmet	nehmt
sie	haben	haben	nehmen	nehmen
Sie	haben	haben	nehmen	nehmen

The verb **sein** follows an irregular conjugation:

	Indicative	Special Subjunctive
ich	bin	sei
du	bist	seiest
er sie es	ist	sei
wir	sind	seien
ihr	seid	seiet
sie	sind	seien
Sie	sind	seien

The *past time* of the special subjunctive uses the present subjunctive forms of **haben** and **sein** + past participle:

> Er **habe** das nicht **gewußt.**
> Sie **sei** ihm schon früher **begegnet.**

To express *future time*, use the present forms of **werden** + infinitive:

> Er sagte, er **werde** sich danach **richten.**

Indicative and Subjunctives in Indirect Discourse

The basic rule is: German uses the subjunctive to indicate indirect discourse. As a matter of fact, however, German employs three different patterns interchangeably.

INDICATIVE	Er sagt, er kann nicht mitkommen.
GENERAL SUBJUNCTIVE	Er sagt, er könnte nicht mitkommen.
SPECIAL SUBJUNCTIVE	Er sagt, er könne nicht mitkommen.

INDICATIVE OR SUBJUNCTIVE?

As has been mentioned before (p. 224), there is a strong tendency in spoken German to use the indicative instead of the subjunctive. In written German the subjunctive is preferred. When it is necessary to deny any responsibility for the accuracy of a secondhand statement—for example, reporting in the media—then the subjunctive is the obligatory means of expression. In the case of reported speech, that is, a sequence of several sentences in the indirect discourse, English needs the repetition of an introductory verb of saying. In German the subjunctive fulfills that function:

The Secretary declared *that there will be no more talks between the government and the miners. He* insisted *that there was no way that their demands were to be met. He* predicted *nevertheless that most miners would soon be back at work.*	Der Minister **erklärte**, daß es keine weiteren Gespräche zwischen der Regierung und den Bergarbeitern geben **würde.** Deren Forderungen **könnten** unmöglich erfüllt werden. Trotzdem **würden** die meisten Bergarbeiter bald wieder an ihren Arbeitsplatz zurückkehren.

GENERAL SUBJUNCTIVE OR SPECIAL SUBJUNCTIVE?

There are no clear rules regarding the choice of subjunctive. The following statements should serve as a guideline.

1. It is always correct to use the general subjunctive in indirect discourse.
2. The special subjunctive is just another way of expressing indirect discourse. Some use it, others never do.
3. In colloquial German one chooses between indicative and general subjunctive. The general subjunctive is preferred over the special subjunctive.
4. There is no difference in meaning between general subjunctive and special subjunctive.
5. In literature and in formal reporting in the media the special subjunctive is very common.

When using the special subjunctive in indirect discourse, the following rule applies:

If the forms of the special subjunctive are identical with the present indicative, the forms of the *general subjunctive* must be used:

> Sie erklärte, sie **wisse** (special subjunctive) noch nicht, ob die Minister schon **angekommen seien** (special subjunctive), oder ob sie erst mit dem nächsten Zug **kämen** (general subjunctive).

The special subjunctive is used in all forms that are clearly distinct from the indicative.

1.   The third person singular of *all* verbs. About 90 percent of special subjunctive forms belong into this category; **er bleibe, sie hoffe, er wünsche, sie könne, er werde,** etc.
2.   All forms of the verb **sein.**
3.   The first person singular of the modals and **wissen: ich müsse, könne, solle, wolle, dürfe, wisse.**

Übungen

30. Schreiben Sie es in indirekter Rede!

> BEISPIEL: ,,Ich bin krank.''
> Er sagte, *er wäre krank.* (general subjunctive)
> Er sagte, *er sei krank.* (special subjunctive)

1.   ,,Ich kann mich nicht daran erinnern.''
   a.   Sie sagte,
   b.   Sie sagte,
2.   ,,Wie geht es deinem Bruder?''
   a.   Ich erkundigte mich bei ihr,
   b.   Ich erkundigte mich bei ihr,
3.   ,,Willst du uns begleiten?''
   a.   Ich fragte sie,
   b.   Ich fragte sie,
4.   ,,Ich werde mir darüber Gedanken machen.''
   a.   Sie versprach, daß
   b.   Sie versprach, daß
5.   ,,Ist dir etwas aufgefallen?''
   a.   Sie wollte wissen,
   b.   Sie wollte wissen,
6.   ,,Ich habe mich nicht rechtzeitig angemeldet.''
   a.   Er erklärte,
   b.   Er erklärte,
7.   ,,Wissen Sie Bescheid?''
   a.   Sie fragte mich,
   b.   Sie fragte mich,
8.   ,,Warten Sie bitte auf mich!''
   a.   Er sagte zu mir,
   b.   Er sagte zu mir,

Use the special subjunctive in exercises 31 to 34. When the special subjunctive forms are identical with the indicative, use the general subjunctive!

*31. Sagen Sie es in indirekter Rede!

Vera: Ich habe immer noch ein Schuldgefühl, wenn ich als Deutsche im Ausland
bin. Aber ich frage mich: Was haben wir heute damit zu tun? Sind wir nicht
eine ganz andere Generation?

Vera meinte,

Bärbel: Ich glaube, uns fehlt der Stolz auf die eigene Nation, wie das bei den
anderen ganz natürlich ist.

Bärbel sagte,

Markus: Mein Großvater kam aus Pennsylvanien und kehrte erst 1946 nach
Deutschland zurück. Er war entsetzt, wie wenig es hier zu essen gab.

Markus erzählte,

Daniela: Vielleicht besteht die Demokratie auch darin, daß man die Politiker
beeinflussen kann. Wegen der vielen Proteste gibt es
heute ein Programm für den Umweltschutz.

Daniela meinte,

32. Aus der Zeitung

Sagen Sie es in indirekter Rede!

1. ,,Obwohl die Probleme, die unsere Länder trennen, zahlreich und vielfältig
    sind, können und müssen wir unsere Differenzen durch Dialog und
    Verhandlungen lösen.''

    Zu den Gesprächen mit der Sowjetunion erklärte der amerikanische
    Präsident, . . .

2. ,,Natürlich hat der Hunger ebenso politische Ursachen, die in den
    betreffenden Ländern selbst liegen. Aber unsere eigene Mitschuld, unsere
    eigene Verantwortung zu bedenken, muß heute vorrangige Aufgabe für uns
    sein.''

    Vor dem Bundestag sagte eine Vertreterin der ,,Grünen'', . . .

3. ,,Wer in der BRD vom 8. Mai 1945 als von einem Tag der Trauer spricht,
    von Kapitulation statt von Befreiung, und wer die europäische Landkarte
    verändern möchte, stellt sich ins Abseits der Geschichte und gefährdet den
    Frieden in Europa.''

    Neues Deutschland schreibt zum bevorstehenden Jahrestag, . . .

*33. Brandt-Rede

,,Junge Menschen erwarten oft von mir das ungebrochene Ja, das deutliche Nein. Aber es ist mir unmöglich geworden, an eine einzige, an die Wahrheit zu glauben. Also sage ich meinen jungen Freunden und anderen, die es hören wollen: Es gibt mehrere Wahrheiten. Deshalb glaube ich an die Vielfalt und also an den Zweifel. Er ist produktiv. Er stellt das Bestehende in Frage. Als demokratischer Sozialist zielen mein Denken und meine Arbeit auf Veränderung. Nicht den Menschen will ich ummodeln, weil man ihn zerstört, wenn man ihn in ein System zwängt; aber ich glaube an die Veränderung menschlicher Verhältnisse.''

Willy Brandt sagte in seiner Nobelpreisrede, . . .

34. *Spiegel*-Gespräch

Der Spiegel *sprach mit dem israelischen Staatspräsidenten Chaim Herzog. Berichten Sie von diesem Gespräch in indirekter Rede!*

Spiegel: Herr Präsident, viele Länder, die am Zweiten Weltkrieg teilgenommen hatten, werden den Jahrestag des 8. Mai 1945 feiern. Sie waren damals als britischer Major dabei. Woran erinnern Sie sich besonders?

Herzog: Ich kann vor allem die furchtbare Zerstörung nicht vergessen. Die Millionen Menschen, die sich auf den Straßen befanden. Jeder war unterwegs. Heute sieht man den Kapitulationstag nur als militärisches Ereignis: Es gab eine Armee, die gekämpft und nun kapituliert hatte. Man vergißt die menschliche Dimension.

Spiegel: Glaubten Sie 1945, als Deutschland in Ruinen lag, daß je ein deutscher Staat wiedererstehen könnte?

Herzog: Das war damals sehr, sehr schwer vorstellbar, obgleich ich sagen muß, daß die Menschen in einer schweren Zeit eine unerhörte Energie und Disziplin zeigten. Es war für Sie sehr schwer. Doch Deutschland hat hart gearbeitet und seinen Weg gemacht.

Kapitel 10

Unsere Zukunft

The Passive Voice : The Use of *werden* : The Extended Attribute

Wortschatz

Substantive

die Ansicht, -en   *opinion, view*
der Begriff, -e   *idea, concept; notion*
der Briefkasten, ⁞   *mailbox*
der Eindruck, ⁞e   *impression*
der Enkel, -   *grandson*
die Enkelin, -nen   *granddaughter*
der Lastwagen, -   *truck*
die Laune, -n   *mood*
die Nadel, -n   *needle*
die Stimmung, -en   *mood*
die Verhandlung, -en   *negotiation; trial*
der Verstand   *reason; brain*
der Vortrag, ⁞e   *lecture*

Verben

an·wenden (wandte an, angewandt; wendete an, angewendet)   *to apply; to devote*
auf·schreiben (ie,ie)   *to write down*
berichten   *to report*
beten   *to pray*
betrügen (o,o)   *to betray; to cheat*
bewundern   *to admire*
sich ein·bilden   *to imagine*
erwähnen   *to mention*
herrschen   *to prevail, to be; to rule*

leiden (litt, gelitten)   *to suffer*
meinen mit   *to mean by*
vergehen (verging, [ist] vergangen)   *to pass*
vor·kommen (kam vor, [ist] o) + Dat.   *to appear, to seem*
zweifeln an + Dat.   *to doubt in*

Adjektive, Adverbien

angenehm   *pleasant*
ärgerlich   *angry*
außerordentlich   *extraordinary*
bereits   *already*
jederzeit   *at any time*
jedoch   *however*
oberflächlich   *superficial*
sachlich   *matter of fact*
wesentlich   *essential*

Andere Wörter

im Begriff sein   *to be about to*
(in) guter/schlechter Laune sein   *to be in a good/bad mood*
(keinen) Sinn haben   *to make (no) sense*
der Meinung (Ansicht) sein   *to be of the opinion*
sich Sorgen machen um   *to worry about*

The Passive Voice

Both English and German have an active voice and a passive voice.

ACTIVE VOICE   *Many people admired him.*   Viele Leute bewunderten ihn.

PASSIVE VOICE   *He was admired by many people.*   Er wurde von vielen Leuten bewundert.

The main difference between active voice and passive voice is that of emphasis. In a sentence the main focus usually is on the subject. In the active voice the subject performs the action:

Dr. Messer operiert ihn heute.   *Dr. Messer will operate on him today.*

In the passive voice the subject is the receiver of the action:

Er wird heute operiert.   *He is being operated on today.*

The performer of the action may be mentioned in the passive sentence, but in most instances it is omitted:

> Er wird heute **von Dr. Messer** operiert.   *He is being operated on today by Dr. Messer.*

In English the passive is formed with the verb *to be* and the past participle of the main verb. In German the passive is formed with the verb **werden** and the past participle of the main verb:

> Der Bundespräsident **wird** alle fünf Jahre **gewählt.**   *The federal president is elected every five years.*

The form of **werden** has to agree with the subject of the passive sentence:

Ich	werde	
Du	wirst	
Er	wird	
Sie	wird	eingeladen.
Wir	werden	
Ihr	werdet	
Sie	werden	

Note the *word order* in passive sentences:

MAIN CLAUSE   Wir **werden** um halb neun zu Hause **erwartet.**

DEPENDENT CLAUSE   Ich weiß nicht, ob die Schule **gebaut wird.**

QUESTIONS   Werdet ihr **abgeholt?**
Wann **wird** er aus dem Krankenhaus **entlassen?**

The Tenses in the Passive Voice

The tenses in the passive voice are formed with the various tenses of **werden** and the past participle of the main verb. The past participle is the invariable part of passive sentences throughout the tenses.

The following forms refer to the third person singular:

PRESENT TENSE   **wird** + past participle

SIMPLE PAST   **wurde** + past participle

PRESENT PERFECT   **ist** + past participle + **worden**

PAST PERFECT   **war** + past participle + **worden**

FUTURE   **wird** + past participle + **werden**

INFINITIVE   past participle + **werden**

Present tense	wird . . . geschrieben	*is (being) written*
Simple past	wurde . . . geschrieben	*was (being) written*
Present perfect	ist . . . geschrieben worden	*has been written*
Past perfect	war . . . geschrieben worden	*had been written*
Future	wird . . . geschrieben werden	*will be written*
Infinitive	geschrieben werden	*to be written*

NOTE:

1. In the perfect tenses of the passive voice **geworden** is contracted to **worden.**
2. Whereas in the active voice the present perfect is the preferred past in conversation, in the passive voice the simple past is preferred.

Übungen

*1. Ergänzen Sie die Formen von *werden* im Präsens!

1. Er _____ bestimmt wiedergewählt.
2. _____ ihr abgeholt?
3. Du _____ noch gebraucht.
4. Wo _____ die Karten verkauft?
5. Wann_____ der Betrieb geschlossen?
6. Wo _____ wir ausgebildet?
7. Ihr _____ erwartet.

*2. Ergänzen Sie die Zeitformen von *werden*!

1. Weißt du, was morgen im Theater gespielt _____?
2. Das Zimmer ist heute morgen vermietet _____.
3. Diese Kirche _____ im 17. Jahrhundert gebaut.
4. Wir müssen uns beeilen, denn die Post _____ um sechs geschlossen.
5. Nachdem die Ergebnisse veröffentlicht _____ waren, _____ sie überall diskutiert.
6. Mit dem Bau unserer Schule _____ vor zwei Jahren begonnen.
7. Was machen wir mit den alten Sachen hier?—Die _____ weggeworfen.
8. Er wird bestimmt nicht mehr eingeladen _____.
9. Warum sind wir nicht informiert _____?
10. Dieses Problem ist leider nicht besprochen _____.
11. Die Märchen _____ 1815 veröffentlicht.
12. Zeigst du mir, wie das gemacht _____?

3. Ändern Sie die Zeitstufe!

1. Alle Bedingungen wurden erfüllt. (Plusquamperfekt)
2. Die Öffentlichkeit ist informiert worden. (Präsens)
3. Der Betrieb wird geschlossen. (Perfekt)

4. Der Verbrecher wurde gefangen. (Futur)
5. Die Angelegenheit wird rechtzeitig erledigt werden. (Plusquamperfekt)
6. Wann wurde die Ausstellung geöffnet? (Präsens)
7. Die Verhandlungen werden unterbrochen. (Perfekt)

4. Übersetzen Sie!

1. Your car has been repaired.
2. The tickets will be ordered.
3. The problem will be solved.
4. The criminal has been arrested.
5. My TV was stolen.
6. This book is read a lot.
7. The cinema was closed.
8. The environment is being destroyed.
9. We're being picked up.
10. All the people were saved.

5. Ute will helfen.

Die kleine Ute hilft ihrem Vater.

BEISPIEL: Hemden: waschen
Ute: Papi, was soll ich mit den Hemden machen?
Vater: Die werden gewaschen.

Wohnzimmer: aufräumen
Tisch: decken
Schokolade: essen
Zeitungen: wegwerfen
Schuhe: putzen
Betten: machen
Kartoffeln: kochen
Hosen: reinigen

6. Klischees

BEISPIEL: Schottland: Whisky (trinken)
In Schottland wird nur Whisky getrunken.

Italien: Pizza (essen)
Deutschland: Bier (trinken)
Bayern: Lederhosen (tragen)
Brasilien: Fußball (spielen)
Wien: Walzer (tanzen)
Schweiz: Schokolade (essen)
Frankreich: Wein (trinken)
USA: Hamburger (essen)
Sowjetunion: Eishockey (spielen)
Tirol: Dirndl (tragen)

7. Soweit ich weiß . . .

BEISPIEL: den Vortrag veröffentlichen
A: *Weißt du, ob der Vortrag veröffentlicht wird?*
B: *Soweit ich weiß, wird er nicht veröffentlicht.*

das Haus vermieten
den Wagen verkaufen
Arbeiter entlassen
das Kino schließen
die Bedingungen ändern
Peter einladen
unsere Gäste abholen
die alte Kirche restaurieren

The Agent in a Passive Sentence

The performer of the action (the subject in the active sentence) is called the *agent* **(Urheber)** in a passive sentence. Most passive sentences don't mention the agent:

Wie wird es geschrieben? *How is it written?*
Wurde der Flug bezahlt? *Has the flight been paid for?*

The agent, however, may be expressed in a passive sentence by way of a prepositional phrase.

1. With personal agents the preposition **von** + dative is used:

Die Rechnung wurde **von meinem Vater** bezahlt. *The bill was paid by my father.*

2. When the agent is an impersonal force, the preposition **durch** + accusative is used:

Das ganze Haus wurde **durch eine Explosion** zerstört. *The whole house was destroyed by an explosion.*

Note the following structural differences between active and passive sentences:

Viele Westdeutsche haben mich über die DDR gefragt.

Ich bin von vielen Westdeutschen über die DDR gefragt worden.

To change an active sentence into a passive sentence, the following rules should be observed.

1. The accusative object of the active sentence becomes the subject of the passive sentence:

active: mich *passive:* Ich

2. The passive verb form replaces the active verb in the same tense:

> *active:* haben . . . gefragt   *passive:* bin gefragt . . . worden

3. The subject of the active sentence is expressed by **von** + dative (**durch** + accusative):

> *active:* Viele Westdeutsche   *passive:* von vielen Westdeutschen

Übungen

*8. Ergänzen Sie!

1. Im November 1944 wurde unsere Stadt zerstört. (Bomben)
2. Unser Nachbar wurde gestern abend verhaftet. (Polizei)
3. Ihr Großvater wird heute vormittag operiert. (unser bester Arzt)
4. Das Fußballspiel wurde unterbrochen. (starker Regen)
5. München wurde im April 1945 befreit. (die Amerikaner)
6. Das Bauernhaus war vor etwa zehn Jahren zerstört worden. (ein großes Feuer)
7. Ich werde nach Hause gebracht. (mein Bruder)
8. Heute abend wird Bruckners Neunte gespielt. (die Dresdner Staatskapelle)

*9. Setzen Sie die Sätze ins Passiv mit Urheber (agent)!

1. Mercedes stellt Lastwagen her.
2. Sie lehnte unseren Vorschlag ab.
3. Seine Großeltern haben ihn erzogen.
4. Frau Schneider begrüßte uns.
5. Der Minister wird alle Fragen beantworten.
6. Deutschland und Frankreich schließen einen neuen Freundschaftsvertrag.
7. Wer hat dich denn angerufen?
8. Ihr Brief hat uns sehr überrascht.

10. Bilden Sie Sätze im Präteritum!

1. Rotkäppchen / der Wolf / fressen
2. Dornröschen / ein schöner Prinz / wecken
3. Der Zauberer / ein Kater / fressen
4. Schneewittchen / ihre Stiefmutter / hassen
5. Das siebte Geißlein / seine Mutter / finden
6. Hänsel und Gretel / eine alte Frau / begrüßen
7. Schneewittchen / ein Königssohn / küssen
8. Die 13. Fee / der König / nicht einladen

11. Setzen Sie die Sätze ins Passiv mit Urheber!

1. Ein Flugzeug entführte Genovés nach Kuba.
2. Ihr werdet viele Ehen zerstören.

3. Alle 20 Sekunden tötet ein Mensch einen anderen Menschen.
4. Genovés veröffentlichte die Ergebnisse seiner Studien in einem Buch.
5. Die Presse stellte ihm viele Fragen.
6. Die Medien nannten *Acali* nur das „Sexfloß".
7. Die Teilnehmer erfüllten drei Bedingungen.

12. Von wem wurde Amerika entdeckt?

BEISPIEL: 1492 entdeckte Kolumbus Amerika.
            A: Wann wurde Amerika entdeckt?
            B: 1492.
            A: Von wem wurde Amerika entdeckt?
            B: Von Kolumbus.

1791 schrieb Mozart die *Zauberflöte*.
Anfang des 19. Jahrhunderts sammelten die Brüder Grimm die Volksmärchen.
1456 druckte Gutenberg die erste Bibel.
1848 veröffentlichten Marx und Engels das *Kommunistische Manifest*.
1876 erfand Bell das Telefon.
Anfang des 20. Jahrhunderts entwickelte Einstein die „spezielle
  Relativitätstheorie".
1925 baute Gropius das Bauhaus in Dessau.
1937 malte Picasso *Guernica*.
1925 schlossen Deutschland und Frankreich den Vertrag von Locarno.

The Passive with Modals

Modal verbs are used in passive sentences according to the following pattern:

modal verb + past participle (main verb) + **werden**

| Der Brief **muß** spätestens morgen **abgeschickt werden.** | *The letter has to be mailed no later than tomorrow.* |

The tenses of modal verbs in the passive:

	Die Sache	*The matter*
PRESENT TENSE	muß erledigt werden.	*has to be settled.*
SIMPLE PAST	mußte erledigt werden.	*had to be settled.*
PRESENT PERFECT	hat erledigt werden müssen.	*has had to be settled.*
PAST PERFECT	hatte erledigt werden müssen.	*had had to be settled.*
FUTURE TENSE	wird erledigt werden müssen.	*will have to be settled.*

Only present tense and simple past of the modal verbs with the passive—the most often used forms—will be practiced in the following exercises.

Übungen

*13. Ergänzen Sie die Modalverben!

1. Wird sie abgeholt? (wollen)
2. Das wurde geändert. (müssen)
3. Die Rede wird morgen in der Presse veröffentlicht. (sollen)
4. Wann werden die Briefe abgeschickt? (müssen)
5. Das wird bestimmt bald festgestellt. (können)
6. Das wurde leider nicht erwähnt. (dürfen)
7. Er wird immer bewundert. (wollen)
8. Der Lastwagen wurde nicht gefunden. (können)

14. Ergänzen Sie!

1. Zweimal wurde unser Haus von Soldaten _____ (besetzen).
2. Die Lebensmittel konnten nicht mehr _____ (abholen).
3. Das ganze Haus war mit Möbeln _____ (vollstellen).
4. Auf der Kellertreppe konnte er nicht _____ (sehen).
5. Der Tisch mußte _____ (ausziehen).
6. Das ist tatsächlich nicht _____ (bemerken).
7. Sie wurden von niemandem _____ (sehen).

15. Übersetzen Sie!

1. This should be changed.
2. He doesn't want to be disturbed.
3. Our car had to be repaired again.
4. She has to be taken to the hospital.
5. I don't like to be interrupted.
6. The questions have to be answered.
7. The environment must not be destroyed.
8. Their business had to be closed.

16. Wir wollen nicht diskriminiert werden.

> BEISPIEL: diskriminieren
> *Man diskriminiert uns Frauen, aber wir wollen nicht diskriminiert werden.*

mißverstehen	schlechter bezahlen
anders behandeln	nicht akzeptieren
nicht ernst nehmen	bedauern
bewundern	nicht respektieren

Impersonal Passive

In English the indirect object of an active sentence may become the subject of a passive sentence.

ACTIVE   *He gave me the money.*

PASSIVE   *I was given the money.*

In German *only accusative objects* of active sentences may become the subject of a passive sentence. If the active sentence does not have an accusative object, the passive sentence does not have a subject and **werden** in all its tenses is used in the third person singular.

This impersonal passive construction occurs in the following instances.

1.   With verbs that have a dative (indirect) object (see p. 63–64) the dative is retained in the passive sentence:

> **Mir** wurde gesagt, daß er krank ist.　　*I was told that he is sick.*
> **Euch** wird bestimmt geholfen.　　*You will certainly be helped.*

2.   Verbs that are without an object in a passive sentence express an "activity as such." There is no passive equivalent for this in English:

> Morgen **wird gearbeitet.**　　*Tomorrow we'll work.*
> In unserer Familie **wird** viel **diskutiert.**　　*In our family we debate a lot.*

NOTE:
If no other element occupies the first position, **es** functions as a substitute:

> Mir ist nichts gesagt worden.
> **Es** ist mir nichts gesagt worden.

> Hier darf nicht geraucht werden.
> **Es** darf hier nicht geraucht werden.

Übungen

17. Übersetzen Sie!

1.   I was told something else.
2.   There is no dancing on Saturday.
3.   We were not helped.
4.   We have been told that you would not come.
5.   There will be a lot of celebrating tonight.

6. The money was lent to me and not given as a present.
7. We don't work on weekends.
8. There was a lot of drinking and laughing.

18. Bei euch ist viel verboten.

> BEISPIEL: In der Bibliothek: sprechen
> *In der Bibliothek darf nicht gesprochen werden.*

1. Im Kino: rauchen
2. Auf der Straße: singen
3. In diesem Fluß: schwimmen
4. In der Fußgängerzone: Auto fahren
5. Auf dem Fußballplatz: Bier trinken
6. Vor dem Bahnhof: schlafen
7. Auf der Wiese: Fußball spielen
8. Auf diesem Platz: parken

19. Erklären Sie die Verkehrsschilder!

> BEISPIEL: Halteverbot
> *Hier darf nicht gehalten werden.*

Parkplatz
Fußgängerzone
Tankstelle
Radweg
Reparaturwerkstatt
Überholverbot
Nichtraucher
Badeverbot

Statal Passive

German, unlike English, distinguishes clearly between a process or action that is expressed by the passive voice and a state of being or condition that is expressed by the so-called *statal passive* (**Zustandspassiv**), also referred to as false or apparent passive. This statal passive is formed with the verb **sein** and the past participle of the main verb. Note the difference between the two constructions:

PASSIVE VOICE	Das Haus **wird** verkauft.	*The house is being sold.*
STATAL PASSIVE	Das Haus **ist** verkauft.	*The house is sold.*
PASSIVE VOICE	Die Bank wurde um fünf geschlossen.	*The bank was closed at five.*
STATAL PASSIVE	Die Bank war gestern geschlossen.	*The bank was closed yesterday.*

In reality, the statal passive functions like an adjective. There is no structural difference between the following sentences:

Das Zimmer ist möbliert.   *The room is furnished.*
Das Zimmer ist groß.   *The room is large.*

Übungen

20. Übersetzen Sie!

1. The store is closed.
2. Is this seat taken?
3. Do you know where tickets are sold?
4. Last night the apartment was rented.
5. When was your wallet stolen?
6. When I came home the door was locked.
7. Is the bill paid?
8. My work is done.
9. When was your book published?

21. Bilden Sie das Zustandspassiv!

BEISPIEL: Das Haus wurde vor zwei Jahren renoviert.
             Es ist seit zwei Jahren renoviert.

1. Der Wagen wurde vor einem Monat verkauft.
2. Die Wohnung wurde am letzten Wochenende vermietet.
3. Die Bank wurde vor zehn Minuten geschlossen.
4. Die Angelegenheit wurde gestern abend erledigt.
5. Die Rechnung wurde am 12. September bezahlt.
6. Der Vertrag wurde vor drei Monaten unterschrieben.

22. Wann wird das Theater eröffnet?

BEISPIEL: Theater: bauen / eröffnen
             Das Theater ist gebaut. Wann wird es eröffnet?

Karten: bestellen / bezahlen
Wagen: reparieren / abholen
Bank: schließen / öffnen
Brief: schreiben / abschicken
Champagner: holen / trinken
Haus: renovieren / vermieten
Buch: übersetzen / veröffentlichen

23. Heinzelmännchen

Wenn Frau Sommer das Haus verläßt, schreibt sie auf einen Zettel, was im Haushalt gemacht werden muß.

Lebensmittel einkaufen
Fenster putzen
Betten machen
Geschirr abwaschen
Kartoffeln kochen
Kinderzimmer aufräumen
Fahrrad reparieren
Hosen bügeln
Tisch decken

1. Das Oberheinzelmännchen sagt den anderen, was gemacht weden muß.

   BEISPIEL: Die Lebensmittel müssen eingekauft werden.

2. Wenn Frau Sommer nach Hause kommt, ist alles gemacht.

   BEISPIEL: Die Lebensmittel sind eingekauft.

Substitutes for the Passive Voice

The passive voice is less common in German than in English. In German it is often replaced by one of the following constructions. It depends on the verbs whether all or some of these constructions may be used.

1. *Reflexive verb.* The agent of the action is unknown:

   Die Tür wird geöffnet.   Die Tür **öffnet sich.**

2. Active sentence with the pronoun **man:**

   Wie wird das geschrieben?   Wie schreibt **man** das?
   Dieser Fehler könnte vermieden werden.   Diesen Fehler könnte **man** vermeiden.

3. **Sich lassen** + *infinitive.* Replaces a passive sentence with **können:**

   Deine Frage kann nicht beantwortet   Deine Frage **läßt sich** nicht
       werden.   **beantworten.**

4. **Sein** + **zu** + *infinitive.* Replaces passive sentences with **können, müssen,** or **sollen:**

   Der Vertrag muß noch heute   Der Vertrag **ist** noch heute **zu**
       unterschrieben werden.   **unterschreiben.**
   Konnte das noch geändert werden?   **War** das noch **zu ändern?**

Übungen

*24. Drücken Sie es anders aus!

1. Die Rede muß heute noch geschrieben werden. (sein + zu)
2. In diesem Restaurant ißt man sehr gut. (reflexiv)
3. Das war nicht mehr zu ändern. (man)
4. Die Tür läßt sich nicht öffnen. (reflexiv)
5. Deine Handschrift ist kaum lesbar. (sein + zu)
6. Könnte man das nicht feststellen? (sich lassen)
7. Dieses Buch wird sich gut verkaufen. (sein + zu)
8. Darüber läßt sich sprechen. (man)
9. Deutsch kann man lernen. (sich lassen)

25. Verwenden Sie das Aktiv mit *man!*

1. Auf der Potsdamer Konferenz wurde beschlossen, Teile Deutschlands an Polen und die Sowjetunion anzugliedern.
2. Deutschland wurde in vier Besatzungszonen geteilt.
3. Die Bevölkerung wurde mit Lebensmitteln versorgt.
4. Die Vergangenheit muß als Aufgabe für die Zukunft akzeptiert werden.
5. 1949 wurde mit der Entnazifizierung Schluß gemacht.
6. Viele Deutsche wurden vertrieben.
7. In den sechziger Jahren wurde die BRD international anerkannt.
8. Die Verbrechen der Nazizeit dürfen nicht vergessen werden.

26. Setzen Sie in die indirekte Rede (general subjunctive)!

1. Die DDR kann nicht mit dem Begriff der „Unterdrückung" gleichgesetzt werden. Sie meinte,
2. Die beiden Staaten werden oft miteinander verwechselt. Sie sagte, daß
3. Ich wurde von den großen Unterschieden zwischen beiden deutschen Staaten überrrascht. Sie sagte,
4. Ich bin oft von den Westdeutschen über die DDR gefragt worden. Sie erklärte,
5. Die Beziehungen zwischen der DDR und der BRD sind in den letzten Jahren verbessert worden. Man sagte ihr,
6. Der dritte Weltkrieg muß unbedingt vermieden werden. Alle Deutschen sind der Meinung,
7. Diese Vorurteile werden überall geglaubt. Sie war überrascht, daß

27. Übersetzen Sie!

1. He was arrested by the police.
2. I wasn't invited.
3. Young people are too much influenced by television.
4. We were not helped.
5. The rent was paid for by my parents.

6. These mistakes should be avoided.
7. The letter will be mailed tomorrow morning.
8. This should be done in a different way.
9. Our house is being sold.
10. He was trained in Switzerland.
11. Are magazines sold here?
12. She was told a different story.
13. There was a lot of drinking and celebrating going on.
14. The exhibition will be closed on March 1.

Summary: The Use of *werden*

Distinguish between the various uses of **werden**.

1. As a *main verb (to become, to get):* with *adjective* or *noun:*

Es **wird** kalt.	*It's getting cold.*
Er **ist** ganz plötzlich krank **geworden**.	*He has suddenly become sick.*
Ich **werde** Rechtsanwalt.	*I am going to be a lawyer.*

2. To form the *future tense:* with *infinitive* (see p. 17):

Wir werden es nicht **erwähnen**.	*We won't mention it.*
Sie **wird** nicht **mitkommen können**.	*She won't be able to come along.*

3. To express *present probability:* with *infinitive* (see p. 18)

Die Kinder **werden** wohl in der Schule **sein**.	*The children are probably in school.*

4. As the subjunctive paraphrase **würde**: with *infinitive* (see p. 117):

Würdest du mir **helfen?**	*Would you help me?*
Ich **würde** lieber zu Hause **bleiben**.	*I would rather stay at home.*

5. To form the *passive voice:* with *past participle* (see p. 239):

Der Plattenspieler **wird reparier**t.	*The record player is being repaired.*
Wann **wurde** dieses Haus **gebaut?**	*When was this house built?*
Mir **ist** nichts **gesagt worden**.	*I have not been told anything.*
Die Rede **wird** bestimmt **gehalten werden**.	*The speech will certainly be given.*
Die Prüfung **mußte unterbrochen werden**.	*The exam had to be interrupted.*

Übungen

*28. Ergänzen Sie!

1. Sie möchte Schauspielerin _____.
2. Er _____ wohl nur müde sein.

3. _____ ihr uns rechtzeitig Bescheid sagen?
4. In meinem früheren Betrieb _____ ich viel besser bezahlt.
5. Sie mußte sofort ins Krankenhaus gebracht _____.
6. Wann _____ Nietzsche's *Also sprach Zarathustra* geschrieben?
7. Ich _____ gern mit ihr sprechen.
8. Es _____ langsam hell.
9. Ihm ist ganz plötzlich schlecht _____.
10. Sie möchte nicht abgeholt _____.
11. Es wäre besser, ihr _____ über die ganze Angelegenheit noch nachdenken.
12. Es hat geklingelt. Das _____ Christine sein.

29. Übersetzen Sie!

1. I will not mention it.
2. He wants to be admired.
3. What you are saying is probably right.
4. It seemed to me as if the war would never end.
5. I would call if I were you.
6. She doesn't want to be seen.
7. It's getting dark.
8. She is probably at home.
9. The work must be done.
10. This book was written by a very famous writer.

The Extended Attribute

Both in English and German adjectives or participles used as adjectives can be "extended," that is, modified by other elements. But whereas in English only short extended attribute constructions are possible, in German these constructions are often rather lengthy and complicated and may appear confusing.

Elements that can extend the attribute include other adjectives, numbers, and adverbs:

Trier ist eine **alte, romantische, interessante** Stadt.	*Trier is an old, romantic, interesting town.*
Ich bin heute **zwei alten** Freunden begegnet.	*Today I've met two old friends.*
Es war ein **besonders schöner** Abend.	*It was a particularly nice evening.*
Das ist ein **viel gelesenes** Buch.	*This is a much-read book.*

In German the extended attribute often contains a prepositional phrase, which has to be expressed differently in English:

Jeder Mensch ist für alle **auf der Welt bestehenden** Probleme verantwortlich.

A literal translation into English is not acceptable:

Every man is responsible for all in the world *existing problems.*

In English this construction has to be expressed by way of an attribute following the noun or a relative clause:

Every man is responsible for all problems existing in the world.
Every man is responsible for all problems that exist in the world.

In German the attribute may be extended by any kind or number of modifiers except for a subject and a conjugated verb:

Der Schnellzug wird in wenigen Minuten nach Koblenz weiterfahren.	*The express train will depart in a few minutes for Koblenz.*

Modifiers: einfahrend / auf Bahnsteig 12 / gerade / aus Köln kommend

Der **einfahrende** Schnellzug . . .
Der **auf Bahnsteig 12 einfahrende** Schnellzug . . .
Der **gerade auf Bahnsteig 12 einfahrende** Schnellzug . . .
Der **aus Köln kommende, gerade auf Bahnsteig 12 einfahrende** Schnellzug . . .

The express train, which is coming from Cologne and just arriving on platform 12 *will depart in a few minutes for Koblenz.*

The extended attribute construction is rather common in journalistic and scientific texts. The experienced student of German, like the native speaker, will read through these phrases from left to right with relative ease. The not-so-experienced student of German will find these constructions rather confusing and will have to decipher them step by step.

It is first of all necessary to recognize the extended attribute construction. In most cases the clue is an article or adjective not followed closely by its noun but rather by something that looks "out of place," like a preposition, a personal pronoun, or an adverb:

die in . . .
ein von . . .
das früher . . .
der mir . . .

In order to decipher an extended attribute construction like the following, go through the three listed steps:

Die kleinen, grauen, im trüben Wasser des Aquariums schwimmenden Fische erinnerten mich an Schatten auf ihrem Weg in die Finsternis.

1. Find the beginning and the end of the phrase, the limiting adjective and the noun that goes with this adjective:

Die . . . Fische   The . . . fish

2.   Find the independent adjectives that modify the noun directly. When you translate the phrase into English, these adjectives must precede the noun:

> Die kleinen, grauen Fische . . .   *The* little gray *fish* . . .

3.   Find the extended attribute that must be rendered either as an attribute following the noun or as a relative clause:

> Die kleinen, grauen, im trüben Wasser   *The little, gray fish* (that are) swimming
> des Aquariums schwimmenden   in the murky water of the
> Fische . . .   aquarium . . .

In German the extended attribute constructions can also be rendered as relative clauses:

> Mit dem Fahrrad schmuggelte mein Vater
> ⟋ in Deutschland verbotene Zeitungen.
> ⟍ Zeitungen, die in Deutschland verboten waren.

In order to transform the extended attribute into a relative clause, add the correct relative pronoun and change the participles of the verb into a conjugated verb form in the appropriate tense. Often an extended attribute with a present participle will correspond to a relative clause in the active voice; a past participle, to a relative clause in the passive voice:

> Ich kenne die (**über uns wohnenden**) Leute nicht.
> Ich kenne die Leute nicht, **die über uns wohnen.**

> Sein (**erst vor einem Jahr geschriebenes**) Buch wird jetzt verfilmt.
> Sein Buch, **das erst vor einem Jahr geschrieben wurde,** wird jetzt verfilmt.

Übungen

30. Übersetzen Sie ins Englische!

1.   Wie kann ich es den draußen wartenden Menschen erklären?
2.   Der vor zwei Tagen gestohlene Mercedes wurde in einem Wald gefunden.
3.   In der DDR habe ich viele mir mein ganzes Leben hindurch vertraut gewesene Dinge vergessen.
4.   Ich bekam ein kleines, in blaues Papier eingewickeltes Paket.
5.   Wem gehört der dort hängende, schwarze Mantel?
6.   Sein vor vielen Jahren geschriebenes Buch wurde endlich veröffentlicht.
7.   Wir leben in einer in zwei Staaten geteilten Nation.
8.   Die von Ost- und Westdeutschen kaum bemerkten großen kulturellen Gemeinsamkeiten haben mich überrascht.
9.   Der erste Kontakt mit Amerikanern war der Kaugummi kauende, Schokolade schenkende Soldat.

31. Übersetzen Sie!

1. Hochdeutsch ist die überall verstandene, aber keineswegs überall gesprochene Standardsprache.
2. In der gesprochenen Standardsprache sind die Unterschiede zwischen Norden und Süden größer.
3. Der Dialekt ist vor allem gesprochene Sprache.
4. Die meisten gedruckten Bücher wurden lateinisch geschrieben.
5. Die folgenden im Dialekt gesungenen Lieder sind in der Bundesrepublik sehr populär.
6. Dialekt sprechende Arbeiter haben weniger Chancen auf eine besser bezahlte Position.
7. Schwyzertütsch ist eine aus vielen regionalen Dialekten bestehende Sprache.
8. Die im Dialekt gesprochenen Nachrichten finden die Menschen jetzt viel verständlicher.

32. Übersetzen Sie!

1. Vor unserem Haus gab er mir ein in Zeitungspapier eingewickeltes Päckchen.
2. Ich fuhr sofort zu meiner bei einem Bauern außerhalb des Dorfes arbeitenden Mutter.
3. Mein von mir sehr bewunderter Deutschlehrer besaß viele von den Nazis verbotene Bücher.
4. Ein nicht erhobener Arm war ein Verbrechen.
5. Entartet waren für die Nazis alle mit ihren Werken gegen den Krieg und für Humanität eintretenden Künstler.
6. Ich sah das der Gestapo gehörende, schwarze Auto vor unserem Haus stehen.
7. Plötzlich war der von uns allen gefürchtete Krieg da.

33. Bilden Sie Relativsätze!

1. Der (1949 zum Bundeskanzler gewählte) Konrad Adenauer regierte 14 Jahre.
2. Die (während des Krieges zerstörte) Kathedrale wurde inzwischen wieder aufgebaut.
3. Die (schon mehrere Wochen dauernde) politische Krise wird von Tag zu Tag gefährlicher.
4. Er hat die (von uns gemachten) Vorschläge abgelehnt.
5. Die (seit drei Monaten streikenden) Arbeiter werden Montag an ihren Arbeitsplatz zurückkehren.
6. Der (1972 geschlossene) Grundvertrag änderte die Beziehungen zwischen beiden deutschen Staaten.
7. Ich habe den (vor einer Woche bei BMW bestellten) Wagen noch immer nicht bekommen.

34. Ergänzen Sie die Attribute!

BEISPIEL: Viele Künstler emigrierten in die USA.
geflohen
ins Ausland
nach dem 30. Januar 1933

Viele *geflohene* Künstler emigrierten in die USA.
Viele *ins Ausland geflohene* Künstler emigrierten in die USA.
Viele *nach dem 30. Januar ins Ausland geflohene* Künstler emigrierten in die USA.

1. Alle Bücher gehörten zur Entarteten Kunst.
   verbrannt
   am 10. Mai
   in Berlin
2. Die Geschwister Scholl waren Studenten an der Münchner Universität.
   verurteilt
   zum Tode
   im Februar 1943
3. Ich habe keinen der Menschen wiedergesehen.
   verfolgt
   von den Nazis
   wegen ihres Glaubens
4. Der Reichstagsbrand war der Anfang vom Ende der Demokratie.
   nicht aufgeklärt
   bis heute
   trotz langjähriger Forschungen
5. Mein Vater gehörte zu einer religiösen Gruppe.
   bekannt
   als Zeugen Jehovas
   nach dem Zweiten Weltkrieg
6. Viele Menschen mußten ihre Heimat verlassen.
   schaffend
   geistig
   in Deutschland
7. Das Päckchen enthielt Stefan Zweigs *Sternstunden der Menschheit.*
   mir geschenkt
   von meinem Deutschlehrer
   gestern vor unserem Haus

Lösungen

The following are answers to the exercises marked with asterisks.

Kapitel 1

Übung 1 (Seite 5)

1. Peter trägt den Koffer.
2. Warum schweigt ihr nicht?
3. Wolfgang wird Dolmetscher.
4. Ihr seid so nervös.
5. Wir lassen den Wagen zu Hause.
6. Ich lächle sehr selten.
7. Hans trifft deinen Bruder.
8. Wir wissen es nicht.
9. Renate läuft nach Hause.
10. Warum läßt du mich nicht in Ruhe?
11. Hast du morgen abend Zeit?
12. Ihr werdet doch nicht krank?

Übung 3 (Seite 7)

1. Er steigt in Düsseldorf aus.
2. Was bedeutet dieses Wort?
3. Er sieht sich den Film an.
4. Meine Wohnung besteht aus zwei Zimmern.
5. Wir kaufen in der Stadt ein.
6. Wir schlagen ein anderes Restaurant vor.
7. Wir unterhalten uns mit deinen Eltern.
8. Zieht ihr die Berge vor?
9. Ich beschreibe einen alten Mann.

Übung 6 (Seite 10)

1. Ich will darüber nachdenken.
2. Warum dürft ihr uns nicht besuchen?
3. Wir brauchen ihr nicht zu helfen.
4. Bis wann sollst du dieses Buch lesen?
5. Ich möchte mit Ihrer Chefin sprechen.
6. Ich muß morgen um halb sieben aufstehen.
7. Sie kann nichts mehr essen.
8. Sie brauchen das Zimmer nicht zu bestellen.

9.   Wir dürfen nichts mehr trinken.
10.   Wann soll er dich anrufen?
11.   Ich kann nicht länger warten.

12.   Möchtest du nicht mitkommen?
13.   Willst du zu Fuß gehen, oder willst du fahren?

Übung 8 (Seite 11)

1.   Darf ich hereinkommen?
2.   Du brauchst uns nicht anzurufen. (ihr/Sie)
3.   Sie darf nicht mitkommen.
4.   Magst du ihn? (Sie/ihr)
5.   Ich kann seine Wut nicht verstehen.
6.   Wir möchten uns amüsieren.

7.   Sie dürfen hier nicht parken. (du/ihr)
8.   Er soll mich abholen.
9.   Mußt du so laut schreien? (ihr/Sie)
10.   Ich kann diesen Satz nicht übersetzen.

Übung 10 (Seite 12)

1.   Ich höre ihn die Treppe heraufkommen.
2.   Ich sehe ihn vor der Tür stehen.
3.   Ich höre sie draußen schreien.
4.   Ich sehe ihn Fußball spielen.

5.   Ich sehe sie im Garten arbeiten.
6.   Ich höre ihn mit meinem Chef reden.
7.   Ich höre jemand Klavier spielen.

Übung 17 (Seite 16)

1.   helft
2.   kommen Sie herein!
3.   sieh / her
4.   seid

5.   sprich
6.   bleibt
7.   öffne
8.   nehmen Sie

Übung 21 (Seite 18)

1.   Wir werden ihm eine Schallplatte schenken.
2.   Ihr werdet nicht mitkommen können.
3.   Sie wird an der Heidelberger Universität studieren.
4.   Werdet ihr die Müllers auch einladen?

5.   Wir werden uns ein Haus bauen lassen.
6.   Das wird sich bestimmt lohnen.
7.   Wir werden es nicht unterscheiden können.
8.   Das wird nur an euch liegen.
9.   Sie wird schweigen müssen.
10.   Er wird es nicht feststellen können.

Kapitel 2

Übung 1 (Seite 26)

1. Sie warteten auf uns.
2. Die Fee erfüllte ihm drei Wünsche.
3. Wir mußten uns beeilen.
4. Konntet ihr euch das nicht leisten?
5. Sie antworteten nicht auf meinen Brief.
6. Warum wolltest du nicht daran glauben?
7. Ich konnte sie nicht unterscheiden.
8. Eine alte Frau öffnete die Tür.
9. Du solltest uns anrufen.
10. Ich wollte nicht mit ihm sprechen.

Übung 3 (Seite 27)

1. Die Märchen erschienen 1815.
2. Dann trafen sie eine häßliche Frau.
3. Meine Großmutter erzählte mir die Geschichte.
4. Ich lernte ihn vor einem Jahr kennen.
5. Sie stieß sie ins Feuer.
6. Er befahl uns, auf ihn zu warten.
7. Ihre Kinder hatten immer Interesse an Märchen.
8. Die Geschichte handelte von einem kleinen, glücklichen Mädchen. (In der Geschichte ging es um ein kleines, glückliches Mädchen.)
9. Sie erlebte viele Wunder.
10. Wir erkundigten uns nach seinem Namen.

Übung 5 (Seite 27)

Ende des 13. Jahrhunderts *gab* es in der Stadt Hameln eine große Plage. Viele viele Ratten und Mäuse *lebten* in den Häusern und *fraßen* alle Lebensmittel auf. Eines Tages *kam* ein fremder Mann in die Stadt und *bot* dem Bürgermeister *an,* Hameln von Ratten und Mäusen zu befreien. Alle Menschen *waren* sehr froh und *versprachen* ihm einen anständigen Lohn. Die Menschen *wunderten sich,* als der Mann eine Flöte *hervorzog* und darauf *spielte.* Aber sie *wunderten sich* noch mehr, als alle Ratten und Mäuse aus den Häusern *kamen* und hinter ihm *herliefen,* bis an den Fluß, wo sie ins Wasser *sprangen* und *ertranken.* Als aber der Rattenfänger seinen Lohn *verlangte, wollten* ihn ihm die Bürger nicht geben. Der Mann *mußte* die Stadt verlassen. Aber er *kam* bald *zurück.* Und wieder *nahm* er seine Flöte und *spielte* darauf. Aber diesmal *folgten* ihm alle Kinder der Stadt. Als sie an den Berg *kamen, öffnete* sich dieser. Der Rattenfänger und die Kinder *gingen* hinein, und der Berg *schloß* sich hinter ihnen. Die Eltern *suchten* überall und *weinten,* aber ihre Kinder *sahen* sie nie wieder.

Übung 9 (Seite 32)

1. Seid
2. hat (ist)
3. habe
4. habe (bin)

5. sind
6. hat
7. ist
8. bin / habe

9. ist
10. sind
11. seid
12. bist

Übung 11 (Seite 32)

1. Warum hast du ihm nicht geantwortet?
2. Hast du an das Buch gedacht?
3. Das habe ich nicht gewußt.
4. Ich habe die Tür geschlossen.
5. Wann hast du den Brief geschrieben?
6. Wo hat der Paß gelegen?
7. Es hat sehr gut geschmeckt.
8. Es ist kalt geworden.
9. Wir sind in die Schweiz gezogen.
10. Sie sind heute abend gekommen.
11. Seid ihr den ganzen Tag gewandert?
12. Seid ihr zu Fuß gegangen?
13. Sie haben keine Zeit gehabt.
14. Ich habe den Koffer vor die Tür gestellt.
15. Wir haben mit ihr gesprochen.

Übung 19 (Seite 36)

1. Er hat anrufen wollen.
2. Ich habe darüber nachdenken müssen.
3. Sie hat es nicht tun dürfen.
4. Habe ich dir helfen können?
5. Ich habe ihn abholen sollen.
6. Sie hat plötzlich wegfahren müssen.
7. Ich habe dir Bescheid sagen sollen.
8. Warum hat das passieren müssen?

Übung 23 (Seite 38)

1. Das Studium war ihr sehr schwer gefallen.
2. Das Interesse an Märchen war immer sehr groß gewesen.
3. Ich hatte ihn die Treppe heraufkommen hören.
4. Damals waren viele Wunder geschehen.

5. Ich hatte nicht daran glauben wollen.
6. Er hatte die Aufgaben nicht lösen können.
7. Warst du jemals in Rußland gewesen?

8. Wir hatten dir leider nicht helfen dürfen.
9. Hattet ihr euch danach erkundigt?

Kapitel 3

Übung 1 (Seite 49)

die Drogerie
der Arbeiter
der Beruf
der Motor
die Polizei
das Leben
die Gewerkschaft
der Nachbar

das Gepäck
die Aufgabe
das Fernsehen
der Löffel
der Regen
der Osten
die Größe
die Null

das Brötchen
der Flug
die Meinung
der Kuchen
der Metzger
die Donau
der März
der Kellner

Übung 3 (Seite 52)

die Arme
die Fabriken
die Anzüge
die Fehler
die Töchter
die Studentinnen
die Söhne
die Mädchen
die Pässe
die Firmen

die Fahrräder
die Filme
die Fächer
die Wege
die Möglichkeiten
die Türen
die Zimmer
die Gläser
die Dörfer
die Erzählungen

Übung 5 (Seite 54)

1. —
2. der
3. dem
4. dem
5. Der
6. —
7. das
8. das
9. Der / das
10. —

Übung 7 (Seite 58)

1. mein
2. ihre
3. Ihr
4. eure
5. unser
6. ihre

7. seine
8. ihr
9. deine
10. Ihr

Übung 9 (Seite 61)

1. den Bahnhof
2. Ihre Frage
3. Was für einen
4. ihren Mann

5. diesen Brief
6. unseren Nachbarn
7. Herrn Müller
8. seine Adresse / seine Telefonnummer

9. den Jungen
10. den Satz
11. den Charakter
12. seinen Namen

Übung 14 (Seite 66)

1. meiner Chefin
2. meinem Vater
3. den Kindern
4. keinem Menschen

5. der Dame
6. meinem Freund
7. seiner Tante

8. ihren Fähigkeiten
9. Ihrer Familie
10. So einem Mann

Übung 15 (Seite 66)

1. Ihnen
2. dir
3. mir / dir

4. euch
5. ihn Ihnen
6. ihm

7. sie mir
8. euch / uns
9. ihn dir

Übung 26 (Seite 71)

des Büros
des Komponisten
des Gasthauses
des Fach(e)s
des Frühstücks
des Herrn
des Unterrichts
des Todes
des Geschäft(e)s

des Gespräch(e)s
des Kindes
des Schweden
des Bauern
des Namens
des Mädchens
des Soziologen
des Motors
des Jahrhunderts

Übung 27 (Seite 72)

1. unseres Hauses
2. seiner Experimente
3. meiner Arbeit
4. der Woche
5. meiner Experimente

6. des Monats
7. unseres Nachbarn
8. des Gartens
9. eines Kollegen
10. dieses Herrn

Übung 34 (Seite 75)

1. Dem
2. Den / den
3. das
4. denen
5. Der
6. denen

Übung 39 (Seite 77)

1. man / einem
2. einem
3. Man / man
4. man / einem
5. einem / man / man
6. man / einen
7. einem / man
8. man

Kapitel 4

Übung 1 (Seite 82)

1. bis zwei
2. für meine Eltern
3. für mich / gegen mich
4. ohne deinen Bruder
5. durch den Wald
6. Für wen
7. gegen die Mauer
8. durch den Garten
9. um acht

Übung 3 (Seite 85)

1. bei dir
2. bei ihren Verwandten
3. gegenüber vom
4. außer ihr
5. seit einem Jahr
6. aus Freude
7. Den Nachrichten nach
8. aus
9. vom
10. seit
11. mit dem / mit dem
12. zu Weihnachten

Übung 5 (Seite 87)

1. einer Bratpfanne
2. ihrer Geduld
3. der Mittagszeit
4. einer Stunde
5. unserer Nachbarn
6. der Haustür
7. unseres Feindes
8. der Straße
9. unserer Stadt

Übung 9 (Seite 91)

1. in der
2. in der
3. in den
4. im
5. in der
6. ins
7. in der
8. im
9. im
10. im

Übung 10 (Seite 92)

1. Wo wollen wir essen?
2. Wohin wollen wir den Tisch stellen?
3. Wo wollen wir uns unterhalten?
4. Wo wollen wir warten?
5. Wohin wollen wir fahren?
6. Wohin wollen wir die Blumen stellen?

Übung 19 (Seite 97)

1. Ich gehe ins Gasthaus, ins Kino, in die Bibliothek, zum Frühstück, nach Hause, in die Kirche, zu meinen (den) Eltern.
2. Sie muß ins Büro, zur Arbeit, zum Friseur, in die Stadt, in die Fabrik, ins Krankenhaus, in den Keller.
3. Wir fahren nach Leipzig, in die Tschechoslowakei, ins Ausland, in die Türkei, nach Frankreich, in die USA.
4. Ich setze mich in die Ecke, an den Tisch, aufs Sofa, auf den Stuhl, an die (neben die) Heizung, ans Fenster.

Übung 20 (Seite 98)

1. Heute abend war ich im Konzert, auf einer Party, beim Tanzen, in der Stadt, im Restaurant, im Theater.
2. Die Kinder spielen auf der Straße, im (auf dem) Hof, im Garten, im Wohnzimmer, im Park, im Keller.
3. Wir wohnen in der Stadt, in der Kaiserstraße, im 2. Stock, auf dem Land, in den Bergen, am Meer, an der Donau.
4. Warst du schon beim Zahnarzt, bei Robert, auf der Post, beim Friseur, auf dem Markt?

Übung 21 (Seite 98)

1. Wir kommen vom Arzt, vom Essen, von der Arbeit, von zu Hause, aus der Küche, vom Einkaufen.
2. Dieses Paket kommt vom Ausland, aus der Sowjetunion, von meinen Eltern, aus den USA, von der (meiner) Firma.
3. Wir kommen gerade von Innsbruck, vom Land, von Frankreich, vom Strand, von meinem Onkel, vom Meer zurück.

Übung 25 (Seite 101)

1. her
2. hin
3. hin
4. her / hin
5. hin
6. her
7. hin
8. her / hin

Übung 28 (Seite 108)

1. Ich komme am Dienstag, um vier, im April, am Wochenende, im Herbst, am Abend, im Frühling, in einer Woche, in einem Monat.
2. Was macht ihr nächsten Mittwoch, im Sommer, zu Neujahr, am Abend, dieses Wochenende, zu Weihnachten?
3. Vor einer Woche, am Sonntag, vor einem Monat, vor drei Tagen, vor einem Jahr, letzten Freitag.
4. Seit Dienstag, seit einer Woche, seit einem Jahr, seit zwei Monaten, seit letztem Freitag.

Kapitel 5

Übung 1 (Seite 117)

1. Wenn ich dich abholte,
2. Wenn du ihm Bescheid sagtest,
3. Wenn wir ihm ein Paket schickten,
4. Wenn ihr mir zuhörtet,
5. Wenn du dich besser ausdrücktest,
6. Wenn ich etwas feststellte,
7. Wenn sie sich beeilte,
8. Wenn er länger arbeitete,

Übung 5 (Seite 120)

1. Ich hätte mich nicht beklagt.
2. Ich hätte mich nicht scheiden lassen.
3. Ich hätte ihn (den Vertrag) nicht unterschrieben.
4. Ich wäre nicht dageblieben.
5. Ich hätte ihn (den Zug) nicht verpaßt.
6. Ich wäre nicht mitgefahren.
7. Ich hätte ihn nicht eingeladen.
8. Ich hätte sie (die Prüfung) nicht bestanden.

Übung 7 (Seite 122)

1. Ich wünschte, sie ginge zum Arzt (sie würde zum Arzt gehen).
2. Wenn ich nur einschlafen könnte!
3. Ich wollte, das Fließband stände (stünde) still (würde stillstehen).
4. Ich wünschte, er wäre einverstanden.
5. Wenn wir sie nur besuchen dürften.
6. Ich wollte, sie kehrte zurück (sie würde zurückkehren).
7. Wenn wir nur Bescheid wüßten!
8. Ich wollte, er interessierte sich dafür (würde sich dafür interessieren).

Übung 10 (Seite 122)

1. Wenn wir nur Zeit gehabt hätten!
2. Wenn sie nur früher gekommen wären!
3. Ich wünschte, er hätte mitkommen können.
4. Ich wünschte, du hättest dich beworben.
5. Wenn sie nur nicht gekündigt hätte!
6. Wenn ihr uns nur hättet besuchen können.
7. Ich wollte, du wärest geblieben.

Übung 14 (Seite 125)

1. Wenn ich 20 Jahre alt wäre, würde ich mir anderswo eine Arbeit suchen.
2. Wenn man mich fragte, würde ich „Nein" sagen.
3. Wenn Sie hier bleiben wollten, müßten Sie sich an die Fließbandarbeit gewöhnen.
4. Wenn mich meine Frau verließe, wäre es mir fast lieber so.
5. Wenn ich es noch 2 Jahre ertrüge, dann hätte ich hier 25 Jahre gearbeitet.
6. Wenn ich zur Inspektion gehörte, würde es mir besser gehen.
7. Wenn ich Meister wäre, wäre ich stolz auf meine Leistung.
8. Wenn ich keinen Fernseher hätte, könnte ich das Leben nicht ertragen.

Übung 21 (Seite 127)

1. Ich könnte ihm auch nicht helfen.
2. Ich wäre auch spazierengegangen.
3. Ich hätte auch nicht bleiben wollen.
4. Es täte mir auch leid (würde . . . leid tun).
5. Ich führe auch ans Meer (würde . . . fahren).
6. Ich wäre auch zu müde gewesen.
7. Ich ließe mich auch scheiden (würde . . . scheiden lassen).
8. Ich hätte es (das Haus) auch verkauft.
9. Ich würde es auch nicht nehmen.
10. Ich hätte es auch nicht lesen können.

Übung 28 (Seite 130)

1. Dürfte ich Ihnen eine Frage stellen?
2. Würden Sie mir das bitte hergeben!
3. Würdest du dich bitte hinsetzen!
4. Würdet ihr es bitte nicht vergessen!
5. Würdest du bitte zuhören!
6. Könnten Sie bitte einen Augenblick warten?
7. Würdest du bitte vorsichtig sein!
8. Könntest du mir helfen?
9. Hätte er etwas dagegen?
10. Könnte ich etwas zu trinken bekommen?

Übung 32 (Seite 131)

1. als könnte er sie schaffen.
2. als ob er 50 Jahre alt wäre.
3. als hinge von ihm die ganze Produktion ab.
4. als wenn er alles verstanden hätte.
5. als wäre er Franzose.
6. als wenn sie kein Deutsch könnte.
7. als würde es regnen.
8. als wenn ich krank wäre?

Übung 33 (Seite 132)

1. Ja, es scheint, als ob er verliebt wäre.
2. Ja, es scheint, als ob es geschneit hätte.
3. Ja, es scheint, als ob der Test schwer wäre.
4. Ja, es scheint, als ob sie nicht mitkommen wollte.
5. Ja, es scheint, als ob es wärmer würde.
6. Ja, es scheint, als ob sie nicht Bescheid wüßte.
7. Ja, es scheint, als ob er die ganze Nacht gearbeitet hätte.

Kapitel 6

Übung 1 (Seite 137)

1. dieser Frau
2. diesen Mann / meinen Freund
3. ihren Vater
4. einer Weile
5. deinen Wünschen
6. den Tisch
7. unseren Gast
8. diesem Herrn
9. des Gebirges
10. Ihren Roman / diesem Film
11. diesem Grundsatz
12. Ihr Recht / Ihre Pflicht
13. jedes Wort / jeden Gedanken
14. diesem Betrieb

Übung 2 (Seite 139)

1. französischen
2. guten
3. nette
4. kleinen
5. gelben
6. alten
7. teure
8. kleinen
9. hohen
10. wunderschöne

Übung 4 (Seite 139)

1. Barbara ist die Tochter eines alten Freundes.
2. Wissen Sie den Namen eines guten Hotels?

3. Ich habe die Bedeutung der ganzen Geschichte nicht verstanden.

4. Ich habe den Tital seines neuen Buches vergessen.

5. Vaduz ist die Hauptstadt eines kleinen Landes.

Übung 5 (Seite 140)

1. Frische
2. rote
3. französische
4. interessantes
5. langweiliger
6. guten
7. schlechtem
8. Junger
9. reicher
10. großem
11. Guten
12. starken

Übung 7 (Seite 142)

1. Welches Kleid gefällt Ihnen besser?
2. Bei welcher Firma haben Sie sich beworben?
3. Was für einen Wagen kaufen Sie sich?
4. Was für einen Mantel möchten Sie?
5. An welcher Universität studiert sie?
6. Was für eine Stellung suchen Sie?
7. In welchem Hotel wohnen Sie?
8. In was für einer Angelegenheit möchten Sie mich sprechen?
9. Was für Filme sieht sie gern?

Übung 17 (Seite 147)

1. junge / jungen
2. deutsche
3. ausländische
4. vielen
5. schöne / klassischer
6. italienischen
7. ganzen / schöne
8. vielen
9. große

Übung 19 (Seite 148)

1. dasselbe
2. denselben
3. demselben
4. dasselbe
5. derselben
6. dieselben
7. dieselbe
8. demselben
9. desselben

Übung 30 (Seite 157)

1. schönsten
2. billigere
3. größeren
4. ruhigeres
5. nächsten
6. Eleganteres
7. am besten
8. am liebsten
9. größte
10. am schnellsten
11. schönste
12. bessere / beste

Kapitel 7

Übung 1 (Seite 165)

1. mir
2. sich
3. uns
4. dich
5. dir
6. euch
7. sich
8. euch

Übung 8 (Seite 170)

1. um
2. bei
3. auf
4. nach
5. nach
6. um
7. an
8. vom
9. von
10. über

Übung 9 (Seite 171)

1. aus dem Erdgeschoß
2. an den Pfarrer
3. von den Lagern
4. von der Schauspielerin
5. vor den Nazis
6. über das Urteil
7. um deine Zukunft
8. an diesem Schriftsteller

Übung 13 (Seite 174)

1. auf ihn
2. an sie
3. darüber
4. davon
5. von ihnen
6. darauf
7. nach ihr
8. von ihm
9. davon
10. daran
11. dafür
12. nach dir

Übung 15 (Seite 174)

1. Womit
2. Worum
3. Mit wem
4. Vor wem
5. Womit
6. Worüber
7. Auf wen
8. An wem

Übung 22 (Seite 178)

1. Ich zeige sie meinen Eltern.
2. Wir haben sie uns gestern angesehen.
3. Ich schenke sie ihr.
4. Wir haben ihnen unsere neue Bratpfanne geliehen.
5. Wir verkaufen ihn ihnen.
6. Ich bringe ihr dieses Kleid mit.
7. Sie hat es ihm erzählt.

Übung 26 (Seite 183)

1. Nein, ich bleibe nicht zu Hause.
2. Nein, wir kommen nicht mit.
3. Nein, ich habe keine Angst.
4. Nein, ich habe keine Kinder.
5. Nein, ich möchte keinen Kaffee.
6. Nein, ich bin nicht krank.
7. Nein, ich bin nicht verheiratet.
8. Nein, ich habe keine Idee.
9. Nein, sie spielt nicht Klavier.
10. Nein, ich kenne diese Zeitschrift nicht.

Kapitel 8

Übung 3 (Seite 193)

1. wie Sie am schnellsten zum Flughafen kommen.
2. ob morgen die Banken geöffnet sind!
3. wo sie hingegangen ist.
4. was mir an ihr gefällt.
5. ob der Vertrag unterschrieben ist!
6. wann wir ihm zum ersten Mal begegnet sind.

Übung 6 (Seite 193)

1. daß er alles hat kommen sehen.
2. ob sie wird mitkommen dürfen.
3. daß er damit hat rechnen müssen.
4. wo Sie Ihr Geld haben liegenlassen?
5. ob ich dafür werde sorgen können.
6. daß sie deine Fragen nicht hat beantworten wollen?
7. warum du dich nicht hast darum kümmern können?

Übung 8 (Seite 196)

1. wenn
2. Ob
3. Wenn
4. wenn
5. als
6. Wenn
7. ob
8. wann
9. Als

Übung 14 (Seite 198)

1. Bevor wir losgehen können, muß ich noch etwas erledigen.
2. Du besuchst Frank; inzwischen rufe ich im Betrieb an.
3. Sobald wir nicht mehr gebraucht werden, müssen wir gehen.
4. Nachdem er 20 Jahre in dem Betrieb gearbeitet hatte, kündigte man ihm.
5. Während du für die Getränke sorgst, kümmere ich mich um die Musik.
6. Wir graben eine Grube vor unserer Haustür; nachher verstecken wir eine Bombe in ihrem Wagen.
7. Solange du krank bist, mußt du im Bett bleiben (liegenbleiben).

Übung 17 (Seite 200)

1. Da ich kein Visum bekommen habe, kann ich dich nicht besuchen.
2. Wir haben nur eine kleine Wohnung; deshalb mußt du leider im Hotel übernachten.
3. Obgleich den Türken normalerweise die schwerste Arbeit gegeben wird, hat er jede Arbeit getan.
4. Ein Priester war dabei, weil die Religion im heutigen Leben noch immer eine große Rolle spielt.
5. Uns war das nur recht, denn jetzt ärgerten sich auch unsere Hausnachbarn.
6. Das Kind erlebt die Angst sehr stark; deswegen müssen Märchen glücklich enden.
7. Obwohl ich sehr müde bin, helfe ich dir.
8. Hier bei euch scheint meistens die Sonne, während es bei uns die ganze Zeit regnet.
9. Er weiß nicht, ob er in die Türkei zurückfährt; trotzdem plant er seine Rückkehr.
10. Indem wir an dieser Reise teilnahmen, hofften wir den Grund der menschlichen Aggression herauszufinden.

Übung 24 (Seite 206).

1. mir das Fußballspiel anzusehen.
2. am Wochenende hierzubleiben.
3. Ihnen zu helfen.
4. Fremdsprachen zu lernen.
5. das Buch zu lesen.
6. in Europa zu bleiben.
7. ihm Bescheid zu sagen.
8. an der Reise teilzunehmen.

Übung 25 (Seite 206)

1. mit einem anderen Planeten zu sprechen.
2. unsere Freunde zu verlassen.
3. die Kultur wichtiger zu nehmen.
4. verschwunden zu sein.
5. persönliche Fragen gestellt zu bekommen.
6. in die BRD zu reisen.

Übung 31 (Seite 208)

1. ohne die Arbeit fertigzuschreiben.
2. Statt zu arbeiten, haben wir Bier getrunken.
3. Er fährt nach Italien, um Kunstgeschichte zu studieren.
4. Geh lieber tanzen, statt zu Hause zu sitzen!
5. ohne daß ich mit ihm gesprochen habe.
6. Statt daß ich dir helfe, hilfst du mir.
7. Statt zu Fuß zu gehen, ist sie mit dem Wagen gefahren.
8. Wir helfen dir, damit du schneller fertig wirst.

Übung 35 (Seite 210)

1. Das muß Peter getan haben.
2. Sie will Bescheid gewußt haben.
3. Sie sollen früher miteinander verheiratet gewesen sein.
4. Er kann das nie gesagt haben.
5. Sie muß große Angst gehabt haben.
6. Er mag das anders gemeint haben.
7. Sie dürften zu Hause geblieben sein.

Kapitel 9

Übung 1 (Seite 217)

1. der
2. die
3. dessen
4. den
5. die
6. der
7. die
8. die
9. deren
10. der
11. deren
12. der

Übung 3 (Seite 217)

1. Wie heißt der Film, den du vergangene Woche gesehen hast?
2. Ich werde die Ferien mit einem alten Freund verbringen, mit dem ich in Marburg studiert habe.
3. Kennen Sie Frau Wartburg, deren Mann hier in der Verwaltung arbeitet?
4. Heute beginnen endlich die Ferien, auf die ich mich schon lange gefreut habe.
5. Wo ist die Frau hingegangen, die meinen Wagen reparieren wollte?
6. Wer sind die Leute, deren Wagen vor unserem Haus steht?
7. Unsere Nachbarn sind nette und ruhige Leute, denen wir alle gern helfen.
8. Dort kommen unsere Gäste, um die du dich kümmern mußt.
9. Wer ist dieser große Maler, von dem alle so viel halten?

Übung 14 (Seite 222)

1. Was
2. was
3. Wer
4. wo
5. Wem
6. was
7. was
8. was
9. wo
10. Wem
11. was
12. was
13. was

Übung 20 (Seite 227)

1. er wäre nicht zu Hause.
2. er würde sich auf meinen Besuch freuen.
3. sie würden uns bei der Arbeit helfen.
4. er müßte noch arbeiten.

5. sie wüßten Bescheid.
6. er hätte kein Interesse daran.
7. er würde nicht bei uns bleiben.
8. sie würden morgen (am nächsten Tag) wegfahren.

9. Laura wäre seit drei Tagen in Europa.
10. er könnte mich nicht abholen.

Übung 23 (Seite 228)

1. wir sollten einen Vertrag schließen.
2. wir sollten spazierengehen.
3. wir sollten auf sie warten.
4. sie sollte mich von der Arbeit abholen.

5. sie sollte ihn anrufen.
6. sie sollten uns in den Ferien besuchen.
7. er sollte es nicht vergessen.
8. ich sollte mich beeilen.

Übung 31 (Seite 234)

Vera meinte, sie habe immer noch ein Schuldgefühl, wenn sie als Deutsche im Ausland sei. Aber sie frage sich, was sie heute damit zu tun hätten. Ob sie nicht eine ganz andere Generation seien.
Bärbel sagte, sie glaube, ihnen fehle der Stolz auf die eigene Nation, wie das bei den anderen ganz natürlich sei.
Markus erzählte, sein Großvater sei aus Pennsylvanien gekommen und erst 1946 nach Deutschland zurückgekehrt. Er sei entsetzt gewesen, wie wenig es hier zu essen gegeben habe.
Daniela meinte, vielleicht bestünde die Demokratie auch darin, daß man die Politiker beeinflussen könne. Wegen der vielen Proteste gebe es heute ein Programm für den Umweltschutz.

Kapitel 10

Übung 1 (Seite 240)

1. wird
2. Werdet
3. wirst
4. werden

5. wird
6. werden
7. werdet

Übung 2 (Seite 240)

1. wird
2. worden
3. wurde
4. wird

5. worden / wurden
6. wurde
7. werden
8. werden

9. worden
10. worden
11. wurden
12. wird

Übung 8 (Seite 243)

1. Im November 1944 wurde unsere Stadt durch Bomben zerstört.
2. Unser Nachbar wurde gestern abend von der Polizei verhaftet.
3. Ihr Großvater wird heute vormittag von unserem besten Arzt operiert.
4. Das Fußballspiel wurde durch starken Regen unterbrochen.
5. München wurde im April 1945 von den Amerikanern befreit.
6. Das Bauernhaus war vor etwa zehn Jahren durch ein großes Feuer zerstört worden.
7. Ich werde von meinem Bruder nach Hause gebracht.
8. Heute abend wird Bruckners Neunte von der Dresdner Staatskapelle gespielt.

Übung 9 (Seite 243)

1. Lastwagen werden von Mercedes hergestellt.
2. Unser Vorschlag wurde von ihr abgelehnt.
3. Er ist von seinen Großeltern erzogen worden.
4. Wir wurden von Frau Schneider begrüßt.
5. Alle Fragen werden von dem (vom) Minister beantwortet werden.
6. Ein neuer Freundschaftsvertrag wird von Deutschland und Frankreich geschlossen.
7. Von wem bist du denn angerufen worden?
8. Wir sind durch Ihren Brief sehr überrascht worden.

Übung 13 (Seite 245)

1. Will sie abgeholt werden?
2. Das mußte geändert werden.
3. Die Rede soll morgen in der Presse veröffentlicht werden.
4. Wann müssen die Briefe abgeschickt werden?
5. Das kann bestimmt bald festgestellt werden.
6. Das durfte leider nicht erwähnt werden.
7. Er will immer bewundert werden.
8. Der Lastwagen konnte nicht gefunden werden.

Übung 24 (Seite 250)

1. Die Rede ist heute noch zu schreiben.
2. In diesem Restaurant läßt es sich gut essen.
3. Das konnte man nicht ändern.
4. Diese Tür öffnet sich nicht.
5. Deine Handschrift ist kaum zu lesen.
6. Ließe sich das nicht feststellen?
7. Dieses Buch wird gut zu verkaufen sein.
8. Darüber kann man sprechen.
9. Deutsch läßt sich lernen.

Übung 28 (Seite 251)

1. werden
2. wird
3. Werdet
4. wurde

5. werden
6. wurde
7. würde
8. wird (wurde)

9. geworden
10. werden
11. würdet
12. wird

Grammatische Übersicht

1 Definite Article

	Masculine	Singular Neuter	Feminine	Plural
NOMINATIVE	der	das	die	die
ACCUSATIVE	den	das	die	die
DATIVE	dem	dem	der	den
GENITIVE	des	des	der	der

2 *der*-Words

	Masculine	Singular Neuter	Feminine	Plural
NOMINATIVE	dieser	dieses	diese	diese
ACCUSATIVE	diesen	dieses	diese	diese
DATIVE	diesem	diesem	dieser	diesen
GENITIVE	dieses	dieses	dieser	dieser

3 Indefinite Article

	Masculine	Singular Neuter	Feminine	Plural
NOMINATIVE	ein	ein	eine	—
ACCUSATIVE	einen	ein	eine	—
DATIVE	einem	einem	einer	—
GENITIVE	eines	eines	einer	—

4 *ein*-Words

	Masculine	Singular Neuter	Feminine	Plural
NOMINATIVE	mein	mein	meine	meine
ACCUSATIVE	meinen	mein	meine	meine
DATIVE	meinem	meinem	meiner	meinen
GENITIVE	meines	meines	meiner	meiner

5 Personal Pronouns

NOMINATIVE	ACCUSATIVE	DATIVE
ich	mich	mir
du	dich	dir
er	ihn	ihm
sie	sie	ihr
es	es	ihm
wir	uns	uns
ihr	euch	euch
sie	sie	ihnen
Sie	Sie	Ihnen

6   Reflexive Pronouns

	ACCUSATIVE	DATIVE
ich	mich	mir
du	dich	dir
er, sie, es	sich	sich
wir	uns	uns
ihr	euch	euch
sie	sich	sich
Sie	sich	sich

7   Relative Pronouns and Demonstrative Pronouns

	Masculine	Singular Neuter	Feminine	Plural
NOMINATIVE	der	das	die	die
ACCUSATIVE	den	das	die	die
DATIVE	dem	dem	der	denen
GENITIVE	dessen	dessen	deren	deren

8   Interrogative Pronouns

NOMINATIVE	wer	was
ACCUSATIVE	wen	was
DATIVE	wem	
GENITIVE	wessen	

9   Declension of Nouns

		Masculine	Neuter	Feminine
Singular	NOMINATIVE	der Mann	das Kind	die Frau
	ACCUSATIVE	den Mann	das Kind	die Frau
	DATIVE	dem Mann	dem Kind	der Frau
	GENITIVE	des Mannes	des Kindes	der Frau
Plural	NOMINATIVE	die Männer	die Kinder	die Frauen
	ACCUSATIVE	die Männer	die Kinder	die Frauen
	DATIVE	den Männern	den Kindern	den Frauen
	GENITIVE	der Männer	der Kinder	der Frauen

10   Weak Declension

Singular	NOMINATIVE	der Mensch	der Junge	der Herr
	ACCUSATIVE	den Menschen	den Jungen	den Herrn
	DATIVE	dem Menschen	dem Jungen	dem Herrn
	GENITIVE	des Menschen	des Jungen	des Herrn

11   Plural of Nouns

	Singular	Plural		Singular	Plural
—	der Schlüssel	die Schlüssel	-n	die Tasche	die Taschen
¨	der Apfel	die Äpfel	-en	der Mensch	die Menschen
			-nen	die Freundin	die Freundinnen
-e	der Tag	die Tage			
¨e	die Stadt	die Städte	-s	das Kino	die Kinos
-er	das Kleid	die Kleider			
¨er	das Buch	die Bücher			

12   Adjective Declension: Primary Endings

	Masculine	Neuter	Feminine	Plural
NOMINATIVE	(ein) alter Wein	(ein) kaltes Bier	warme Milch	gute Bücher
ACCUSATIVE	alten Wein	(ein) kaltes Bier	warme Milch	gute Bücher
DATIVE	altem Wein	kaltem Bier	warmer Milch	guten Büchern
GENITIVE	alten Weines	kalten Bieres	warmer Milch	guter Bücher

13   Adjective Declension: Secondary Endings

	Masculine	Neuter	Feminine	Plural
NOMINATIVE	der große Mann	das kleine Kind	die junge Frau	die alten Leute
ACCUSATIVE	den großen Mann	das kleine Kind	die junge Frau	die alten Leute
DATIVE	dem großen Mann	dem kleinen Kind	der jungen Frau	den alten Leuten
GENITIVE	des großen Mannes	des kleinen Kindes	der jungen Frau	der alten Leute

14   Adjectives as Nouns

	Masculine	Feminine	Plural
NOMINATIVE	der Bekannte ein Bekannter	die Bekannte eine Bekannte	die Bekannten Bekannte
ACCUSATIVE	den Bekannten einen Bekannten	die Bekannte eine Bekannte	die Bekannten Bekannte
DATIVE	dem Bekannten einem Bekannten	der Bekannten einer Bekannten	den Bekannten Bekannten
GENITIVE	des Bekannten eines Bekannten	der Bekannten einer Bekannten	der Bekannten Bekannter

Prepositions

with ACCUSATIVE	DATIVE	GENITIVE	ACCUSATIVE or DATIVE
bis	aus	(an)statt	an
durch	außer	trotz	auf
für	bei	während	hinter
gegen	gegenüber	wegen	in
ohne	mit	diesseits	neben
um	nach	jenseits	über
	seit	oberhalb	unter
	von	unterhalb	vor
	zu	außerhalb	zwischen
		innerhalb	

16 Verbs with Prepositions

abhängen von	to depend on
anfangen mit	to begin with
antworten auf + acc.	to answer
arbeiten bei	to work at
sich ärgern über + acc.	to be angry about
aufhören mit	to stop with
sich beklagen über + acc.	to complain about
bestehen aus	to consist of
sich bewerben bei + dat.	to apply at
sich bewerben um + acc.	to apply for
bitten um	to ask for
danken für	to thank for
denken an + acc.	to think of
einladen zu	to invite for
eintreten in + acc.	to enter into
erinnern an + acc.	to remind of
sich erinnern an + acc.	to remember
sich erkundigen nach	to inquire about
fahren mit	to go by
fragen nach	to ask about
sich freuen auf + acc.	to look forward to
sich freuen über + acc.	to be happy about
sich fürchten vor + dat.	to be afraid of
gefallen an + dat.	to like about
gehen um	to be about
gehören zu	to belong to
sich gewöhnen an + acc.	to get used to
glauben an + acc.	to believe in
gratulieren zu	to congratulate to
halten für	to take for; to consider to be
halten von	to think of
handeln von	to deal with

hören auf + *acc.*	*to listen to*
sich interessieren für	*to be interested in*
sich kümmern um	*to look after, to take care of*
liegen an + *dat.*	*to be due to; to depend on*
nachdenken über + *acc.*	*to think about*
rechnen mit	*to expect; to rely (up)on*
sich richten nach	*to go along with; to act according to*
schimpfen auf + *acc.*	*to grumble at*
schreiben an + *acc.*	*to write to*
sorgen für	*to take care of; to see to*
sich sorgen um	*to worry about*
sprechen mit	*to talk to/with*
sprechen über + *acc.*	*to talk about*
sprechen von	*to talk of/about*
suchen nach	*to look for*
teilnehmen an + *dat.*	*to take part in*
träumen von	*to dream about*
sich unterhalten mit	*to talk to/with*
sich unterhalten über + *acc.*	*to talk about*
sich verabschieden von	*to say goodbye to*
vergleichen mit	*to compare with*
verstehen von	*to understand about*
warten auf + *acc.*	*to wait for*
sich wehren gegen	*to resist*
sich wenden an + *acc.*	*to turn to, to talk to*
wissen von	*to know about*
wohnen bei	*to live with*
sich wundern über + *acc.*	*to be surprised about*
zweifeln an + *dat.*	*to doubt in*

17   Conjunctions and Adverbs

Coordinating Conjunctions

aber	*but*
denn	*for, because*
doch	*yet, but, however*
oder	*or*
sondern	*but (on the contrary)*
und	*and*

Correlative Conjunctions

entweder . . . oder	*either . . . or*
je . . . desto/umso	*the . . . the*
weder . . . noch	*neither . . . nor*
zwar . . . aber	*it is true . . . but*

Subordinating Conjunctions

als	*when; than; as*
bevor	*before*
bis	*until*
da	*as, because, since*
damit	*in order to*
daß	*that*
indem	*by (doing)*
nachdem	*after*

ob	*if, whether*
obgleich	*although*
obwohl	*although*
seit	*since*
seitdem	*since*
sobald	*as soon as*
solange	*as long as*
während	*while; as*
weil	*because*
wenn	*when, whenever; if*
wie	*as; how*

Adverbs

daher	*therefore*
darum	*therefore*
deshalb	*therefore, for that reason*
deswegen	*therefore, for that reason*
inzwischen	*in the meantime*
nachher	*afterward*
trotzdem	*in spite of that*
vorher	*before*

18 Verb Tenses: Active Voice

Present Tense	er	spricht	kommt	fragt
Simple Past Tense	er	sprach	kam	fragte
Present Perfect Tense	er	hat gesprochen	ist gekommen	hat gefragt
Past Perfect Tense	er	hatte gesprochen	war gekommen	hatte gefragt
Future Tense	er	wird sprechen	wird kommen	wird fragen

19 Verb Forms: Present Tense

	gehen	**heißen**	**finden**	**sprechen**	**sehen**	**fahren**	**laufen**	**wissen**
ich	gehe	heiße	finde	spreche	sehe	fahre	laufe	weiß
du	gehst	heißt	findest	sprichst	siehst	fährst	läufst	weißt
er, sie, es	geht	heißt	findet	spricht	sieht	fährt	läuft	weiß
wir	gehen	heißen	finden	sprechen	sehen	fahren	laufen	wissen
ihr	geht	heißt	findet	sprecht	seht	fahrt	lauft	wißt
sie	gehen	heißen	finden	sprechen	sehen	fahren	laufen	wissen
Sie	gehen	heißen	finden	sprechen	sehen	fahren	laufen	wissen

NOTE:

1. Verbs with the stem ending in **-d** or **-t,** and **-m** or **-n** (preceded by a consonant other than **l** or **r**) take an **-e-** between stem and ending.

2. Verbs with the stem ending in **-s, -ß,** or **-z** add only **-t** to the second person singular.
3. Some verbs have a stem vowel change in the second and third persons singular: e > i, e > ie, a > ä, au > äu

20   Present Tense: *sein, haben,* and *werden*

	sein	haben	werden
ich	bin	habe	werde
du	bist	hast	wirst
er, sie, es	ist	hat	wird
wir	sind	haben	werden
ihr	seid	habt	werdet
sie	sind	haben	werden
Sie	sind	haben	werden

21   Imperative

Infinitive	du	ihr	Sie	wir
gehen	geh	geht	gehen Sie	gehen wir
halten	halte	haltet	halten Sie	halten wir
helfen	hilf	helft	helfen Sie	helfen wir
schlafen	schlaf	schlaft	schlafen Sie	schlafen wir

22   Modal Verbs

		können	dürfen	müssen	sollen	wollen	mögen
Present	ich	kann	darf	muß	soll	will	mag
Tense	du	kannst	darfst	mußt	sollst	willst	magst
	er, sie, es	kann	darf	muß	soll	will	mag
	wir	können	dürfen	müssen	sollen	wollen	mögen
	ihr	könnt	dürft	müßt	sollt	wollt	mögt
	sie	können	dürfen	müssen	sollen	wollen	mögen
	Sie	können	dürfen	müssen	sollen	wollen	mögen
Simple Past	ich	konnte	durfte	mußte	sollte	wollte	mochte
Past Participle		gekonnt	gedurft	gemußt	gesollt	gewollt	gemocht

23   Verb Conjugation: Strong and Weak Verbs

Indicative (Present)				Indicative (Simple Past):			
ich	spreche	komme	frage	ich	sprach	kam	fragte
du	sprichst	kommst	fragst	du	sprachst	kamst	fragtest
er, sie, es	spricht	kommt	fragt	er, sie, es	sprach	kam	fragte
wir	sprechen	kommen	fragen	wir	sprachen	kamen	fragten
ihr	sprecht	kommt	fragt	ihr	spracht	kamt	fragtet
sie	sprechen	kommen	fragen	sie	sprachen	kamen	fragten
Sie	sprechen	kommen	fragen	Sie	sprachen	kamen	fragten

Indicative (Present Perfect)

ich	habe		bin		habe	
du	hast		bist		hast	
er, sie, es	hat		ist		hat	
wir	haben	gesprochen	sind	gekommen	haben	gefragt
ihr	habt		seid		habt	
sie	haben		sind		haben	
Sie	haben		sind		haben	

Indicative (Past Perfect)

ich	hatte		war		hatte	
du	hattest		warst		hattest	
er, sie, es	hatte		war		hatte	
wir	hatten	gesprochen	waren	gekommen	hatten	gefragt
ihr	hattet		wart		hattet	
sie	hatten		waren		hatten	
Sie	hatten		waren		hatten	

Indicative (Future)

ich	werde		werde		werde	
du	wirst		wirst		wirst	
er, sie, es	wird		wird		wird	
wir	werden	sprechen	werden	kommen	werden	fragen
ihr	werdet		werdet		werdet	
sie	werden		werden		werden	
Sie	werden		werden		werden	

General Subjunctive (Present Time)

ich	spräche	käme	fragte
du	sprächest	kämest	fragtest
er, sie, es	spräche	käme	fragte
wir	sprächen	kämen	fragten
ihr	sprächet	kämet	fragtet
sie	sprächen	kämen	fragten
Sie	sprächen	kämen	fragten

General Subjunctive (Past Time)

ich	hätte		wäre		hätte	
du	hättest		wärest		hättest	
er, sie, es	hätte		wäre		hätte	
wir	hätten	gesprochen	wären	gekommen	hätten	gefragt
ihr	hättet		wäret		hättet	
sie	hätten		wären		hätten	
Sie	hätten		wären		hätten	

würde-Paraphrase

ich	würde		würde		würde	
du	würdest		würdest		würdest	
er, sie, es	würde		würde		würde	
wir	würden	sprechen	würden	kommen	würden	fragen
ihr	würdet		würdet		würdet	
sie	würden		würden		würden	
Sie	würden		würden		würden	

Special Subjunctive (Present Time)

ich	spreche	komme	frage
du	sprechest	kommest	fragest
er, sie, es	spreche	komme	frage
wir	sprechen	kommen	fragen
ihr	sprechet	kommet	fraget
sie	sprechen	kommen	fragen
Sie	sprechen	kommen	fragen

Special Subjunctive (Past Time)

ich	habe		sei		habe	
du	habest		seiest		habest	
er, sie, es	habe		sei		habe	
wir	haben	gesprochen	seien	gekommen	haben	gefragt
ihr	habet		seiet		habet	
sie	haben		seien		haben	
Sie	haben		seien		haben	

Passive (Present)			Passive (Simple Past)		
ich	werde		ich	wurde	
du	wirst		du	wurdest	
er, sie, es	wird		er, sie, es	wurde	
wir	werden	gefragt	wir	wurden	gefragt
ihr	werdet		ihr	wurdet	
sie	werden		sie	wurden	
Sie	werden		Sie	wurden	

Passive (Present Perfect)			Passive (Past Perfect)		
ich	bin		ich	war	
du	bist		du	warst	
er, sie, es	ist		er, sie, es	war	
wir	sind	gefragt worden	wir	waren	gefragt worden
ihr	seid		ihr	wart	
sie	sind		sie	waren	
Sie	sind		Sie	waren	

Passive (Future)		
ich	werde	
du	wirst	
er, sie, es	wird	
wir	werden	gefragt werden
ihr	werdet	
sie	werden	
Sie	werden	

24 Principal Parts of Strong, Mixed and Irregular Verbs

The following list contains all the strong, mixed, and irregular verbs used in *Perspektiven.* Verbs with separable or inseparable prefixes are only included if the base form has not been listed. For example, **gefallen** is not included but **vermeiden** is.

Infinitive	Present Tense	Simple Past	Present Perfect	General Subjunctive	Meaning
backen	bäckt	backte	gebacken	backte	to bake
befehlen	befiehlt	befahl	befohlen	befähle	to command
beginnen		begann	begonnen	begönne begänne *(rare)*	to begin
begreifen		begriff	begriffen	begriffe	to understand
bekommen		bekam	bekommen	bekäme	to get

betrügen		betrog	betrogen	betröge	to deceive
beweisen		bewies	bewiesen	bewiese	to prove
sich bewerben	bewirbt	bewarb	beworben	bewürbe	to apply
bieten		bot	geboten	böte	to offer
binden		band	gebunden	bände	to bind
bitten		bat	gebeten	bäte	to request, to ask
bleiben		blieb	ist geblieben	bliebe	to stay
brechen	bricht	brach	gebrochen	bräche	to break
brennen		brannte	gebrannt	brennte	to burn
bringen		brachte	gebracht	brächte	to bring
denken		dachte	gedacht	dächte	to think
empfehlen	empfiehlt	empfahl	empfohlen	empföhle empfähle (rare)	to recommend
sich entscheiden		entschied	entschieden	entschiede	to decide
erschrecken	erschrickt	erschrak	ist erschrocken	erschräke	to be frightened
essen	ißt	aß	gegessen	äße	to eat
fahren	fährt	fuhr	ist gefahren	führe	to drive
fallen	fällt	fiel	ist gefallen	fiele	to fall
fangen	fängt	fing	gefangen	finge	to catch
finden		fand	gefunden	fände	to find
fliegen		flog	ist geflogen	flöge	to fly
fliehen		floh	ist geflohen	flöhe	to flee
fließen		floß	ist geflossen	flösse	to flow
fressen	frißt	fraß	gefressen	fräße	to eat (animals)
frieren		fror	gefroren	fröre	to freeze
geben	gibt	gab	gegeben	gäbe	to give
gehen		ging	ist gegangen	ginge	to go
gelingen		gelang	ist gelungen	gelänge	to succeed
gelten	gilt	galt	gegolten	gälte	to be worth
geschehen	geschieht	geschah	ist geschehen	geschähe	to happen
gewinnen		gewann	gewonnen	gewönne gewänne	to win
graben	gräbt	grub	gegraben	grübe	to dig
greifen		griff	gegriffen	griffe	to grab
haben	hat	hatte	gehabt	hätte	to have
halten	hält	hielt	gehalten	hielte	to hold
hängen (intrans.)		hing	gehangen	hinge	to hang
heißen		hieß	geheißen	hieße	to be called
helfen	hilft	half	geholfen	hülfe	to help
kennen		kannte	gekannt	kennte	to know
klingen		klang	geklungen	klänge	to sound
kommen		kam	ist gekommen	käme	to come
kriechen		kroch	ist gekrochen	kröche	to crawl
laden	lädt	lud	geladen	lüde	to load
lassen	läßt	ließ	gelassen	ließe	to let
laufen	läuft	lief	ist gelaufen	liefe	to run
leiden		litt	gelitten	litte	to suffer
leihen		lieh	geliehen	liehe	to borrow
lesen	liest	las	gelesen	läse	to read
liegen		lag	gelegen	läge	to lie
nehmen	nimmt	nahm	genommen	nähme	to take
nennen		nannte	genannt	nennte	to name
raten	rät	riet	geraten	riete	to advise
reißen		riß	ist gerissen	risse	to tear
rennen		rannte	ist gerannt	rennte	to run

riechen		roch	gerochen	röche	to smell
rufen		rief	gerufen	riefe	to call
schaffen		schuf	geschaffen	schüfe	to create
scheinen		schien	geschienen	schiene	to shine
schieben		schob	geschoben	schöbe	to push
schießen		schoß	geschossen	schösse	to shoot
schlafen	schläft	schlief	geschlafen	schliefe	to sleep
schlagen	schlägt	schlug	geschlagen	schlüge	to hit
schließen		schloß	geschlossen	schlösse	to shut
schneiden		schnitt	geschnitten	schnitte	to cut
schreiben		schrieb	geschrieben	schriebe	to write
schreien		schrie	geschrie(e)n	schriee	to scream
schweigen		schwieg	geschwiegen	schwiege	to be silent
schwimmen		schwamm	ist geschwommen	schwömme	to swim
				schwämme (rare)	
sehen	sieht	sah	gesehen	sähe	to see
sein	ist	war	ist gewesen	wäre	to be
senden		sandte	gesandt	sendete	to send
singen		sang	gesungen	sänge	to sing
sinken		sank	ist gesunken	sänke	to sink
sitzen		saß	gesessen	säße	to sit
spinnen		spann	gesponnen	spönne	to spin
				spänne (rare)	
sprechen	spricht	sprach	gesprochen	spräche	to speak
springen		sprang	ist gesprungen	spränge	to spring
stehen		stand	gestanden	stünde	to stand
				stände (rare)	
stehlen	stiehlt	stahl	gestohlen	stähle	to steal
steigen		stieg	ist gestiegen	stiege	to climb
sterben	stirbt	starb	ist gestorben	stürbe	to die
stoßen	stößt	stieß	gestoßen	stieße	to push
streiten		stritt	gestritten	stritte	to quarrel
tragen	trägt	trug	getragen	trüge	to carry; wear
treffen	trifft	traf	getroffen	träfe	to meet
treiben		trieb	getrieben	triebe	to drive
treten	tritt	trat	ist getreten	träte	to step; kick
trinken		trank	getrunken	tränke	to drink
tun	tut	tat	getan	täte	to do
vergessen	vergißt	vergaß	vergessen	vergäße	to forget
verlieren		verlor	verloren	verlöre	to lose
vermeiden		vermied	vermieden	vermiede	to avoid
verschwinden		verschwand	ist verschwunden	verschwände	to disappear
wachsen	wächst	wuchs	ist gewachsen	wüchse	to grow
waschen	wäscht	wusch	gewaschen	wüsche	to wash
sich wenden		wandte	gewandt	wendete	to turn
werden	wird	wurde	ist geworden	würde	to become
werfen	wirft	warf	geworfen	würfe	to throw
wissen	weiß	wußte	gewußt	wüßte	to know
ziehen		zog	gezogen	zöge	to pull, move

VOCABULARY GERMAN–ENGLISH

This vocabulary list contains all the words that appear in the exercises in *Perspektiven* with very few exceptions. Not included are the following: clearly recognizable cognates, days of the week and months of the year, numbers, articles, personal pronouns. Words marked with an asterisk (*) represent the active vocabulary of first-year German. A number following an entry refers to the chapter in which it appears as active vocabulary.

Strong and mixed verbs are listed with infinitive, simple past, and the past participle. If there is a vowel change, the third person present is listed as well. All verbs that are conjugated with **sein** in the perfect tenses are marked with **ist**. Separable prefixes are indicated by a dot. Nouns are given with their plural form unless it is rare.

Abbreviations used in this vocabulary:

acc.	accusative	*dat.*	dative	*pl.*	plural
adj.	adjective	*gen.*	genitive	*subj.*	subjunctive

A

*ab off, down; away; from
*der Abend, -e evening
*das Abendessen, - supper, dinner
*abends in the evening, at night
das Abenteuer, - adventure
*aber but, however
*ab·fahren (fährt ab, fuhr ab, ist abgefahren) to depart
die Abfahrt, -en departure
ab·fliegen (flog ab, ist abgeflogen) to take off
ab·hängen (hing ab, abgehangen) von to depend on (3)
*ab·holen to pick up
ab·lehnen to refuse (6)
ab·reißen (riß ab, abgerissen) to tear off, to tear down
ab·schicken to send off
das Abseits offside; im Abseits in the shadows
*die Adresse, -n address
ahnen to suspect; to guess, to foresee (6)
ähnlich similar (3); ähnlich sehen + *dat.* to look alike
die Ahnung, -en idea; premonition; eine (keine) Ahnung haben to have an (no) idea
*alle all; vor allem above all (3)
*allein alone; von allein by itself
allerdings of course; but (6); however
*alles everything
*allgemein general
allmählich gradually (1)
*als when; than; as (a)
*also so; therefore
*alt old
der Amerikaner, -; die Amerikanerin, -nen American
das Amt, ¨-er public office (1)
*an at; on; to; by

*an·bieten (bot an,
　　angeboten) to offer
*ander- other
*(sich) ändern to change
*anders different; anders als
　　different from, unlike
anderswo somewhere else
an·erkennen (erkannte an,
　　anerkannt) to
　　acknowledge, to recognize
*der Anfang, ⁻e beginning
*an·fangen (fängt an, fing
　　an, angefangen) mit to
　　begin with; to do with (5)
die Angelegenheit, -en affair;
　　business (5)
angenehm pleasant (10)
*der/die Angestellte, -n (noun
　　adj.) employee
an·gliedern to incorporate
*die Angst, ⁻e fear, anxiety;
　　Angst haben vor + dat.
　　to be afraid of
*an·kommen (kam an, ist
　　angekommen) to arrive;
　　an·kommen auf + acc.
　　to depend on
die Ankunft arrival
*an·machen to put on, to
　　switch on
an·melden to register
*an·nehmen (nimmt an,
　　nahm an,
　　angenommen) to accept;
　　to assume
an·passen to adapt, to adjust,
　　to conform
*an·rufen (rief an,
　　angerufen) to call up
sich an·schließen (schloß
　　an, angeschlossen) +
　　dat. to join (7)
*an·sehen (sieht an, sah an,
　　angesehen) to look at;
　　an·sehen als + acc. to
　　consider something to be
　　(5); etwas an·sehen +
　　dat. to see from
die Ansicht, -en opinion,
　　view (10); der Ansicht
　　sein to be of the opinion
　　(10)
anständig decent (4)
*anstatt + gen. instead of
*die Antwort, -en answer
*antworten to answer;

antworten auf + acc. to
　　reply to
an·wenden (wandte an/
　　wendete an,
　　angewandt/
　　angewendet) to apply; to
　　devote (10)
*die Anzeige, -n advertisement
*(sich) an·ziehen (zog an,
　　angezogen) to get
　　dressed; to put on
*der Anzug, ⁻e suit
*der Apfel, ⁻ apple
*die Apotheke, -n pharmacy
*der Apparat, -e apparatus,
　　appliance
der Appetithappen, -
　　appetizer
*die Arbeit, -en work; job;
　　paper
*arbeiten to work
*der Arbeiter, - worker
ärgerlich angry (10)
*(sich) ärgern to get angry
*arm poor
*der Arm, -e arm
*die Art, -en kind; way; type
*der Arzt, ⁻e physician, doctor
*auch also, too
*auf on, at, to, up; open
auf·fallen (fällt auf, fiel auf,
　　ist aufgefallen) + dat.
　　to be struck by, to notice
　　(3); to attract attention
*die Aufgabe, -n task,
　　assignment
*auf·geben (gibt auf, gab
　　auf, aufgegeben) to
　　mail; to give up; to assign
aufgeregt excited; nervous (3)
*auf·hören to stop
auf·klären to clear up
*auf·machen to open
aufmerksam attentive
*auf·passen to pay attention
auf·räumen to clear up; to
　　put away (6)
(sich) auf·regen to get upset;
　　to upset; to get excited (5)
auf·schreiben (schrieb auf,
　　aufgeschrieben) to write
　　down (10)
*auf·stehen (stand auf, ist
　　aufgestanden) to get up
der Auftrag, ⁻e commission;
　　contract (9)

auf·wachen (ist
　　aufgewacht) to wake up
　　(4)
der Aufzug, ⁻e elevator (9)
*das Auge, -n eye
*der Augenblick, -e moment
*aus out of; from
aus·bilden to train
*die Ausbildung, -en training,
　　education
*der Ausdruck, ⁻e expression
sich aus·drücken to express
　　oneself (5)
aus·füllen to fill out; to satisfy
ausgerechnet of all (things);
　　ausgerechnet morgen
　　tomorrow of all days;
　　ausgerechnet du you of
　　all people
*ausgezeichnet excellent
*die Auskunft, ⁻e information
*das Ausland foreign country;
　　abroad
*der Ausländer, - foreigner
ausländisch foreign
aus·leihen (lieh aus,
　　ausgeliehen) to borrow
*aus·machen to put out; to
　　arrange; to spot; es
　　macht mir etwas/nichts
　　aus I mind/don't mind (6)
*aus·sehen (sieht aus, sah
　　aus, ausgesehen) to
　　look
*aus sein (ist aus, war aus,
　　ist ausgewesen) to be
　　over
*außen outside
*außer besides; except
*außerdem moreover, besides
*außerhalb outside of
außerordentlich
　　extraordinary (10)
äußerst extreme
aus·setzen to abandon
*aus·sprechen (spricht aus,
　　sprach aus,
　　ausgesprochen) to
　　pronounce; to express
*aus·steigen (stieg aus, ist
　　ausgestiegen) to get off
die Ausstellung, -en
　　exhibition (7)
aus·wählen to select
*der Ausweis, -e identification
　　card

aus·zahlen to pay out
***aus·ziehen (zog aus, ist ausgezogen)** to move out; to pull out; **sich aus· ziehen (hat ausgezogen)** to get undressed
***das Auto, -s** car
***der Autobus, -se** bus

B

***backen (bäckt, backte, gebacken)** to bake
***der Bäcker, -** baker; **die Bäckerei, -en** bakery
***das Bad, ̈er** bath
***baden** to bathe
***die Bahn, -en** train; streetcar
***der Bahnhof, ̈e** train station
***der Bahnsteig, -e** platform
***bald** soon
***der Ball, ̈e** ball
 das Band (= das Fließband), ̈er assembly line
***die Bank, -en** bank
***die Bank, ̈e** bench
 der Bau, -ten building; construction
 der Bauch, ̈e belly, stomach (2)
***bauen** to build
***der Bauer, -n** peasant, farmer
***der Baum, ̈e** tree
***der Beamte, -n** *(noun adj.)* official, civil servant
 beantworten to answer (8)
 der Becher, - cup
 bedauern to regret (7)
 bedenken (bedachte, bedacht) to consider, to think about
***bedeuten** to mean
 die Bedeutung, -en meaning; importance (7); significance
 die Bedingung, -en condition (3)
 das Bedürfnis, -se desire
***sich beeilen** to hurry
 beeinflussen to influence (9)
 beenden to finish
 befehlen (befiehlt, befahl,

 befohlen) to order, to give a command (2)
 sich befinden (befand, befunden) to be, to be situated
 befreien to liberate
 die Befreiung, -en liberation
 befürchten to fear
 begegnen (ist begegnet) + dat. to meet, to encounter (6)
 die Begegnung, -en encounter
 begeistert enthusiastic (9)
 die Begeisterung enthusiasm (5)
***beginnen (begann, begonnen)** to begin
 begleiten to accompany (7)
 begreifen (begriff, begriffen) to understand (4)
 der Begriff, -e idea, concept; notion (10); **im Begriff sein + zu** to be about to (10)
 begrüßen to welcome (9); to greet
***behalten (behält, behielt, behalten)** to keep, to retain
 behandeln to treat; to deal with (2); to handle
***behaupten** to maintain
***bei** with, at, in case of, in, near(by)
***beide** both
***das Bein, -e** leg
 beinah(e) almost (4)
***das Beispiel, -e** example; **beispielhaft** exemplary; **beispielsweise** for example
 bei·treten (tritt bei, trat bei, ist beigetreten) + dat. to join (9)
***bekannt** known, familiar
***der/die Bekannte, -n** *(noun adj.)* acquaintance
 die Bekanntschaft, -en acquaintance
 sich beklagen über + acc. to complain about (5)
***bekommen (bekam, bekommen)** to receive, to get

 belegt occupied
***bemerken** to notice, to observe
 die Bemerkung, -en remark (6)
 sich bemühen to make an effort, to try (9)
***benutzen** to use
***das Benzin** gasoline
 beobachten to observe, to watch (3)
***bequem** comfortable, convenient
***bereit** ready, prepared
 bereits already (10)
***der Berg, -e** mountain
 berichten to report (10)
***der Beruf, -e** profession, occupation
***berufstätig** employed
 beruhigen to calm down (4)
***berühmt** famous
 berühren to touch (9)
 beschäftigt employed; busy; occupied; **beschäftigt sein** to be employed; to be busy; to work (5)
***der Bescheid: Bescheid sagen + dat.** to tell someone; **Bescheid wissen** to know the answer; to know one's way
***beschließen (beschloß, beschlossen)** to decide
***beschreiben (beschrieb, beschrieben)** to describe
 beschützen to protect
 besetzen to fill; to occupy
***besetzt** taken, occupied
***besitzen (besaß, besessen)** to own
***besonder-** special, particular; ***besonders** specially, particularly
 besorgen to get (7)
***besser** better
***bestehen (bestand, bestanden)** to be, to exist (1); **eine Prüfung bestehen** to pass an exam; **bestehen auf + acc.** to insist on; **bestehen aus** to consist of (1); **bestehen in + dat.** to consist in

das **Bestehende** status quo
***bestellen** to order
bestimmen to decide (6)
***bestimmt** definite(ly),
   certain(ly) (3)
***der Besuch, -e** visit, company
***besuchen** to attend; to visit
beten to pray (10)
betrachten to look at; to
   consider (6)
der **Betrieb, -e** firm, business,
   enterprise (6)
betreffend concerning
**betrügen (betrog,
   betrogen)** to betray; to
   cheat (10); to deceive
***das Bett, -en** bed
die **Bevölkerung, -en**
   population (6)
***bevor** before
der **Beweis, -e** proof (8)
sich **bewerben (bewirbt,
   bewarb, beworben) bei**
   to apply at (4)
bewundern to admire (10)
das **Bewußtsein**
   consciousness, awareness
   (8)
***bezahlen** to pay
die **Beziehung, -en** relation
   (1)
***die Bibliothek -en** library
der **Bibliothekar, -e;** die
   Bibliothekarin, -nen
   librarian
***das Bier, -e** beer
bieten (bot, geboten) to
   offer (6)
***das Bild, -er** picture
(sich) **bilden** to form; to
   educate (1); to build
die **Bildung** education;
   culture (3); formation
***billig** cheap
die **Bindung, -en** tie, bond
   (3)
***bis** until; as far as
***bißchen: ein bißchen** a little
***die Bitte, -n** request
***bitte** please; you're welcome
***bitten (bat, gebeten)** to ask,
   to beg of;
***blau** blue; drunk
***bleiben (blieb, ist
   geblieben)** to stay
***der Bleistift, -e** pencil

blicken to look (5)
blühen to blossom
***die Blume, -n** flower
***die Bluse, -n** blouse
***bluten** to bleed
***der Boden, -̈** ground; attic;
   soil; floor
das **Boot, -e** boat (5)
böse evil; angry (1); **böse
   sein mit** + *dat.* to be
   angry with (3)
***der Braten, -** roast
die **Bratpfanne, -n** frying pan
***brauchen** to need; to want
***braun** brown
***brechen (bricht, brach,
   gebrochen)** to break
***breit** wide, broad
***brennen (brannte,
   gebrannt)** to burn
das **Brett, -er** board (7)
***der Brief, -e** letter
der **Briefkasten, -̈** mailbox
   (10)
***die Briefmarke, -n** postage
   stamp
***die Brille, -n** eyeglasses
***bringen (brachte, gebracht)**
   to bring; take
***das Brot, -e** bread
***das Brötchen, -** roll
***die Brücke, -n** bridge
***der Bruder, -̈** brother
***die Brust, -̈e** chest; breast
***das Buch, -̈er** book
die **Buchhandlung, -en**
   bookstore (7)
bügeln to iron
***die Bundesrepublik** the
   Federal Republic
***bunt** colorful
der **Bürger, -** citizen (8)
***das Büro, -s** office
***der Bus, -se** bus
***die Butter** butter

C

***das Café, -s** café
***der Chef, -s** boss

D

***da** there; here; then; as
**dabei·sein (ist dabei, war
   dabei, ist**

dabeigewesen) to take
   part; to be there; to be in
   the midst of (7)
***das Dach, -̈er** roof
***daher** therefore, that is why
***dahin** there
***damals** then, at that time
***die Dame, -n** lady
***damit** so that
***der Dank** thanks
***danken** + *dat.* to thank;
   ***danke** thank you
***dann** then
***darum** that is why
***daß** that
***das Datum** date; die **Daten**
   data
***dauern** to take; to last; **lange
   dauern** to take long; **auf
   die Dauer** in the long
   run; **dauernd** constantly,
   continuously
***die Decke, -n** ceiling; blanket
***denken (dachte, gedacht)**
   to think; **denken an** +
   acc. to think of
***denn** because, for
***derselbe, dieselbe, dasselbe**
   the same
***deshalb** therefore, that's why
***deswegen** for that reason
deutlich clear (1); distinct
***deutsch** German
***der/die Deutsche, -n** *(noun
   adj.)* German
***(das) Deutschland** Germany
   der **Dialekt, -e** dialect
***dick** thick; heavy
***dies-** this
diesmal this time
***das Ding, -e** thing
***direkt** direct
***doch** however; yes
***der Doktor, -en** physician,
   doctor
der **Dolmetscher, -**
   interpreter (1)
***doppelt** double, twice
***das Dorf, -̈er** village
der **Dorn, -en** thorn; die
   Dornenhecke hedge of
   thorns
***dort** (over) there
dösen to doze
***draußen** outside
***drinnen** inside

*die **Drogerie, -n** drugstore

*drüben** over there

drucken to print

*dumm** dumb, stupid

die **Dummheit, -en** stupidity

*dunkel** dark; **im Dunkeln** in the dark

*dünn** thin

*durch** through; by; **durch Zufall** by chance

durcheinander in a mess; mixed up, confused (7)

*dürfen** to be allowed to; **darf ich?** may I?

*der **Durst** thirst

*(sich) **duschen** to take a shower

das **Dutzend, -e** dozen

E

*eben** just; even

*ebenso** just as

*die **Ecke, -n** corner

*egal** the same; **mir ist das egal** it's the same to me

*ehe** before

*die **Ehe, -n** marriage

das **Ehepaar, -e** married couple (2)

eher sooner, earlier; rather (8)

*ehrlich** honest

*das **Ei, -er** egg

*eigen-** own

die **Eigenschaft, -en** quality, characteristic

*eigentlich** actually, really

*einander** one another

sich **ein·bilden** to imagine (10)

der **Eindruck, -̈e** impression (10)

einerseits . . . andererseits on the one hand . . . on the other hand (6)

*einfach** simple, easy; one way

der **Eingang, -̈e** entrance

eingewickelt wrapped

*einig-** some, a few

*ein·kaufen** to shop

*ein·laden (lädt ein, lud ein, eingeladen)** to invite

die **Einladung, -en** invitation (9)

*einmal** once; someday; **noch**

einmal once more

ein·richten to set up

einsam lonely

ein·schenken to pour

ein·schlafen (schläft ein, schlief ein, ist eingeschlafen) to fall asleep

*ein·steigen (stieg ein, ist eingestiegen)** to get in

ein·treten (tritt ein, trat ein, ist eingetreten) to enter; to take place; **ein· treten für** to advocate; **ein·treten in** + *acc.* to enter; to join (7)

einverstanden sein mit to agree with (5)

einzeln single; separate (4)

der **Einzelne, -n** individual

*einzig** only; unique

*das **Eis** ice; ice cream

das **Eisen** iron (7)

*die **Eisenbahn, -en** train; railroad

der **Elektriker, -** electrician

*die **Eltern** *(pl.)* parents

empfehlen (empfiehlt, empfahl, empfohlen) to recommend

empfinden (empfand, empfunden) to feel, to sense (8)

*das **Ende, -n** end

*endlich** finally

*eng** narrow; tight

der **Enkel, -** grandson (10); die **Enkelin, -nen** granddaughter (10)

entartet degenerate

entdecken to discover (1)

die **Ente, -n** duck

entlassen (entläßt, entließ, entlassen) to fire, to dismiss

die **Entnazifizierung** denazification

*(sich) **entscheiden (entschied, entschieden)** to decide

*entschuldigen** to apologize

*die **Entschuldigung, -en** apology, excuse

entsetzt horrified

entsprechen (entspricht, entsprach, entsprochen) + *dat.* to correspond to (3)

entstehen (entstand, ist entstanden) to originate; to start; to develop; to come into existence (5)

*entweder . . . oder** either . . . or

(sich) **entwickeln** to develop (1)

*die **Erde** earth; soil

das **Erdgeschoß, -sse** ground floor (7)

das **Ereignis, -se** event (9)

*erfahren (erfährt, erfuhr, erfahren)** to find out; to experience; to hear about

erfahren experienced

die **Erfahrung, -en** experience

erfinden (erfand, erfunden) to invent

*der **Erfolg, -e** success

erfolgreich successful

erfüllen to fulfill (2)

das **Ergebnis, -se** result (3)

*erhalten (erhält, erhielt, erhalten)** to receive; to support; to preserve

erheben (erhob, erhoben) to raise

erinnern an + *acc.* to remind of;

*sich **erinnern an** + *acc.* to remember

*sich **erkälten** to catch a cold

*die **Erkältung, -en** cold

erkennen (erkannte, erkannt) to recognize; to realize (4)

*erklären** to explain

sich **erkundigen (nach)** to inquire (about) (2)

*erlauben** to allow, to permit

erleben to experience (1)

*erledigen** to take care of, to settle

erledigt settled, finished; done in

*ernst** serious

erraten (errät, erriet, erraten) to guess

*erreichen** to achieve; to reach

*erscheinen (erschien, ist erschienen)** to appear; to seem

erschrecken *(weak)* to scare,
to frighten (2);
**erschrecken
(erschrickt, erschrak,
ist erschrocken)** to get
frightened (2)
*__erst__ first; not until; especially
**ertragen (erträgt, ertrug,
ertragen)** to bear, to live
with, to put up with
**ertrinken (ertrank, ist
ertrunken)** to drown
*der/die **Erwachsene, -n**
(noun adj.) adult, grown-
up
erwähnen to mention (10)
*__erwarten__ to expect
*__erzählen__ to tell
*die **Erzählung, -en** story
erziehen (erzog, erzogen)
to educate (8)
die **Erziehung** education,
raising (2)
*das **Essen, -** meal; food
*__essen (ißt, aß, gegessen)__ to
eat
*__etwa__ about, nearly
*__etwas__ something, a little;
**etwas dafür können
(kann, konnte,
gekonnt)** to be to blame;
to be able to help it (4)
ewig eternal (5)

F

*die **Fabrik, -en** factory
das **Fabrikat, -e** make
*das **Fach, ⸚er** field; shelf
der **Facharbeiter, -** skilled
worker
der **Facharzt, ⸚e** (medical)
specialist
der **Fachmann,** die
Fachleute expert (3)
die **Fähigkeit, -en** ability,
qualification (3)
*__fahren (fährt, fuhr, ist
gefahren)__ to drive; to go
*der **Fahrer, -** driver
*die **Fahrkarte, -n** (bus, train)
ticket
*der **Fahrplan, ⸚e** (bus, train)
schedule

*das **Fahrrad, ⸚er** bicycle
der **Fahrschein, -e** (bus,
streetcar) ticket
*die **Fahrt, -en** tour, trip, ride
*der **Fall, ⸚e** case; **auf jeden
Fall** in any case; **auf
keinen Fall** by no means
*__fallen (fällt, fiel, ist
gefallen)__ to fall; **es fällt
ihr leicht/schwer** it is
easy/difficult for her (1)
*__falls__ in case; if
*__falsch__ wrong; false
*die **Familie, -n** family
**fangen (fängt, fing,
gefangen)** to catch (5)
*die **Farbe, -n** color
*__fast__ almost
*__faul__ lazy
faulenzen to loaf
*__fehlen__ + *dat.* to be lacking;
to miss; **er fehlt mir** I
miss him
*der **Fehler, -** mistake; fault
*__feiern__ to celebrate
*der **Feiertag, -e** holiday
*der **Feind, -e** enemy
*das **Feld, -er** field
*das **Fenster, -** window
*die **Ferien** *(pl.)* vacation
fern away, distant; far (4)
*das **Ferngespräch, -e** long-
distance call
*der **Fernsehapparat, -e**
television (TV) set
*das **Fernsehen** television (TV)
*__fern·sehen (sieht fern, sah
fern, ferngesehen)__ to
watch television (TV)
der **Fernseher, -** television
(TV)
*__fertig__ finished; ready
*das **Fest, -e** celebration;
Christmas
*__fest__ firm; solid; fixed
fest·stellen to find out, to
point out (1)
feucht humid, moist (9)
*das **Feuer** fire
die **Feuerwehr** fire
department
*der **Film, -e** film
*__finden (fand, gefunden)__ to
find; to think
*der **Finger, -** finger

*die **Firma,** die **Firmen** firm,
business, company
*der **Fisch, -e** fish
*__flach__ flat
*die **Flasche, -n** bottle
*das **Fleisch** meat
*__fleißig__ diligent, hard-working
*__fliegen (flog, ist geflogen)__
to fly
fliehen (floh, ist geflohen)
to flee (4)
fließen (floß, ist geflossen)
to flow, to run (5)
das **Fließband, ⸚er** assembly
line (5)
das **Floß, ⸚e** raft
die **Flöte, -n** flute
*der **Flug, ⸚e** flight
*der **Flughafen, ⸚** airport
*das **Flugzeug, -e** airplane
*der **Fluß, ⸚sse** river
*__folgen (hat gefolgt)__ + *dat.*
to obey; **folgen (ist
gefolgt)** + *dat.* to follow
folgend following
*__fordern__ to demand
der **Forscher, -** scholar
die **Forschung, -en** research
*__fort__ gone, away
**fort·fahren (fährt fort, fuhr
fort, fortgefahren)** to
continue (5); **(ist
fortgefahren)** to go or
drive away
der **Fortschritt, -e** progress (8)
*das **Foto, -s** photo
*__fotografieren__ to take pictures
*die **Frage, -n** question; **eine
Frage stellen** + *dat.* to
ask a question (3); **in
Frage stellen** to question
*__fragen__ to ask
*die **Frau, -en** woman; wife;
Mrs.
*das **Fräulein, -** young lady;
Miss
*__frei__ free; not taken, vacant
*die **Freiheit, -en** liberty,
freedom
*die **Freizeit** leisure time
*__fremd__ strange; foreign
der/die **Fremde, -n** *(noun
adj.)* stranger
*die **Fremdsprache, -n** foreign
language

*die **Freude** pleasure, joy; **vor Freude** out of joy
*sich **freuen (über)** + *acc.* to be happy (about); sich **freuen auf** + *acc.* to look forward to
*der **Freund, -e;** die **Freundin, -nen** friend
*freundlich** friendly
*der **Friede(n)** peace; die **Friedensbewegung, -en** peace movement
*frieren (fror, gefroren)** to freeze
*frisch** fresh
*der **Friseur** *or* **Frisör, -e** barber
*froh** glad
fröhlich happy (2)
*früh** early
*früher** formerly; earlier
*der **Frühling, -e** spring
*das **Frühstück, -e** breakfast
*frühstücken** to eat breakfast
*fühlen** to feel
*führen** to guide, to lead; to carry
der **Führerschein, -e** driver's licence
*funktionieren** to function, to work
*für** for
die **Furcht** fear (7)
*furchtbar** terrible
fürchten um to fear for;
*sich **fürchten vor** + *dat.* to be afraid of
*der **Fuß, ̈e** foot; **zu Fuß gehen (ging, ist gegangen)** to walk
*der **Fußball** soccer *(game)*
*der **Fußgänger, -** pedestrian
die **Fußgängerzone, -n** pedestrian zone
füttern to feed

G

*die **Gabel, -n** fork
*der **Gang, ̈e** passage; walk
*ganz** complete, whole; quite; **im ganzen** on the whole
*gar** entirely; **gar nicht** not at all; **gar nichts** nothing at all

*die **Garage, -n** garage
*der **Garten, ̈** garden
die **Gärtnerei, -en** garden center
*der **Gast, ̈e** guest
der **Gastarbeiter, -** foreign worker
*das **Gasthaus, ̈er** inn, hotel
die **Gaststätte, -n** inn, restaurant
*das **Gebäude, -** building
*geben (gibt, gab, gegeben)** to give
*das **Gebiet, -e** area, field; region
das **Gebirge, -** mountains (6)
*geboren** born
*gebrauchen** to use
*der **Geburtstag, -e** birthday
der **Gedanke, des Gedankens, -n** thought; idea (6); **sich Gedanken machen über** + *acc.* to think about (9)
die **Geduld** patience (3)
*die **Gefahr, -en** danger; **Gefahr laufen (läuft, lief, ist gelaufen)** to risk
gefährden to endanger
*gefährlich** dangerous
*gefallen (gefällt, gefiel, gefallen)** + *dat.* to like; to please; **gefallen an** + *dat.* to like about (6)
der **Gefallen** favor; **einen Gefallen tun** + *dat.* to do (someone) a favor
das **Gefängnis, -se** prison (7)
*das **Gefühl, -e** feeling
*gegen** + *acc.* against; about
*die **Gegend, -en** region, area
*das **Gegenteil, -e** opposite; **im Gegenteil** on the contrary
*gegenüber** + *dat.* across from, opposite
*die **Gegenwart** present
das **Gehalt, ̈er** salary (8)
das **Geheimnis, -se** secret (8)
*gehen (ging, ist gegangen)** to go, to walk; to work; **das geht nicht** that won't do; **es geht um** it is about, it is a matter of, it is concerned with (2);

Wie geht es dir? How are you?
*gehören** + *dat.* to belong to; **gehören zu** to be part of
der **Geist, -er** spirit (7)
geistig mental, intellectual (3)
*gelb** yellow
*das **Geld, -er** money
*die **Gelegenheit, -en** opportunity
*gelingen (gelang, ist gelungen)** + *dat.* to succeed
*gelten (gilt, galt, gegolten)** to be valid; **gelten als** to be considered to be (7)
das **Gemälde, -** painting
gemeinsam common, joint; together (3)
die **Gemeinschaft, -en** community (8)
*das **Gemüse, -** vegetable
*gemütlich** cosy; easygoing
*genau** exact, accurate;
*genauso** exactly as
*genug** enough
genügen + *dat.* to suffice (7); **genügend** enough
*das **Gepäck** luggage
das **Gepäckstück, -e** piece of luggage
*gerade** straight; just
*geradeaus** straight ahead
das **Gerät, -e** apparatus
das **Gericht, -e** court (1); dish
das **Gerichtsverfahren, -** trial
gering low; small (4)
*gern** gladly; **gern haben** to like; **gern essen, lesen usw.** to like to eat, to read, etc.
*das **Geschäft, -e** shop; business
*geschehen (geschieht, geschah, ist geschehen)** + *dat.* to happen
*das **Geschenk, -e** present
*die **Geschichte, -n** story; history
geschickt talented, skillful (2)
das **Geschirr, -e** dishes, tableware
*die **Geschwister** *(pl.)* brothers and sisters

der **Geselle, -n** journeyman
*die **Gesellschaft, -en** society;
 company; party
*das **Gesetz, -e** law; das
 Grundgesetz, -e basic
 law
*das **Gesicht, -er** face
*das **Gespräch, -e** talk,
 conversation
der **Gesprächsstoff, -e** topic
*gestern** yesterday
*gesund** healthy
das **Getränk, -e** beverage
die **Gewalt, -en** force; power;
 violence (3)
das **Gewehr, -e** rifle
*die **Gewerkschaft, -en** labor
 union
*gewinnen (gewann,
 gewonnen)** to win
gewiß** certainly; probably (6)
*das **Gewitter, -** thunder and
 lightning
sich **gewöhnen an** + acc. to
 get used to (4)
*gewöhnlich** normally, usually
*das **Glas, ̈er** glass
die **Glasscherbe, -n** piece of
 broken glass
der **Glaube, des Glaubens**
 belief
*glauben** + dat. to believe
 (someone); **glauben** +
 acc. to believe
 (something); **glauben an**
 + acc. to believe in (2)
*gleich** soon; equal
die **Gleichberechtigung**
 equal rights (5)
gleichzeitig** simultaneous(ly)
 (5)
*das **Gleis, -e** track
*das **Glück** luck; fortune;
 Glück haben to be lucky
 (3)
*glücklich** happy
*der **Gott, ̈er** god; **Gott sei
 Dank** thank God
das **Grab, ̈er** grave (7)
graben (gräbt, grub,
 gegraben)** to dig (7)
*der **Grad, -e** degree
*das **Gramm, -e** gram
*das **Gras, ̈er** grass
*gratulieren** + dat. to
 congratulate

*grau** gray
grausam** cruel (2)
*die **Grenze, -n** border; limit
grenzenlos** boundless
*groß** great; tall, big
großartig** excellent,
 wonderful (6)
*die **Größe, -n** size; greatness
*die **Großeltern** (pl.)
 grandparents
*die **Großmutter, ̈**
 grandmother
*der **Großvater, ̈** grandfather
die **Grube, -n** pit
*grün** green
*der **Grund, ̈e** reason; cause;
 aus diesem Grund for
 this reason (8); **aus
 welchem Grund** for
 what reason (8)
das **Grundgesetz, -e** basic law
der **Grundsatz, ̈e** principle
 (6)
*der **Gruß, ̈e** greeting
*grüßen** to greet, to say hello
günstig** favorable (5)
*gut** good, well
*das **Gymnasium, die
 Gymnasien** academic
 high school

H

*das **Haar, -e** hair; **sich die
 Haare kämmen** to comb
 one's hair
*haben (hat, hatte, gehabt)**
 to have
*der **Hafen, ̈** port
*halb** half
*die **Hälfte, -n** half
*der **Hals, ̈e** neck
*halten (hält, hielt,
 gehalten)** to hold; to
 stop; **halten für** to take
 for; to consider (6);
 *halten von** to think of
*die **Haltestelle, -n** (bus,
 streetcar) stop
*die **Hand, ̈e** hand
handeln** to act; to behave (4);
 handeln von to deal
 with (2); **es handelt sich
 um** it is about (9)
die **Handelsschule, -n**
 commercial school

*hängen (hing, gehangen)**
 to hang
*hart** hard
der **Hase, des Hasen, -n** hare
*hassen** to hate
häßlich** ugly (2)
*häufig** frequently
*haupt-** main
der **Haupteingang, ̈e** main
 entrance
das **Hauptgebäude, -** main
 building
die **Hauptsache, -n** main
 thing
*das **Haus, ̈er** house
*die **Hausfrau, -en** housewife
der **Haushalt, -e** household
die **Haustür, -en** front door
die **Haut, ̈e** skin (1)
*heben (hob, gehoben)** to
 lift
*das **Heft, -e** notebook
das **Heim, -e** home (4)
heim·fahren (fährt heim,
 fuhr heim, ist
 heimgefahren)** to go
 home
die **Heimat** home, homeland
 (4)
heimlich** secretly (7)
die **Heirat, -en** marriage
*heiraten** to get married
*heiß** hot
*heißen (hieß, geheißen)** to
 mean; to be called; **es
 heißt** they say
*heizen** to heat
der **Held, des Helden, -en**
 hero (2)
*helfen (hilft, half,
 geholfen)** to help
*hell** bright; light
hellblau** light blue
*das **Hemd, -en** shirt
*her** hither, here, this way
 (toward the speaker)
heraus·finden (fand
 heraus,
 herausgefunden)** to find
 out (3)
*der **Herbst, -e** autumn
*der **Herr, -en** gentleman
*herrlich** magnificent
herrschen** to prevail, to be; to
 rule (10)
her·stellen** to produce (6)

hervor·ziehen (zog hervor, hervorgezogen) to pull out
*das **Herz**, des **Herzens**, -en heart
***herzlich** cordially
***heute** today
die **Hexe**, -en witch
***hier** here
*die **Hilfe**, -n help
*der **Himmel**, - sky
***hin** thither, there, that way (away from the speaker)
*sich **hin·setzen** to sit down
***hinten** in the rear
***hinter** behind
*das **Hobby**, -s hobby
***hoch (höher, höchst-)** high
(das) **Hochdeutsch** High German
***höchstens** at most
die **Hochzeit**, -en wedding (2)
der **Hof**, ¨e courtyard (3)
***hoffen** to hope
***hoffentlich** hopefully
höflich polite (5)
***holen** to get
*das **Holz**, ¨er wood
***hören** to hear; **hören auf** + *acc.* to listen to (8)
*die **Hose**, -n trousers
*das **Hotel**, -s hotel
***hübsch** pretty
der **Hubschrauber**, - helicopter
*der **Hund**, -e dog
*der **Hunger** hunger
*der **Hut**, ¨e hat

I

*die **Idee**, -n idea
***immer** always
***in** in, into, to, at
*die **Industrie**, -n industry
infolge because of
*der **Ingenieur**, -e engineer
*der **Inhalt**, -e contents
***innen** inside, on the inside
***innerhalb** inside of, within
*die **Insel**, -n island
***intelligent** intelligent
***interessant** interesting
das **Interesse**, -n interest; das **Interesse an** + *dat.*

interest in (2); **Interesse haben an** + *dat.* to take interest in
*sich **interessieren für** to be interested in; **etwas interessiert mich** something interests me
***inzwischen** in the meantime
***irgend-** any, some
irgendein any(one), some(one)
irgendwann anytime, sometime
irgendwie somehow
*sich **irren** to be mistaken, to make a mistake

J

***ja** yes; even
*die **Jacke**, -n jacket
der **Jäger**, - hunter
*das **Jahr**, -e year; **über ein Jahr** a year later
die **Jahreszeit**, -en season
*das **Jahrhundert**, -e century
***je** ever; **je . . . desto** the . . . the (1)
jedenfalls in any case (7)
***jeder, jede, jedes** each, every
jederzeit at any time (10)
***jedesmal** each time
jedoch however (10)
jemals ever (2)
***jemand** someone, somebody
***jener** the former; that one
***jetzt** now
der **Jude**, -n Jew (7)
jüdisch Jewish
*die **Jugend** youth
***jung** young
*der **Junge**, des **Jungen**, -n boy
Jura law

K

*der **Kaffee**, -s coffee
***kalt** cold
*die **Kamera**, -s camera
der **Kamin**, -e fireplace; chimney
kämpfen to fight; **kämpfen um/gegen** to fight for/against (3)
die **Kanne**, -n can; pot; jug

***kaputt** broken; exhausted *(colloquial)*
*die **Karte**, -n card; ticket
*die **Kartoffel**, -n potato
*der **Käse**, - cheese
*die **Kasse**, -n cashier; box office
der **Kasten**, ¨ box; radio
der **Kater**, - tomcat
*die **Katze**, -n cat
***kaufen** to buy
*das **Kaufhaus**, ¨er department store
***kaum** hardly
***kein** no, not any; **keine Rolle spielen** not to be important (1); **keinen Sinn haben** to make no sense (10)
keineswegs by no means (1)
*der **Keller**, - cellar, basement
*der **Kellner**, - waiter
***kennen (kannte, gekannt)** to know, to be familiar with
***kennen·lernen** to get to know
*das **Kind**, -er child; **unmündiges Kind** minor
*der **Kindergarten**, ¨ kindergarten
die **Kindheit** childhood
*das **Kino**, -s movie theater
*der **Kiosk**, -e newsstand
*die **Kirche**, -n church
klagen to complain (4)
***klappen** to work out, to go all right
***klar** clear
klar·machen + *dat./acc.* to make (something) clear (to someone) (4)
*die **Klasse**, -n class
das **Klavier**, -e piano
*das **Kleid**, -er dress
*die **Kleidung**, -en clothing
das **Kleidungsstück**, -e piece of clothing
***klein** small
*das **Kleingeld** small change
***klingeln** to ring
klingen (klang, geklungen) to sound (8)
***klopfen** to knock
***klug** clever, smart

der **Knopf, ̈-e** button (1)
*kochen to cook; to boil
*der **Koffer, -** suitcase
*die **Kohle, -n** coal
*der **Kollege, -n** colleague
*kommen (kam, ist
    gekommen) to come;
    kommen zu to come to
    (3)
der **König, -e** king (2)
*können (kann, konnte,
    gekonnt) to be able to,
    can; etwas (nichts)
    dafür können (not) to
    be to blame; (not) to be
    able to help it (4)
das **Konzentrationslager, -**
    concentration camp
*das **Konzert, -e** concert
*der **Kopf, ̈-e** head
die **Kopfschmerzen** (pl.)
    headache
*der **Körper, -** body
*kosten to cost
die **Kraft, ̈-e** power, force (2)
*krank sick
*der/die **Kranke, -n** (noun
    adj.) sick person, patient
*das **Krankenhaus, ̈-er**
    hospital
*die **Krankheit, -en** sickness
*die **Krawatte, -n** tie
*der **Kreis, -e** circle
die **Kreuzung, -en**
    intersection (1)
*der **Krieg, -e** war
*kriegen to get, to receive
*die **Küche, -n** kitchen
*der **Kuchen, -** cake
*der **Kugelschreiber, -** ball-
    point pen
*kühl cool
*der **Kühlschrank, ̈-e**
    refrigerator
sich **kümmern um** to take
    care of (6)
kündigen + dat. to give
    notice; to lay off (5)
*die **Kunst, ̈-e** art; Entartete
    Kunst Degenerate Art
*der **Künstler, -** artist
der **Kurs, -e** course, class;
    einen Kurs belegen to
    register for a course, to
    take a course (4)

*kurz short
*küssen to kiss
die **Küste, -n** coast (5)

L

lächeln to smile (1)
*lachen to laugh
lächerlich ridiculous (8)
*der **Laden, ̈-** store, shop
*die **Lage, -n** location;
    situation; position
das **Lager, -** camp (7)
*die **Lampe, -n** lamp
*das **Land, ̈-er** country; land;
    auf dem Land in the
    country
die **Landschaft, -en** landscape
    (1)
*lang long
*lange a long time; längst long
    ago; for a long time (4)
*langsam slow
*langweilig boring
*der **Lärm** noise
*lassen (läßt, ließ, gelassen)
    to let; to leave; to have
    (something) done; in
    Ruhe lassen + acc. to
    let be, to let alone (4);
    sich scheiden lassen to
    get a divorce (5); sich
    Zeit lassen to take one's
    time (8)
der **Lastwagen, -** truck (10)
*laufen (läuft, lief, ist
    gelaufen) to run
die **Laune, -n** mood (10);
    (in) guter/schlechter
    Laune sein to be in a
    good/bad mood (10)
*laut loud
läuten to ring (1)
*leben to live
*das **Leben** life
lebendig alive (2)
der **Lebenslauf, ̈-e**
    curriculum vitae
*die **Lebensmittel** (pl.) food
*ledig single, unmarried
*leer empty
*legen to lay, to put
die **Lehre, -n** apprenticeship
    (3)
lehren to teach

*der **Lehrer, -** teacher
*der **Lehrling, -e** apprentice
*leicht easy, light
*leider unfortunately
*leid tun (tut, tat, getan) to
    feel sorry
leihen (lieh, geliehen) to
    loan (3); sich etwas
    leihen von to borrow
    something from (3)
*leise soft, quiet
*leisten to accomplish; sich
    etwas leisten (können)
    to afford
die **Leistung, -en**
    achievement,
    accomplishment (5)
der **Leiter, -** head, leader
*lernen to learn
lesbar legible
*lesen (liest, las, gelesen) to
    read
*letzt- last
*die **Leute** (pl.) people
*das **Licht, -er** light
*lieb dear
*die **Liebe** love
*lieben to love
*lieber rather
*das **Lied, -er** song
*liegen (lag, ist/hat gelegen)
    to lie; liegen an + dat.
    to be due to; to depend
    on (1); es liegt mir an
    + dat. I care about, it
    matters to me (9)
*links left
loben to praise (9)
das **Loch, ̈-er** hole (7)
*der **Löffel, -** spoon
der **Lohn, ̈-e** payment, wages
    (4)
sich **lohnen** to be worthwhile,
    to be worth the trouble (1)
*los! get going; Was ist los?
    What's the matter? (2)
*los(e) loose
lösen to solve (2)
der **Löwe, des Löwen, -** lion
*die **Luft, ̈-e** air; in die Luft
    gehen to explode
*die **Lust, ̈-e** pleasure, joy,
    desire; Lust haben zu to
    feel like
*lustig funny, amusing

M

*machen to make, to do
die **Macht, -̈e** power (7); die **Großmacht, -̈e** superpower
*das **Mädchen, -** girl
*mal once; **dreimal** three times
*das **Mal, -e** time; das **erste Mal** the first time; **mit einem Mal** all of a sudden; **zum letzten Mal** for the last time
*malen to paint
*man one
*mancher, manche, manches many a
*manchmal sometimes
*der **Mann, -̈er** man
männlich male; masculine (6)
*der **Mantel, -̈** coat
das **Märchen, -** fairy tale (2)
*die **Mark** mark
*der **Markt, -̈e** market
*die **Marmelade, -n** jam
*die **Maschine, -n** machine
*die **Mauer, -n** wall
die **Maus, -̈e** mouse
*der **Mechaniker, -** mechanic
*das **Medikament, -e** medicine, drug
*das **Meer, -e** ocean, sea
*mehr more
*mehrere several
*meinen to mean; to think; **meinen mit** to mean by (10)
meinetwegen for my sake; as far as I am concerned
*die **Meinung, -en** opinion; **der Meinung sein** to be of the opinion (10); **ich bin anderer Meinung** I am of a different opinion; **meiner Meinung nach** in my opinion
*meistens mostly
der **Meister, -** foreman (5)
*die **Menge, -n** crowd; amount; **eine Menge Leute** a lot of people
*der **Mensch, -en** man; human being

menschlich humane; human (7)
*merken to notice; to keep in mind
die **Messe, -n** Mass
*das **Messer, -** knife
*der **Metzger, -** butcher
*die **Miete, -n** rent
*mieten to rent
*die **Milch** milk
*mindestens at least
*minus minus
mißverstehen (mißverstand, mißverstanden) to misunderstand
*mit with
*mit·bringen (brachte mit, mitgebracht)** to bring along
mit·machen to join (7)
die **Mitschuld** share of the blame
*der **Mittag, -e** noon
*das **Mittagessen, -** lunch
*mittags at noon
*die **Mitte** middle
*mit·teilen to inform
*das **Mittel, -** means
(das) **Mitteleuropa** Central Europe
mitten in in the middle of (4); **mitten in der Stadt** in the middle of the city
mittler- middle
*die **Möbel** (pl.) furniture
möbliert furnished
*die **Mode, -n** fashion
*modern modern
*mögen (mag, mochte, gemocht)** to like; **ich mag ihn** I like him; **ich möchte gehen** I would like to go
*möglich possible; **möglichst (schnell)** as (fast) as possible (2); **möglichst spät** as late as possible
*die **Möglichkeit, -en** possibility
*der **Moment, -e** moment
*der **Monat, -e** month
*der **Mond, -e** moon
*morgen tomorrow
*der **Morgen, -** morning

*morgens in the morning
*der **Motor, -en** motor
*das **Motorrad, -̈er** motorcycle
*müde tired
*die **Mühe, -n** effort, trouble
der **Müller, -** miller
*der **Mund, -̈er** mouth
mündlich oral (1)
*die **Musik** music
*müssen (muß, mußte, gemußt)** to have to, must
der **Mut** courage (4)
*die **Mutter, -̈** mother
die **Mütze, -n** cap

N

*nach + dat. after, to, according to
*der **Nachbar, des Nachbarn, -n** neighbor
*nachdem after
*nach·denken über (dachte nach, nachgedacht) + acc. to think about
*nachher afterward
*der **Nachmittag, -e** afternoon
*die **Nachricht, -en** piece of news; information; die **Nachrichten** (pl.) (broadcast) news
*die **Nacht, -̈e** night
*der **Nachteil, -e** disadvantage
der **Nachtisch, -e** dessert (9)
die **Nadel, -n** needle (10)
*nah (näher, nächst-)** near, close; **nahe daran sein** to be about to
*die **Nähe** proximity
nähen to sew (9)
*der **Name, des Namens, -n** name
*nämlich namely
*die **Nase, -n** nose
*naß wet
*die **Natur** nature
*natürlich naturally
*neben + dat./acc. next to
nebenbei on the side (4)
*der **Neffe, -n** nephew
*nehmen (nimmt, nahm, genommen)** to take
der **Neid** envy (3)
*nein no

*nennen (nannte, genannt)
to name
*nett nice
*neu new
*nicht not
*die Nichte, -n niece
*nichts nothing; **nichts dafür
können (kann, konnte,
gekonnt)** not to be to
blame, not to be able to
help it (4)
*nie never
niedrig low (8)
*niemand nobody, no one
das Nilpferd, -e
hippopotamus
*nirgends nowhere
*noch still
*der Norden north
*normal normal
normalerweise normally
*nötig necessary
*notwendig necessary
*die Null, -en zero
*die Nummer, -n number
*nun now
*nur only
nützen + *dat.* to be of use
(9)
*nützlich useful

O

*ob whether, if
*oben above, upstairs; **oberst-**
top (1)
*der Ober, - waiter; **der
Oberkellner, -** head
waiter
oberflächlich superficial (10)
*das Obst fruit
*obwohl although
*oder or
*der Ofen, -̈ stove
*offen open, frank
*öffentlich public
die Öffentlichkeit public (1);
in der Öffentlichkeit in
public
*öffnen to open
*oft often
*ohne without
*das Ohr, -en ear
*der Onkel, - uncle

*die Ordnung, -en order;
structure
*der Ort, -e place
*der Osten east

P

*das Paar, -e pair, couple;
*ein paar a couple, few;
ein paarmal a few times
das Päckchen, - small
package
packen to pack; to grab
*das Paket, -e package
*das Papier, -e paper; die
Papiere *(pl.)* documents
*der Park, -s *or* **-e** park
*parken to park
*der Parkplatz, -̈e parking lot
*die Partei, -en (political)
party
die Party, -s party
*passen + *dat.* to fit; to suit
*passieren to happen
*der Paß, -̈sse passport
***der Patient, des Patienten,
-en** patient
*die Pause, -n break;
intermission
*die Person, -en person
*persönlich personally
der Pfarrer, - pastor; priest,
minister (7)
*der Pfennig, -e penny
*das Pferd, -e horse
*die Pflanze, -n plant
die Pflicht, -en duty,
obligation (6)
*das Pfund, -e pound
die Plage, -n plague; nuisance
*der Plan, -̈e plan
*der Platz, -̈e place; square;
space; **Platz nehmen
(nimmt, nahm,
genommen)** to have a
seat
*plötzlich suddenly
*plus plus
*die Politik politics
*der Politiker, - politician
*politisch political
*die Polizei police
***der Polizist, des Polizisten,
-en** policeman
*die Post mail; post office

*die Postkarte, -n postcard
*praktisch practical
***der Präsident, des
Präsidenten, -en**
president
*der Preis, -e prize; price
die Presse press
*prima excellent
*privat private
die Privatsache, -n private
matter
*das Problem, -e problem
*das Programm, -e program
*das Prozent, -e percent
prüfen to examine (7)
*die Prüfung, -en test,
examination
*der Pullover, - pullover
*der Punkt, -e point
*pünktlich punctual, on time
die Pünktlichkeit punctuality
putzen to clean (4)

Q

*die Qualität, -en quality
quer crosswise (7)
*die Quittung, -en receipt

R

*das Rad, -̈er wheel; bike
*das Radio, -s radio
der Rand, -̈er edge, border;
margin (5)
*rasieren to shave
*der Rat, die Ratschläge
advice
*raten (rät, riet, geraten) to
advise; to guess
*rauchen to smoke
*der Raum, -̈e space; room
*rechnen to calculate;
rechnen mit to expect;
to rely upon (8)
*die Rechnung, -en bill
*recht right; **recht sein** + *dat.*
to be all right (with) (3)
das Recht, -e right; law (6)
*rechts to the right
rechtzeitig in time
die Rede, -n speech; **eine
Rede halten (hält, hielt,**

gehalten) to give a
speech (4)
*reden to talk
*das Regal, -e shelf
*die Regel, -n rule
regelmäßig regularly (5)
*der Regen, - rain
*die Regierung, -en
government
die Regierungserklärung, -
en state-of-the-union
address
der Regisseur, -e director
(film, theater) (7)
*regnen to rain
*reich rich
der Reichstag (former)
German Parliament
*die Reihe, -n row; line
*rein pure, clean
reinigen to clean (7)
*der Reis rice
*die Reise, -n trip
*das Reisebüro, -s travel
agency
*reisen to travel
reißen (riß, ist gerissen) to
tear (3)
reizen to irritate
reizend charming (9)
*die Reklame, -n
advertisement; advertising
rennen (rannte, ist
gerannt) to run (4)
*reparieren to repair
*das Restaurant, -s restaurant
*retten to save
*das Rezept, -e prescription;
recipe
sich richten nach to depend
on; to comply with, to go
by (6)
*richtig right, correct
der Richter, - judge (7)
*die Richtung, -en direction
*riechen (roch, gerochen) to
smell
*der Rock, ⁻e skirt; jacket
*roh raw
die Rolle, -n part; roll; eine
(keine) Rolle spielen
(not) to be important,
(not) to matter (1)
der Roman, -e novel (9)
*rot red

*der Rücken, - back
*die Rückfahrkarte, -n return
ticket
die Rückkehr return
*rufen (rief, gerufen) to call
*die Ruhe rest, calm; in Ruhe
lassen (läßt, ließ,
gelassen) + acc. to let
be, to let alone
*ruhig quiet
*rund round
*der Rundfunk radio;
broadcasting system
runz(e)lig wrinkled

S

*die Sache, -n matter; business;
thing
sachlich matter of fact (10)
*der Saft, ⁻e juice; vitality
*sagen to say, to tell
*die Sahne cream
*der Salat, -e salad
*das Salz, -e salt
sammeln to collect (3)
satt satisfied; full; satt sein to
have enough (food) (2);
ich bin satt I have had
enough
*der Satz, ⁻e sentence; set
*sauber clean
sauber·machen to clean up
*sauer sour
das Schach, -s chess; Schach
spielen to play chess (9)
die Schachtel, -n box (5)
*schade it's a pity
schaffen (schuf,
geschaffen) to create;
schaffen (weak) to
accomplish; to get
(something) done, to
manage
*die Schallplatte, -n record
*der Schalter, - counter; switch
*scharf sharp; hot (food, drink)
*der Schatten, - shade; shadow
*schauen to look
der Schauspieler, - actor (7)
*der Scheck, -s check
sich scheiden lassen (läßt,
ließ, lassen) to get a
divorce (5)

*scheinen (schien,
geschienen) to appear,
to seem; to shine; es
scheint mir it appears to
me
*schenken to give (a present)
die Schicht, -en (work) shift;
stratum (5)
*schicken to send
schieben (schob,
geschoben) to push (6)
schießen (schoß,
geschossen) to shoot, to
fire (4)
*das Schiff, -e ship
*das Schild, -er sign
schimpfen to scold;
schimpfen auf + acc. to
grumble at (8)
*der Schirm, -e umbrella
*schlafen (schläft, schlief,
geschlafen) to sleep
*das Schlafzimmer, - bedroom
*schlagen (schlägt, schlug,
geschlagen) to beat; to
hit
die Schlampe, -n slut
*schlank slender
*schlecht bad; spoiled
*schließen (schloß,
geschlossen) to close, to
shut
*schließlich finally
*schlimm bad; evil
*das Schloß, ⁻sser castle; lock
*der Schluß, ⁻sse end,
conclusion; Schluß
machen to finish (5)
*der Schlüssel, - key
*schmal narrow; slim
*schmecken + dat. to taste
*der Schmerz, -en pain, ache;
die Kopfschmerzen (pl.)
headache
*schmutzig dirty
*der Schnee snow
*schneiden (schnitt,
geschnitten) to cut
schneien to snow
*schnell fast
*die Schokolade, -n chocolate
*schon already
*schön beautiful, pretty
*der Schrank, ⁻e closet
schrecklich terrible (4)

*schreiben (schrieb, geschrieben) to write

*der Schreibtisch, -e desk

schreien (schrie, geschrien) to shout, to scream (1)

die Schrift, -en writing, script (1)

der Schriftsteller, - writer (7)

der Schritt, -e step (6)

*der Schuh, -e shoe

*die Schuld fault; blame; guilt; debt; ich bin nicht schuld it's not my fault

das Schuldgefühl, -e guilty conscience

schuldig guilty

*die Schule, -n school

*der Schüler, - pupil, student

der Schutz protection

*schwach weak

schwanger pregnant (6)

*schwarz black

schweigen (schwieg, geschwiegen) to be silent (1)

der Schweißer, - welder

*schwer hard, difficult; heavy

schwer·fallen (fällt schwer, fiel schwer, ist schwergefallen) + dat. to be difficult for (1)

*die Schwester, -n sister; nurse

der Schwiegervater, ⸚ father-in-law (9)

*schwierig difficult

*die Schwierigkeit, -en difficulty

*schwimmen (schwamm, ist geschwommen) to swim

schwitzen to sweat (8)

*der See, -n lake; die See ocean

die Seele, -n soul (5)

*sehen (sieht, sah, gesehen) to see

*sehr very, much

*die Seife, -n soap

*sein (ist, war, ist gewesen) to be; es sei denn unless (4); mir ist, als + subj. I feel as if (8)

*seit + dat. since, for

*die Seite, -n side; page

*selbst or selber oneself

selbständig independent

der Selbstmord, -e suicide; Selbstmord begehen (beging, begangen) to commit suicide (7)

selbstverständlich obvious

*selten seldom

seltsam strange (2)

*das Semester, - semester

*senden (sandte, gesandt) to send; (sendete, gesendet) to broadcast

*der Sessel, - armchair

*sich setzen to sit down

*sicher safe, secure

die Sicherheit security, safety (2)

der Sicherheitsdienst, -e secret police

die Siedlung, -en housing development (7)

*singen (sang, gesungen) to sing

sinken (sank, ist gesunken) to sink (7)

*der Sinn, -e sense; (keinen) Sinn haben to make (no) sense (10)

sinnvoll meaningful (5)

*sitzen (saß, gesessen) to sit

*so so; *so . . . wie as . . . as

*sobald as soon as

*das Sofa, -s couch

*sofort immediately

*sogar even

*der Sohn, ⸚e son

*solange as long as

*solch- such

*sollen to be, to be obliged to, should, ought to

der Soldat, -en soldier (7)

*der Sommer, - summer

*sondern but, on the contrary; nicht nur . . . sondern auch not only . . . but also

*die Sonne, -n sun

*sonst otherwise, else

*die Sorge, -n sorrow; care; worry; sich Sorgen machen um to worry about (10)

sorgen für to care for

sich sorgen um to worry about (6)

*sorgfältig careful

die Sorte, -n type; kind (9)

*die Soße, -n gravy

*soviel as much as, as far as

sowieso anyhow (7)

spalten to split

*spannend exciting

*sparen to save

sparsam thrifty, economical

*der Spaß, ⸚e fun; joke; Spaß machen to be fun

*spät late; *später later; spätestens at the latest (5)

*spazieren·gehen (ging spazieren, ist spazierengegangen) to take a walk

*der Spaziergang, ⸚e walk

*die Speisekarte, -n menu

*der Spiegel, - mirror

*das Spiel, -e play; game

*spielen to play

das Spielzeug, -e toy

spinnen (spann, gesponnen) to spin

*der Sport sport; Sport treiben (trieb, getrieben) to do a sport

*die Sprache, -n language; die Fremdsprache, -n foreign language; die Umgangssprache, -n colloquial speech

*sprechen (spricht, sprach, gesprochen) to speak, to talk

springen (sprang, ist gesprungen) to jump, to leap (4)

spüren to feel, to sense (4)

*der Staat, -en state

*staatlich state; by the state; public

*die Stadt, ⸚e town, city

der Stadtmusikant, -en town musician

*der Stadtplan, ⸚e city map

*stark strong

*statt + gen. instead of

*statt·finden (fand statt, stattgefunden) to take place

stecken to put; to stick (5)
*****stehen (stand, gestanden)** to stand
*****stehlen (stiehlt, stahl, gestohlen)** to steal
*****steigen (stieg, ist gestiegen)** to climb; to increase (5)
*****der Stein, -e** stone
*****die Stelle, -n** place, spot; job, position
*****stellen** to place (upright), to put
die **Stellung, -en** position (6)
*****sterben (stirbt, starb, ist gestorben)** to die
*****der Stern, -e** star
*****die Steuer, -n** tax
die **Stiefmutter, -̈** stepmother
*****still** quiet, silent
die **Stimme, -n** voice; vote
*****stimmen** to be correct; to vote
die **Stimmung, -en** mood (10)
die **Stirn, -en** forehead (8)
*****der Stock,** die **Stockwerke** floor; **im zweiten Stock** on the second floor
*****der Stoff, -e** material; subject
der **Stolz** pride
stolz proud; **stolz sein auf +** *acc.* to be proud of (1)
*****stören** to disturb, to bother
stoßen (stößt, stieß, gestoßen) to push; to hit (2)
der **Strand, -̈e** beach
*****die Straße, -n** street
*****die Straßenbahn, -en** streetcar
*****der Streik, -s** strike
*****streiken** to strike
*****der Streit, -e** quarrel, argument
*****sich streiten (stritt, gestritten)** to quarrel, to argue
das **Stroh** straw
*****das Stück, -e** piece; play
*****der Student,** des **Studenten, -en** student
*****studieren** to attend a university; to study
das **Studium,** die **Studien** study

*****der Stuhl, -̈e** chair
*****suchen** to look for, to search
*****der Süden** south
*****der Supermarkt, -̈e** supermarket
*****die Suppe, -n** soup
*****süß** sweet

T

*****die Tablette, -n** pill, tablet
*****die Tafel, -n** blackboard
*****der Tag, -e** day; **eines Tages** one day
*****täglich** daily
*****tanken** to get gas
*****die Tankstelle, -n** gas station
*****die Tante, -n** aunt
*****tanzen** to dance
*****die Tasche, -n** bag; pocket
*****die Tasse, -n** cup
tatsächlich indeed, really (5)
*****das Taxi, -s** taxi
*****der Tee, -s** tea
*****der Teil, -e** part, section; share; **zum Teil** in part, partly (9)
*****teilen** to divide; to share
teil·nehmen (nimmt teil, nahm teil, teilgenommen) an + *dat.* to participate in, to take part in (3)
der **Teilnehmer, -** participant
die **Teilung, -en** division (9)
*****das Telefon, -e** telephone
*****das Telefonbuch, -̈er** directory
*****telefonieren** to telephone
*****die Telefonnummer, -n** telephone number
*****das Telegramm, -e** telegram
*****der Teller, -** plate
der **Teppich, -e** rug (1)
*****teuer** expensive
*****der Text, -e** text
*****das Theater, -** theater
*****das Thema,** die **Themen** topic
*****tief** deep; low
*****das Tier, -e** animal
*****der Tisch, -e** table; **den Tisch decken** to set the table (6)
*****die Tochter, -̈** daughter
*****der Tod** death

*****die Toilette, -n** toilet
toll fantastic (9)
*****der Topf, -̈e** pot
*****das Tor, -e** gate; goal
*****tot** dead
töten to kill (3)
*****der Tourist,** des **Touristen, -en** tourist
*****tragen (trägt, trug, getragen)** to carry; to wear
die **Trauer** grief
der **Traum, -̈e** dream (4)
*****träumen** to dream; **träumen von** to dream of (4)
*****traurig** sad
*****(sich) treffen (trifft, traf, getroffen)** to meet; to hit
*****treiben (trieb, getrieben)** to drift; to drive; **Sport treiben** to do a sport
(sich) trennen to separate (6)
*****die Treppe -n** stairs
*****treten (tritt, trat, ist getreten)** to step; **(hat getreten)** to kick
*****treu** loyal; faithful
*****trinken (trank, getrunken)** to drink
*****das Trinkgeld, -er** tip
*****trocken** dry
*****trotz +** *gen.* in spite of
*****trotzdem** nevertheless
*****tun (tut, tat, getan)** to do; to act; to put
*****die Tür, -en** door
*****typisch** typical

U

*****die U-Bahn (= Untergrundbahn), -en** subway
*****üben** to practice
*****über +** *dat./acc.* above, about, over; moreover
*****überall** everywhere
*****überhaupt** at all; in general; generally
überholen to pass
überleben to survive
*****überlegen** to think about; to reflect on; to consider; **überlegen sein +** *dat.* to be superior to (3)

*übermorgen the day after
tomorrow
*übernachten to stay
overnight
*überraschen to surprise
*übersetzen to translate
die **Übersetzung, -en**
translation
überzeugen to convince (8);
überzeugt sein von to
be convinced of (3)
*übrig left over; remaining
*übrigens by the way
*die **Uhr, -en** clock; watch; **es
ist ein Uhr** it is one
o'clock
*um around, at
*um zu in order to
die **Umgangssprache, -en**
colloquial speech
um·modeln to change
***um·steigen (steigt um, stieg
um, ist umgestiegen)** to
transfer
die **Umwelt** environment (9)
der **Umweltschutz**
environmental protection
***um·ziehen (zog um, ist
umgezogen)** to move;
sich **um·ziehen (hat
umgezogen)** to change
clothing
unabhängig independent (1)
*unbedingt absolutely
*und and
*der **Unfall, ¨-e** accident
ungebrochen unbroken
*ungefähr about,
approximately
*das **Unglück** misfortune
unglücklich unhappy
*die **Universität, -en** university
*unmöglich impossible
*unten down; downstairs
*unter under, below; among
***unterbrechen (unterbricht,
unterbrach,
unterbrochen)** to
interrupt
unterdrücken to suppress
die **Unterdrückung**
suppression
der **Untergang** downfall
*sich **unterhalten (unterhält,
unterhielt,**

unterhalten) to talk; to
entertain; **ich habe mich
gut unterhalten** I had a
good time
die **Unterhaltung, -en**
conversation;
entertainment (5)
*der **Unterricht** classes,
instruction
**unterscheiden
(unterschied,
unterschieden)** to
distinguish (1); sich
unterscheiden (von) to
differ (from) (1)
*der **Unterschied, -e**
difference
**unterschreiben
(unterschrieb,
unterschrieben)** to sign
unterwegs on the road, on
the way (3)
*der **Urlaub, -e** vacation
die **Ursache, -n** cause
das **Urteil, -e** judgment (7)
*usw. (= und so weiter)
etcetera

V

der **Vater, ¨** father
sich **verabreden** to make a
date, to make an
appointment
*die **Verabredung, -en** date,
appointment
sich **verabschieden (von)** to
say goodbye (to); to take
one's leave (from) (7)
verändern to change
die **Veränderung, -en** change
verachten to despise (8)
verantwortlich responsible (6)
die **Verantwortung, -en**
responsibility (5)
*verbessern to improve
***verbieten (verbat,
verboten)** to forbid
***verbinden (verband,
verbunden)** to connect
das **Verbrechen, -** crime (9);
**ein Verbrechen
begehen (beging,
begangen)** to commit a
crime

der **Verbrecher, -** criminal
(9)
**verbrennen (verbrannte,
ist/hat verbrannt)** to
burn
***verbringen (verbrachte,
verbracht)** to spend
(time); **wir haben das
Wochenende zu Hause
verbracht** we spent the
weekend at home
*verdienen to earn; to deserve
verfolgen to persecute, to
follow
*die **Vergangenheit** past
**vergehen (verging, ist
vergangen)** to pass (10)
***vergessen (vergißt, vergaß,
vergessen)** to forget
**vergleichen (verglich,
verglichen) mit** to
compare with (6)
*das **Vergnügen, -** fun,
pleasure
verhaften to arrest (7)
sich **verhalten (verhält,
verhielt, verhalten)** to
act, to behave (2)
das **Verhältnis, -se**
relationship; circumstance
die **Verhandlung, -en**
negotiation; trial (10)
*verheiratet married
verhungern to starve
*verkaufen to sell
*der **Verkäufer, -** salesman
*der **Verkehr** traffic
*verlangen to demand, to
require
***verlassen (verläßt, verließ,
verlassen)** to leave
*verletzt sein to be hurt
*verlieren (verlor, verloren)
to lose
verlobt engaged
die **Verlobung, -en**
engagement (9)
**vermeiden (vermied,
vermieden)** to avoid (10)
*vermieten to rent (out)
*vermuten to assume
vernünftig reasonable (6)
veröffentlichen to publish
***verpassen (verpaßte,
verpaßt)** to miss; **den**

Zug verpassen to miss the train
verprügeln to beat up
verreisen to take a trip
die **Versammlung, -en** meeting; gathering (8)
verschieben (verschob, verschoben) to postpone
*verschieden different
verschlafen (verschläft, verschlief, verschlafen) to oversleep
verschwinden (verschwand, ist verschwunden) to disappear (2)
versorgen to supply
*versprechen (verspricht, versprach, versprochen)** to promise
der **Verstand** reason; brain (10)
sich **verstecken** to hide (3)
*verstehen (verstand, verstanden)** to understand
*versuchen to try
der **Vertrag, ̈e** contract; treaty (4); **einen Vertrag schließen (schloß, geschlossen)** to conclude a treaty (9)
vertrauen + dat. to trust
das **Vertrauen** trust (8)
vertraut familiar
vertreiben (vertrieb, vertrieben) to drive out; to expell
verurteilen to sentence
die **Verwaltung, -en** administration (9)
*verwandt related
*der/die **Verwandte, -n** *(noun adj.)* relative
verwechseln to mix up
verwirklichen to realize; to come true
*die **Verzeihung** pardon
verzichten to forgo, to renounce
verzweifelt desperate
*der **Vetter, -n** cousin
*viel much
die **Vielfalt** variety
vielfältig diverse
*vielleicht perhaps

*das **Viertel, -** quarter
*der **Vogel, ̈** bird
*das **Volk, ̈er** people; nation
*voll full
*völlig complete(ly), entire(ly)
*von + dat. from, by
*vor + dat./acc. before; in front of; **vor allem** above all (3)
voraus ahead
*vorbei over
vorbei·fahren (fährt vorbei, fuhr vorbei, ist vorbeigefahren) to drive by
*sich **vor·bereiten auf + acc.** to prepare for
*vorgestern the day before yesterday
*vor·haben (hat vor, hatte vor, vorgehabt)** to have planned
vorhanden sein (ist, war, ist gewesen) to exist, to be at hand, to be available (8)
der **Vorhang, ̈e** curtain
*vorher before that
*vorig- previous, preceding
*vor·kommen (kam vor, ist vorgekommen)** to happen, to occur;
vor·kommen + dat. to appear, to seem (10)
vor·lesen (liest vor, las vor, vorgelesen) to read aloud
*vorn in front
*der **Vorname, des Vornamens, -n** first name
sich **vor·nehmen (nimmt vor, nahm vor, vorgenommen)** to make plans (5)
vorrangig as a matter of priority
der **Vorschlag, ̈e** suggestion
*vor·schlagen (schlägt vor, schlug vor, vorgeschlagen)** to suggest, to propose
*vorsichtig careful
vorstellbar conceivable
*(sich) **vor·stellen** to introduce

(oneself)
*sich **etwas vor·stellen** to imagine something
*die **Vorstellung, -en** idea; performance; introduction
der **Vortrag, ̈e** lecture (10)
*der **Vorteil, -e** advantage
das **Vorurteil, -e** prejudice (3)
vorwärts forward (5)
vor·werfen (wirft vor, warf vor, vorgeworfen) + dat./acc. to blame, to reproach (someone for something) (6)
der **Vorwurf, ̈e** reproach; **einen Vorwurf machen + dat.** to blame, to reproach (4)
*vor·ziehen (zog vor, vorgezogen)** to prefer

W

*wach awake
*wachsen (wächst, wuchs, ist gewachsen)** to grow
wagen to dare (4)
*der **Wagen, -** car
*die **Wahl, -en** choice; election
*wählen to choose; to dial a number; to vote; to elect
*wahr true
*während while
*wahrscheinlich probably
*der **Wald, ̈er** woods, forest
*die **Wand, ̈e** wall
*wandern (ist gewandert)** to hike
*wann when
*warm warm
*warten to wait
*warum why
*was what; *was für what kind of; **Was ist los?** What's the matter?
*die **Wäsche** laundry
*sich **waschen (wäscht, wusch, gewaschen)** to wash oneself
*die **Waschmaschine, -n** washing machine
die **Waschschüssel, -n** wash bowl
*das **Wasser** water
*das **WC, -(s)** toilet

*wechseln to change
*wecken to wake up
der **Wecker, -** alarm clock (1)
*weder . . . noch neither . . .
   nor
*weg away; gone
*der **Weg, -e** way; road
*wegen + *gen.* because of
weg·laufen (läuft weg, lief
   weg, ist weggelaufen)
   to run away
weg·rennen (rannte weg,
   ist weggerannt) to run
   away
weg·werfen (wirft weg, warf
   weg, weggeworfen)
*weh tun (tut, tat, getan) +
   dat. to hurt
sich **wehren gegen** to resist
   (8)
weiblich female; feminine (6)
*weich soft
*weil because
die **Weile** while (6)
*der **Wein, -e** wine
*weinen to cry
die **Weise, -n** way; manner
   (3); **auf diese Weise** in
   this way; **auf welche
   Weise** in which way
*weiß white
*weit far; wide
*weiter further; continuing;
   Lies weiter! Continue
   reading.
weiter·kämpfen to continue
   fighting
*welch- which
*die **Welt, -en** world
weltberühmt world-famous
sich **wenden (wandte,
   gewandt) an** + *acc.* to
   turn to, to talk to (3)
*wenig little, few
*wenigstens at least
*wenn if; when
*wer who
die **Werbung** advertising (2)
*werden (wird, wurde, ist
   geworden) to become; to
   get
*werfen (wirft, warf,
   geworfen) to throw
*das **Werk, -e** work; factory
der **Werkmeister, -** foreman

*die **Werkstatt, ⸚en,** *or* die
   Werkstätte, -n workshop
*das **Werkzeug, -e** tool
der **Wert, -e** value; worth (2)
wesentlich essential (10)
*weshalb why
*wessen whose
*der **Westen** west
*das **Wetter** weather
*wichtig important
*wie how; as; like
*wieder again; **wieder
   erstehen (erstand, ist
   erstanden)** to rise again
*wiederholen to repeat
*das **Wiedersehen: auf
   Wiedersehen** goodbye
wieder·wählen to reelect
*wieso why
*wieviel how much; **wie viele**
   how many
*der **Wind, -e** wind
*der **Winter, -** winter
wirken to function, to work;
   to take effect (1)
*wirklich really
die **Wirklichkeit** reality (8)
*die **Wirtschaft, -en** economy;
   inn
*wissen (weiß, wußte,
   gewußt) to know
*die **Wissenschaft, -en** science
wissenschaftlich scientific,
   scholarly
*wo when
*die **Woche, -n** week
*das **Wochenende, -n**
   weekend
*woher where from
*wohin where (to)
*wohl well; probably; sich
   wohl fühlen to feel
   happy
der **Wohlstand** prosperity (9)
*wohnen to live
*die **Wohnung, -en** apartment
*das **Wohnzimmer, -** living
   room
*die **Wolke, -n** cloud
*wollen (will, wollte,
   gewollt) to want to; to
   claim
*das **Wort, -e** *or* ⸚er word
*das **Wörterbuch, ⸚er**
   dictionary

der **Wortschatz** vocabulary
das **Wunder, -** miracle (2)
*wunderbar wonderful
sich **wundern über** + *acc.* to
   be surprised at (2)
wunderschön beautiful,
   lovely
*der **Wunsch, ⸚e** wish
*wünschen to wish
*die **Wurst, ⸚e** sausage
die **Wut** anger, rage (1)

Z

*die **Zahl, -en** number
zahlreich numerous
*zahlen to pay
*zählen to count
*der **Zahn, ⸚e** tooth
der **Zaun, ⸚e** fence (7)
*das **Zeichen, -** sign
*zeichnen to draw
*die **Zeichnung, -en** drawing
*zeigen to show, to point to
*die **Zeile, -n** line
*die **Zeit, -en** time; era; **eine
   Zeitlang** for a time; **die
   ganze Zeit** the whole
   time; **mit der Zeit** with
   time; sich **Zeit lassen
   (läßt, ließ, gelassen)** to
   take one's time (8); **zur
   Zeit** for the time being; at
   this time (1)
die **Zeitschrift, -en** magazine
   (7)
*die **Zeitung, -en** newspaper
zerbrechen (zerbricht,
   zerbrach, ist/hat
   zerbrochen) to fall apart,
   to break to pieces (8)
zerstören to destroy (3)
die **Zerstörung, -en**
   destruction
*der **Zettel, -** note; piece of
   paper
*das **Zeug** stuff; matter, things
der **Zeuge, -n** witness
*das **Zeugnis, -se** report card;
   grades; certificate
*ziehen (zog, gezogen) to
   pull; to draw
*das **Ziel, -e** goal, aim
*ziemlich rather; quite
*die **Zigarette, -n** cigarette

*das **Zimmer, -** room
*die **Zitrone, -n** lemon
***zu** shut; to; too
*der **Zucker** sugar
***zuerst** first
 der **Zufall, ⁼e** chance;
   coincidence; **durch
   Zufall** by chance (6)
zufällig by chance (5)
***zufrieden** content, satisfied
*der **Zug, ⁼e** train

***zu·hören** to listen to
*die **Zukunft** future
***zu·machen** to close, to shut
***zurück** back, backward
 **zurück·kehren (ist
   zurückgekehrt)** to
   return (4)
***zusammen** together
 der **Zusammenhang, ⁼e**
   connection; relationship
   (7)

die **Zusammensetzung, -en**
   composition, makeup
zwängen to force
***zwar** to be sure
*der **Zweck, -e** purpose
 der **Zweifel, -** doubt (1)
 zweifeln an + *dat.* to doubt
   in (10)
 der **Zwerg, -e** dwarf
***zwischen** + *dat./acc.*
   between

VOCABULARY ENGLISH-GERMAN

This vocabulary contains a list of words useful for those exercises in *Perspektiven* that require translation from English to German.

A

a, an ein, eine
able to: to be able to kann/können
abroad: to go abroad ins Ausland gehen
according to nach + *dat.*
achieve erreichen
address die Adresse, -n
admire bewundern
admit zu·geben (gibt zu, gab zu, zugegeben)
afford sich leisten
afraid: to be afraid of Angst haben (hat, hatte, gehabt) vor + *dat.*
after nach + *dat.;* nachdem
afterward nachher
again wieder
against gegen + *acc.*
aggression die Aggression, -en
ago vor; **a year ago** vor einem Jahr
airport der Flughafen, ¨
all alle; **above all** vor allem
allowed to: to be allowed to darf/dürfen
alone allein
always immer
American amerikanisch; der Amerikaner, -; die Amerikanerin, -nen
anger die Wut

angry ärgerlich; **to be angry** sich ärgern
another ein- ander-; **another house** ein anderes Haus
answer antworten auf + *acc.;* beantworten
any irgendein-; **anything** etwas; irgendetwas
apartment die Wohnung, -en
apologize sich entschuldigen
appear erscheinen (erschien, ist erschienen)
around um + *acc.*
arrest verhaften
arrive an·kommen (kam an, ist angekommen)
as . . . as so . . . wie; **as far as** bis; **as soon as** sobald
ask fragen; **ask a question** eine Frage stellen + *dat.*
at um + *acc.;* zu + *dat.;* an + *acc./dat.*
aunt die Tante, -n
Austria (das) Österreich
Austrian der Österreicher, -; die Österreicherin, -nen
avoid vermeiden (vermied, vermieden)

B

back zurück
bad schlecht; schlimm
bank die Bank, -en
be sein (ist. war, ist gewesen);

to be about handeln von; gehen um; **the story was about** die Geschichte handelte von; in der Geschichte ging es um
beach der Strand, ¨e
beautiful schön
because weil; wegen + *gen.;* **because of us** uns(e)retwegen
become werden (wird, wurde, ist geworden)
before vor + *acc./dat.;* bevor; vorher
beginning der Beginn; der Anfang, ¨e
behind hinter + *dat./acc.*
belong to gehören + *dat.*
between zwischen + *acc./dat.*
bicycle das Fahrrad, ¨er
big groß
bike das Fahrrad, ¨er
bill die Rechnung, -en
black schwarz
blackboard die Tafel, -n
book das Buch, ¨er; **bookstore** die Buchhandlung, -en
boring langweilig
born geboren
bother stören
bottle die Flasche, -n
boy der Junge, -n
breakfast das Frühstück
brother der Bruder, ¨
build bauen

bus der (Auto)Bus, -se; **bus
  stop** die Bushaltestelle, -n
business das Geschäft, -e; die
  Firma, die Firmen
buy kaufen
by von

C

call an·rufen (rief an,
  angerufen)
camera die Kamera, -s, der
  Photoapparat, -e
can kann/können
capital die Hauptstadt, ¨e
car der Wagen, -
carry tragen (trägt, trug,
  getragen)
castle das Schloß, ¨sser
celebrate feiern
chair der Stuhl, ¨e
change ändern
cheap billig
child das Kind, -er
Christmas Weihnachten
church die Kirche, -n
church die Kirche, -n
cinema das Kino, -s
city die Stadt, ¨e
claim behaupten; wollen (will,
  wollte, gewollt)
clean sauber·machen
clear deutlich, klar; **make
  clear** klar·machen
closed geschlossen
coast die Küste, -n
coat der Mantel, ¨
cold kalt, die Kälte
colleague der Kollege, -n; die
  Kollegin, -nen
colloquial German die
  Umgangssprache, -n
color die Farbe, -n
come along mit·kommen
  (kam mit, ist
  mitgekommen)
comfortable bequem
commit suicide Sebstmord
  begehen (beging,
  begangen)
compare with vergleichen
  (verglich, verglichen) mit
consider halten (hält, hielt,
  gehalten) für; **consider
  to be** gelten (gilt, galt,
  gegolten) als

cook kochen
corner die Ecke, -n
country das Land, ¨er; **in the
  country** auf dem Land
courage der Mut
crime das Verbrechen, -
criminal der Verbrecher, -
curious neugierig

D

dance tanzen
dark dunkel; **dark blue**
  dunkelblau
date das Datum, die Daten
daughter die Tochter, ¨
day der Tag, -e; **all day** den
  ganzen Tag
death der Tod
decide beschließen (beschloß,
  beschlossen)
depart ab·fahren (fährt ab,
  fuhr ab, ist abgefahren)
depend on ab·hängen (hing
  ab, abgehangen) von
describe beschreiben
  (beschrieb, beschrieben)
desk der Schreibtisch, -e
destroy zerstören
die sterben (stirbt, starb, ist
  gestorben)
difference der Unterschied, -e
different anders; ander-
**difficult for: to be difficult
  for** schwer·fallen (fällt
  schwer, fiel schwer, ist
  schwergefallen) + *dat.*
dig graben (gräbt, grub,
  gegraben)
dinner das (Abend)Essen, -
distinguish unterscheiden
  (unterschied,
  unterschieden)
disturb stören
doctor der Arzt, ¨e
door die Tür, -en
downstairs treppab, die
  Treppe hinunter/herunter;
  (to be) downstairs
  unten
dream der Traum, ¨e
dress das Kleid, -er
drink trinken (trank,
  getrunken)
drive fahren (fährt, fuhr, ist
  gefahren)

during während + *gen.;* bei
  + *dat.*

E

early früh
easy leicht; **to be easy for** *or*
  to come easy to leicht·
  fallen (fällt leicht, fiel
  leicht, ist leichtgefallen)
  + *dat.*
education die Erziehung
either . . . or entweder . . .
  oder
end enden, auf·hören
enough genug
environment die Umgebung
escape from fliehen (floh, ist
  geflohen) aus
evening der Abend, -e
event das Ereignis, -se
every jeder, jede, jedes; alle;
  everybody jeder(mann);
  everything alles
exam die Prüfung, -en; **to
  pass the exam** die
  Prüfung bestehen
  (bestand, bestanden)
example das Beispiel, -e
excellent ausgezeichnet
exhibition die Ausstellung,
  -en
expect erwarten
expensive teuer
experience erleben
experiment das Experiment,
  -e
explain erklären

F

fairy tale das Märchen, -
family die Familie, -n
famous berühmt
fast schnell
feel fühlen
fence der Zaun, ¨e
fiancée die Verlobte, -n *(noun
  adj.)*
fight kämpfen
film der Film, -e
find out fest·stellen
fire das Feuer, -
firm die Firma, die Firmen
first der/die erste
five fünf

flee fliehen (floh, ist geflohen)
food das Essen, -
for für + *acc.;* seit + *dat.;* bei
  + *dat.*
foreign fremd; ausländisch;
  foreign language die
  Fremdsprache, -n
foreman der Meister, -
forget vergessen (vergißt,
  vergaß, vergessen)
friend der Freund, -e; die
  Freundin, -nen
front: in front of vor + *acc./*
  dat.
fun: to be fun Spaß machen

G

game das Spiel, -e
garden der Garten, ⸚
German deutsch; der/die
  Deutsche, -n *(noun adj.)*
get werden (wird, wurde, ist
  geworden); bekommen
  (bekam, bekommen); **to
  get dressed** sich an·zie-
  hen (zog an, angezogen);
  to get in ein·steigen
  (stieg ein, ist
  eingestiegen); **to get
  married** heiraten; **to get
  to know** kennen·lernen;
  to get up auf·stehen
  (stand auf, ist
  aufgestanden); **to get
  used to** sich gewöhnen
  an + *acc.*
girlfriend die Freundin, -nen
glad froh
glass das Glas, ⸚er
go gehen (ging, ist gegangen);
  to go along mit·gehen
  (ging mit, ist
  mitgegangen); **to go by**
  fahren (fährt, fuhr, ist
  gefahren) mit; **I am
  going to** ich werde
good gut
goodbye auf Wiedersehen
grandmother die Groß-
  mutter, ⸚
grandson der Enkel, -
grave das Grab, ⸚er
ground floor das Erdgeschoß,
  -sse
guest der Gast, ⸚e

H

happen geschehen (geschieht,
  geschah, ist geschehen),
  passieren
happy glücklich
hard schwer
hardly kaum
have to muß/müssen
hear hören
help helfen (hilft, half,
  geholfen) + *dat.*
high hoch
hike wandern
history die Geschichte
home das Heim, -e; **at home**
  zu Hause
homeland die Heimat
hospital das Krankenhaus, ⸚er
hotel das Hotel, -s
housing development die
  Siedlung, -en
how wie; **how do you get**
  wie kommt man; **how is**
  wie geht es; **how long**
  wie lang(e)
humane menschlich
husband der (Ehe)Mann, ⸚er

I

idea die Idee, -n; die Ahnung;
  have no idea keine
  Ahnung haben (hat, hatte,
  gehabt)
immediately sofort
important wichtig
impression der Eindruck, ⸚e
in in + *dat./acc.;* **in spite of**
  trotzdem
influence beeinflussen
injured verletzt
inquire about sich
  erkundigen nach
inside innerhalb + *gen.*
instead (an)statt + *gen.*
interest das Interesse, -n; **to
  have an interest in**
  Interesse haben (hat,
  hatte, gehabt) an + *dat.;*
  to be interested in sich
  interessieren für;
  interesting interessant
interrupt unterbrechen
  (unterbricht, unterbrach,
  unterbrochen)

invite ein·laden (lädt ein, lud
  ein, eingeladen)
iron das Eisen

J

Jewish jüdisch
join sich an·schließen (schloß
  an, angeschlossen) + *dat.;*
  ein·treten (tritt ein, trat
  ein, ist eingetreten) in +
  acc.; bei·treten (tritt bei,
  trat bei, ist beigetreten) +
  dat.
just nur

K

know kennen (kannte,
  gekannt); wissen (weiß,
  wußte, gewußt); **to know
  about** wissen von

L

lady die Dame, -n
lamp die Lampe, -n
language die Sprache, -n
large groß
last dauern
laugh lachen
lawyer der Rechtsanwalt, ⸚e
lay off entlassen
learn lernen
leave verlassen (verläßt,
  verließ, verlassen); weg·
  gehen (ging weg, ist
  weggegangen)
lecture die Vorlesung, -en
lend leihen (lieh, geliehen)
let lassen (läßt, ließ, gelassen);
  to let know Bescheid
  sagen + *dat.*
letter der Brief, -e
library die Bibliothek, -en
lie liegen (lag, gelegen)
life das Leben
like wie; **to like** gefallen
  (gefällt, gefiel, gefallen) +
  dat.; mögen; **to like
  about** gefallen an + *dat.;*
  would like möchte(n)
listen zu·hören; **to listen to**
  hören auf + *acc.*
little klein; wenig

live leben; wohnen; **to live with** wohnen bei
locked verschlossen
long lang(e)
look an·sehen (sieht an, sah an, angesehen); **to look like** aus·sehen (sieht aus, sah aus, ausgesehen); **to look forward to** sich freuen auf + *acc.*
lose verlieren (verlor, verloren)
lot: a lot viel
loud laut
lucky: to be lucky Glück haben (hat, hatte, gehabt)
lunch das Mittagessen, -

M

magazine die Zeitschrift, -en
mail auf·geben (gibt auf, gab auf, aufgegeben)
make machen; **to make up one's mind** sich entscheiden (entschied, entschieden)
man der Mann, -̈er
many viele
matter die Angelegenheit, -en; die Sache, -n
may darf/dürfen
meaning die Bedeutung, -en
meantime: in the meantime inzwischen
meet treffen (trifft, traf, getroffen)
mention erwähnen
middle: in the middle of mitten in
mind: I don't mind es macht mir nichts aus
miracle das Wunder, -
miss fehlen + *dat.;* **I miss her** sie fehlt mir
mistake der Fehler, -
moment der Augenblick, -e, der Moment, -e
money das Geld, -er
more mehr
morning der Morgen, -; **this morning** heute früh, heute morgen
most die meisten, am meisten; **most of all** am liebsten

mother die Mutter, -̈
mountain der Berg, -e; **mountains** *(pl.)* die Berge, das Gebirge
move um·ziehen (zog um, ist umgezogen); übersiedeln (ist übersiedelt)
movie der Film, -e
much viel
must not darf/dürfen nicht
my mein, meine

N

name der Name, des Namens, -n
need brauchen
negotiation die Verhandlung, -en
neighbor der Nachbar, des Nachbarn, -n; die Nachbarin, -nen
never nie, niemals
new neu
newspaper die Zeitung, -en
next nächst-; **next to** neben + *dat./acc.*
nice nett
night die Nacht, -̈e; **all night** den ganzen Abend; **last night** gestern abend
no kein, keine
nobody niemand
not nicht
nothing nichts
notice bemerken; auf·fallen (fällt auf, fiel auf, ist aufgefallen) + *dat.*
notion der Begriff, -e
now jetzt

O

office das Büro, -s
often oft
old alt
on an; auf
once einmal
one ein-; eins
only nur; **the only** der/die einzige
order befehlen (befiehlt, befahl, befohlen); bestellen
other ander-

outside draußen; außerhalb + *gen.*
over: to be over vorbei sein (ist vorbei, war vorbei, ist vorbei gewesen); aus·sein (ist aus, war aus, ist ausgewesen)
own besitzen (besaß, besessen)

P

painter der Maler, -; die Malerin, -nen
paper die Zeitung, -en
parents die Eltern *(pl.)*
park parken
part der Teil, -e; **is part** ist Teil
party die Partei, -en
pass verbringen (verbrachte, verbracht); bestehen (bestand, bestanden)
passport der Paß, -̈sse
past nach; die Vergangenheit
pay zahlen, bezahlen
people die Leute *(pl.)*
perhaps vielleicht
personal persönlich
pharmacy die Apotheke, -n
phone das Telefon, -e; **phone number** die Telefonnummer, -n
piano das Klavier, -e
pick up ab·holen
picture das Bild, -er
play spielen; das (Theater)Stück, -e; **to play soccer** Fußball spielen
police die Polizei
poor arm; **you poor thing** du Arme(r)
popular populär
prefer lieber haben (hat, hatte, gehabt); vor·ziehen (zog vor, vorgezogen)
pregnant schwanger
present das Geschenk, -e
president der Präsident, des Präsidenten, -en
price der Preis, -e
prison das Gefängnis, -se
probably wahrscheinlich
problem das Problem, -e

promise versprechen
(verspricht, versprach,
versprochen)
prosperity der Wohlstand
proud of stolz auf + *acc.*
publish veröffentlichen
purpose der Zweck, -e; das
Ziel, -e
push schieben (schob,
geschoben)
put stellen; legen
put on sich an·ziehen (zog an,
angezogen)

Q

question die Frage, -n; **ask a
question** eine Frage
stellen + *dat.*
quiet leise, ruhig

R

rather lieber
read lesen (liest, las, gelesen)
really tatsächlich, wirklich
recall sich erinnern
register an·melden
regret bedauern
relative der/die Verwandte, -n
(noun adj.)
remember sich erinnern
rent mieten, vermieten
repair reparieren
responsibility die
Verantwortung, -en
result das Ergebnis, -se
return zurück·kommen (kam
zurück, ist
zurückgekommen),
zurück·kehren (ist
zurückgekehrt)
right rechts; **to be right**
stimmen
room das Zimmer, -
row die Reihe, -n

S

same: the same derselbe,
dasselbe, dieselbe
save retten
say sagen; **is said to** soll; **to
say goodbye to** sich
verabschieden von

school die Schule, -n
scream schreien (schrie,
geschrien)
seat der Platz, ˵e
secretly heimlich
see sehen (sieht, sah, gesehen)
seem scheinen (schien,
geschienen); erscheinen
sell verkaufen
sentence der Satz, ˵e
set the table den Tisch
decken
several mehrere
shopping: to go shopping
einkaufen gehen (ging, ist
gegangen)
show zeigen
sign das Schild, -er
silent: to be silent schweigen
(schwieg, geschwiegen)
sister die Schwester, -n
sit sitzen (saß, gesessen); **sit
down** sich hin·setzen
sleep schlafen (schläft, schlief,
geschlafen)
small klein
smart klug
soccer der Fußball *(game)*
solve lösen
someday eines Tages
something etwas; **something
else** etwas anderes
sometimes manchmal
somewhere irgendwo
soon bald
sorry: to be sorry leid tun
(tut, tat, getan) + *dat.;* **we
were sorry** es tat uns leid
speak sprechen (spricht,
sprach, gesprochen)
special besonder-
spend verbringen (verbrachte,
verbracht)
stamp die Briefmarke, -n
start beginnen (begann,
begonnen); an·fangen
(fängt an, fing an,
angefangen)
stay bleiben (blieb, ist
geblieben)
steal stehlen (stiehlt, stahl,
gestohlen)
still noch
store des Geschäft, -e; der
Laden, ˵

story die Geschichte, -n
straight ahead geradeaus
stranger der/die Fremde, -n
(noun adj.)
street die Straße, -n
struck by: to be struck by
auf·fallen (fällt auf, fiel
auf, ist aufgefallen) + *dat.*
student der Student, des
Studenten, -n; die
Studentin, -nen
study studieren; lernen;
arbeiten
suffer from leiden (litt,
gelitten) unter + *dat.*
suggestion der Vorschlag, ˵e
suicide der Selbstmord;
commit suicide
Selbstmord begehen
(beging, begangen)
suit der Anzug, ˵e
suitcase der Koffer, -
summer der Sommer, -
**supposed to: to be
supposed to** soll/sollen
sweat schwitzen

T

table der Tisch, -e; **set the
table** den Tisch decken
take nehmen (nimmt, nahm,
genommen); bringen
(brachte, gebracht); **take
a walk** spazieren·gehen
(ging spazieren, ist
spazierengegangen); **take
care of** sich kümmern
um; sorgen für; **take
one's time** sich Zeit
lassen (läßt, ließ,
gelassen); **take part in**
dabei·sein (ist dabei, war
dabei, ist dabeigewesen);
taken besetzt
talk to *or* **with** sprechen
(spricht, sprach,
gesprochen) mit; **talk
about** sprechen über +
acc.
taxes die Steuern *(pl.)*
teacher der Lehrer, -; die
Lehrerin, -nen
tell sagen; erzählen; **tell
about** erzählen von

terrible schrecklich
than als
thank danken + *dat.*
that das
thing das Ding, -e
think denken (dachte,
    gedacht); **to think about**
    nach·denken über (dachte
    nach, nachgedacht) +
    acc.; sich überlegen
this dies-
three drei
through durch + *acc.*
ticket die Karte, -n
tie die Krawatte, -n
time die Zeit, -en; das Mal, -e;
    the next time das
    nächste Mal; **to be on
    time** pünktlich sein (ist,
    war, ist gewesen); **to have
    a good time** sich
    amüsieren, sich gut
    unterhalten (unterhält,
    unterhielt, unterhalten)
tired müde
title der Titel, -
together zusammen
tomorrow morgen;
    tomorrow morning
    morgen früh
too zu; auch
toothache die Zahnschmerzen
    (pl.)
train der Zug, ̈-e; **to train** aus·
    bilden
translate übersetzen
travel reisen
treat behandeln
treaty der Vertrag, ̈-e; **to
    conclude a treaty** einen
    Vertrag schließen (schloß,
    geschlossen)
trial der Prozeß, -sse
trip die Reise, -n
try versuchen
TV der Fernseher, -
twice zweimal
two zwei

U

ugly häßlich
umbrella der (Regen)Schirm,
    -e
uncle der Onkel, -

understand verstehen
    (verstand, verstanden)
unfortunately leider
until bis + *acc.*
usually gewöhnlich

V

vacation die Ferien *(pl.)*
very sehr
visit der Besuch, -e; **to visit**
    besuchen

W

wait warten; **to wait for**
    warten auf + *acc.*
walk zu Fuß gehen (ging, ist
    gegangen); **to take a
    walk** spazieren·gehen
    (ging spazieren, ist
    spazierengegangen)
wall die Mauer, -n
wallet die Brieftasche, -n
want will/wollen
war der Krieg, -e; **world war**
    der Weltkrieg, -e
wash waschen (wäscht, wusch,
    gewaschen)
watch TV fern·sehen (sieht
    fern, sah fern,
    ferngesehen)
way der Weg, -e; die Weise, -n
weather das Wetter
weekend das Wochenende, -n
west der Westen; **to the west**
    in den Westen
what was; **what a** was für ein-
when wann
where wo; wohin
while während; **for a while**
    eine Weile, eine Zeitlang
whole ganz
why warum
win gewinnen (gewann,
    gewonnen)
window das Fenster, -
wine der Wein, -e
wish wünschen
with mit + *dat.;* **within**
    innerhalb + *gen.;*
    without ohne + *acc.*
woman die Frau, -en

work arbeiten; die Arbeit, -en;
    to work zur Arbeit
worry about sich Sorgen
    machen um
worth: to be worth sich
    lohnen; **it's worth** es
    lohnt sich
would like möchte(n)
write schreiben (schrieb,
    geschrieben)
writer der Schriftsteller, -; die
    Schriftstellerin, -nen

Y

year das Jahr, -e; **for years**
    jahrelang
yesterday gestern
young jung

Index

Photo Credits

Praise for Gish Jen's

THE GIRL AT THE BAGGAGE CLAIM

"Fascinating. . . . Rich with examples of the contrast between Asian society and our own. . . . She is onto something that the typical American may become aware of as we bump into people unlike ourselves—from other cultures, not limited to Asians."
—*St. Louis Post-Dispatch*

"The qualities of carefully rendered fiction shine through in [Jen's] book, turning a study of culture and psychology into an engaging narrative. Whether in commerce, diplomacy, or travel, readers can take away memorable insights into how identity and context shape worldviews." —*PopMatters*

"Jen holds up a comprehensive and scholarly mirror to both worldviews—and be warned: Her mirror is honest, and at times provocative." —*BookPage*

"I honestly can't overstate how fascinating I found this book. It's shaken (in the best possible way) some of my basic assumptions about being a Self." —Jason Gots, producer of *Big Think*

"In her trademark lively and witty prose, Gish Jen not only limns non-Western views of the self but also questions whether the Western self is really a natural way to be. A powerful, provocative work." —Michael Puett, professor of Chinese history, Harvard University

"Truly eye-opening and thought-provoking." —Eric Lander, president and founding director of the Broad Institute of Harvard and MIT

"Gish Jen draws on personal experience, interviews with experts, and her astute reading of both literature and social science to illuminate the crucial question of self in culture. . . . *The Girl at the Baggage Claim* is remarkable and fluent but, most of all, essential." —Sherry Turkle, author of *Reclaiming Conversation: The Power of Talk in a Digital Age*

"Insightful, far-reaching, and a joy to read. . . . *The Girl at the Baggage Claim* answered questions I've been asking my whole life." —David Henry Hwang, playwright of *M. Butterfly*

"This book gives special proof to the belief that our best novelists are also our best psychologists. With characteristic wit and unfailing insight, Gish Jen creates a genre all her own — uniquely universal, deeply serious, and unselfconsciously joyous." —Maryanne Wolf, author of *Proust and the Squid: The Story and Science of the Reading Brain*

"A beautifully observed book . . . poignantly captures the personal tussle between independence and interdependence so many of us are caught in. A must-read for anyone navigating the East-West divide." —Priyamvada Natarajan, author of *Mapping the Heavens: The Radical Scientific Ideas That Reveal the Cosmos*

Gish Jen

THE GIRL AT THE BAGGAGE CLAIM

Gish Jen is the author of four novels, a book of stories, and a previous book of nonfiction, *Tiger Writing: Art, Culture, and the Interdependent Self*. Her honors include the Lannan Literary Award for fiction, the Mildred and Harold Strauss Living Award from the American Academy of Arts and Letters, and fellowships from the Guggenheim Foundation, the National Endowment for the Arts, the Radcliffe Institute for Advanced Study, and the Fulbright Foundation. She is also a fellow of the American Academy of Arts and Sciences, and lives with her husband and children in Cambridge, Massachusetts.

www.gishjen.com

THE GIRL AT THE BAGGAGE CLAIM

THE GIRL
AT THE
BAGGAGE CLAIM

....

Explaining the East-West Culture Gap

....

GISH JEN

Vintage Contemporaries
Vintage Books
A Division of Penguin Random House LLC
New York

The Library of Congress has cataloged the Knopf edition as follows:
Title: The girl at the baggage claim : explaining the East-West culture gap / by Gish Jen.
Description: New York : Alfred A. Knopf, 2017.
Identifiers: LCCN 2016026243
Subjects: LCSH: East and West.
BISAC: PSYCHOLOGY / Social Psychology. | SOCIAL SCIENCE / Anthropology /
Cultural. | BUSINESS & ECONOMICS / International / General.
Classification: LCC CB251.J46 2017 | DDC 306.4—dc23
LC record available at https://lccn.loc.gov/2016026243

Vintage Contemporaries Trade Paperback ISBN: 978-1-101-97206-9
eBook ISBN: 978-1-101-94783-8

Author photograph © Romana Vysatova
Book design by Betty Lew

www.vintagebooks.com

For Ann Close

with love and gratitude

There is no truth. There is only perception.

—*Gustave Flaubert*

....

Everything that irritates us about others can lead us to an understanding of ourselves.

—*Carl Jung*

Contents

....

Part IV: Meetings and Mixings

Preface

....

An Asian girl applies to Milton Academy, a prestigious New England independent school, for admission. Her TOEFL scores are great; her essays are great. The admissions office Skype interviews her; she is great. They enthusiastically send her their signature blue and orange admissions package and look forward to welcoming her.

Since she is traveling alone, the school helpfully sends a person to pick her up from the airport. The girl arrives. But strangely, her English is not as good as the admissions office had been led to expect. Indeed, as time goes on it becomes clear that the girl who has come is not the girl who applied at all.

It is, instead, her sister.

And this is not the only story involving Asia and a certain disconnect. Some of these stories involve fraud, but many do not—for example, the story of Korean American author Suki Kim, who is greatly dismayed when her daring investigative reporting from North Korea is packaged as a memoir. What do we make of her editor's belief that it is not Kim's fact-finding but her story of personal growth that matters? And what do we make of Kim's discomfort with self-focus, of her feeling that "there is something deeply humiliating about being so self-obsessed"?*

Then there are the stories involving New York's prestigious science

_____

* Suki Kim's experience recalls that of author Maxine Hong Kingston, who wrote her famous *Woman Warrior: Memoirs of a Girlhood Among Ghosts* as a novel but was pressured by her publishers to release it as a memoir.

high schools, both of which, the Bronx High School of Science and Stuyvesant High School, are now 60 to 70 percent Asian American. Is there not something discombobulating about those numbers given that Asian Americans comprise only 15 percent of the city's students? Or what about the Organisation for Economic Co-operation and Development's global assessments of the math and science prowess of fifteen-year-olds, in which the first five places are all regularly taken by Asian countries?* Of course, testing is an apoplexy-generating subject, sure to ruin any gathering of educators. Still, something is intriguing enough that in 2015 the BBC invited a team of Mainland Chinese teachers to Britain to teach. They filmed everything about the encounter—the classes, the teachers, the students—hoping to answer the immortal question, How is it that Shanghai kids are so good at math?† As for the answer, several hundred hours of film footage later: It's the culture, stupid.

But what does that mean?

A great many Asians and Asian Americans—including yours truly—are not particularly good at math. In fact, some of us would rather eat raw frogs than derive anything from anything else. What's more, many of us are not hyper-achievers. Cambodian, Laotian, and Hmong Americans, it turns out, have lower rates of high school completion than African Americans and Latinos. And not all our families are models of support, either. My own Chinese American family was of the first-son-comes-first school of thought. It is inconceivable to me that they would have looked into private school for a daughter, much less used a sibling to help get her in. Quite the contrary, their mantra was "No good for a girl be too smart" alternating with "No one wants to marry a smart girl."‡ Neither

---

* For example, in 2015, the first five places were taken by Singapore, Hong Kong, South Korea, Japan, and Taiwan. There is always debate over what these sorts of results mean, as they are based on the controversial PISA (Programme for International Student Assessment) exam.

† The official question and title of the series was *Are Our Kids Tough Enough?*

‡ This traditional attitude has recently resurfaced, with some Chinese joking that there are "three genders: male, female, and female PhD."

was my father particularly self-effacing, by the way. Contrary to stereotype, he loved attention and applause.

What's more, a great many foreign students are not the girl at the baggage claim. Many are perfectly honest; and non-Asians are not saints. A professor friend recently commented that the difference between her American students and her Chinese students was not whether they plagiarized but whether they knew to hide it; American students, she said, were better about changing the font. And I myself remember the teaching assistants' orientation at the University of Iowa in 1981, in which we were all instructed to have the students write something the first day of class and to keep it. That way, we were told, should any of our students plagiarize, we would be armed with a writing sample with which to confront them. (As for the temerity of some students, well, witness the student who handed in Edgar Allan Poe's "The Tell-Tale Heart" as her work for a creative writing class. Even when confronted with the original, she just shook her head, flabbergasted. "Well, ain't that the darnedest thing," she said.)

There are good reasons why we Americans are culture-phobes: For every generalization there are umpteen gazillion exceptions. It's the shortest of hops, too, from culture praise to culture blame ("If they can do it, why can't you?"); and it is way too easy to use culture to support stereotypes. (No, I am not a tiger mom.) Plus, what can we really say about culture when it's so hard to say what we even mean by the word "East," exactly, or, for that matter, "West"; when, whatever they are, they have intermixed from time immemorial; when all cultures are ever evolving; and when, as anthropologist Richard A. Shweder put it, culture and psyche make each other up? It's like trying to mark the shoreline. There are endless wet sandy areas, neither ocean nor shore, and everything you draw is sure to be washed away. What's more, culture is never the whole of any answer. It is always—along with economics, politics, one's genes, one's neighborhood, one's times, and more—only a part.

Yet if the stories we've just told tell a story themselves, it is that, paradoxically, whether or not there is an "East" or a "West," exactly, there is still an East-West culture gap. And what with ever-increasing globalization on every level—meaning, among other things, that China is now not only the largest sender of immigrants to America, but the source of a third of all foreign college students and half of all foreign elementary and high school students—it's past time to consider figures like the girl at the baggage claim and ask, How does this happen? What were her parents thinking, that they put her on the plane? What was her sister thinking, that she gave an interview to a school she was not going to attend? What was the poor girl herself thinking as she stood all alone by the Boston airport baggage claim? The girl was plainly wrong to agree to this plan; and her family was wrong, too, to have put her in this position. But what does it say that she and her family should have ever imagined this plan could work? And is their thinking related to the exasperation of a Korean American writer with her editor, or to the demographics of Stuyvesant High School? And are these things the tip of an iceberg about which we need to know more?

The premise of this book is that so much of what mystifies us about the East need not mystify us. In fact, as I hope to show in these pages, a great deal of what the West fails to get about the East—not to say what the East fails to get about the West or, for that matter, what we may fail to get about ourselves—stems from a difference between the conception of self that dominates the West and the conception of self that dominates the East. It's a difference that underlies the way we focus and remember; it's a difference that underlies the way we talk, eat, read, and write. It underlies our ideas about testing, education, and storytelling; our ideas about architecture and space; our ideas about innovation and branding; and our ideas about law, rehabilitation, religion, freedom, and choice. It underlies our relationships to one another and to nature. It underlies the bamboo ceiling phenomenon and many other Asian American experiences. It underlies what we believe to be taboo and what we believe to be an obligation. It even underlies the affection with which we view the letters of our names. Yet for all its profundity—and I don't use that word lightly—it can be hard to see. Like the air, it is too ubiquitous to be easily perceived.

Still, this is the project ahead: to tease out the two kinds of selves we humans have developed, and to give a sense of how paradoxically ever-changing yet uncannily durable they are. As for the selves in question, one is a self found in individualistic societies—a self we may envision as a kind of avocado, replete with a big pit on which it is focused. Called the "independent" self by psychologists, this is a self we will also refer to by our own informal term, the "big pit self." That is to distinguish it from the "interdependent" self, which is far more embedded in, attuned to, and accommodating of its context—the "flexi-self" often found in collectivistic societies.

As for how we will go about this, that will be by first showing that big pit selves edit the world, and in a characteristic way. It's a way we can make out in part by considering what this self edits out when making pictures and stories—by what's left on the cutting room floor—and in part by considering what this self would certainly edit out of the world if it could. What gets an individualist's goat? We'll then stop to consider the two selves more carefully, that we may begin to make out, in Part II, some important things about flexi-selves.

In particular, we'll take up four aspects of flexi-selves that, especially in their Asian permutation, can make not only for girls giving Skype interviews on behalf of their sisters, but for much more—for everything from the copycat phenomenon to the testing phenomenon to the enigma of Chinese invention. How can Alibaba founder Jack Ma so blithely observe that "fakes are often better quality and better price" than the originals on which they're based? Why do Chinese companies tweak more than they disrupt? And why does China take such a different view than we do of human rights? We will examine, too, why the idea of training is at odds with education for some of us but not all of us. And is life as a flexi-self warmer than life as a big pit self? Is it more caring? Or is it more punitive and linked to authoritarianism? And what does flexi-life actually look like?

In Part III we will turn for a quick two chapters to the big pit self that we see so much of in America—a self unlike any other in the world, assertive and full of self-esteem, and yet anxiously protective of its self-image and obsessed with self-definition. Why is it, exactly, that Americans must have fifty flavors of ice cream when other cultures are happy with ten? Why do we talk about ourselves so much? Why are we consumed with the memoir? Why is personal growth so important? Does self-esteem come at a price? And why do we see work the way we do, and how did we get this way?

Then finally, in Part IV, we will look at what happens when the two selves meet up. Why don't flexi-selves talk more in class? Why are flexi-selves driven to blur boundaries, artistically and otherwise? Can the East-West culture gap be bridged? Is there a sweet spot in between independence and interdependence, a rich and productive ambidependence? And if so, what does that look like, and what does all this tell us about the nature of humanity itself?

As for how it is that I, a novelist, have come to be writing about avocado pits: I have in truth been obsessed all my life with culture. As the American-born daughter of Chinese immigrants, I grew up with the puzzle that was East versus West—a puzzle that has sent me traveling regularly to China for over thirty-five years. Culture and self have informed not only all my novels, from *Typical American* to *World and Town*, but my stories, too, as well as a trio of public lectures I gave at Harvard University in 2012. Those lectures, part of an annual series called the William E. Massey, Sr., Lectures in the History of American Civilization, were later published under the title *Tiger Writing: Art, Culture, and the Interdependent Self*—a book whose subject I thought I was done with when it was done. Ha! Never has a book so begged to be expanded upon until finally I gave in and allowed it to grow into this one.

It's no accident that in this descendant of *Tiger Writing*, you will find, as in its parent, much art and literature. That's just its DNA. Since this is not a book about what a big-pit-self/flexi-self lens can show us about art, however, but rather what it can show us about the world, you will find here many more ties to life. The vast majority of these involve China and America because these are the cultures I know most intimately, and because the dance-floor lurchings of China and the United States are lurchings that rock the world: Among cultural differences, this one figures in a particularly seismic way. Also, though, I have brought into my story many of the other places in the world where we find flexi-selves, as the difference in self we have roughly conceptualized as between the West and the East is actually a difference between the West and the rest—with "the West" mostly meaning Western Europe, North America, and some formerly British colonies like Australia and New Zealand, and "the rest" meaning the rest of the world—including, to various degrees, India, Israel, Lebanon, Afghanistan, France, Ghana, Mexico, and countless other countries, as well as many parts of the United States. The concerns in this book affect everyone from the Israeli long-term unemployed to the Montenegrin New York doorman whose mother would have thrown herself under the number 6 train had he not married another Montenegrin.

Still, like *Tiger Writing*, this book rests finally on the brilliant work of a host of cultural psychologists. I have relied particularly heavily on the research of Richard Nisbett and Shinobu Kitayama at the University of Michigan; Hazel Rose Markus and Carol Dweck at Stanford University; Qi Wang at Cornell University; Patricia Greenfield at the University of California, Los Angeles; Allyssa McCabe at the University of Massachusetts, Lowell; Heejung Kim at the University of California, Santa Barbara; Steven Heine, Joseph Henrich, and Ara Norenzayan at the University of British Columbia; Thomas Talhelm at the University of Chicago Booth School; Jean Twenge at San Diego State University; Jeffrey Sanchez-Burks at the University of Michigan Ross School; and Paul Piff at the University of California, Irvine. My debt extends, however, to dozens more thinkers than I can name, all of whom have worked to establish not only that there really are two models of self, but what exactly that means. I salute them with the utmost respect and cannot urge you more strongly to read their groundbreaking papers and books.

But also I salute Emily Dickinson, who gave the best advice about writing ever given—namely, tell the truth, but tell it slant. It's advice I give writing students all the time, and advice I've tried to heed myself here, as I've needed it. Culture is, after all, the trickiest of subjects—an elephantine truth with an invisibility cloak. Perhaps it is a fool's errand to try and lift that cloak's hem.

And yet I have managed, I hope, to sneak a peek at some feet.

Part I

We Edit the World

Jeff Widener, Tiananmen Tank Man

We edit the world. Witness this famous image from the 1989 Tiananmen protests in Beijing—the one of the single man who, the morning after the violent crackdown on the protesters began, simply stood in the road in front of a column of tanks on their way down Chang'an Avenue into Tiananmen Square, and refused to move. In the picture, he is holding two shopping bags; he looks as if he were simply going about his day when he happened upon the tanks and suddenly decided, I'll block them. Both the BBC and CNN having been able to film the event, we know that when the lead tank tried to go around the man, he stepped into its path again—and then again and again, in a dance that in the videos seems almost cartoon-like. In truth, there was nothing playful about it. There was gunfire everywhere; these tanks were on a murderous mission. Still, when the lead tank finally stopped and, with all the rest of the column behind it, turned off its engine, the man climbed up onto its turret, called into a porthole, and spoke to a soldier. Then, later, when the tanks turned their engines back on and tried to move again, he leapt down and began blocking them once more—back and forth, back and forth—until he was finally pulled away. To this day, we do not know who pulled him. Nor do we know, sadly, what happened to this man. But all in all, it was a most heart-stopping confrontation. Indeed, it was one of the most riveting confrontations of the twentieth century, and his actions were without question transcendently brave. Were they, though, the actions of an interdependent self?

Many in the West would say no. Many would say that these actions represented the opposite of collectivism—that they were the actions of a true individualist, staying true to his avocado pit and standing up to an oppressive society. But that just goes to show how individualists filter the world. Though interdependent flexi-selves are more like members of a baseball team than they are art-for-art's-sake artists, they are as capable of heroic action as any big pit self. Individualists have absolutely no monopoly on courage or initiative.

Indeed, strikingly *inter*dependent was the moment when the man climbed up onto the tank and spoke to the soldier inside. That blurring of a boundary—in this case, between the man and the tank—is, as we shall see, a hallmark of the flexi-self, and was interestingly the focus of some of the early coverage of the event. In fact, the first picture of the incident, taken by photographer Arthur Tsang Hin Wah, circulated by Reuters for at least six hours worldwide, and shown on the next page was a photo of the man up on the tank's hull.

It was only later coverage that settled on the more individualistic picture—photographer Jeff Widener's iconic image of the man facing down the lead tank—through which many of us could see what we wanted to see. For, perhaps a bit short and slight for the job, and somehow not wearing a holster or carrying a gun, the man in front of the tank nonetheless conjures up John Wayne. This is a man who fairly

Arthur Tsang Hin Wah, Tiananmen Tank Man

emanates the power of a single, courageous, authentic consciousness. He is standing up for freedom, as he must, we imagine, for there is something in him he cannot deny, something extraordinary; and in this he is like, say, Marshal Will Kane of the movie *High Noon*, or lawyer Atticus Finch in the novel *To Kill a Mockingbird*, or any real genius or artist. Is it possible that he is just an ordinary man who wishes the soldiers would not fire on their fellow Chinese? And is it possible that he sees the soldiers as ordinary, too—as mere humans gone wrong, which is why he is knocking on their hatch? Well, no. We don't see that.

That he may well be just such a man, though, is suggested by a study of two murderers done by psychologists Michael Morris of Columbia University and Kaiping Peng of the University of California, Berkeley. In comparing the U.S. coverage of two 1991 mass murders—one involving a Chinese physics student named Gang Lu and one involving an Irish American postal worker named Thomas McIlvane—they found significant differences between the leading English-language paper, *The New York Times*, and the leading Chinese-language paper, the *World Journal*. "American reporters attributed more to personal dispositions and Chinese reporters attributed more to situational factors," they wrote. By this they meant that the English-language reporters ascribed Gang Lu's actions to his avocado pit. "He had a very bad temper," they said. He was a "darkly disturbed man who drove himself to success and destruction." He had "psychosocial problems with being challenged." And, "There was a sinister edge to Mr. Lu's character well before the shootings." In short, "whatever went wrong was internal." In contrast, the Chinese-language reporters blamed his relationships and circumstances. He "did not get along with his advisor," they wrote. He was in a "rivalry with the slain student." He "was a victim of the 'Top Students' Education Policy.'" The incident "can be traced to the availability of guns."

This pattern was the same for the Thomas McIlvane case. The English-language reporters emphasized McIlvane's personal characteristics: He "was mentally unstable," "had repeatedly threatened violence," and "had a short fuse." The Chinese-language reporters emphasized external factors: He "had recently been fired." The "post office supervisor was his enemy." He was inspired by the "example of a recent mass slaying in Texas." And so on.

This conception of people as being shaped by their situations, as opposed to having sole control of their destinies, was echoed in a 2014 *New Yorker* article about a doctor stabbed to death by a patient named Li Mengnan in the northern Chinese city of Harbin. The doctor was not even treating Li; he was simply the first person Li saw when he walked in, frustrated and enraged by other events. And we should note that, horrendously as Li had in truth been treated, the doctor's father did not feel the abuse excused Li's actions. During the trial, the doctor's father refused to accept Li's apology: "Those words were not from the bottom of his heart," he said. Li was eventually sentenced to life in prison. Later, though, when the *New Yorker* writer, Christopher Beam, asked the doctor's father whom he blamed for his son's death, the father answered, "I blame the health-care system . . . Li Mengnan was just a representative of this conflict. Incidents like this have happened many times. How could we just blame Li?"

Other cultures favor a situational model of responsibility as well. For example, in a comparative study of Israeli and American long-term unemployed, MIT Sloan School psychologist Ofer Sharone found that while Americans blamed themselves for their predicament, Israelis blamed the system. This did make the Israelis feel like commodities—that was the bad news. But the good news was that applying for jobs did not involve a referendum on their deepest selves. They were not particularly anxious about their self presentation, starting with their resumes. As one job hunter put it, "It's not like the tablets on Mount Sinai. It's the product specs." Neither did they see the interview as about chemistry or like a date; and as for what ultimately happened, "These are idiotic situations that are determining your fate," they said—frustrating, yes, but not a reason to think, as did so many Americans, *What's wrong with me?*

Similarly, in a Peruvian school play about Little Red Riding Hood, the Big Bad Wolf was not simply big and bad. He was hungry, having fallen on hard times. And in a version I once saw in a Chinese elementary school, the Wolf was later remorseful—so much so that he regurgitated Little Red Riding Hood and her grandmother. The play ended with everyone—including the Wolf—holding hands and dancing in a circle.

Did the man in the Tiananmen tank picture similarly conceive of the soldiers as driven by circumstance rather than as bad guys? We cannot know, of course. But here's the question: Given the way we Westerners edit the world, does it even occur to us that he might have?

For another example, take the self-portrait of a Chinese scholar on the next page. Exhibited in New York by the Asia Society, an organization dedicated to educating the world about Asia, this *Self-Portrait in Red Landscape* was painted by Xiang Shengmo in 1644, at the fall of the Ming Dynasty, a most traumatic time. The government having been overthrown by the foreign Manchus, many literati were simply distraught—among them, this painter, who expressed his deep grief by painting himself in black but his surroundings in red. This was a reference to the name of the Ming imperial family, which had meant "vermilion red," and that this was a subversive act is clear from the fact that after its painting, the work was quickly hidden away, and not taken out again until the fall of the Manchus in 1911.

At the same time, we can see from all the inscriptions on the painting that the work as a whole is finally as much about community as it is about resistance: The central image is, after all, surrounded by the sympathetic writings of other Ming loyalists.[*] Yet in 2013, when the Asia Society had a *New York Times* ad made out of the painting, the inscriptions were cropped out. As we can see in the image on the following page, the narrative of the work is presented as more individualistic than it actually is—a version, in fact, of the

Xiang Shengmo (1597–1658), Self Portrait in Red Landscape

---

[*] Psychoanalyst Takeo Doi points out that, like the Chinese, the Japanese "do not think of the individual and the group as being fundamentally in conflict [but rather that] the support of the group is indispensable for the individual." See his book *The Anatomy of Self.*

New York Times *advertisement for*
The Artful Recluse

individual-versus-society narrative in the iconic Tiananmen tank photo. Once again we have the lone dissenter that dominates Western culture—the Thomas More who stands up to Henry VIII and his craven court in *A Man for All Seasons,* the Winston Smith who stands up to Big Brother in George Orwell's *1984.*

Can we blame an organization like the Asia Society for Westernizing the image? Their goal was to get people to visit their show, after all, and to do that they had to appeal to the readers of *The New York Times*—people likely to find the cropped image more compelling than the original. Of course, if these readers visited the show, they would then be confronted with images and narratives that challenged their worldview. But first they had to be gotten in the door—or so we might guess.

Here, in any case, is a third example of editing for which we have a clearer window into the decision-making. This example involves the writer Annie Dillard, who in 1974 published a riveting memoir called *Pilgrim at Tinker Creek.* Her book won the Pulitzer Prize and dazzled a whole generation, yours truly among them, thanks to passages like this:

At the time of Lewis and Clark, setting the prairies on fire was a well-known signal that meant, "Come down to the water." It was an extravagant gesture, but we can't do less. If the landscape reveals one certainty, it is that the extravagant gesture is the very stuff of creation. After the one extravagant gesture of creation in the first place, the universe has continued to deal exclusively in extravagances, flinging intricacies and colossi down aeons of emptiness, heaping profusions on profligacies with ever-fresh vigor. The whole show has been on fire from the word go. I come down to the water to cool my eyes. But everywhere I look I see fire; that which isn't flint is tinder, and the whole world sparks and flames.

The writing is brilliant, ecstatic, visionary. Our hair stands on end. Sentence after sentence leaps from the page, sparking and flaming itself. And it does seem that in some ideal world their sheer quality should have been enough to make this a watershed book.

But Dillard was not at all sure that the world would take her—a "Virginia housewife named Annie," as she called herself—seriously. And so *Pilgrim* styles itself as a kind of *Walden* with Dillard a kind of Thoreau even though, as *Atlantic* writer Diana Saverin points out, Dillard wasn't "living alone in the wild. In fact, she wasn't even living alone. She was residing in an ordinary house with her husband—her former college poetry professor." What's more, Dillard had written a thesis on Thoreau and knew perfectly well that stories of lone men in the wilderness often involved some hooey. "In Wildness is the preservation of the World," Thoreau wrote in his 1862 essay "Walking," for example. Yet as Saverin asks,

> [W]hat was the "wildness" Thoreau was describing? Critics have pointed out that Thoreau's cabin, on land owned by his friend Ralph Waldo Emerson, was within easy walking distance of Concord. There were rumors that he'd had his mother do his laundry the whole time.

And indeed, his time there included many dinners with friends and family, and even a rally at the cabin for the Concord Female Anti-Slavery Society. So thoroughly networked was he that, though he might well have liked to have spent more time in jail when he was arrested for not paying his poll tax,* his relatives found out about his arrest so quickly, and so immediately paid what needed to be paid, that he could not escape being released.

Still, knowing what American audiences wanted, Dillard went out of her way to emphasize her aloneness. In the first chapter, she compares her home to "an anchorite's hermitage," and later, she writes, "I range wild-eyed, flying over fields and plundering the woods, no longer quite fit for company." The only human interaction she has in the book is with a man who gives her a Styrofoam cup of coffee on a solitary drive home. The husband with whom she lives, the friends with whom she lunches, and the teammates with whom she plays softball are all conspicuously missing.

Her omissions were so extreme as to be funny to those in the know. As Dillard wrote in her journal, her friends "said, laughing, that they got the sense I was living in this incredible wilderness." And certainly back when, as a grad student, I first read *Pilgrim*, that is the sense I got, too. In truth, though, the "incredible wilderness" was a stretch of woods near Hollins College, in a suburb, as Dillard came to admit. She reports:

> [B]efore publishing *Pilgrim* [Dillard] hadn't realized how wild she'd made the valley seem. "I didn't say, 'I walked by the suburban brick houses' . . . Why would I say that to the reader? But when I saw that reviewers were acting like it was the wilderness, I said, 'Oh, shit.' So the first thing I wrote after [that was an essay in which I pointed out,] 'This is, mind you, suburbia.' Because I hadn't meant to deceive anybody. I just put in what was interesting."

---

* This was, after all, material for the essay he was hatching on civil disobedience.

But she has also conceded that her tremendous opening line with its heraldic wildness—"I used to have a cat, an old fighting tom, who would jump through the open window by my bed in the middle of the night and land on my chest"—was appropriated. Writes Saverin,

> When I asked about the tomcat in the first sentence, she told me she'd heard a similar story from "some poor graduate student" named Frank McCullough over lunch at the Hollins snack bar. "I said, 'Gosh that's a good image,'" Dillard told me. "I was just the faculty wife. 'Oh, can I use that?' 'Sure honey.' We had no idea in the world that these words were going to live. It was a great first sentence."

So what do we think of Dillard today? Do we praise her for her canniness or condemn her for her duplicity? She is no doubt right when she claims that it might have been difficult for a "Virginia housewife named Annie" to be taken seriously. And she may be right, too, when she says that one of the goals of writing about an experience is to mythologize it—"not that one is aware that one is mythologizing, but you want everything simplified and enlarged."

Like the editor who realized that the great Tiananmen tank photo was the one of the man confronting the tanks, though, and like whoever at the Asia Society realized that the best image for their show would be the one of the lone scholar-protester, Annie Dillard knew where pay dirt was. She knew that presenting herself as a lone individual in the wilderness was the way to go, and that neither her aloneness nor the wildness of the wilderness could be overemphasized. And so she edited and conquered, leaving us to ask: Do Americans crave narratives like that? And why?

Some Things We Cannot Edit Out

Stanford psychologist Hazel Rose Markus has written about how feelings of irritation are often bellwethers of a good research idea. And for nonpsychologists, too, such feelings point to places of cultural rub—to the things we would love to edit out of the world the way we edit things out of our pictures and narratives exactly because they are at odds with our culture.

Of course, there are many such things; this is a crowded category. And yet if we had to point to the single most irritating thing about the East, the thing we would most like to edit out, that would likely be something tellingly related to the individual-versus-society narrative of which we are so enamored—namely, its inverse, the copycat phenomenon. Where the individual-versus-society narrative reinforces the idea that we have a sacred thing within us, after all—an avocado pit that, as the source of our authenticity and originality, is absolutely worthy of our utmost respect—the copycat phenomenon says the opposite: that we have no such thing and, what's more, it ain't sacred. As for how deep a cultural chasm lies between these two views, we can sound its depth by asking, Does copying stick in our craw? And if it does, does it stick just a little? Or is it really, truly, irritating as all get-out?

2

A Telling Irritation

It is 2013. Architect Zaha Hadid is putting up a new building in Beijing. The Wangjing SOHO complex is a trio of curvilinear forms that do not seem to have been designed and constructed so much as to be pushing up, of their own accord, out of the ground. Meant to evoke koi in a pond, they seem caught in a moment of emerging; the bulk of them seems as yet submerged. Still, people are excited. In fact, such is the buzz that not only is a knockoff already going up in another city, Chongqing, but it is going up so fast that it will be done, people say, before the original. Of course, this is flattering in a way. But Hadid, people say, is not flattered. Hadid is irritated, they say—and that's even before she hears that, apparently because there isn't quite enough space on the building lot, the developer is only copying two parts of the design. The plan is to simply lop off the third.

As for whether Hadid is the first to be irritated by copying in China—hardly. In 2011, Apple was irritated, too, when it found that some knockoff Apple stores had opened in the southwestern city of Kunming. These copied the iconic Apple stores in painstaking detail, from the expansive blond-wood counters to the floor-to-ceiling glass front wall. The lighting was the same; the open winding staircase was the same. The luxurious spaciousness was the same. And instantly recognizable, too, to a Western visitor, would have been the supremely elegant minimalism—that weightless, spaceship-like serenity so evocative of a *Star Trek* meditation room. The blue-T-shirted clerks even seemed to exude that trademark Apple brainy super helpfulness, though how

Wangjing SOHO complex, Beijing, China

A knockoff of the Wangjing SOHO complex, Chongqing, China

brainy they actually were was hard to say, as at least one supervisor claimed not even to know that his store was unauthorized.

If one thing was different, it was, ironically, the very first thing you saw: For unclear reasons, the Apple pirates did not keep to an unadorned apple etched on the front glass wall. Instead, beside the apple, as if in helpful explanation, they arranged to have written, in both Chinese and English, "Apple Store" (which became, in at least one location, "Apple Stoer"). Still, in most ways, these stores were a form of banditry so perfect that people who were not irritated were fascinated. The American nurse midwife who first blogged about the stores, for example, wrote, "We photographed these stores because they were such detailed and complete ripoffs that they almost rose to the level of artistry." And she was not alone in this ambivalent admiration.

Of course, the stores were still illegal, and still a form of theft—no one denied that. It was, in fact, a kind of theft for which the Chinese have a name—*shanzhai*, meaning "mountain fort," after the strongholds that bandits in imperial times would establish far away from official control. But this was a particularly elaborate instance of *shanzhai*, with something of the appeal of an exact-to-scale model of the *Titanic* or *Orient Express*. There was an element of homage in it, making this not so much a matter of simple thievery as of thievery crossed with something else—with evidence of a self that, as Hadid's experience suggests, takes authenticity far less seriously than we do in the West. As for whether that flexi-self might react differently than its big pit self counterpart, well, consider the flat-out enthusiasm of a Chinese blogger named Yuanyi: "That is one thorough fake," she wrote. "Amazing. Respect."

A Nation of Counterfeiters!

Will Apple ever be able to squelch unauthorized stores in places like the booming southern city of Shenzhen? This is an open question, what with whole mall shops expressly dedicated to supplying the paraphernalia needed to make a fake store look real. Need an Apple display shelf? An Apple T-shirt? An Apple logo for your window, an Apple graphic for the wall? It's one-stop shopping. And Apple has had its hands full in other countries, too, what with fake Apple stores having cropped up in Colombia, Burma, Venezuela, Slovenia, Spain, Germany, Bahrain, Burma, El Salvador, Italy, Vietnam, and elsewhere.

If the company has a firmer grip on things in the United States, it is not because Americans are better human beings. On the contrary, we Americans are endlessly confronted with our own homegrown chutzpah: Artworks donated to over fifty American art museums were, for example, discovered in 2011 to have been copies that the donor, Mark Landis, made himself, typically with materials from the hardware store, and while watching TV.* And his were hardly the only forgeries held by museums. In fact, former director of the Metropolitan Museum of Art Thomas Hoving estimated that

> [F]orty per cent of the objects he examined for the Met were fraudulent or "so hypocritically restored or so misattributed" that it amounted to the same thing. "Every museum you go to, they've got fakes," [former FBI Art Crimes investigator] Robert Wittman says. "Rooms of them, in fact, usually in the basement, but sometimes in the galleries. Reproduction furniture, old Bibles, Old Master and modern paintings, cloisonné vases from the Han dynasty — they can't turn things down, so they're full of this kind of material."

What's more, Americans are hardly above profiting from knockoffs: Witness the fake Rothko the Knoedler gallery in Manhattan sold to no less than the chairman of Sotheby's for a cool $8.3 million in 2004. As for the immigrant in Queens who had forged the painting, Pei-Shen Qian was paid "from several hundred dollars to as much as $9,000 to create a work," and apparently did not know that his handiwork — which included knockoffs of Jackson Pollock, Willem de Kooning, and other Abstract Expressionists — had brought in some $63 million for the gallery over the years. ("If you look in my bank account," he said, "you

---

* Mark Landis followed in the footsteps of European master forgers such as Han van Meegeren, Elmyr de Hory, Eric Hebborn, and John Myatt.

will see there is no income.") Is the gallery's chicanery surprising? Not exactly, in a country where the counterfeiting of money was once so rampant that a nineteenth-century editor exclaimed that we seemed "liable to be called *a nation of counterfeiters!*"

"Versailles Was Just Too Big"

Still, the fake Chinese Apple stores attracted viral attention, partly because many feel threatened by the rise of China, and nothing sharpens the attention like fear. But also, there's a blitheness to the Chinese copying that suggests the copiers truly do not experience an iota of compunction about it—that if we were to call them *a nation of counterfeiters!*, they would just shrug.

The scale of the phenomenon, after all! Even if we overlook the knockoff Louis Vuitton bags, North Face jackets, and Ugg boots available everywhere; even if we ourselves have bought, say, one or two or three of the equally ubiquitous pirated books and DVDs, it is hard to look past entire fake Apple stores, much less an entire Chinese university built to resemble Hogwarts. Or what about a full-sized replica of a UNESCO World Heritage site? In a stunning instance of what writer Bianca Bosker calls duplitecture, a replica of the entire Austrian village of Hallstatt, complete with its adjoining lake, was erected in Guangdong Province; the developer even included its doves. And while unusual in rigor, if we can call it that, the Hallstatt copy was not unusual in kind. All over China, there are now gated communities of French and Spanish villas. In Thames Town, outside of Shanghai, an entire British market town has been built, complete with cobblestone streets, half-timbered Tudor buildings, a church, and a fish and chip shop. Genially contributing to the ambience are bronze statues of Harry Potter, James Bond, and Winston Churchill.

Now it must be said about this last development that it has not been very successful, except as a backdrop for wedding photographers. And amusingly for me, Thames Town bears a certain resemblance to my hometown of Scarsdale, New York, where an early-twentieth-century commitment to standards "worthy of a community entitled to the best" took the form of an English Tudor–style downtown, complete with a half-timbered train station that seems to be awaiting the arrival of Thomas the Tank Engine. No bronze statues of Agent 007 with a pistol, though; and Scarsdale was at least originally an English "manor," whereas much of the Chinese faux architecture is pulled more completely out of a magician's hat.

Behold, for example, the copy of the seventeenth-century Château de Maisons-Laffitte outside Beijing. Based on over ten thousand photographs of the original, made of the same Chantilly stone, and serving today as a spa, hotel, and wine museum, it is everything a $50 million copy can be and somewhat more, what with the owner having added two wings and a sculpture garden. As for whether the overall result—"Château Zhang Laffitte," as it is called—was suitable for its site in former wheat fields, the eponymous Zhang did think so. "I considered Versailles," he said, "but that was just too big."

Château Zhang Laffitte, Beijing, China

The Copying Tradition

Does it help our discomfort to know that the roots of copying go back for millennia in China, and that copying in the arts, ethics, and other fields has traditionally borne no stigma? One of the influential "Six Laws of Chinese Painting" laid out by a critic in the sixth century, after all, was "Transmission by Copying," or the copying of models, both from life and from works of antiquity. Other critics, too, have carefully distinguished among different kinds of copying, with the word *lin* meaning "to copy freehand," for example, while *mo* means "to trace," and *fang*, "to imitate." They also distinguished between *fangzhipin*—a knockoff, and *fuzhipin*—a veritable re-creation of the original. There were gradations of skill and intent appraised by connoisseurs. Copying was, in short, not only a tradition but a great tradition.

So today, when someone like Chinese science fiction ace Liu Cixin modestly claims that "Everything I write is a clumsy imitation of Arthur C. Clarke," we can draw a line straight back from him to figures such as the twelfth-century emperor Huizong, of the Song Dynasty. One of the most important holdings of the Boston Museum of Fine Arts, in fact—a wonderfully elegant painting called *Court Ladies Preparing Newly Woven Silk*—is a copy he personally made. This is a work of tremendous refinement, with exquisitely patterned fabrics, and with a scene of ducks and snow painted so delicately on one lady's fan that it can hardly be seen without a magnifying glass.

Yet even more amazing than the fineness of the duck feathers is the idea that this copy of an earlier Tang Dynasty work was painted by one of the most powerful men in the world at the time. For an emperor to expend hundreds of hours copying!—it is inconceivable to us today. What with Huizong having produced not only this work but a great many exquisite original paintings, his own "slender gold" style of calligraphy, and more, only to lose his kingdom to a barbarian tribe, we cannot help but wonder about his priorities.* But more important to the

---

* Huizong, his son, and the members of his court all ended up in exile in Manchuria, where they died mercilessly humiliated.

topic at hand is the question: Does the fact that even a twelfth-century emperor was making copies mean that it's okay to rip off Apple stores or Zaha Hadid? The answer to which is, of course, no. It is absolutely not okay.

Huizong's painting may, though, help us appreciate how fundamentally committed to something larger than itself the flexi-self is—so much so that even an emperor views himself as culture's custodian and transmitter.* Is society everywhere "in conspiracy against the manhood of every one of its members," as Ralph Waldo Emerson asserts? Is it "a joint-stock company, in which the members agree, for the better securing of his bread to each shareholder, to surrender the liberty and culture of the eater"? Huizong would have argued no. He would have argued that there was no manhood outside of society—that the eater had no culture outside of society to surrender—and that to imagine otherwise was as absurd as a fish imagining itself independent of water. As for the Western self that Americans tend to believe universal and sacred, Huizong himself was proof that it is in fact neither. Though what exactly, we may ask, *is* this self Americans believe in so reflexively—this individualistic, independent big pit self? And what exactly is the other, collectivistic, interdependent flexi-self?

---

* Confucius viewed himself similarly, saying in the *Analects*, "I transmit. I do not innovate."

3

Some Helpful Background

There are many ways of representing the difference between the two selves, but none is better than these diagrams drawn by Stanford psychologist Hazel Rose Markus. In the independent, big pit self associated with individualistic societies (the figure on the left), the most important boundary is between self and not-self. But in the case of the interdependent flexi-self associated with collectivistic societies (the figure on the right), that boundary is nowhere near so absolute. It is, rather, porous and fluid—a dotted line. The truly solid boundary is between ingroup and outgroup. The flexi-self diagram here features the family, but it could also feature a guild or kibbutz or platoon or terrorist cell. I particularly like the way Markus has used Xs to suggest where the two

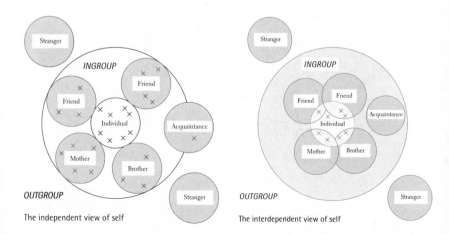

The independent view of self   The interdependent view of self

selves place their emotional "eggs"; and do note the way she's shaded
the interdependent ingroup to make clear how very much more significant an entity it is for the flex-self than it is for the big pit self.

As for the implications of this base difference in self organization, they
are, as we have already begun to see, many. But they start with a basic perceptual difference: If given a picture of an object in a field, big pit selves
will tend to focus on the object, while flexi-selves will do the opposite.
They will focus on the context, and imagine the object-and-its-context
as a single, indivisible unit. Take a lion on a savannah. The big pit self
will focus on the lion while the flexi-self will focus on the savannah and
its relationship to the lion. * It's as if they are using two completely different lenses on the world. The big pit self sees the line between the lion
and the savannah as being much like the line it draws between self and
non-self, solid. He or she similarly imagines the lion to be a thing that

An African lion on a savannah

---

* The perceptual observations in this section are largely based on the work of Richard
Nisbett, Shinobu Kitayama, Hazel Rose Markus, and their colleagues.

can be detached from the savannah—a thing that can be cut out like a paper doll and remain essentially itself. As for where the greatest truth lies, that is inside the lion. Indeed, believing that there is something in the lion—something stable and unchanging that makes it a lion and not something else—the big pit self focuses on finding that thing. It likes, too, on the basis of its differentiations, to categorize; but first it likes to do things like isolate a single factor, hold all else constant, and test for its effect.

As the basis of the scientific method, that's to say, this big pit orientation is an incalculably powerful thing. Arguments that place individualism at the center of the modern world are not ill founded. But as this fundamentally analytic self likes to tell linear, cause-and-effect stories, it makes for distortions, too. A murderer murders because he is disturbed. A man is unemployed because he doesn't have what it takes.

As if life is linear! As if it is a matter of simple cause-and-effect! The flexi-self shakes its head at the very idea. Instead, it sees the lion as embedded in the savannah in much the same way as it is itself embedded in its group. It conceives, too, of the boundary between the lion and the savannah as permeable and fluid—as a dotted and ever-changing line much like the line that it imagines surrounds itself.[*] As for the question, Is a lion without a savannah still a lion? The answer to this self is no. To cut it out like a paper doll would be distorting and wrong—a violation, even. And where would the most important truth be found, should we be interested? That would be in the teeming, ever-changing patterns of the savannah, and in the family-like relationships among its denizens, including the living tree and the moving lion, all of which influence one another. Why is a man unemployed? Many reasons. And why does a murderer murder? Many reasons again. Do things simply happen? No, they develop over time.

The flexi-self's characteristic mode of thinking is holistic. It is ori-

---

[*] As we will see in Part III, the differences between the flexi-self and the big pit self can be traced back to many child-rearing practices. For example, North American mothers tend to ask their infants questions like "What does this toy do?" Japanese mothers, in contrast, make many more empathic utterances, seeking to meet the infant on the infant's level. See Bornstein *et al.*

ented toward unbrokenness and feeling, toward rhythms and dialectical movement; and often, too, especially in its Asian permutation, it is oriented toward pattern-making. As this self is on the lookout for associations more than distinctions, its focus is not on the exceptional. In fact, the unusual or unique is often seen as noise in the data, to be screened out. Focusing on things that can be meaningfully grouped, this self is interested in force fields, weather patterns, historical patterns. Circles of friends, circles of allies. Networks. Systems.

In the twentieth century, this interest in patterns will lead, at times, to a suppression of difference—a subject to which we will return. Fundamentally, though, the generalizing impulse, at least in Asia, is based on principles gleaned not only from the savannah but from the savannah as it has cycled over time. What repeats? If a family unit repeats again and again—as, of course, it does, with two parents again and again producing children—then there is a principle of the cosmos there, with which this self believes it is better to be aligned. It believes, too, that historical patterns are natural patterns, and that human society should be modeled on natural principles. As for how one finds these principles, that is not through experimental manipulation but by patient observation and intuitive insight.

Is this a path to knowledge? Psychologist Richard Nisbett points out that while the West discovered the atom, the East discovered that the moon caused the tides. The East was quicker, too, to grasp things like magnetic fields. And we see holism continuing to pay off today: Take Asian American endocrinologist John Eng, who—said by his coworkers to see "patterns that others don't see"—noticed that lizard venom seemed to be linked to the stimulation of the pancreas of the lizards' victims. This led to the discovery of a treatment for diabetes derived from, of all things, the saliva of a Gila monster.

We All Have Both Selves

Eng no doubt used his analytic abilities as well as his holistic abilities in making his discovery; and like him, we all have both selves within us. Just as we call people right-handed or left-handed when in fact they can use both hands, in talking about a person as an individualistic, independent big pit self or a collectivistic, interdependent, flexi-self, we are only talking about his or her dominant self.

This dominance is something we can see on brain scans. If we ask a big pit self to judge an object in relation to its context, the parts of the brain involved in attention control will light up; it takes effort. And the opposite is true for a flexi-self. If asked to judge an object independent of its context, the parts of the brain involved in attention control will light up. Are these differences hardwired, then? No. The base neural structures are the same. But do the different reaction patterns reflect different habits of thought? Yes.

Of course, habits are powerful. Still, they can be overridden; and in fact, we all override such habits every day. For example, being right-handed, when I first began to wear contact lenses I was inclined to use my right hand to put the lenses in my eyes. However, I also played the guitar and so had longer nails on my right hand than my left; so rather than risk scraping my eyeballs, I taught myself to use my left hand for my lenses. This became so habitual that once I stopped playing the guitar, I still used my left hand. But one day I broke my left hand; and then, while I still tended to start to put the lenses in with my left hand, the cast was a reminder that I might think about using my right hand instead. And so I switched; and once my cast was off, I sometimes used my left hand but sometimes used my right. Either was fine.

Is it possible then to learn to switch between our independent and interdependent sides as well? Yes. In fact, there are many cues in our environment—from a water park slide to a pile of kale to a minaret—that might, like the length of one's nails or a cast on one's arm, tend to bring out a different side of oneself. And over time, the reinforcement of one side or the other can change our dominant brain pathways, especially if the reinforcement is concerted: Thanks to their schooling, the children of East Berlin, for example, were found after the reunification of the city to have become markedly more interdependent than their West Berlin peers.

So can we shape ourselves by shaping our environments? To a surprising degree, yes. Indeed, so malleable are we that if we ask ourselves, Which sort of self am I? we cannot count on a definitive answer. We can only get a sense of what our self might be at a given moment, in a given situation.

With that caveat, though, we can go ahead and ask.

And Which Are You?

For example, you might ask yourself, Which of the following go together?

chicken, cow, grass
whistle, train, bus
cat, meow, pig
sardine, shark, can
pencil, notebook, magazine

You might also try listing ten answers to the question, Who am I? You should write these statements quickly, in the first person, addressing them to yourself, without worrying about the order of the answers. Simply list them as they come to you.

Lastly, you might draw a diagram of you and your most important relationships. Represent each person (including yourself) as a circle, and connect the circles with lines.

To interpret your answers, see the guide at the end of this book.

Still Other Tests

Here are two more tests in which we can see the perceptual differences between the big pit self and the flexi-self. First, if we look at the two pictures of airports on the next page, and ask what has changed, the big pit self will register changes in the airplane, while the flexi-self will register changes in the background of the picture, or in the relationships

Airport photo 1

Airport photo 2

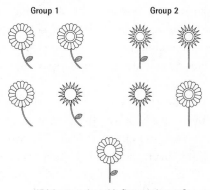

Which group does this flower belong to?

Flower assignment task

between the picture's elements—for example, between the biplane and the helicopter in the foreground.

Similarly, if asked to which group, 1 or 2, the lone flower at the bottom of the figure above belongs, the analytical big pit self will say group 2. After all, of the many elements presenting difference—the leaf, the petals, the center, the stem—only the stem reliably distinguishes the flowers in Group 1 from those in Group 2. It is therefore a defining difference, on the basis of which the unassigned flower can be categorized as belonging with its straight-stemmed brethren in Group 2. The associative flexi-self, on the other hand, looking for the strongest pattern, will say group 1.*

The Stigma of Collectivism

Is it useful to be able to see things both ways? Yes. In fact, one of the new ways the Federal Reserve hopes to forestall a recurrence of the

---

* If analytic and holistic approaches are not in conflict, the flexi-self is often comfortable thinking analytically. If the approaches are in conflict, however, he or she is likely to pick the holistic one. We might also note that Asian Americans often have no preference between the two approaches. In this and many other such tests, Asian Americans tend to test in the middle of the flexi-self-to-big-pit-self spectrum.

2008 recession is to focus less on the health of individual financial institutions, and more on the health of whole financial networks* — in short, to analyze, yes, but more holistically. And this is only one of a myriad of examples where an ambidependent perspective has been found critical.

Yet for all of the advantages of possessing a flexi-side—and for all that many of our most effective artists, thinkers, and leaders are actually ambidependent—I have yet to meet a person who would not identify him- or herself as an individualist. In the United States especially, nonindividualists are often aware that their families are closer than others— that they talk more often to their parents than do some of their friends, perhaps, or that their family circle includes their extended family. They are perhaps aware, too, that they are more reluctant than others to put the elderly in nursing homes or that, like endocrinologist John Eng, they "see patterns that others don't see."

And in truth, these tendencies likely have biological roots. As scientist and physician Mark Fishman points out, collectivistic behavior is, after all, a survival tactic for many animal species:

> The tendency may be modulated by environmental conditions, availability of mates, food prevalence, etc., but collective behavior is innate. Even the power of strong familial ties in humans, with respect for the elderly, is not so different from what we see in matriarchal elephants, who choose as their leader the female that understands vocalization the best, likely to ensure that the group distinguishes family from outsiders, as the latter could be threats.

Of course, some species are "loners by nature." So in the extremes of humans, we are simply seeing "the natural extremes of social behavior, ones that have persisted because they work so well." For there to be a spectrum is natural.

---

* The Federal Reserve is moving from a microprudential to a macroprudential approach to regulation. See Janet Yellen, Radcliffe Day Address.

Yet Westerners often embrace one end of the spectrum and reject the other, in part because individualism is associated with sitting pretty. What sort of person can envision him- or herself as rather like a marble, entirely free-rolling and beholden to no one, after all? Not a person from a farm where one is always keeping an eye on the sky; not a person who hails from an area perennially besieged or woefully overpopulated; not a person with a child. Within a culture, too, people, as we shall see, tend to become more individualistic as they become wealthier, and people like to identify with the powerful.

But in addition, Americans stigmatized all things collectivistic during the Cold War. In Europe, and in England especially, more traditional ways had already long been associated with the pre-Enlightenment past, and in the United States, they had likewise already been associated with old-country habits immigrants had to shed in order to become truly American. Our power struggle with the Soviet Union, though, redoubled American rejection of interdependence. Never mind that only a small fraction of interdependents actually belonged to the Soviet sphere. The interdependent self became the dehumanized "other" against which the totalitarian-spooked West had to defend.*

We will talk more about this later. For now, it's enough to say that interdependents, in this politicized view, were not active, thinking people who, confronted with a host of circumstances different from ours, had developed different social strategies that sometimes went awry (as did ours, too, by the way—witness the McCarthy witch hunt). Flexi-selves were, instead, robots, clones, even post-digestive products: If the Red Menace was the Jell-O-from-hell that engulfs and dissolves individuals in a 1958 science fiction movie called *The Blob*, collectivists were the former individuals, gelatinized beyond recognition. They were former humans—as we could be, too, if we allowed them to take over the world.

---

*This stigma is one reason that psychologists Hazel Rose Markus and Shinobu Kitayama chose to replace the older terms "individualistic" and "collectivistic" with the terms "independent" and "interdependent" in their seminal 1991 paper on this subject.

"I Look for the Similarities Between Cultures"

There is one more reason that interdependents often do not identify themselves as such. The reason is that, what with their orientation toward pattern, they do tend, as we've said, to screen out difference. For example, Dr. An Wang—the China-born founder of Wang Labs, and an original, enterprising, and distinctly unrobotic high-tech pioneer—muted differences that a Westerner could not conceive of muting. Writing, for example, of his coming to the United States from China in 1945 for graduate work at MIT, he says:

> I am never quite able to convince people that I did not suffer culture shock when I arrived in the United States. People insist that I must have been overwhelmed by the things that make America different from China—the wealth, the people, even the food. But this is simply not true. I look for the similarities between cultures, not the differences . . . Frankly, the United States seemed a lot like China to me.

In helping to reduce alienation at a vulnerable time, this dampening of difference may well have fostered resilience in Dr. Wang, as it has in many flexi-selves. But it also reduces the likelihood that an interdependent will self-identify as different from the mainstream.

The West and the Rest

Nonetheless, the vast majority of people on earth—perhaps as many as 85 percent of them—are more like Dr. Wang than they are like American individualists. Of course, people vary from one another, and regions vary, too. Despite the fact that individualism generally strengthens as you move westward from Turkey across Europe, for example, traditionally Catholic countries like France, Spain, and Ireland tend to be more collectivistic.* The swaths of collectivism we find in South America, Africa, southern and eastern Europe, the Middle East, and Asia are rife with exceptions as well: Witness individualistic enclaves like the country of Armenia and the island of Hokkaido, Japan. And while the large islands of New Zealand and Australia skew individualistic, the little islands all around them do not.

There is, what's more, variation within countries. Northern Italy is more individualistic than southern Italy, and northern China is more individualistic than southern China. Even within the infamously individualistic United States, we find sky-high levels of individualism in Alaska, the West Coast, and the Rockies, but somewhat lower levels in the Northeast, and lower levels still in the South, the Midwest, and Hawaii. In addition, the members of many subcultures have strongly interdependent sides to their psyches, including Native Americans, the Amish, the Marines, the New England Patriots, firemen, Orthodox Jews, church-going African Americans, members of the working class, members of many ethnic groups, small-town dwellers, parents, and others.

That might not seem to leave many people. Still, most Americans so instantly recognize the individual-versus-society storyline as a fundamental part of our culture that we can hardly believe anyone doesn't. We instantly recognize, too, the individualistic value placed on being unique and authentic, and on having a voice. This is embedded in all our social systems, from our schools to our government. And what, really—talk about cultural cues—would America be without individualized instruction, individualized menus, and individualized workouts? No story is complete without individual experience; and differentiators that we tend to be, we are driven to identify what's individual about an individual. In our view, that is the person's identity. If we think about the biographies of the victims of the 9/11 attacks that ran, day after day after day after day, in *The New York Times* in 2001, for example, we see

---

* Students of sociology will recall Émile Durkheim's 1897 investigation into why the suicide rate in Protestant countries was higher than in Catholic countries.

how essential it is, in American culture, that the sacred uniqueness of every victim be commemorated. Is this natural?

Origins

Americans typically think so, though in fact our precious individualism is an -ism like any other. It has reached an unprecedented level in contemporary America, thanks to a host of special factors we will come to in a bit. But individualism began with the Greek family, which, central as it was to Greek life, was also from the get-go one that worshipped at a given hearth, separate from all others. Early Greek and Roman law stipulated, too, a certain distance between buildings; these ancients liked their boundaries. Many ancient Greeks were, what's more, fishermen and traders who starved if they were not self-starters, and who stood to profit from striking out for new waters or new markets; and what with so many different sorts of people thrown in together as they were in the great catch-all that was Athens,* people needed to be able to articulate how they saw things to strangers, and to advocate for themselves.

As for the result, we see a nascent avocado pit–like self in Plato's report of Socrates as having spoken of having a "familiar divine sign." This began, Socrates says, "in childhood and has been with me ever since, a kind of voice, which whenever I heard it always turns me back from something I was going to do, but never urges me to act." A voice that came to be associated with his special inner nature, it also came to be associated—when in Roman times the word began to mean what we mean by it today—with his individual "genius." And it's a voice we associate today, too, with his fearless questioning of people and things, and with our own tendency to believe that we have a sacred spark within us.

Was it actually closer to a simple pang of conscience? Possibly. Though many think the Greeks were themselves great individualists,

---

* Life in Athens was in this way very different from life in, say, Sparta. The Greek historian Thucydides traces the origins of the Peloponnesian War to the fact that the Spartans were farmers, with rich inland soil, which they had to defend, and which gave rise to a militaristic culture we will recognize as highly interdependent. Athens, meanwhile, a port city, full of people from all over, gave rise to a culture of debate.

they were actually only great *proto*-individualists; they would have been appalled by individualism, American-style. Not even the great heroes of the *Iliad* and the *Odyssey* would have put the powers of their avocado pits over the powers of the gods, and for the Periclean Greeks the fundamental unit of society was not the individual. It was the *polis*, the city-state, because that was the smallest unit they could imagine capable of surviving on its own.

So how did we get from there to our modern Western assumption of the individual as the fundamental unit—a unit that not only can but rightly should stand on its own? That was via a long string of developments, including monotheism, Judeo-Christianity, the Renaissance, the Enlightenment, the Reformation, and Romanticism, not to say the rise of the market economy. As with all such developments, there were fits and starts, and much serendipity. Author Jared Diamond has shown how, for example, the unbroken east–west swath of Eurasia fostered the spread not only of livestock and crops, but of technologies and social behaviors.* Then there were micro-scale factors like the invention of the horse collar, and the attendant jump in productivity brought by plowing. The development of double-entry bookkeeping regularized business; and even the Plague played a grisly role, what with the death of so many laborers resulting in a rise in real wages for the Plague survivors. This enabled them to accumulate bits of capital, paving the way for capitalism.

The Industrial Revolution brought change, too, breathing fire not only into the bellies of trains but also into what German sociologist Ferdinand Tönnies called *Gesellschaft* societies—the modern, industrial, mobile societies that increasingly replaced the older, often agricultural, *Gemeinschaft* communities in which everyone knew everyone else, and where if you did something wrong in school your mother knew it before you got home. These new societies bred people suited to the new economic order—workers who could leave their families

---

* A common latitude made for a shared seasonal cycle and a shared length of day. This gave Eurasia an advantage over continents such as South America that are divided by a north–south mountain range.

and not look back, workers who defined themselves through their work. And Western culture has increasingly fostered a physical environment, too, that enables those mobile workers to deal with the psychic stress of their lives: University of Virginia psychologist Shigehiro Oishi, for example, has shown that the more mobile the inhabitants of a state, the more big box stores it is likely to have—such stores providing a tether that peripatetic people need.

Are these stores a travesty and a blight? Well, never mind. What with this infrastructure and more, individualism is now on the upswing both at home and abroad, soaring on the wings of capitalism, wealth, and modernity*—or so the story goes. But is that really right? Is American-style individualism indeed the inevitable end point toward which everyone on earth is heading?

---

* The theory that individualism and economic development go hand in hand is called the Modernization Theory.

4

The Asian Paradox

Maybe, maybe not. For it isn't only Native Americans, the Marines, and Midwesterners who have resisted individualism: East Asia has, too. As we may see in the graph on the next page, produced by University of Chicago Booth School of Business professor Thomas Talhelm, countries do generally become more individualistic as they become wealthier. But though the per-capita GDPs of Japan, Korea, Singapore, and Hong Kong are now higher than those of many countries in the European Union, we find an "East Asian Paradox." Yes, the East Asian countries have become more individualistic—in some cases, dramatically so. Writer Deborah Fallows, for example, describes a moment in a Mainland Chinese language class when, as part of an exercise in which students were asked what they believed in, Fallows asked the young teacher what she believed in. To this the teacher emphatically answered, "I BELIEVE IN MYSELF"—something no one in China would have said a few decades ago. And in his book *Age of Ambition*, writer Evan Osnos has lovingly detailed the unbridled resurgence of the Chinese entrepreneurial spirit after the market reforms of 1978.

Still, big pit self ways can be pursued in a decidedly flexi-self manner,[*] and, as the trapezoid in the graph on the next page attests, interdependence in East Asia persists. This is not the interdependence of yore. Should one somehow imagine that Japan, say, is a timeless land of harmonious self-sacrifice—a kind of theme park full of compliant

---

[*] We also see the reverse. Big pit selves will, for example, take up a Buddhist idea like mindfulness with the distinctly individualistic aim of realizing their authentic selves.

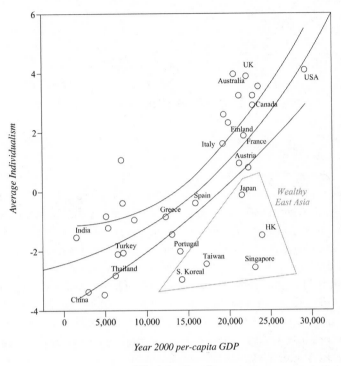

Year 2000 per-capita GDP

The Asian Paradox

geishas and unquestioning kamikaze pilots—one would be dead wrong. Witness the epic fights over the building of Narita Airport:

> [T]he farmers and militants built forts, towers, underground bunkers and tunnels to obstruct the clearing of land, the leveling of houses, the obliteration of grave sites, and the construction of roads and facilities. Major violence ended in 1978 with a final large-scale confrontation. Just as the first stage of the airport was about to open, militants stormed the control tower, cut the main cables, and destroyed valuable electronic equipment.

The Japanese divorce rate, too—a marker of individualism—has tripled since 1960, and is only slowing now because fewer couples are getting married at all. Some Japanese today even report that they would choose attending an important business meeting over visiting a dying parent.

At the same time, the importance of unconditional love toward parents, of relationships generally, and of social harmony still holds sway. According to a 2012 study done by Curtin University psychologist Takeshi Hamamura, the importance of social obligations has increased; and respect for individual rights has decreased. What's more, the flexi-self emphasis on effort has increased among the young, and in some tests of individualism, the Japanese have had an interestingly complex response.

The Pen Study

Take, for example, one classic study, the pen study. In the original version of this simple experiment, University of California, Santa Barbara psychologist Heejung Kim asked people in the San Francisco airport to respond to a questionnaire. When they were done, the responders were given a pen as a thank-you present, and presented with an array from which to choose—an array that included four orange pens and one green. As for the choices people made, they were strikingly reflective of culture: People with individualistic backgrounds typically chose the unique pen, while people with interdependent backgrounds typically chose the more common pen.* I should point out here that in this study, as in all the studies we will talk about, not all Americans can be assumed to fall in the individualistic camp. As Northwestern Kellogg School of Management psychologist Nicole Stephens has shown, for example, while middle-class Americans tend to prefer the unique pen, working-class Americans—a more interdependent group—tend to prefer the more common pen.

But fascinatingly, too, when in a variation of this experiment, Hokkaido University psychologist Toshio Yamagishi and his colleagues asked Japanese participants to pick a pen, they also picked one of the

---

* This held true even when the colors were switched such that the array included four green pens and one orange.

majority color pens unless they knew that they were the last of the people picking. If they knew that no one else would be deprived of the special pen by their picking it, they picked it as often as Americans did. In other words, theirs was a kind of conditional or considerate individualism. To be singular mattered to them, yes, but it was not the only thing that mattered.[*] Similarly, psychologists Mina Shimian, Heejung Park, and Patricia Greenfield have found that many Japanese mothers continue to sleep with their infants (instead of putting their children in a separate room) even though this conflicts with modern life.

The Influence of Rice Culture

How to account for these contradictions? Where did this particularly persistent, Asian flexi-self come from? As our rundown of some of the factors contributing to individualism would suggest, there is no single answer. One clue, however, lies in Talhelm's work, which demonstrates that just as trade and hunting fostered a big pit self, the growing of certain crops—especially rice—fostered a flexi-self.[†]

In fact, all agriculture encourages flexi-selves. What's true of agriculture generally, though, is even more true of rice-growing because it is grown in flooded fields. Anyone who has traveled through Asia has seen the rice farmers bent—eternally, it seems—over the paddies. That is because, like all fields, the paddies must be tilled, weeded, and fertilized before the rice can be planted. At the end of the growing season, too, like many crops, the rice must be harvested, dried, and threshed. But rice-growing additionally requires that seedlings be transplanted by hand, one by one, into flooded paddies that, in order to work properly,

---

[*] If told that their picking the unique pen will deprive someone else of that pen, Americans, too, will pick a majority-color pen. Their default assumption, though, is that they do not have to be concerned about others.

[†] At least one other factor is what linguists call pronoun drop. This is the tendency found in languages like Chinese to drop pronouns. Such linguistic habits tend to reinforce certain ways of seeing the world—in this case, a collectivistic way that de-emphasizes the actor of an action. See Y. Kashima and E. S. Kashima.

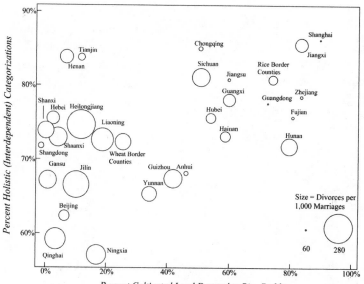

Association of Rice-Growing with Holistic Orientation

must be perfectly level—hence the painstaking terracing seen all over. The engineering of this terracing is exacting, as the water level over the area of any given paddy can vary no more than two inches. What's more, the terraces are often designed such that water pumped into the top of a system of paddies will, with the help of carefully designed control gates, flood each level of paddies to exactly the right level before spilling down into the level below.

The amount of labor involved in building and maintaining all this is staggering. As for whether the Asian work ethic still evident today is related to the deep cultural emphasis on work that the growing of rice required, yes. So, too, is the interdependent propensity to work within the straits of a situation—not to fight the topography but to observe and mold and adjust things such that the water will naturally flow just as it should. Indeed, so great are the demands of rice that as a region,

*Thomas Talhelm positioning chairs
at a Starbucks in China*

rice-growing southern China is measurably more interdependent than northern China, where wheat—a crop that could conceivably be grown by a family or an individual—is grown. As we can see in the graph on the previous page, people from border counties lying directly across the Yangtze River from each other will perform dramatically differently on perceptual tests depending on whether the counties grew wheat or rice. We can see in this graph as well how strongly rice-growing in general correlates with holistic thinking and, as the sizes of the bubbles indicate, with low rates of divorce.*

The association of rice-growing and interdependence is observable, too, in the Starbucks coffee shops now found all over China. In one study, Talhelm positioned some chairs so that they all but blocked an aisle in a series of stores. As can be seen in the photograph above, they were quite a nuisance. Still he found that only 3 percent of the Chinese patrons in the southern city of Guangzhou moved the chairs out of their way. And, somewhat surprisingly, their Hong Kong counterparts were likewise apt to leave the chairs be. Despite their long exposure, as former British colonists, to the individualizing influences of both capitalism and the

---

* Divorce, as mentioned earlier, is a hallmark of individualism.

West, only 4 percent of Hong Kongers moved the chairs. Fascinatingly, too, in quickly modernizing Shanghai, less than 2 percent of patrons did so. In contrast, in northern, wheat-culture Beijing, a full 20 percent of the patrons moved the chairs, some of them in quite a peremptory fashion.

Does this mean that southern Chinese are passive? No. However, as holistic thinkers, they tended to focus not on the objects before them, the chairs, so much as on the field that was the coffee shop. Moreover, they seemed to think of themselves as a bit like water. The challenge was how to work with the topography—how to flow up to the counter and from there, coffee in hand, out the door.

Interdependence Persists Elsewhere

Are there other reasons interdependence persists? Yes. And are there other places outside of Asia? Yes again.

France, for example, like many countries with a Catholic heritage, tends to be, if not as interdependent as most Asian countries, still more interdependent than the United States. And so it is that we find that only 0.5 percent of French schoolchildren are diagnosed with attention deficit/hyperactivity disorder, while upwards of 9 percent of American schoolchildren are "found" to have ADHD. This is because the American psychiatrists see the symptoms as caused by the child's avocado pit, while the French tend to see the same symptoms as caused by the child's context. That is,

> In the United States, child psychiatrists consider ADHD to be a biological disorder with biological causes, and the preferred treatment, psychostimulant medication, is also biological. French child psychiatrists on the other hand . . . prefer to look for the underlying issue that is causing the child distress—not in the child's brain but in the child's social context. They then choose to treat the underlying social context problem with psychotherapy or family counseling.

Human Rights

The persistence of interdependence produces more than differences in the treatment of ADHD. It produces, too, differences in how we define human rights. Just as whichever we believe to be important, avocado pit or context, tends to become the "cause" of a symptom and the thing we therefore treat, it also tends to become the thing we want to see free.

The Mainland Chinese government, for example, believes that it is the free development of its "savannah"—its economy and society—that matters and, correspondingly, that it is the people's collective right to a livelihood that constitutes their "human rights." This is not a new position. In fact, as Harvard sinologist Elizabeth Perry has shown, it dates back to Mencius.[*] China is therefore, in its own view, not violating human rights when it arrests dissidents or suppresses public protest, quite the contrary. It is protecting human rights against self-centered individuals—and often, by the way, in a most flexi-self way: UCLA sociologist Ching Kwan Lee fascinatingly describes how with nonpolitical protesters focused on issues like pollution, or on labor or land disputes, government officials have "long, protracted discussions" involving not only the protesters but also their families, and attempt to educate them about their "rights." As these are not inalienable, natural, individual rights, but rather rights granted to them by the government,[†] the officials helpfully explain how "beyond the letter of the law, there are practical rights you can enjoy if you play by the rules." They also try to befriend the protesters, "sometimes bribing them or recruiting them as future informants," even as they also try "to maintain a certain level of instability because only when there are protestors can they go upstairs and request a bigger budget or justify a promotion. In this way, officials advance their careers with the assistance of the protestors."

In short, this "is not a zero-sum game in which both sides are locked in a starkly antagonistic mode of 'dominance versus resistance.'" Rather,

---

[*] Mencius was a fourth-century BCE Confucian philosopher.

[†] These practices recall what was in the Maoist era called "doing mass work."

it is a savannah-like flexi-system with many complex interactions and much blurring of boundaries.*

In contrast, Americans believe it is the sacred freedom of one's avocado pit to develop, express itself, and determine its own fate that counts. Hence our belief that freedom of speech is a human right, as are freedom of movement, freedom of assembly, and so on. And hence our belief, too, that these individual rights trump all else, even when they impinge on what a government might feel to be the public good. As for how to protect those rights? Take a strong, unequivocal, and unyieldingly confrontational stand.

Charlie Hebdo

Naturally, this way of thinking baffles not only many Chinese, but many other interdependents as well. For example, I was, as it happens, teaching in Shanghai when in 2015 a group of Islamic terrorists killed a dozen Parisians, mostly staff members of the Parisian magazine *Charlie Hebdo*, in retaliation for the satiric cartoons they had published of the prophet Muhammad. As my students were not only from China but from Chile, Sri Lanka, Morocco, Poland, the former East Germany, Peru, Singapore, and other countries, I had a chance to hear how many non-Americans reacted to the tragedy. And, happily, my students did categorically condemn all acts of terrorism.

But no one thought the magazine right, either. Not generally feeling, as did many Westerners, that the right of a single cartoonist to express his avocado pit was more sacred than Muslim traditions and beliefs, my students simply could not understand why Western Europeans and Americans had not stopped at condemning the violence but had in addition fastened on these puerile cartoons, of all things, to defend. How could this be a principled stand? The American reaction seemed to them perverse.

---

* The system can also be worked by protesters, as grassroots officials will find jobs for protest leaders, or pay for things like a water supply or a new school if that is the source of the trouble.

And this is an opinion with which the former president of the UN Security Council, Singaporean Kishore Mahbubani, might well have concurred, having inveighed many times against the Western preoccupation with freedom of speech. It wasn't even just the view of the Muslims on this matter; it was the view of developing countries in general, he said, that

> They are like hungry and diseased passengers on a leaky, overcrowded boat that is about to drift into treacherous waters, in which many of them will perish. The captain of the boat is often harsh, sometimes fairly and sometimes not. On the riverbanks stand a group of affluent, well-fed, and well-intentioned onlookers. As soon as those onlookers witness a passenger being flogged or imprisoned or even deprived of his right to speak, they board the ship to intervene, protecting the passengers from the captain. But those passengers remain hungry and diseased. As soon as they try to swim to the banks into the arms of their benefactors, they are firmly returned to the boat, their primary sufferings unabated. This is no abstract analogy. This is exactly how[, for example,] the Haitians feel.

Do the Haitians see our individualistic filter better than we do? Do we, indeed, value freedom of speech more than we value their lives? And is this, too, what some Muslims feel—that we care first and foremost about avocado pits? I don't mean to sound anti–human rights here. I do mean to help us see, though, that much of what we in the West hold sacred stems from the individualistic, independent, big pit self—a self that can be at odds with the flexi-self that dominates elsewhere in the world, including Asia.

Part II

....

The Flexi-Self

5
....
What Is a Flexi-Self?

So what exactly is a flexi-self?

It is *not* a dependent or codependent self. For many Americans, the words "interdependent" and "collectivistic" conjure up images of identical people unhealthily conjoined—people unable to figure out for themselves what they want for dinner or how to meet you in another city via a separate travel plan. That is wrong.

As for why some might be confused, the problem is partly semantics. Though when it comes to the self, the word "independent" means object-focused and oriented toward self-realization and self-determination—that is, focused on one's avocado pit—"independent" also has a lay meaning of "capable of action without outside aid." "Interdependent," likewise, has both a more specialized and a more everyday meaning. On the one hand, it describes a context-focused self, oriented toward serving something larger than itself. On the other, it is used as an adjective meaning "interconnected" or "networked."

These multiple meanings give rise to a host of apparently commonsensical but actually misleading statements. Take, for example, "Independents act independently." Of course, independents do act independently. However, if we recall the Tiananmen tank man, we realize that interdependents also act independently. Or what about, "Our interdependent world needs interdependent thinkers"? Yes, our interdependent world does need interdependent thinkers. But our interdependent world also needs independent thinkers.

What's more, though interdependents are often thought of as

"group-oriented"—and interdependents can indeed be exceptionally effective collaborators—an interdependent can be inward-looking. One has only to think of interdependent thought systems such as Confucianism or Buddhism to realize that the flexi-self is often engaged in self-cultivation, self-regulation, self-discipline, and self-perfection, and that this often entails solitude.

So what's the difference between this and big pit self navel-gazing? The answer is that the flexi-self is focused on ideals that ultimately originate not from within but from without. These ideals can be internalized, and a flexi-self can suddenly prove completely inflexible when it comes to challenges to these ideals from an outgroup. But it is not to "thine own self" that a flexi-self must be true. It is to the family, to the Torah, to the South, to the country, to the Hippocratic Oath. It is to the spirit of Bach, or the Soldier's Creed. A flexi-self finally belongs to a great cause or great institution or great tradition, and is committed to its survival.

The Flexi-Script

The flexi-script starts with debt. Unlike, say, the ultra-individualistic Steve Jobs, who forbade his adoptive parents to accompany him onto campus his first day at Reed College so that he could present himself as having no parents—"I wanted to be like an orphan who bummed around the country on trains and just arrived out of nowhere, with no roots, no connections, no background," he said—the Chinese, for example, have traditionally been taught that they have a debt to their parents that can never be repaid. They accordingly often think in terms of duty, obligation, honor, and self-sacrifice; and so do many other interdependents. Writer Anand Giridharadas recalls one Bangladeshi immigrant expressing amazement that

People ask me, "When is Mother's Day in your country?" It's every day. I don't just call my mom or send some gift for [my parents] once in a year. I call them every day. And whenever I call them, I say, "What do you need? Do you need some money? Do you need anything? What can I do for you from here?" Because as their son, as in the Islamic teaching, I'm supposed to wipe my parents' feet every single day, just to show them how thankful, how grateful I am to my parents, just to give me birth and brought me to this world.

Of course, one does not have to be an Asian child to feel that one's first obligation is not to oneself. When one has, for example, the feeling—as I certainly have—that one would throw oneself in front of a bus to save one's child, that is a flexi-self feeling. The sentiment of the famous epitaph commemorating the bravery of the Spartan soldiers at the battle of Thermopylae—

> *Go tell the Spartans, thou who passest by,*
> *That here, obedient to their laws, we lie*

—was decidedly interdependent. And so, too, was the feeling behind JFK's ringing "Ask not what your country can do for you; ask what you can do for your country"—a reminder that even fairly recently, America was not as individualistic as it is now. Indeed, the World War II generation, especially, does not need reminding that a great many people died that we might enjoy the freedoms we do in this country, and that we are all profoundly in their debt. Its surviving members are far more interdependent than the average American today—in fact, more like many hyphenated Americans than like the American mainstream.

Do flexi-selves have voices that say *But what can my country do for me?* or *I wish I didn't have to call my parents every day* or *I really don't know if posing as my sister in this interview is such a great idea*? Yes. Nor do they squelch these voices for altogether altruistic reasons; interdependents are not saints. Some will weigh the pros and cons of group membership or police group boundaries in an effort to get rid of weak members or poor relatives, for example.

In the end, though, interdependent culture works for them. Buddhists find peace; quartets find transcendence; families find security. There's a fundamental sense of orientation, meaning, and wholeness that comes with flexi-life. Can it be stultifying? Yes. Still, we may note that Giridharadas's Bangladeshi immigrant, whose name was Rais, felt positively sorry for native-born Americans who had no network on which they could rely. Little things stood out to him, he said, like the plight of a co-worker:

> [He] wanted to lease a car but complained of having no one to cosign the agreement. Rais couldn't understand that: "I feel that, how come they have no one in their family—their dad, their uncle?" If he had only recently settled in America and already had friends who would sign on a lease for him, how could people who had been here for donkey's years lack such connections? Rais saw his colleagues having to beg for rides or commute by foot on major roads in the searing heat, and he wondered why their family members weren't picking them up.

It's a feeling Afghanistan-born American Parwiz Abrahamini would no doubt share. His family is no longer delivering *The Seattle Times*

Nadir and Nafisa Abrahamini at Yale University

together or loading up used car parts so they can sell them at a "Swap and Shop" as they did when he was a child; today Parwiz is a Soros Foundation fellow getting an MD/PhD at Yale. However, he recalls how, when asked for a profile picture, he submitted one of himself with his parents. And even recently, upon finding him swamped, his parents volunteered to help him process slides. "Neither have backgrounds in science, so I had to quickly teach them the basics," says Parwiz. But he did, and they gamely applied themselves to this new task, as flexi-selves are ever willing to do. For what's the big deal? They are happy to help and fully aware that life involves continuous adjustment.

A Warmer Way?

Theirs is a pliancy that can come hard to a big pit self. For example, on my last book tour, I got to talking to a bookstore events person in Pasadena, California, who told me a story about going to India with her daughter. She loved her daughter very much, she said. However, since she and her daughter had different ideas about how to wind down at the end of the day, she had booked two hotel rooms for them, which seemed normal enough to her. A bit extravagant, perhaps, but not too too and, well, why not? If that's what they both needed?

Her Indian tour guide, though, was aghast. Separate rooms! For a mother and a daughter! For him, it was beyond imagining. And by the end of the trip, she said, she was beginning to see why. She recalled staying with an Indian family and witnessing the tremendous ease they had with one another—a natural intimacy and warmth that she envied. And she recalled, too, a moment in the trip when she was slated to spend a night in a temple by herself. Her daughter and the others didn't want to do it and would be staying elsewhere, but she was determined to remain uninfluenced by that fact. For that was how she had been brought up, she said—to act independently of others, to pursue with courage and clarity her own interests.

But now she suddenly realized that she didn't have to do that. Now she suddenly understood that she was all grown up and had long ago proven herself more than independent enough, thank you. And so she stayed with her daughter and the others instead, and was happy that she did, and came back from India, she felt, a different person—a person with questions about the script that was American individualism.

I don't mean to paint India as a long-lost Shangri-la of Human Connection. People like India-born astronomer Arjun Dey, whose parents were of different castes, mostly remembers what an outsider he felt in his native country; it wasn't until he moved to San Francisco that he felt truly at home. And not to romanticize Asian families, warns another friend. One's worst enemies can be those closest to you. What's more, as yet another friend points out, individualists can find flexi-style intimacy plain weird. She herself used to feel greatly disconcerted that her Indian boyfriend's mother would simply walk into her room without knocking.

And yet: Is flexi-life warmer?

Suggestively, in interviewing schizophrenics in California, Ghana, and India, Stanford anthropologist Tanya Luhrmann and her colleagues found that American schizophrenics tended to describe their voices as intrusive and violent. Some voices directed their hearers to do awful things—"like torturing people, to take their eye out with a fork, or cut someone's head and drink their blood, really nasty stuff," said one patient. In contrast, the more collectivistic Indians and Africans often heard their voices as spirits or friends or family. The voices scolded them, told them to do things, gave them advice. They were even playful or entertaining; as one interviewee gleefully explained, "I have a companion to talk [to] . . . I need not go out to speak. I can talk within myself!" And one "spoke excitedly about her voices as if she was living in the pages of a celebrity gossip magazine."

Sign outside a music conservatory in Shanghai, China

We can see an association of flexi-self life with contentment, too, in a photograph (see previous page) I took on a stroll through Shanghai, of a sign outside a music conservatory. This is also a sign we would be unlikely to find outside, say, Lincoln Center in New York City—for, well, "Soloists are often lonely"? "Chamber music is just right"? But it's a sign that captures something about the difference in self we are talking about, as the flexi-self can indeed be much like a member of a chamber ensemble. The idea is to be neither a soloist nor a member of an orchestra that, as the sign says, "enjoys grandiosity"; and, contrary to Western stereotypes, it is not to conform per se. To be interdependent is to play one's part with feeling and skill, and to be in dialogue with others likewise playing with vigor and sensitivity. The flexi-self ideal involves not only harmony but deep understanding. Like a member of a chamber group, the flexi-self has its antennae out, expects others to have their antennae out, too, and is gratified by the genuine communication that is antenna-to-antenna communication.

The Complexities of "Thank You"

With its attunement, the flexi-self can find things like explicit expressions of gratitude strange. Indian American writer Deepak Singh, for example, notes how inadequate to one's feelings saying "thank you" in Hindi seems—so much so that saying "*dhanyavaad*" can almost seem sarcastic. The endless American "thank you"—which to him as to many immigrants seems glibly handed out to everyone for everything—was one of the things he reports having found hardest to learn when he moved to the States. It took him years to get used to. Now, though, that it's become habit, he finds that he often offends people in India when he returns. For example, as he recounts:

> On a recent trip home, I was invited to my uncle's house for dinner. He's been a father figure to me, teaching me many things and advising me at every step of my life. As a kid, I spent more time at his home, and ate more lunches there, than at my parents' place. That day, I made the mistake of telling him, in English,

"Thank you for inviting me" before leaving his house, realizing the import of my words only after they had left my mouth. He didn't respond, but I saw his expression turn sour. He was filled with disgust. I couldn't even apologize for thanking him. The damage was done.

As for what had just happened, he explains:

> In India, people—especially when they are your elders, relatives, or close friends—tend to feel that by thanking them, you're violating your intimacy with them and creating formality and distance that shouldn't exist. They may think that you're closing off the possibility of relying on each other in the future.

It's an observation that echoes something writer Deborah Fallows recalls her Chinese tutor once telling her: "'Good friends are so close, they are like part of you,' [he] said. 'Why would you say please or thank you to yourself? It doesn't make sense." And thinking back once again to Hazel Rose Markus's diagram, we realize that it is crossing the solid lines—the boundary between self and non-self for the big pit self, and between ingroup and outgroup for the flexi-self—that requires the use of words.

Flexi-selves do sometimes say thank you. But they say it a lot less. Just recently, for example, when I thanked a relative in China for having arranged for her husband and son to drive me back to Shanghai from my father's hometown—a task that took up a whole day and involved her husband taking a day off from work—she immediately wrote, "That is they should do [sic]." And as Singh notes, in India "thank you" can have a specific use:

> I *did* hear my father say *dhanyavaad* to people his age, but he did it as sincerely as possible, with his hands joined in front of his chest in the solemn gesture of *namaste*. He wasn't just thanking someone for something, but asking for an opportunity to return the favor . . . Saying thank you in Hindi is more like joining a cycle of exchange, creating the possibility of a new relationship.

In India it can be, in short, a way of inviting someone across the ingroup-outgroup boundary—a way of drawing them closer. It's a way of proposing that a dotted line replace the solid line between them, and that a mutually beneficial exchange begin. In America, in contrast, it seemed to Singh:

> [S]aying thank you often marks an end to the transaction, an end to the conversation, an end to the interaction. It is like a period at the end of a sentence. Only in the United States have people offered thanks for coming to their homes or parties. Initially I was surprised when people thanked me for visiting their house when they were the ones who'd invited me, but then I learned that, "Thank you for coming to my home" actually meant, "It's time for you to get out of my house."

I should put in here that since exile from an ingroup is a kind of death in interdependent culture—students of ancient Greece may recall how devastating a punishment it was to be exiled—flexi-selves are understandably sensitized to distancing of any variety. The drawing of a boundary is thus easily read as *You are not part of our group.* What Singh's hosts may well have meant, however, is something more like, *I know you had a choice as to whether to come to my house or not, and so thank you for choosing to come. Moreover, I respect your boundaries and freedom to make another choice now, and so let me not impinge on that.* It's not meant to be distancing; it's meant to be freeing.

A Dark Side

So can flexi-selves be narcissists? One might think narcissism the special province of the big pit self, and to some degree that's true. Though in theory the big pit self is preoccupied not only with ensuring that its own unique potential can be realized but with ensuring that everyone's unique potential can be realized, it's easy to see how in practice, some big pit selves become exclusively smitten with their own glorious pits. But how, we may ask, can a flexi-self be just as narcissistic? The answer is that while much flexi-self attunement to others is healthy, an unhealthy attunement can produce a hyper-focus on status. And that, too, can result in a destructive obliviousness to others.

Even more disturbingly, a Big Man authority figure often presides over flexi-self groups. Of course, it is not necessarily bad for a village to have a village chief. But it's hard for us in the West not to wonder: Is there something about the flexi-self that predisposes it to authoritarianism? To which question at least one ambitious study involving seven countries—Bulgaria, Japan, New Zealand, Germany, Poland, Canada, and the United States—has concluded, yes and no. If we include aggression as a mark of authoritarianism, as does psychologist Bob Altemeyer, we would conclude no. This study found no connection between collectivism and people who "possess a 'law and order' mentality that legitimizes anger and aggression against those who deviate from social norms and conventions." In Bulgaria, flexi-self "closeness and interpersonal connection with in-group members" was, in fact, found at odds with such an outlook.

However, "the more individuals valued tradition and respected family authority, the higher they were in authoritarianism." So, yes. Hierarchical interdependents can have authoritarian tendencies. But so, it turns out, can hierarchical independents: Though many would like to believe individualism and authoritarianism to be oil and water, only people from post-Communist countries like Poland find that to hold true.* In fact, a hierarchical big pit self may support its own self-determination in some spheres, such as gun ownership, even as it aggressively opposes the self-determination of others in areas such as abortion rights.

Kite-Flying in Tiananmen Square

Where flexi-self life is closed to outsiders, it can be hard to see. Every so often, though, one can get a peek in. For example, I was once flying kites

---

* An association between hierarchical orientation and authoritarianism was found in two individualistic countries, the United States and New Zealand.

in Beijing's Tiananmen Square with my kids. One of the strings having gotten tangled, I knelt down to cut it, only to find that I did not have a knife with which to do this. And so I used my keys, which worked—that was the good news. The bad news was that after cutting the string and retying it, I stood up and ran off after my happy daughter, only to realize a few minutes later that I had left my keys on the ground. In Tiananmen Square! The more I searched, the more frantic I became. Finally, one of the kite vendors came up to me and asked what was the matter. And when I told him, he told me not to worry; and sure enough, within a few minutes, he had talked to another vendor, and she to another, and so on, until they established that my keys had been found and turned in to the police, who had locked them up in some remote location but who were now in the process of bringing them back to the square. Of course, I was supremely grateful to hear this.

I was dumbfounded as well, though, because not much earlier I had been haggling hard with these very same vendors—playing one vendor off the next, and insisting that a Chinese American was a kind of Chinese, and that I therefore wanted the Chinese price. I don't know that I had, in the end, gotten the Chinese price, but I had done well enough that some of the vendors looked distinctly miffed.

Yet here they were now, all helpfulness and smiles; they could have been the Big Bad Wolf, ready to hold hands with Little Red Riding Hood. And so happy were they to see my relief at having my keys back that they would not accept a tip. One of them did finally say that the person to whom I really owed my keys was the blind man in the square, a man all in white, after whom I promptly ran, my hundred-yuan notes in hand, trying to insist that he let me give him some. But he just waved his hand no, and walked away smiling, too.

Had I actually been accepted as "a kind of Chinese" in the end? That wasn't clear. What was clear was that I had, for the moment, crossed the group line. I had been an outsider; and though I wasn't exactly on the inside now, I was close enough to see that what seemed to be a ragtag group of competing vendors was actually a network of relationships that included the police. Were they all involved in surveillance? Probably. And yet even so, it was wonderful to witness how different things were inside the boundary. We read so much about how much China has changed, and how, thanks to the Cultural Revolution and the current unbridled capitalism, there are no morals left, only greed and indifference. But in this one case, at least, below the tourist-targeting rapaciousness, a genuine generosity has survived.

How Much Do We Really Know?

All of which brings us to the question, How much do we really know of interdependent life? Ambidependent life, to which we will eventually come, is hard enough to describe. The more interdependent the life, though, the harder it is for many Westerners to understand.

Still, with the help of the art world, we will try to make out two aspects of the flexi-self: first, its penchant for boundary blurring, and, second, its greater emphasis on mastery than on genius. Then, turning to education, we will consider two more sources of cultural confoundment—how entwined interdependence is with testing and how focused it can be on patterns. This will lead us on to the interdependent emphasis on training and how East-West differences in educational philosophy can affect Asian Americans in particular, caught as we often are in the breach.

6

Boundary Blurring

Su Tong, the author of *Raise the Red Lantern*, and I are doing an event in Nanjing, a city northwest of Shanghai. This is at a bookstore called the Librairie Avant-Garde. Formerly an underground garage, the bookstore still has its car ramp, complete with a lane marker down the middle. Along the lanes themselves, however, are now tables and tables full of books. And inside the cavernous space to which the ramp leads, there is plenty of room for a stage and a related half circle of seating. The stage is just a step up from floor-level, and it isn't as big as a theater stage, but it's bigger than any dedicated reading space I've ever seen in a bookstore. The crowd is in the hundreds. We answer questions for over an hour. The event is a success.

At the end, some members of the audience are frustrated. They'd like me to sign something for them, but there are no copies of any of my books. So will I sign Su Tong's book? I am, of course, surprised. But when I look over at Su Tong, he shrugs. So after a moment I shrug, too, and sign away. Sometimes I sign in English, sometimes in Chinese, and sometimes both, depending on what the book owner wants. And by the time all is said and done, the fans are happy and we have all had fun. Next time, I tell Su Tong, I am not only going to sign, I am going to sign *his* name. And the way he laughs, I know it really would be fine with him if I did, just as it would be fine with me if one day, he signed mine — on my books or his, his choice.

·   ·   ·

Would I have done this in an American bookstore? Of course not. At the same time, as the daughter of immigrants, I know this code, too—the flexi-self code, complete with a lightheartedness about identity that flexi-selves cherish. How much work it is, after all, to have to be true to a self! How freeing not to have to take yourself so seriously. Indeed, how freeing not to have to take defining boundaries of any sort so seriously.

For this is what we see with the flexi-self. It conceives of boundaries in general the same way it conceives of the boundary around the self—as flexible and permeable. Stories about boundary blurring are often accompanied by a wink; there's an awareness that a big pit self might look upon the goings-on as sacrilege. But, well, so what? While covering the sex trade in Indonesia, for example, writer Elizabeth Pisani once asked a prostitute whether listening to sermons in the mosque made clients hesitate to buy sex. The girl laughed.

> "Why would it?" she said. "They're not doing anything wrong."
> She explained that if a client was particularly pious, he would take the time to perform a wedding ceremony before getting naked. "Then we get on with the sex business, and an hour later he divorces me." By following the letter of the religious law, she said, the client could still claim to be a good Muslim.

In related fashion, the eminent Japanese American biologist Nomi Pierce, who looked just like her sister, Tomi, always laughs to recall how frequently they were taken for each other when they were in college. And, of course, they were given names that emphasized their relationship from the get-go, as many flexi-selves are. In my last novel, *World and Town*, for example, the girls were named Sophy, Sophan, and Sopheap just as a trio of Cambodian American sisters were in real life. What's more, second-generation New World naming can retain this familial emphasis: A Cambodian American friend, Tooch Van, on the one hand gave his kids Western names. On the other, he named them both after great Western leaders, Franklin and Winston.[*]

Interdependence Gone Wrong

There are many instances of boundary blurring upon which any of us would frown. Take the phenomenon in which government watchdog agencies develop an intimacy with their charges. In what's called regulatory capture, the line between the watchers and the watched, which should be solid, becomes a dotted one, so that an agency like the Minerals Management Service, which should be protecting the public interest, instead begins to help oil companies like BP evade the law. As for the results, voilà: disasters like the 2010 Deepwater Horizon oil spill in the Gulf of Mexico.

Is this okay? Absolutely not. Cases like this bring home why American education endlessly stresses individualism and its corollary, individual responsibility. Interdependence may be the substrate of us all, but it is also something that in the West must be modified by culture if our institutions are to function.

Does that mean that all boundaries must be solid lines, however? Or does it just mean that permeable boundaries are appropriate to some spheres but not others? In any case, when it comes to understanding what we are missing, including the joys and ways of the flexi-self, the art world, it turns out, can help.

The Dafen Oil Painting Village

Since the 2008 recession, the Dafen Oil Painting Village, in southern China, has fallen on hard times. At its height, though, 1,200 galleries were jammed into less than half a square kilometer; and everywhere but everywhere there were copies of Monet's water lilies, van Gogh's

---

[*] The culture of the West having until not so long ago stressed relationship, too, a person's name might include the designation "John's son" or Johnson.

sunflowers, Klimt's *Kiss*—you name it. Artists and their assistants turned out dozens upon dozens of copies of, say, the *Mona Lisa* or *The Starry Night* while hordes of tourists and traders came through. No doubt some of the buyers brought home, too, anecdotes about how the name "Dafen" sounds like *Dafenqi*—"da Vinci" in Chinese—part of the official PR about the village, which was not actually a village in any case, but an urban neighborhood like, say, Greenwich "Village" in New York City. Did the buyers also realize how the locals laughed at this *Dafenqi* business, pointing out that Dafen also sounded like *dafen*—meaning "full of shit"? Never mind.

The crowds have since thinned out, but the online site is still funny. You can shop by style ("Realistic, Impressionism, Modern Art, Post-Impressionism, Decorative Art"). You can shop by artist (van Gogh, Monet, Klimt, Picasso, Renoir). You can shop by size (Extra large 36 × 40, Large 24 × 36, Regular 20 × 24, Medium 16 × 20). Is there a fundamental lack of respect for the works in this that makes a mockery of them?

Yes. There's a sizing and open commodification that strikes us as downright comical. "Picasso, Extra large"! "Got an Impressionist, Medium?" It's like ordering a pizza. Naturally, anyone who has lived in a college dorm is acquainted with posters in which great works of art are similarly sized and packaged. These Dafen reproductions, though, occupy a twilight zone between the posters and the originals. It spooks us to think of human hands perfectly re-creating, say, a Rembrandt or Vermeer; and as for our individualistic tendency to therefore think of those hands as less than human, and of Dafen as a kind of factory, with row upon row of robots engaged in unnervingly expert activity—well, isn't it?

A Project

In fact, Dafen is simply an example of flexi-self life, with workers who are, yes, aware that they are not "original artists" but who are by and large no more self-conscious about their interdependence than were the Nanjing readers who asked me to sign Su Tong's book.

Yet, all the same, in 2008 a Hong Kong artist named Liang Yiwoo—aware, if they weren't, that the painters were viewed as non-individuals, and that this was especially true of the women—conceived a project called "Woman x Work" for International Women's Day. For this, Liang commissioned thirty paintings of the same image from thirty Dafen painters—her idea being that by hanging the paintings together and showing how different they actually were, she could demonstrate the individuality of each painter's touch. And this, she believed, would help restore to the painters their humanity and dignity.

She accordingly asked each painter to paint the image herself and then sign it on the back. She explained that the project was all about garnering respect for them as artists and, as a sign of her own respect, she paid the women whatever they asked for the work. However, things did not work out as Liang planned. For example, as University of California, Berkeley professor Winnie Won Yin Wong reports:

> In one instance, Liang hired a female artist named Sun Yun to paint and sign one of the paintings. Sun Yun did so but then openly acknowledged later that it was not the only "Liang" painting she had done: another painter in Dafen had come to her asking her to paint the one that Liang had asked him [sic] to paint. Sun Yun painted that one first, and the other painter (of course) signed it. After finishing that painting, Sun Yun painted and signed the one that Liang had hired her to paint. When I expressed my surprise, Sun Yun told me she could not see why this would run counter to Liang's desires, since as Sun put it, "This is what we do every day."

In another case, when Liang asked a painter both to paint a painting herself and to find another female painter to do another, the painter asked her husband to paint the second one. Then, as they could not think of a woman's name, he signed it using their nine-year-old daughter's name.

The project, in short, was a bust. Not particularly excited by the prospect of having their individuality recognized, the painters simply approached the project the way they would have any other—working with a network of friends and family in an enterprising, flexi-self, cottage-industry way. Pit-oriented concerns regarding identity and self-expression simply did not register.

According to Wong, the Dafen painters typically have a fair amount of autonomy when it comes to filling orders. They can complete the contracted paintings on their own, subcontract the work to others, or pull some friends together to get the job done assembly-line fashion. It is still grueling work. Many painters work ten or twelve hours a day, seven days a week, and while some are able to change assignments regularly or have found a niche for themselves in, say, seascapes or pet portraits, others work endlessly at one image or in one style.

Even grindingly repetitive effort, though, is typically more intimate than robotic. One Dafen painter, for example, reported to Wong that he had produced as many as ten thousand sets of four little paintings depicting the four seasons. It's a stupefying number, but as for his method:

> [It was] to paint each painting in groups of four, taped to his painting station in a two-by-two grid. Shen employed one apprentice at a time to alternate tasks with him, working on the group from top to bottom, and left to right, swiveling around each other in an impressive show of teamwork.

Here again we see a blurring of personal boundaries, with "this practice of a two-person team capable of performing the tasks of a single person" being, according to Wong, "typical of the 'assembly line' practices." Wong uses the phrase "assembly line," but all of this has less to do with the modern assembly line than with much older, interdependent practices in which the boundaries of the artist in China were frequently, cheerfully blurred.

A Very Old Funhouse

As for how much so, we return briefly to the Ming Dynasty—the dynasty whose fall in 1644 inspired the self-portrait in red we talked about in the first chapter, and which also produced painters like Shen Zhou[*] and Wen Zhengming.[†] These were artists so dedicated to friendship that they would cheerfully put their signatures on forgeries of their works to help a friend in need—indeed, would do this even when the friend was the forger himself.

But how is that possible? we might ask. Isn't the phrase "forger friend" an oxymoron? Isn't a forger an enemy to the artist—a stealer of the artist's soul? It's hard to imagine an American like, say, Georgia O'Keeffe or Sally Mann staying friends with someone who was knocking her work off, much less her signing the knockoffs so they could be sold as genuine.

In this case, however, the artists felt themselves in league against the buyers of the paintings. After all, as Shen and Wen pointed out, the artists were poor, and the buyers rich—meaning that in their view the solid line of identity was not around each of them but around the group that was "artists." Between the two of them there was only a dotted line, frequently crossed, and the lines between each of them and other painters, too, were porous.

Wen, for instance, was completely aware that his pupil, Zhu Lang,[‡] who often "ghostpainted" works for Wen to sign, sometimes simply ghostsigned Wen's name as well and sold the copies as originals. And in a way, why shouldn't he, since he had painted them to begin with? Wasn't a "real" Wen Zhengming actually Zhu Lang's painting with Wen Zhengming's signature slapped on it—that is, a kind of forgery? Such was the identity blurring that Wen purportedly laughed when a Nanjing collector accidentally sent him a servant with presents to exchange for one of Zhu Lang's fakes. Accepting the presents, he said, "I'll paint him a genuine Wen Zhengming; he can pass it off as a fake Zhu Lang."

It's a funhouse world that may remind us of the many identity games in Shakespeare, or of scenes in *Alice in Wonderland* in which Alice is told things like

---

[*] Shen Zhou in the Wade-Giles romanization system used in Taiwan and many texts is spelled Shen Chou.
[†] Wen Zhengming in Wade-Giles is Wen Cheng-ming.
[‡] Zhu Lang in Wade-Giles is Chu Lang.

"You know very well you're not real."

"I *am* real!" said Alice, and began to cry.

"You won't make yourself a bit realler by crying," Tweedledee
    remarked: "there's nothing to cry about."

"If I wasn't real," Alice said—half-laughing through her tears,
    it all seemed so ridiculous—"I shouldn't be able to cry."

"I hope you don't suppose those are *real* tears?" Tweedledum
    interrupted in a tone of great contempt.

The surreality we find here in fiction, though, has been a long-standing
part of real life in China. Is it necessarily duplicitous?

Certainly, it can be. Witness epic hoaxes like that of "Inspector Lei"
in Wuhan, who drove around in a car with a siren, carried handcuffs
and a stun gun, and turned his home into a copycat police station complete with interrogation room, all so he could sell falsified Public Security Bureau documents and warrants.* Not that China has a corner on
the imposter market. What about the Polish rabbi who was recently
discovered to be a Catholic ex-cook who had "learned what he passed
off as Hebrew and Jewish prayer by listening to Israeli radio," after all?
Still, Asia is a context in which Asians and non-Asians alike are rightly
alert to the possibility of being duped.†

A Name Game

At the same time, it is a context in which the great Chinese classic *The
Story of the Stone* features an image of a gateway above which is written:

---

* In another story, a Chinese art librarian who, realizing that some of the works in the
Guangzhou Academy of Fine Arts were fakes, substituted his own fakes for some of the
remaining originals, only to watch those fakes get replaced by other fakes in turn. As
he told the court, "I realised someone else had replaced my paintings with their own
because I could clearly discern that their works were terribly bad." See Jess Staufenberg.
† In making arrangements to teach at NYU Shanghai, I was asked for proof that I really
had gotten an MFA from the Iowa Writers' Workshop. The powers-that-be carefully
wrote to tell me when this certification arrived, sent me a scanned copy of it, and
offered to let me have the hard copy, should I ever need it again. I declined this, as they
were the first people ever to ask for such certification, and very likely the last.

"Truth becomes fiction when the fiction's true. / Real becomes not-real where the unreal's real." And if we want to know if the heart of the phenomenon is really about deception, behold the Dafen reproductions signed (or not) according to the wishes of the client, sometimes with the artist's own name,* sometimes with the original artists' names, and sometimes with both. What's more,

> Sometimes [the artists] are asked not to sign any name, and other times, they are asked to sign *any* name at all . . . [One client requested] a "different signature on every painting." The client did not specify what those names might be, and so to the annoyance of the painters, they had to invent hundreds of them. Then there was a Japanese client . . . who would demand that "every signature look the same!" To their great irritation, the painters had to devote one person on [sic] the task, who started using transfer paper just to get the look of the signatures right.

It's a game. And it's a game played on many levels, so while professors in the United States can be disconcerted by the readiness with which Chinese students will adopt English names, for example—seeing it as a kind of imposed assimilation—the students often have a more playful attitude. One student changed his name so often his friends all teased him, inspiring him to change it several times more. And along similar lines, I recall an American couple in Costa Rica who were upset because their guide insisted on being called Peter. "That can't be your real name!" they kept saying. But the guide just laughed and told them that if they didn't like Peter, they could pick another name.

Of course, some cultures are casual about names because they have to be. My daughter's Arabic teacher, Ibrahim Dagher, who grew up during the Lebanese civil war, recalls that when his aunt died and another

---

*When asked for their own names, the painters are also often asked to write them in pinyin, the Mainland romanization system, with which foreigners are familiar but the painters usually are not. The results are typically so mistake-ridden as to be complete mumbo jumbo.

aunt was born, her parents just reused their dead child's registration for the new baby. And so to this day, her papers show her as two years older than she is and bear her dead sister's name (now her name).

But often names are just not the big deal for others that they are for Westerners. My Brazilian-born hairdresser is named Mirian because, though she was supposed to be named Miriam, her father made a mistake on her birth certificate. He could have corrected it, but that would have meant a trip across town; and so she is Mirian with an "n." Many Chinese, too, are referred to by their position in the family—so-and-so's number-one daughter, or number-two son, for example.*

As a result, we find students such as China-born Boston College senior Long Yang fascinatingly recalling that when he read *Harry Potter*, he never really thought of Hermione by name. Though he came to America sixteen years ago and speaks fluent English, he says he just registered the "H," and knew her position and her role. Likewise, the ace forger we discussed earlier, Pei-Shen Qian—the one whose faux Rothko was bought by the chairman of Sotheby's—managed to produce an almost entirely convincing Jackson Pollock. There was just one mistake: In forging the signature, he signed the work "Pollok."

A Flexi-View of Life

The distinct flexi-self lack of concern either with drawing a distinct boundary around a person, or with assigning that entity a name, can mean not only a blurring of boundaries between people, but also an interest in transformation. Japanese woodblock artist Hokusai, for example, had over thirty names for the many artistic selves he inhabited during his long and varied career—from the name he was given as an apprentice to the name he took while making volumes of manga to the name he took finally, at seventy-five, to announce the beginning of his

---

* In interdependent fashion, family members refer to one another in a way that includes their relative positions. For example, one doesn't simply refer to one's brother, but rather to one's older brother or one's younger brother; and neither does one simply refer to one's grandmother, but rather to one's maternal grandmother or one's paternal grandmother. The emphasis is on their role in the family.

mature phase—Manji, Old Man Mad About Painting. This flexi-self nameplay was linked to a Confucian interest in ongoing self-perfection, as we can hear in his description of his life course:

> From the age of six I had a penchant for copying the form of things, and from about fifty, my pictures were frequently published; but until the age of seventy, nothing that I drew was worthy of notice. At seventy-three years, I was somewhat able to fathom the growth of plants and trees, and the structure of birds, animals, insects, and fish. Thus when I reach eighty years, I hope to have made increasing progress, and at ninety to see further into the underlying principles of things, so that at one hundred years I will have achieved a divine state in my art, and at one hundred and ten, every dot, and every stroke will be as though alive. Those of you who live long enough bear witness that these words of mine prove not false.

Such inspiring words. Indeed, reading them, I find that I feel a bit inadequate that I only have eight or nine names, and that they represent no progression, alas.[*]

The View from the West

Many in the West have also found fun in boundary blurring. Take the wonderful 1966 comedy *How to Steal a Million*, in which Audrey Hepburn plays a comely Parisian woman with an art forger father. Detec-

---

[*] Besides growing up with two names—an English name, Lillian Jen, and a Chinese name, Ren Bilian—I took a high school nickname, Gish, as my pen name, then married a man whose last name is O'Connor. I did not take his name, but nonetheless often get called Gish O'Connor or Lillian O'Connor. Also, because Jen is most commonly a first name, short for Jennifer, and Gish is typically a last name, I am often called Jen Gish. And because people expect Gish to be in some way Asian, it is often mispronounced as "Geesh." Plus, because my Chinese name is Bilian, and there has been some confusion around which character for "Bi" is mine, and because some scholars feel that, since my pen name is Gish, I should be known in China by a transliteration of that, I have several versions of my name in Chinese as well.

tive Peter O'Toole is in love with her, and complications ensue as—in a classic case of regulatory capture—he finds himself unable to prosecute her father as he ought. Naturally, we, the audience, can't help but applaud this; and, tellingly, by story's end, the incorrigible, art-mad father emerges as far more charming than villainous. Indeed, the real bad guy in this movie by the perhaps not altogether individualistic German American director William Wyler is the rapacious Californian collector who wants a certain masterwork all for himself. That's to say that the person finally condemned is the self-centered hyper-individualist who buys art with no intention of letting anyone else in the world ever see it. As for the question, Is the detective truly in love with the art forger's daughter, or only just faking his affection in order to solve his case?—the movie is perfectly set up to answer this in a hall-of-mirrors way the Chinese would adore.

A Virtual Library

Meanwhile, when it comes to great Chinese painters, boundaries and identities do count. If they are not readily apparent, individual identities will be teased out or verified—ironically—through the use of copying. Arnold Chang, former director of the Chinese Paintings Department of Sotheby's, describes the process this way:

> [T]he painter/connoisseur looks at paintings in a "reconstructive" manner. He approaches the finished work almost as if it were a blank sheet of paper and in his mind reconstructs the painting from its small elements to large-brushwork, structure, composition, color—as if he were copying it. He retraces in his mind the wrist movements of the original artist and uses the insights gained through this tactile process to decide questions of authenticity and quality. The traditional Chinese connoisseur believes that a great artist's character will be manifested in every single stroke from his brush, and therefore each brushstroke should reveal the hand of the maker. Through repeated copying and study the Chinese painter/connoisseur has compiled a visual

vocabulary of the distinct flavor or personality of the brushwork of many different artists.

It's an approach we may recognize as related to the approach the Hong Kong artist Liang Yiwoo took toward her International Women's Day Dafen project. Like copying itself, this kind of brushstroke "fingerprinting," if you will, has nothing inherently to do with intellectual property or its theft. It is just part of the vocabulary of Chinese interdependent life.

Is Our Uniqueness Defining?

For the flexi-self, then, people are of course different from one another, but differences are not made much of except in the case of great artists. In response to individualism, flexi-selves seem to ask, Are our avocado pits really the most important thing about us? Are they more important than human feeling? Must we be somehow rare or irreplaceable or extraordinary in order to be valuable? Might it not be better to be ordinarily helpful or useful?

When I asked the students in my Shanghai class, for example, to name three great people and explain why they were great—a question to which we might in the United States expect answers like Einstein or Eleanor Roosevelt or Beyoncé—a South American student immediately replied that her aunt was a great woman because she had done so much for her community. Nor was this student alone in insisting on the greatness of the ordinary. Quite the contrary, the vast majority of the class agreed with her. As one person said, "People are not great, but they can have great things about them."

Along similar lines, scholar Melissa J. Brown, who has done much work in the Chinese countryside, was always frustrated that women farmers did not like to say that they "worked," but only that they "helped." Though claiming their work as labor was, she felt, a path to self-empowerment, most would not take it. They steadfastly held that they were part of a whole. Does it say something about gender and interdependence that the men had no trouble calling their labor "work"?

No doubt. Women do tend, on the whole, to be more interdependent than men, and while there are many exceptions, Chinese women farmers are not generally among them. The women Brown interviewed felt themselves to be useful; they felt themselves to be contributing family members. And that, they felt, was enough.

Proposition Dissertation

In all these looks into flexi-life what's most interesting, I think, is what happens when it comes in contact with individualism—that is, the all-too-frequent total disconnect between the two, even if there is a bicultural person on hand to help interpret. Winnie Won Yin Wong, for example, recalls a day in Dafen when she explained to an artist that she was writing a doctoral dissertation on the history of Dafen Village and its relationship to originality, only to have the artist respond with a boundary-blurring offer.

> [He pointed out] that he himself was an excellent and prolific writer, and that since he had been in Dafen far longer than I, it would be much easier for him to write my dissertation for me. He went on to explain that there would be no need to credit him, for what he would write he felt free to give me to publish in my name, and certainly he had no desire to have his role publicly revealed, even through a pseudonym. He then asked how I would like my dissertation organized, and when I hesitated to answer, he quickly offered his own plan: "Let me guess. You want to talk about originality from three perspectives: One, the perspective of the painters. Two, the perspective of the dealers. Three, the perspective of the officials." I agreed that this was indeed a sensible outline. With the parameters set out, he declared that in a week or two, he would email me his finished composition.

The artist had an unusual qualification for his proffered service: As the Dafen branch secretary of the Communist Youth League, he had produced a number of internal policy documents about Dafen and questions of originality.* So the artist was also offering—no doubt for a price—access to analysis and information that he believed far superior to hers. Was it? Certainly, he offered it with confidence, as Wong writes, "that his knowledge and experience encompassed all that I could know or write about Dafen." And who knows? Maybe he was right.

But whether he was or wasn't, we might notice that he did not imagine a lone individual equipped with nothing but her objectivity, tenacity, and wits a particularly formidable force. Moreover, he entirely missed, as Wong says, "how centrally authorship matters in the context in which my labor as a dissertation writer in an American academic institution would be evaluated." That is, he did not get that a dissertation is nothing if not an emanation of the writer's sacred avocado pit, and that any boundary blurring between her and him was completely taboo.

A Belief in Culture

It's a common sort of disconnect, complete with what is often missed by big pit selves—namely, what Wong calls the branch secretary's "machismo." She associates this machismo with the Communist Party but, in truth, many a flexi-self swears by collective power and knowledge. Recall the Bangladeshi immigrant's pity for mainstream Americans, that they did not have a network of people to whom they could turn at any time. In related fashion, Wong notes that for all the naivete of the Dafen painters, they had "a certain confidence in the fundamental skills of painting"—a confidence in their own mastery that was related to a more general faith and pride in tradition and culture generally.

This sort of *Gemeinschaft* confidence is often justified, especially in slow-changing places such as China was for millennia and still is in many regions. Why reinvent the wheel? Why not profit from the experience embodied in cultural transmission? Is not the fact that we make and pass on culture one of our greatest advantages as a species?

---

* He had also written reports about "creative industry"—a boundary-blurring category encompassing not only Chinese art, music, and cinema, but enormous outdoor theatrical spectacles reminiscent of the opening ceremony of the Beijing Olympics.

Huang Yan, Shan-shui tattoo

It's a distinctly old-world message very much alive and well in China, as we can see by things like this 1999 photograph of a torso painted with a traditional Chinese landscape. Of this, the artist, Huang Yan, commented, "My culture is me"—a sentiment we do not often see expressed in American art museums.[*]

And so it was that when Wong of course turned down the Dafen Village party secretary's offer of "help" with her dissertation, he was genuinely surprised—not by her integrity, but by her hubris and foolishness. What was she doing?

The Dafen Artists Bare Their Souls

We find a disconnect, too, if we revisit Dafen two years after Liang Yiwoo's project. Once again the painters have been recruited into a meta-art project, the subject of which is their subjectivity. Five hundred of them are therefore gathered in a plaza, where they are asked to

---

[*] The cultural heritage of contemporary American artists is likely to be a subject not of celebration but of critique, as the very job of the artist is, in the Western view, to stand outside of society.

produce a small oil canvas and, on the back of their piece, to write a statement of their personal dreams. For this they are given some money and a six-pack of beer.

The individual canvases are then reassembled into a gargantuan, patchwork, sideways *Mona Lisa*—a reference to the *Dafenqi*/da Vinci pun. This adorns the outside wall of the Shenzhen pavilion at the Shanghai World Expo of 2010 while inside, the personal statements are broadcast over a loudspeaker. Did the artists realize that their private sentiments would be "shared" this way? Touchingly, in any case, the majority expressed an interdependent desire to be recognized or embraced as an artist—"to paint my own paintings for the world to enjoy and love," for example, or "to be referred to by others as that famous female artist." One wrote, "I wish to become an outstanding artist, to travel the world!" In short, the painters expressed a desire to be esteemed but—like the Dafen party secretary—missed that what the Western art world mostly respected was irrefutable evidence of a big, fearless avocado pit.

Of course, even if we were somehow able to resurrect a Western-celebrated painter like, say, the late Lucian Freud—a hyper-individualistic British artist to whom we will return in the last chapter—it's hard to imagine we could get him to jot down his personal dream on the back of a canvas for a little money and a six-pack. But if by a miracle we were able to get him to do this, his statement would certainly not have said anything about wanting to paint "paintings for the world to enjoy and love" or to "become an outstanding artist, to travel the world!" Rather, it would probably have read something like "to strip away every comforting illusion and get to a reality so bracing that no one would care for it at all." Because that was, in his view, what twentieth-century geniuses did. They tried to get at the truth below culture, the truth of their own and other people's avocado pits.

As for the reaction in the pavilion, were Freud's statement to have been read over the loudspeaker, we may imagine the murmurs. *Strange*, they would go. *Very strange*. And if the visitors were told that that was what geniuses did, the murmurs would probably only grow louder. *"Geniuses"*? *What is that?*—a question that leads to one more subject we must understand if we are to understand flexi-self life, namely the very different ideas big pit selves and flexi-selves hold about the figure who constitutes the pinnacle of humanity. Is it the individualistic genius who remakes the world with the might of his or her avocado pit? Or is it the interdependent master who absorbs, refines, and hands down a great and noble tradition?

The Genius and the Master

The Prado Museum in Spain has long had a copy of the *Mona Lisa* in its storerooms. No one has thought much about it, since there are many such copies. Some of them are quite old, including some of the parodies portraying the sitter in the nude. But overall, there are so many of these that one might almost be forgiven for seeing a resemblance between the Dafen Oil Painting Village and Renaissance Florence— even for seeing the latter as a kind of Florence Oil Painting Village.

Leonardo da Vinci's Mona Lisa, *in the Louvre Museum, Paris, France*

Duplicate of the Mona Lisa, *in the Prado Museum, Madrid, Spain*

People clearly loved the Leonardo "look" and, then as today, enterprising copyists were willing to indulge them.

But just now it is 2011. The Louvre is mounting a special exhibition for which it needs the *Mona Lisa*—the original of which it has, of course, but is loath to move from its permanent, ultra-secure position. And so it asks—could it borrow the Prado copy as a stand-in? The Prado says yes. Everything is all set.

As the loan progresses, the Louvre happens to ask if this copy has ever been studied? It's not critical. Yet still a researcher in the Prado technical documentation department dutifully goes to have a look at the painting. She has her infrared camera in hand. And eureka—it's immediately evident. This copy has to have been made by someone sitting right beside Leonardo as he painted the original, for this is not a copy of the finished picture. This picture shows all the corrections that were made as Leonardo himself painted—corrections that are not visible in the completed portrait. As *The New York Times* put it, "When Leonardo adjusted the size of the *Mona Lisa*'s head or corrected her hands or slimmed her bosom or lowered her bodice, so did whoever was painting the Prado's *Mona Lisa*." The infrared images of the copy match the infrared images of the original.

Was it done by Salai, Leonardo's assistant and purported lover? Or was it done by someone else—perhaps his other assistant, Francesco Melzi, to whom some paintings originally ascribed to Leonardo were later attributed? And why? Some have suggested that Leonardo was hoping to produce a kind of stereoscopic, 3-D effect for which he would have needed two images; others, that he had a dual commission. Still others think that he may have simply been training someone. This would have been common enough, after all: Artists of the time typically had workshops in which apprentices would work. Titian and Giorgione, for example, famously trained in Bellini's workshop in Venice, and there are documentary sources that attest to Leonardo having had students paint alongside him. No evidence of this exists besides this painting, though—if it is indeed evidence. The answer, in any case, is not clear.

Debunking the "Original"

What is clear is that even in the West, the originality that marks the genius was not always treated as sacred. Think of the millions of versions of the Madonna and Child that were churned out in the Middle Ages, for example. Though works like Giotto's *Ognissanti Madonna* did emerge, originality was not a dominant concern. And what do we make even today of the dozens of studio assistants who actually produce the art that, say, Jeff Koons puts his name on? Or what about the legions who work on the design of a Frank Gehry building?

It is as hard as ever to ascribe a given piece of work to a single person, as it is now the fashion to point out.* Indeed, debunking the idea of the "original" has become such a rage that people like Bob Dylan are at pains to correct people's perceptions of him. As he pointed out in an award acceptance speech:

> These songs didn't come out of thin air. I didn't just make them up out of whole cloth . . . If you sang "John Henry" as many times as me—"John Henry was a steel-driving man / Died with a hammer in his hand / John Henry said a man ain't nothin' but a man / Before I let that steam drill drive me down / I'll die with that hammer in my hand." If you had sung that song as many times as I did, you'd have written "How many roads must a man walk down?" too.

This is refreshing to hear, and his words have the ring of truth. Filmmaker Kirby Ferguson claims not only that some 50 percent of Dylan's early songs were directly drawn from folk tunes, but that even the art of stealing came from folk singer Woody Guthrie. "The words are the important thing," advised Guthrie. "Don't worry about tunes. Take a

---

* Interestingly, even as people grow more skeptical of the idea of the "original," the advent of sampling and other Internet-enabled forms of expression has led to an interest in the artisanal—with great value placed, for example, on the handcrafting of mixtapes.

tune and sing high when they sing low, sing fast when they sing slow, and you've got a new tune." As for whether we should be surprised, of course not. The culture of the folk music world, like the culture of the Chinese painting world, is nothing if not interdependent.

Fools for a Genius

Yet most of us don't actually believe we could have written "Blowin' in the Wind," no matter how many times we sang "John Henry." And most of us know, too, that we could paint alongside Leonardo for all eternity, and his would always be the *Mona Lisa* while our copies would be hack work. Though people like writer Malcolm Gladwell have shown that a myriad of factors can contribute to figures of genius besides genius—including one's date of birth, one's class, and one's cultural inheritance—most of us remain fools for, well, genius. We revere figures like Beethoven, Marie Curie, Einstein, and Steve Jobs who, unconventional, unfettered, and sometimes unschooled, revolutionize the world with ideas that are radically original—that emanate from their avocado pits.

Romantic figures who eat odd foods, wear odd clothes, and sport odd hair, geniuses have irregular personal lives and are prone to bad ends. They can also be mischievous. Take Apple cofounder Steve Wozniak:

> [In twelfth grade he] built an electronic metronome—one of those tick-tick-tick devices that keep time in music class—and realized it sounded like a bomb. So he took the labels off some big batteries, taped them together, and put it in a school locker; he rigged it to start ticking faster when the locker opened. Later that day he got called to the principal's office.

He thought this was perhaps because he had once again won the school's math prize. But no. "Instead he was confronted by the police. The principal had been summoned when the device was found, bravely ran onto the football field clutching it to his chest, and pulled the wires off." Woz ended up in the juvenile detention center for the night, where he promptly taught the other prisoners how to rewire the ceiling fans so as to shock the guards when they touched the prison cell bars in the morning. And if this was hardly the end of his shenanigans, that was because twelfth grade was hard. "Where before I was popular and riding bikes and everything, suddenly I was socially shut out," Woz recalled. "It seemed like nobody spoke to me for the longest time." But of course, how could he be a true genius if people did speak to him?

However more complicated we understand innovation to be these days, and however much we try to weave collaboration into the picture, we Westerners love wunderkind stories like this, in which we see early signs of a special avocado pit. What's more, we accept stories linking genius to far less charmingly antisocial behavior—T. S. Eliot's anti-Semitism, Gaugin's pedophilia, Picasso's cruelty—because we believe that a powerful pit defines its world. Of course, it is beyond social norms. Real artists live on the margins. Real artists break the furniture in hotel rooms. Real artists destroy the people around them as well as themselves, as everyone knows.

Masters, Forever!

Except, that is, that everyone doesn't. In our reverence for the genius we stand in sharp contrast to many cultures, including the Chinese, who have by and large knelt to the figure of the master. The master is not a figure above having a drink; in fact, the master is frequently found tipsy. There is a wonderful painting of the great Tang Dynasty poet Li Bai by Hokusai, for example, in which we see Li Bai at the edge of a cliff, so drunk and besotted by a waterfall that it is everything a young boy, clinging to his waist, can do to keep him from falling into the ravine below. And Li Bai is shown punch drunk in many Chinese paintings as well.

But drinking is a way of the master losing himself, not asserting himself. If the culture of the genius is all about unleashing the power of the avocado pit, the culture of the master is the opposite. The master seeks to rid himself of any avocado pit within him. His distinctly interdependent goal is to dissolve his boundaries entirely—to become one with nature, the cosmos, you name it.

And his relationship to the beyond is much like his relationship to tradition. Tradition is not something to define himself against, quite the contrary. The master is someone who steeps himself in tradition—generally, through copying—and then transforms it in some way before passing it on.[*] The great Song Dynasty painter Fan Kuan, to whom we will turn later, is a perfect example. What's more, Jack Ma, the contemporary billionaire founder of the Internet blockbuster Alibaba, is as well.

Tweaking for Dollars

Is that to say that the culture of the master is related to the Chinese business culture that so often takes an existing technology and brilliantly tweaks it? It is. This is not a culture that invents, say, e-commerce from scratch. Instead, it studies the Amazon e-commerce site and adds important new features to meet the needs and allay the fears of Chinese consumers. Alipay, for example, built consumer trust by keeping payment in escrow until the buyer had received the goods and ascertained that they were satisfactory. And Alibaba's Tmall built on that trust by allowing name brand companies like Adidas, Gap, Timberland, and Burberry to sell directly to the consumer, eliminating counterfeits. (No, Chinese consumers do not appreciate knockoffs any more than we do if they are paying a non-knockoff price.) Alibaba has also helped buyer and seller chat and instant message, which allows them to bargain, as is traditional in China.[†] And as for the payoff for all this flexi-enterprise, Alibaba's initial public offering in 2014 set a New York Stock Exchange record as the largest ever at $25 billion.

---

[*] A friend of mine who teaches in the Middle East will say how strongly his students prefer to produce an exquisite version of a traditional subject than something altogether original.

[†] It has also blurred boundaries between consumers and manufacturers via the kind of eBay crossed with Etsy that is Taobao.

Neither is Alibaba the only interdependent business success. A company called Xiaomi vaulted from nowhere to the number two spot in China's smartphone market, right behind Apple, in five years—and did this in a most culture-of-the-master way. Beginning not even with its own phone, but with an Android operating system that users could install on whatever phone they were using, Xiaomi focused on making Samsungs and other phones run better. There was no promise of revolution. Instead, the focus was on refinements—things like increased responsiveness and battery life. In flexi-self fashion, Xiaomi engineers attuned themselves to the user's habits and needs; and as if they were apprentices in a Renaissance painting workshop, they worked on mastering the software side of things before attempting to design a phone of their own on which to run their programs.

In flexi-self fashion, too, once Xiaomi actually had a phone, it did not draw a solid boundary between product development and marketing. Instead, it used the same fans who had helped them refine their product to generate publicity as well. And today Xiaomi remains in constant contact with its fanbase, not only incorporating their suggestions in software updates, but doing so weekly. In sharp contrast to Apple, which has always enshrouded their development in the deepest possible secrecy—believing, like Steve Jobs, that "it's not the customers' job to know what they want"—the boundary between Xiaomi engineers and their fans is as flexible and porous as the boundary between drunk Chinese poets and the cosmos. "What they really excel at is understanding the user behavior of Chinese consumers," said one analyst. "Consumers feel they have the capability to contribute. That works very, very well in China."

Incomprehensibly to Western analysts, Xiaomi has produced not only its own highly sophisticated phones, but a pedestrian knockoff of the iPhone as well. Why did they stoop to this? How do you establish a brand this way? the analysts wonder. But Xiaomi is not much concerned with self-definition. Indeed, it is not much concerned with Western standard operating procedures on any level.

Instead, it proceeds in its own improvisational, quicksilver way—taking orders in online flash sales, for example, so that it has sold its phones before it makes them. Xiaomi does not advertise the phones, either, but instead generates buzz via social media and love-fest events. In unabashedly copycat homage, Xiaomi CEO Lei Jun sometimes even dons Steve Jobs's trademark outfit of blue jeans and a black turtleneck during presentations. And for all this interdependent activity, the company has had some breathtaking successes—selling out the entire first hundred-thousand-unit batch of its Mi3 phone, for starters, in ninety seconds. (Yes, ninety *seconds*.)

The Qian Xuesen Question

So was former vice president Joe Biden missing something when he gloatingly challenged a U.S. Air Force Academy graduating class to "name me one innovative project, one innovative change, one innovative product that has come out of China"? Yes. Companies like Alibaba and Xiaomi do innovate, and in ways that most Western companies would find difficult to envision, much less implement.

At the same time, the Chinese themselves are aware that their style of innovation differs from that of the West, and that, however exuberant and successful, it is not the sort that wins Nobel Prizes. And what with their desire to best all outgroups, the Chinese are obsessed with the Nobel Prize. Never mind the possibility that the Nobel may be an expression of Western values. Still, as *New York Times* journalist Didi Kirsten Tatlow notes, the Chinese themselves ask what is known as "the Qian Xuesen question," after a legendary Chinese scientist who often raised it—namely, "Why does China produce so many clever people, but so few geniuses?"

There are some standard answers to this question. Regina Abrami, William Kirby, and F. Warren McFarlan enumerate these in their book, *Can China Lead?* "Some blame the engineers," they write. "Others blame the government for its lack of protection for intellectual property rights . . . Still others blame the Chinese education system." And these are certainly all factors. *Foreign Policy* cites a popular Chinese blogger who additionally notes:

Chinese are not good at using lively debate to turn a spark of originality into a developed idea, and Chinese companies aren't skilled at using cooperation and competition, or "coopetition," to innovate. Through cultural and political influence, we have developed the habit of forming alliances with each other, rather than engaging in coopetition driven by profit.

This is our friend, boundary blurring, again. For is the blogger not talking about the flexi-self tendency to befriend people who in a more individualistic culture would be competitors—people like forgers of one's artwork? And what's this about? Is this a simple matter of slavishly maintaining harmony because Confucius recommended it?

Academic adviser Lucia Pierce would say no, recalling how, in her ten years advising students for NYU Shanghai,

Over and over I would hear from Chinese friends when something I thought outrageous had happened that should be addressed—that being angry, addressing the issue in anger, or even expressing frustration/anger while moving forward, was a waste of time and if we wanted to get to the end goal that's where we should focus—not on frustrating situations along the way.

Sounding off is not only un-Confucian, it's a distraction from the larger goal. Better for painters, business people, and academic administrators alike to keep their eyes on the prize.

Outside of the military, this stress on unity for-the-goal's-sake is something we can scarcely imagine in the West, where authenticity-fueled debate is felt to be the road to any worthwhile conclusion, and its absence a reason for concern. Not too long ago, for example, I was one of five judges for the National Book Award in fiction—a process that went so well that our chair, legendary *New Yorker* fiction editor Chip McGrath, worried. On the phone and by e-mail, too, he expressed concern that our deliberations were "too polite," which is not to say that we didn't have our moments. We did. But no one stomped off in protest, as people have from other NBA committees. By the end of our deliberations we were even talking about reunions. Was that a problem?

In China, no one would have thought so. Indeed, the Chinese might well have thought us effective and efficient. It is confrontation and, even worse, aimless, Wozniak-style "genius" tinkering for fun that is hard for them to fathom. Of course, in a country of over a billion people, there will be many exceptions to any generalization. Still, the Chinese are not generally what educators call divergent thinkers—thinkers who can easily generate novel uses for a brick, say, or a tree branch. And given all we've said about the interdependent self, this is no surprise. With a pattern-attuned perceptual filter that tunes out the strange and novel in favor of the general and recurring, divergent thinking is singularly difficult for a flexi-self, especially as it is by definition not focused on achieving a goal.

Are We Asking the Wrong Question?

Jack Ma believes China will become a culture more to Qian Xuesen's liking in time. "To have a culture of innovation takes about two or three generations," he says. But in the meanwhile, he sees strength in China's flexi-self adaptability, observing:

> When I go there [to America], they are building up a road, and they discuss for two or three years without deciding. But China? Well, let's make it happen . . . I look at many of the nations moving so slowly. China, at least we move fast. Make a decision quick, and we have the culture of doing that.*

What's more, he believes that culture-of-the-master innovation that builds on what's come before is not chopped liver, and some agree. *The Wall Street Journal*, for example, cites companies like Alibaba and Tencent—home of the hugely successful, group-oriented, consummately flexible social app, WeChat—as examples of what Erik Roth, a

---

* This nimbleness stems, too, from the Chinese top-down style of governance.

partner at McKinsey & Company's Shanghai office, calls "innovation through commercialization":

> That's not the same as invention. Many of China's most innovative companies don't arise from a flash of inspiration. Rather, they evolve in a series of incremental changes. In the end, they become uniquely Chinese.

As for whether the results can be revolutionary, too, *Wall Street Journal* writer Andrew Browne's answer is an unequivocal yes. And we can see what he means if we think about how Xiaomi, for example, has not only reconceived smartphone development and marketing but reconceived the very idea of a company. This is not an e-clearinghouse like Uber or Amazon or Airbnb, but something altogether different—something organic, morphing, responsive, networked, and decentralized.

No, it is not about divergent thinking and the culture of the genius. And yet there is something exciting and important here. Can asking whether interdependent innovation is or isn't really innovation blind us to possibilities that firms like Alibaba and Xiaomi understand full well? Are we asking the wrong question? Business leaders who believe that only innovators come to dominate an industry may rightly focus on comparing Chinese innovation to ours. Leaders focused on the question of whether the twenty-first century is China's century, as China likes to claim, are similarly right to ask whether innovation is part of the answer to the question of what China's rising GDP and burgeoning middle class really mean to American industry.

But jingoistic challenges like Biden's to "name me one innovative project, one innovative change, one innovative product that has come out of China" reinforce the idea that genius-style innovation is all that matters when, even within the United States, not every successful company is founded on revolution. Yes, we have Apple but we also have Microsoft—a company founded on evolution. MS Windows, for example, a hugely successful operating system, is a cross between Microsoft's original operating system, MS-DOS, and the Macintosh graphical user interface. If genius-style innovation is America's competitive advantage as a nation, it is not because that is the be-all and end-all of business success, but because America can do both the culture of the genius and the culture of the master while, as of now, China can only do one well. Are individual firms best off embracing their both/and attitude? Yes. It goes without saying, too, that CEOs who think and talk as individualistically as Biden are unlikely to succeed in Asia.

Some Perspective

Meanwhile, as writer David Goldman points out,

> What Nobel Laureate Edmund Phelps calls "mass flourishing," the explosive propagation of productivity enhancements, has nothing to do with what we usually think of as "innovation." All the science that went into the Industrial Revolution was discovered in the 17th century and settled in the 18th, Phelps observed, and all the inventions that made it possible were in place by the last third of the 18th century. But it wasn't until 1815 that the real revolution in output and living standards began.

In other words,

> It isn't the science or the technology or the invention that brings about economic revolutions, but the readiness of the whole population to embrace innovation and change behavior. Whether the Chinese are more innovative on average than others is beside the point . . . What matters is that 500 million Chinese have moved from countryside to city in the past 35 years—the equivalent of the whole population of Europe from the Ural Mountains to the Atlantic. Uprooted from traditional life and placed in new and more promising circumstances, the Chinese as a people are more prepared to embrace change than any people in the history of the world.

Moreover, we might do well to recall how some interdependent cultures—for example, that of the European and Russian Jews—were once denigrated in terms rather like those used for the Chinese today. As writer Darrin McMahon chillingly reminds us:

> The Jews, both Hitler and Chamberlain agreed, were the anti-creative people par excellence. "The Jew possesses no culture-creating energy whatsoever," Hitler maintained. He was an "outward imitator" rather than an "ingenious creator," and for that reason there had never been, and could never be, a true "Jewish art."

McMahon goes on to say,

> This perverse opposition between the inherently creative German *Volk* and a Jewish *Gegen Volk* that was devoid of all creative capacity played on a central distinction that had characterized the discussion of original genius since the eighteenth century. To create was to bring into being all that was new and unprecedented; to imitate was to copy and render what others had done. Creation required genius; imitation drew on talent, at best.

It is a sobering way of thinking to recall, and a reminder that the urge to create hierarchies of self can stem from the ugliest of motives. That urge can also produce whoppers, by the way: 79 to 87 percent of eastern European immigrants, for example, were once classified as "morons."

But be that as it may, what is clear is that the culture of the master is alive and well in Mainland China, and comporting fairly well with its increasingly post-Communist, *Gesellschaft* world. Are there limits to this tango, given the authoritarianism of the goverment? Very likely. Though the Chinese government may be perfectly right in choosing social stability over the fostering of divergent thinking, they put themselves at a disadvantage on the global level as a result.

Meanwhile, if we want to know how the culture of the master perpetuates itself, that is through, among other things, the Chinese educational system—a source of East-West dissonance, and one in which, as we will see, the culture of the master has run amok.

8

....

Testing, Testing

It is June. The multi-day, make-or-break Chinese college admissions exam, the *gaokao* (pronounced "gow-cow"), is being held. Americans often think of the *gaokao* as a bit like the SATs, except that it is held just once a year. But in reality, it is as moon rovers are to ATVs. It is as fireworks are to firecrackers.

To begin with, as China-born author Yanna Gong describes, the whole nation revolves around it in a way inconceivable in the United States. Not even the Super Bowl gets this much attention.

Send-off for gaokao students of Maotanchang high school, Anhui Province

> [In Beijing,] public transportation systems are not allowed to sound their horns and sirens . . . All construction sites within half a mile of these test locations must maintain silence. It is a national social responsibility to shield the examinees from distractions. Proctors are not allowed to wear high-heeled shoes or perfume, or wear thin or low-cut blouses. Every effort is made to avoid distracting the test takers.

And this isn't just in Beijing. In Shanghai, in Qingdao, in Nanjing, in Xian, in Kunming, in Lhasa, in Shenzhen, taxi drivers place "sweetheart taxi" signs on their dashboards, offering free rides to students on their way to their exams. Classmates line the walkways, holding up banners and cheering. Teachers give last words of advice and encouragement. The students are carefully checked for anything that could be used for cheating. Then, quiet. Some parents and grandparents wait outside the test halls in an ocean of craning necks and umbrellas, while others rush from temple to temple, or church to church, or temple to church to temple, making offerings.

> It is June—hot. But never mind. Over the years they have arranged for books, tutors, special courses. Some have put a third of their earnings or more into tuition and books. They have made sure the children got enough to eat, that they've slept enough, that they've had a good quiet place to work. They've protected their children's time—working overtime so their children would not have to work, cooking and cleaning so their children would not have to cook and clean. And all for this one test.

It's impossible not to be moved. Of course, each student faces his or her exam alone. But this is anything but an individualistic enterprise. Its purposes, like Chinese education generally, have nothing to do with self-discovery or self-realization or "leaving one's mark" or "making a difference" or "authoring one's narrative" much less with coming up with an original and disruptive technology from scratch. It has rather to do with interdependent goals—with mastering and negotiating the status quo with the self-sacrificing help of everyone around you. As eighteen-year-old Eileen D. said to me in an interview, "It feels warm and comfortable to feel the whole society supporting you."[*]

To Get Money to Support My Family

China is not the only country with a highly ritualized college entrance exam. South Korea, for example, has the all-day, once-a-year *Suneung* exam. The country's air traffic is rerouted so that it does not fly over test sites, and the start of the workday, complete with the opening of the stock market, is delayed so that traffic will not affect students trying to get to their exams on time. A student running late can even call for a free police escort.

But what makes them run? There was a hint of this in the BBC documentary mentioned in the preface—the one in which Chinese teachers were sent to the United Kingdom to teach British kids math. At the end of the experiment, one of the teachers, a man named Wei Zhao, commented that the problem with the British kids was welfare. He did not mean that the government was too generous, or that the kids were spoiled or undeserving. He was simply, in a characteristically interdependent way, pointing to a contextual cause. "Even if they don't work, they can get money, they don't worry about it," he said. "But in China they can't get these things so they know, 'I need to study hard, I need to work hard to get money to support my family.'"

This is a realistic appraisal with which many would agree. NYU Shanghai's Lucia Pierce recalls:

> Over and over again I heard from parents and students that the support during a student's high school education is to be repaid by the student's getting a good job and supporting the parents later in life. It often seemed like a clear quid pro quo . . . Children know how hard the parents worked to let them study, and

---

[*] The many quotes from Chinese students in this chapter were given in Skype interviews.

the parents are not shy in reminding them that there is a payback time. Parents may love their children and vice versa but I was often a bit taken aback by the parents being quite clear that they had done their part and now the children should do theirs.

A version of this is often practiced in the United States, too. For example, University of California sociologists Jennifer Lee and Min Zhou describe the rotating system of support in one Vietnamese American family:

> Thy, a twenty-five-year-old, second-generation Vietnamese woman, graduated from a UC school and now works as a credit analyst. She explained that her older siblings had contributed to the household income so that she did not have to take a part-time job in high school and college. Now that she has graduated from college and secured a full-time job, she contributes to the household income so that her younger siblings can also have a chance to concentrate on their schoolwork without having to work part-time.

THY: Each of us were about two to three years apart, so when you get a job [after college], it is not really said, but it is kind of expected that when you get a job, you kind of help the family out later. That's what I am doing right now.

INTERVIEWER: Explain that a little bit more.

THY: By the time I got into college, my brother and my sister already had a job, so they helped my parents with the rent and with their insurance too.

INTERVIEWER: So they helped you guys, but then when you get a job, you give back to them and help them out?

THY: Uh-huh [yes]. Because there are eight of us, so the first two would do it, and then the next two, and then me and Teresa. The younger siblings, they were just going to high school and studying, as I was doing before.

Since Thy's younger sister and brother are the youngest of the family, when they graduate they will help support their parents in their old age.* And the expectation is that the next generation will likewise help one another and then, at the end of the cycle, help them.

In wealthier families, the "payback" can be less literal, and more a matter of doing something that the parents can brag about, which is to say something that brings the family status. That is typically attending a college or choosing a career judged prestigious by the family's ingroup or, in the case of a girl, marrying such a person. Indebted as they are, children are also supposed to avoid behaviors that reduce family status—an injunction that more ambidependent children, living in the United States, say, can find wrenching. How can the parents disapprove of a daughter divorcing a high-status man she despises, for example? Do they not love her? But often from the parents' point of view, children have a role to play that supercedes any truths they might feel in their avocado pits. That's assuming that the parents even believe the child has an avocado pit. In 2012, one Chinese tycoon, for example, publicly offered 500 million Hong Kong dollars (about US $65 million) to any man who could successfully woo his lesbian daughter.

Study = Success

But is study truly the key to family success? That for many Asians goes without saying. If Asian Americans enjoy a "secret" or an "advantage" that leads to academic achievement, it may well be this belief.† Certainly it is noticeable that in a study of the children of immigrants in New York City called *Inheriting the City*, not one Chinese respondent

---

* Sometimes even with turn-taking, families are not able to educate all the children. As they did back during the imperial exam days, they will then put all their resources into one child. While this was traditionally the first son, nowadays it might be a younger child or a daughter if, for example, this is the child who speaks the best English.

† Scholars Amy Hsin and Yu Xie argue that Asian American academic achievement is not attributable to superior IQ, as school-aged Asian Americans are no smarter than their white classmates. See A. Hsin and Y. Xie.

expressed "the opinion sometimes heard from other groups that education might not lead to success." Quite the contrary, like the respondents of another very successful immigrant group, the Russians, the Chinese "could not even understand that question." So central is education to the Asian mindset that some Chinese gang members have even led

> a double life—keeping their gang activities secret from school-friends while hiding from their gang friends the fact that they were still struggling to get good grades in prestigious magnet schools. Others went through a period of serious delinquency but managed to recover with the help of many people in the community. One young man, a former member of the Ghost Shadows, quit high school and left home after a fight with his parents. He lived for two years under an assumed name as a full time gangster. During this time he committed numerous serious crimes. Yet after a brush with the law, he quit the gang, got his GED, entered college and eventually attended a prestigious law school.

Did having a flexi-self help make such a double life possible? No doubt, and there it is, too—an example of just the sort of rehabilitation that the flexi-self view of the Big Bad Wolf imagines possible. Just as the wolf, in the flexi-self conception of him, can repent and apologize to Little Red Riding Hood and her grandmother, so, too, can a gang member realize the error of his ways and become an exemplary student.

As for how exactly study translates into success in the Chinese model, that is via ritualized exams. For if, as Ralph Waldo Emerson once said, "an institution is the lengthened shadow of one man," exams are the lengthened shadow of the flexi-self.

Origins

To get a sense of just how entwined interdependence is with testing—as entwined as it is with copying—we must begin with one of the greatest institutionalizers of interdependence ever invented, the Chinese imperial examination system. This was a system for choosing government officials that lasted some 1,300 years before finally being abolished by the Qing Dynasty in 1905. Some believe that the *keju*, as it was called, is the source for all standardized testing today, including the SATs. Certainly, Voltaire was much impressed by it, and he was not alone. Many foreigners—people from Vietnam, India, and elsewhere—even sat for the tests.

But in any case, the *keju* was the spindle around which the Middle Kingdom spun. Any family that could afford to do so devoted a son or more to study, for success at the exams meant a job as a scholar official, and to have such a job was not only to hit it big but to raise up one's entire family. What's more, it was to prove oneself deserving of such a fate, for the Confucian scholar official was not simply a person with smarts. He was a person who through self-examination, self-cultivation, and study had become what many translations call a superior man.

All this made for the original Chinese Dream, though the exams were in fact more meritocratic-like than actually meritocratic. Few peasant families could afford to forfeit years and years of a son's labor, after all, much less to fund the sort of intensive study required. Or how about the tutoring? Then, as now, there were test prep centers, largely serving the elite. The Imperial Exam Museum in the Shanghai suburb of Jiading, for example, to which I brought my NYU Shanghai students on a field trip, was the Stanley Kaplan Test Prep center of its day, with the well-heeled coming from all over to study at the Academy there.

What a surprise, then, that the *keju* backfired every now and then. In a particularly memorable instance, a young man named Hong Xiuquan, having failed the civil exams four times, had a nervous breakdown* complete with a vision that he was the younger brother of Jesus Christ. Embracing Christianity, he began to burn books and to recruit other frustrated young men—many of whom were, like him, members

---

* To fail four times was not unusual. Cornell psychologist Qi Wang's great-grandfather, for example, failed nine times, and only passed on his tenth try.

of the Hakka minority—to the cause of destroying Confucianism. And in this endeavor he found more success than he had in his studies, having by 1850 launched the Taiping Rebellion—the bloodiest conflict of the nineteenth century, and one in which at least twenty million people died. (To put that in perspective, the 1850 United States Census put the entire U.S. population at about twenty-three million.)

The Undaunted Scholar

By and large, though, the exams gave people hope. Indeed, the Chinese Horatio Alger figure is always an Undaunted Scholar—the scholar who, unable to afford lamp oil, made a hole in the wall and studied by the light of his neighbor's lamp. The scholar who read by the light of fireflies. The scholar who read by the reflection of the moon on the snow.

We see a similar emphasis on extreme grit in other traditional stories—in the stories of scholars who would tie their queues to a rafter so as to be jerked awake if they started to nod off, or who would jab their thighs with an auger. Of course, big pit selves will work mightily, too, to realize their innate potential. But not all big pit selves actually believe they have extraordinary gifts, whereas all Asian flexi-selves believe that hard work counts.

Do they believe a person can win the Nobel Prize without some modicum of talent in his or her avocado pit? No. But just as they believe in the rehabilitation of the Big Bad Wolf, they do believe in self-transformation through effort and the endurance of hardship. *Eat the bitterest of the bitter, become the highest of the high,* says one proverb; and as if taking this literally, some highly interdependent Tibetan monks once told me that, thanks to their diet of stone dust, they were able to fly!

Gaokao students who hook themselves up to IV lines so as not to have to take time to eat pale in comparison to the monks. Still, it is a happy development that this sort of extremity has recently been countered by messages about attending to one's health. Eileen D. and others specifically said that one of the important things they learned from the *gaokao* experience was how to sleep and eat right even under pressure.[*]

We see healthier reflections of the Undaunted Scholar, too, in things like cellist Yo-Yo Ma's father's attitude toward difficult music. "My father used to say that nothing is really hard," Ma's sister recalled. "If anything is hard just cut it into four pieces, and if that's hard cut it into sixteen pieces. Eventually you can conquer it." And who knows but that he was right? Ma's father is said, after all, to have taught a dog to hum Chopin.

As for whether the focus of all this flexi-self determination today might be admission to an American independent school like Milton Academy—yes. I think it's fair to say that most American admissions offices see themselves more as matchmaking centers than as barriers to be broken down, bit by bit by bit, until they are triumphantly conquered. What's more, if given their druthers, I'm sure they would just as soon not have an Undaunted Scholar set his or her sights on them. But as the girl at the baggage claim and others like her attest, that is often the case.

The Culture of the Master Run Amok

The imperial exams were no hackathon. Far from focusing on creative problem solving or other skills, they called for a show of a candidate's exhaustive knowledge of the Confucian classics in forms of fiendish difficulty—for mastery, after all, demands difficulty.[†] They were, in other words, on a continuum with Chinese ivory puzzle balls—balls in which as many as thirty or forty separate, freely moving balls are nestled

---

[*] The original imperial exams involved no such balance. Taking the exams involved being locked up in gargantuan compounds of decidedly no-frills exam cells where for days, examinees would sit on one wood plank and write on another.

[†] Love of difficulty persists in China. For example, just last summer a relative of mine with a pottery studio gave me an Yixing teapot with an exquisite frieze that, he emphasized, took days to make.

one inside the next, all of them fashioned from a single piece of ivory or resin.

The exam essays were nonetheless livelier than we might think. NYU scholar Zvi Ben-Dor Benite explains, "It is very clear to scholars today that the civil service exams were not boring. Certainly there were exam candidates who were boring people. But many exam candidates wrote serious essays about questions of politics and policy." All the same, by the Qing Dynasty things like the notorious eight-legged essay—in which the candidate broached his topic in the opening two lines, elaborated on this in the next five, then presented an initial exposition, before next laying out an initial argument in a specified number of couplets, and so on—brought about the exams' demise. Considered fossilized, fossilizing, and one of the chief contributors to the end of imperial China—especially as they were math-and-science free*—they were officially abolished in 1905.

Change and Continuity

Truly eliminating the exams was about as easy as it would be for us to eliminate Christmas. So embedded was the exam tradition that long after the exam cells were razed, testing for other purposes continued. Not only was my father admitted to college in the 1930s on the basis of an exam held by the university, for example, he also came to the United States as a result of an exam: As World War II dragged on, and there was talk of opening a second front against the Japanese in the Shanghai harbor, the transportation department conducted an exam for hydraulics engineers, the highest scorers among whom were to be sent abroad. What's more, a few years after the Liberation in 1949, the national *gaokao* for college admissions was begun. Exams did not finally cease altogether until the chaos of the Cultural Revolution.

---

* Ironically, a century later, Asian educational culture still involves testing but is known for, of all things, its emphasis on math and science.

Did anyone imagine they would stay dead? Fast-forward a decade to the golden moment in October 1977 when, in the wake of Mao's death and Deng Xiaoping's rise, a radio broadcast announced that the universities would be reopened and the national admissions exams resumed. First there was shocked disbelief. Then there was exhilaration!—then sadness that, what with all the educational disruption, everyone was unprepared. What's more, making manifest what had happened to learning in China, teacher and student would be sitting side by side in the exam halls. Yanna Gong describes how demoralizing it all was.

> Many of those first test takers, including my father, were bitterly disappointed after the 1977 gaokao, because their education had been so impoverished that they did not have the academic background to do well in the test. Because of this, a second gaokao was held six months later, in the summer of 1978. To prepare for the second test, my father joined review classes and systematically studied math, chemistry, physics, Chinese and politics. In order to find enough study questions, he visited every school and classroom in his town, asking for review materials, which were usually a few handwritten problems on a piece of scratch paper. Ten years of catastrophic political disruption had created a scarcity of academic materials. Almost all of them had been burned during the previous decade.

The trauma notwithstanding, the *gaokao* has since assumed a position in Chinese life distinctly reminiscent of that of the old imperial exams. Happily, a variety of subjects are now tested, including math and science; and women can sit for the exam as well as men.

Starting Early

Still, it is potentially life-altering. One's exam score so strongly influences college entrance that parents have been known to circle the date of the *gaokao* on a calendar as soon as a child enters kindergarten. *New*

York Times China correspondent Didi Kirsten Tatlow reports from personal experience:

> Starting at 6, children are buried under an avalanche of studies until they graduate from high school. Twelve-hour days (less on weekends, but no days off) are common among first-graders. For his first Chinese New Year semester break, my 6-year-old son was given 42 pages of math and 42 pages of Chinese homework to complete in four weeks. The goal? Entrance to an elite college like Peking or Tsinghua University.

Is this extreme? Absolutely. And would we, like Tatlow, be dismayed to find our children subject to this system? Very likely.

Many Mainland teachers are dismayed by the system as well. Jocelyn Reckford, the student creator of the website "Glenwood & Chao Wai: Side by Side," which compares a Chinese elementary school with an American one, notes that "in many cases, the teachers would like to take a lesson from American schools and concentrate more on imagination and resourcefulness"—that is, to be more avocado pit oriented. However, "They say it is the parents who want to keep the focus on objective assignments, drills, and tests to prepare students for exams. The dreaded college entrance exam, the 'gao kao,' looms like a storm cloud over the entire school experience."

Are the Parents Crazy?

Are the parents crazy to focus on the exam? Perhaps, but perhaps not. The daughter of at least one Chinese corporate executive reports that hiring is based entirely on what university the candidate attended, regardless of the person's GPA or any other factors. In other words, it is in effect based on the person's *gaokao* score. And a manager at Frito-Lay confirmed to me by e-mail that

> Yes, most of companies especially big formal ones or government organizations prefer to hire people from good schools. They be-

lieve those who win from gaokao with high score are more clever [*sic*].*

In short, screwed up as the system may be, the parents are not entirely meshuga in their goal orientation, especially since, as this manager goes on to point out, "people live in the society by class and *gaokao* is one of the key steps to settle your class or *guanxi*"—that is, the network of relationships that can help you "avoid the competition [*sic*]." In other words, if we think back to Hazel Rose Markus's diagram of the interdependent self, the *gaokao* helps define the ingroup that governs your life. As a young woman named Weymi Cho puts it, "In China, it's not just about what you did but what your network of relationships is."†

The thinking in Singapore, Vietnam, and other countries is similar. In South Korea, to get a high score on the *Suneung* is to get into a first-tier school, which is to go on to be a professional or to get hired at Samsung or some other conglomerate—what they call a *chaebol*—which of course you'd want to do, since, as former *Economist* South Korean correspondent Daniel Tudor says, "Any market that's worth having is really sewn up by *chaebol* already. So your best hope would be just to join a *chaebol*." And in Japan the commonplace wisdom is "pass with four, fail with five"—meaning that students who take five hours a night to sleep are not going to succeed on their exams. As for what's at stake, students at, say, Tokyo University, too, are admitted strictly on the basis of their exam scores, and then often hired on the basis of their alma mater.

All of this is easily caricatured by the Western media. But actually, as Harvard Law School professor Mark Ramseyer points out, some of the Asian tests—for example, those designed by the University of

---

* In fact, some of the very smartest kids do not have to take the *gaokao*. Some schools, recognizing themselves to have an exceptionally smart student, will grant him or her automatic admission to a top university. The number of students admitted this way, however, is very small.

† Weymi Cho was speaking about one's likelihood of being targeted in Xi Jinping's anti-corruption campaign but in truth her assertion could be made about anything.

Tokyo—are meaningful and relevant. The faculty "write and grade their own entrance exams to supplement the standardized test . . . and they write exams that ensure entering students bring both breadth and depth. To attend the undergraduate law program, for example, a high school student must pass tests in both English and a second foreign language, in modern and classical Japanese, in two social sciences, in natural science and in math. [In addition,] the Tokyo faculty write excruciatingly hard questions." This results in a student body in which few may be one-of-a-kind, but many are impressively and appropriately accomplished.

The Cost

As for the cost, there are in all these countries, as there were in the days of the imperial exams, nervous breakdowns every year. Are there more nervous breakdowns than in the West? Many have assumed so, myself included. But in fact, this is not clear. China-born Brown University psychologist Jin Li contends:

> [A]vailable data do not support this view. A study comparing Chinese, Japanese, and American high school students' psychological adjustment in relation to parental and school pressure found that despite their reports of higher parental expectation and lower parental satisfaction with their achievement, Japanese students indicated fewer, not more, adjustment problems than their American peers. Chinese students also reported less stress, academic anxiety, and aggressive feelings than the Americans, although they did reveal higher frequencies of depressive mood and somatic complaints.

Moreover, in the United States,

> the most recent data on suicidal thoughts among youths with major depressive episode (MDE, a strong predictor of suicide) from the U.S. Department of Health and Human Services show a

lower rate of MDE among Asian youth than European-American youth aged twelve to seventeen.*

This runs counter to popular perception. Li's points are supported, however, by the Asian American Psychological Association, which maintains that it is a "myth" that Asian American high schoolers have higher suicide rates than do students from other racial/ethnic groups, and which points to family cohesion and parental support as protective factors.

What is clearer is that college brings storms. The AAPA notes that "Asian American college students were more likely than White American students to have had suicidal thoughts and to attempt suicide," and while the data is not good—perhaps because colleges are reluctant to share it—sociologists Jennifer Lee and Min Zhou report, for example, that sixteen of the sixty-nine suicides at the University of Michigan between 1996 and 2000 were by Asian Americans. This means that 23 percent of the suicides were by Asian Americans though they were only 10 to 11 percent of the student body; and others have made similar claims about elite institutions like Cornell and MIT.

Even with better data it would be hard to establish a clear link between academic pressure and mental stress, however. Problems may so easily have as much to do with discrimination, or conflict over the student's choice of career, or relationship problems. And lest we imagine that we somehow nonetheless "know" what's going on in the students' heads, we might heed the admission of suicide authority David Lester. "I'm expected to know the answers to questions such as why people kill themselves," he told *Atlantic* writer Hanna Rosin, but "myself and my friends, we often, when we're relaxing, admit that we really don't have a good idea of why people kill themselves."

---

*The U.S. Substance Abuse and Mental Health Services Administration reports that the 2015 incidence of major depressive episodes in twelve- to seventeen-year-olds, broken down by ethnicity was: White, 12 percent; Hispanic, 11.5 percent; Asian American, 10.4 percent; African American, 9.1 percent. See Substance Abuse and Mental Health Services Administration, *Behavioral Health Barometer: United States, 2015.* Of course, assessment methods may be culturally biased.

A Split Down the Middle of the Cafeteria

Whatever the truth about its mental health cost, many Asians believe a good education is a tough education. The 2015 controversy in the high-performing West Windsor–Plainsboro school district near Princeton, New Jersey, is a case in point. What with a recent influx of Indian, Chinese, and Korean immigrant parents, the schools had suddenly become 65 percent Asian American and, some parents said, quite changed. It was so changed, in fact, that, in reaction to two clusters of suicides in six years at similarly high-achieving high schools in Palo Alto, California, as well as a spike in their own students' mental health assessments, forty of which resulted in hospitalizations, the school superintendent instituted a series of reforms, including the cancellation of midterms and finals.

No midterms? No finals?

At a board meeting, the Asian American parents sat on one side of the middle school cafeteria, while the non-Asian parents sat on the other. Immigrants like Mike Jia argued that to do things like push back the start of the district's elementary school accelerated mathematics program—90 percent of whose participants were Asian American—from fourth grade to sixth grade was to dumb down the kids' education. "What is happening here reflects a national anti-intellectual trend that will not prepare our children for the future," he said. In contrast, former PTA president Catherine Foley argued that the pressure hindered learning. "My son was in fourth grade and told me, 'I'm not going to amount to anything because I have nothing to put on my resumé,'" she said.

In the *New York Times* write-up of this conflict, sociologist Jennifer Lee helpfully pointed out that white middle-class parents do not always understand how much pressure recent immigrants feel to boost their kids into the middle class—indeed, to get established at all in America; nor do they perhaps realize that the children of these immigrant fami-

---

* Supporting Lee's position, second-generation Asian Americans in the West Windsor–Plainsboro school district did not unilaterally support the immigrant generation.

lies do not have the kind of access to internships and more that their children do. I might add here that, in this particular instance, the Asian immigrants may represent a truly hyperselected group for whose kids American fourth-grade math really is just too easy.[*]

In any case, the clash between their pressures and those of families who are, yes, more established in America but who also have what activist Barbara Ehrenreich called "fear of falling" out of the middle class, is definitely part of the picture. Tellingly, though, the West Windsor–Plainsboro reforms also tried to protect things like the right for all children to participate in musical activities. While the Asian immigrant parents had enthuastically supported a competitive music program, the school superintendent instituted a "right to squeak" initiative to ensure that even students who did not excel at their instrument could play in the school band or school orchestra. He seems to have been dismayed that education, which by mainstream American lights ought to be focused on the unhindered development and expression of the students' avocado pits, was by Asian flexi-self lights properly focused on an excellence of performance that took competition for granted, and that emphasized discipline and practice.[†] As for my own view of this: Could there not be two sorts of music groups, one for the Juilliard-here-we-come crowd and one for those just-trying-out-the-tuba?

Questions on the *Gaokao*

In China, meanwhile, educational practices are orders of magnitude more interdependent than any we see here. For example, the *gaokao* has to date featured many questions having far more to do with test-taking savvy than with actual thinking skills. I know many will

---

[*] More generally, many Asian immigrant parents believe that American educational standards are too low. One Chinese ex-engineer—now driving a cab in Queens—shakes his head even at the top students at Stuyvesant High School. "In China," he says bluntly, "they would be in the middle."

[†] Richard Nisbett notes the astonishment of Asian parents at another school, where at an awards ceremony students were recognized for completing their homework.

argue that the SATs also reward test-taking skills. There is such a difference in degree, however, that some Chinese students count themselves "SAT fans" because the SAT questions are so "reasonable." They are much impressed that the SAT prep books not only give the answers at the back but explain why the answers are correct.

In contrast, it would be hard for any uninitiated test taker, no matter how talented, to succeed on what is finally an ingroup exercise. How, after all, to deal with *gaokao* essay topics like these, from the 2015 test:

> Topic: Who do you admire the most? A biotechnology researcher, a welding engineering technician, or a photographer?

Biotechnology researcher: Mr. Lee led the company to a globalized market.

Welding engineering technician: Mr. Wang was an ordinary welding engineering technician, and through perseverance, has become a world-renowned craftsman.

Photographer: The photographer posted a collection of his photos to his blog and was well-received online.

> Topic: Roads

Based on the three given uses of "road," write an essay.

1. "The Earth had no roads to begin with, but when many men passed one way, a road was made." —Lu Hsun (Lu Xun)
2. There is no such thing as a road that dare not to be walked, only people who dare not to walk it.
3. You may take the wrong road sometimes, but if you keep walking, it will become a brand-new road.

> Topic: Do butterfly wings have colors?

"A teacher asked the students to look at butterflies under a microscope. At first, they thought the butterflies were colorful, but when they looked at them closely, they realized that they were actually colorless." Based on this story, write an essay.

Students are equipped to respond to these with an arsenal of didactic, inspirational "examples." A popular choice one year, for instance, was a man named Sun Dong Lin, whose employees were paid annually, at Chinese New Year. Once, on the way to pay them, Sun was in a car accident in which his brother was killed. Still he made sure his employees were paid, and as a result was cited in countless *gaokao* essays as an example of a person who kept his word.

In the English essay, likewise, certain phrases or vocabulary words have been encouraged, and others discouraged. If the scorers see certain complicated words, they will give you a point, says one student. Ditto for phrases like "in order to," and compound sentences like "drinking the water in my room, I felt better," or "reading the book slowly, I understood more." "There be" sentences, on the other hand—meaning sentences that begin "There is" or "There are" or "There were" should be avoided, as should short, simple sentences generally. The students need to show evidence of mastery, and evidence of mastery, as we have said, involves difficulty.

As for how someone like, say, George Orwell would have fared on the exam, high school senior Neal S. points out that, what with his strong, direct prose style, Orwell would certainly not have made it into Beijing University. The *gaokao*, after all, is not about forcefully expressing one's avocado pit. It is about demonstrating that one is both bright and fantastically flexible.

Instrumentality in Testing

Should the *gaokao* be linked to population control? We Westerners might say no. To the flexi-self, though, it is onerous and unjust but not strange that, to discourage any more people from moving to eastern cities like Beijing and Shanghai, where there are too many people already, the government requires students to take the exam in the province for which they have a residency permit. Since those exams are harder than the exams in Shanghai and Beijing, should the children of migrant workers, say, move around with their parents, they are quite likely to flunk.

On the other hand, if they stay put in their home province, they stand at least some chance of getting into a college.* Shanxi native Chris L., for example, did on his second try at the *gaokao* manage to test into a top school.† To give a sense of just how difficult it was for someone like him to succeed, however, in 2014, the percentage of exam takers who made it into a top university was 21.92 percent in Shanghai and 24.81 percent in Beijing, but only 6.17 percent in Shanxi Province.‡

Of course, there is unending loud and obstreperous complaining about this and other aspects of the *gaokao*. So why aren't the Chinese all up in arms? Because "it would do no good" and because, many would argue, everyone has to put up with the inequalities for the good of the country as a whole. In short, the health of the savannah comes first. And for all the issues, isn't it true that, using these sorts of measures,§ China has advanced in a historically unprecedented way—lifting more than eight hundred million people out of poverty in a matter of decades?

Different Places, Different Schools

The exam is not the only thing about which inland Chinese grouse; they complain, too, about inequality of education. Stephanie H., for example, was lucky enough to attend a first-rate school in Yunnan's

---

* This is especially true for members of ethnic minorities, who are given extra points on their exams in acknowledgment of their minority status.

† Chris L. went on to graduate school in Shanghai, then got a job in Shanghai, too. Now he will be getting a residency permit in Shanghai; and his children, if he has any, will be among those for whom it will be far easier to test into a Shanghai university. As for whether he will have children, that is another matter: "The Shanghai girls, their standards are very high," he says.

‡ The Shanxi numbers were not the lowest. In Sichuan Province, the percentage of exam takers who earned enrollment at a top university was 5.46 percent. The official 2015 numbers are similar: Beijing 24.13 percent, Shanghai 20 percent, Shanxi 9.2 percent. 2015 statistics for Sichuan were not available.

§ In the days of the one-child policy, China did things like tie the delaying of marriage to increased paid vacation leave. There, too, the policy varied by province. The number of bonus days ranged from seven to thirty days, with residents of Gansu Province, for example, receiving many more days than residents of Beijing. See Deborah S. Davis and Sara L. Friedman, *Wives, Husbands, and Lovers.*

capital, Kunming—a school so confident that it would be able to place its requisite number of students in top universities that teachers were also able to offer avocado pit–cultivating electives in subjects like movies and politics. Students were encouraged to pursue their own interests via the many clubs as well.

No other school of this caliber, however, is found in Yunnan—a province more populous than California, with over forty-five million people. And far more typical of even a privileged provincial education was that of a Shandong native, Eileen D. Now eighteen, she reports that her school day ran from 6:00 in the morning to 10:00 at night—hours very similar to those of Peng S., now twenty-one, from Liaoning Province, who in addition did her *gaokao* preparation in what she called an "enclosed" school. The students were not allowed to leave the school at any time; when they were not actually attending class, they were in study halls supervised by their teachers.

Typical, too, is the ranking system of the classes in schools like these, with the best teachers generally assigned to the best classes. Author Yong Zhao, for example, has described how in many schools

> while different names are used to disguise the differences, classes are ranked from slow to fast with such euphemisms as "rocket class," "extraordinary class," and "experimental class." Often the inferior classes are simply called "slow class" or "poor student class."

Hubei native Vikie S., now seventeen, for example, recalls that certain students were tested, then given extra lessons, then re-tested, then granted entrance to the "experimental" class with the best teachers, provided that the students sign a contract promising to take the *gaokao*. The school's goal was to produce more high scorers this way.

By Other Means

Outraged as Vikie—who herself had been selected—was by all this, she was in the minority. In fact, some of the parents of the classmates who had been passed over were chiefly engaged in trying to reverse the placement decision. This involved many well-established strategies, from pulling on "invisible strings" to the proffering of European vacations. The anticorruption campaign launched by Chinese president Xi Jinping has reduced the use of cash but such is the gift giving that, as one student put it, "deep inside it is the same."

Meanwhile, what goes on at the class assignment level also goes on at the seat assignment level. What with the classrooms typically quite crowded, so that it can be hard to see the blackboard from the back, many parents seek to secure a better view for their child. The more desirable seats at the front are supposedly allocated via exam scores but once again parental "influence" can be at play.

As for classroom dynamics, Eileen D. reports that some teachers want to be fair but just can't manage to take a genuine interest in the poorer-scoring students. In other schools, fairness is not even an aim. Yong Zhao reports that, far from providing remedial aid to slower students,

> one school was reported to provide top-ranked students with free extra lessons, while lower-ranked students had to pay. In other places, lower-ranked students had to wear green scarves in contrast to high scorers' red scarves or were asked to take tests outside the classroom.

No wonder that students grow up to be not only attuned to their community but focused on their status within it. The first, deepest lesson of school is how abused they will be in any other position but the top. The phrase "look down on" is still a potent one in China; and in Korea, similarly, as Daniel Tudor says, "if you're seen as someone who's not succeeded, you're really made to feel second class."

Cheating as a Fact of Life

Is a ladder-like world that features misery at the bottom and that can be climbed through extreme study linked to the amount of cheating associated with Asian testing? Yes. Drone surveillance is now in use during the *gaokao*. Radio signals near test halls are so ferociously monitored as to be a perverse source of pride for the government and so, too, is its success in nabbing purveyors of cheating paraphernalia—a haul of watches, pens, coins, glasses, shoes, you name it, many of them so cleverly doctored as to make one wonder that no one has yet opened a Museum of Cheating.

Does the amount of cheating we see in Asia exceed that in the United States? Certainly, it is a more accepted part of life.[*] I cannot emphasize enough that there are many perfectly honest Chinese students; nor can I emphasize enough that they suffer more than anyone else from the shameless dishonesty of some of their classmates. At the same time, when I once told some Chinese graduate students that in my entire life I had never known a friend or colleague to cheat on an exam, they were amazed. My son similarly recalls how if his middle school classmates in Hong Kong were caught with their textbooks open during an exam, the teacher would simply tell them to put their books away; had they done the same thing in the United States, they would have been suspended. Art curator Nancy Berliner, too, recalls that when she lived in Taiwan, people would ask friends to write papers for them the way they would ask them to pick up something at the grocery. And Williams College professor emerita Suzanne Graver recalls that she had some Japanese students who plagiarized until she explained to them that they weren't supposed to do that here. Then, just like that, they stopped.

But here's the question: Is this phenomenon just a matter of lax standards and high stakes? Or, as with illegal copying, is it a kind of disreputable cousin to certain flexi-self virtues?

A Navigational Mindset

---

[*] Unacceptable as cheating may be, a string of highly embarrassing cheating scandals has accompanied America's embrace of high-stakes testing. See Yong Zhao, *Who's Afraid of the Big Bad Dragon?*

Every year at New Year's, my mother would make a Chinese hot pot and dish out certain elements in it while explaining their symbolism. Fish and pork balls were lifted into the air with the words *tuan tuan yuan yuan,* meaning "whole family together." But also she would hold up a shrimp and, referring to its curled shape, say: *Wan wan shun*—meaning "May you find a way around obstacles."

This had absolutely nothing to do with cheating. Rather, it echoed the many quintessentially Daoist tales extolling the flexi-self. The writings attributed to the thinker Zhuangzi,* for example, include this parable about a cook butchering an ox:

> Ting the cook was cutting meat free from the bones of an ox for Lord Wen-hui. His hands danced as his shoulders turned with the step of his foot and bending of his knee. With a shush and a hush, the blade sang following his lead, never missing a note . . .
>
> Ting laid aside his knife. "All I care about is the Way†. . . When I first butchered an ox, I saw nothing but ox meat. It took three years for me to see the whole ox. Now I go out to meet it with my whole spirit and don't think only about what meets the eye. Sensing and knowing stop. The spirit goes where it will, following the natural contours, revealing large cavities, leading the blade through openings, moving onward according to actual form—yet not touching the central arteries or tendons and ligaments, much less touching bone.
>
> "A good cook need sharpen his blade but once a year. He cuts cleanly. An awkward cook sharpens his knife every month. He chops. I've used this knife for nineteen years, carving thousands of oxen. Still the blade is as sharp as the first time it was lifted from the whetstone. At the joints there are spaces, and the

---

* This passage is from the fourth century BCE. Like most writings of this age, Zhuangzi's text was more likely than not the work of multiple authors.
† This is the Way (the *dao*) advocated by Daoism.

blade has no thickness. Entering with no thickness where there is space, the blade may move freely where it will: there's plenty of room to move. Thus, after nineteen years, my knife remains as sharp as it was that first day.

"Even so, there are always difficult places, and when I see rough going ahead, my heart offers proper respect as I pause to look deeply into it. Then I work slowly, moving my blade with increasing subtlety until — *kerplop!* — meat falls apart like a crumbling clod of earth. I then raise my knife and assess my work until I'm fully satisfied. Then I give my knife a good cleaning and put it carefully away."

Lord Wen-hui said, "That's good, indeed! Ting the cook has shown me how to find the Way to nurture life."*

The flexi-self cook approaches the ox holistically. He sees "the whole ox" as if it is a kind of field. Then he does not tackle it so much as he navigates it — his spirit elegantly "following the natural contours, revealing large cavities, leading the blade through openings . . . yet not touching the central arteries or tendons and ligaments, much less touching bone."

And this, Chinese flexi-self culture tells the listener, is the way to do things. Martial arts master Bruce Lee recalls his instructor telling him "never to assert yourself against nature; never be in frontal opposition to any problems, but control it by swinging with it," and that he should "preserve" himself by "following the natural bends of things." These ideas echo the great Chinese classic, the *Daodejing*, which extols the strength in pliancy, reading

> In all the world, nothing is more supple or
> weak than water

---

* The names in this passage, taken from the translation by Sam Hamill and J. P. Seaton, use the Wade-Giles romanization system.

Yet nothing can surpass it for attacking
what is stiff and strong.

Likewise, it warns that

A weapon that is too strong will not prove victorious
A tree that is too strong will break.

Better to be like bamboo, which bends but does not break, or like the southern Chinese in Thomas Talhelm's Starbucks study. Though it's easy for Westerners to see the southern Chinese who did not move the chairs out of the way as passive, they may well have seen themselves as flexible and wisely nonconfrontational. Daoist ideas have, after all, very much survived through people like my mother and Bruce Lee, who actively transmit them. "Be like water making its way through cracks," Lee would say, for example. Did he mean that students should cheat? No. Like my mother encouraging us kids to go around obstacles, Lee was simply passing on a traditional way of thinking.

The Many at the Baggage Claim

Many in China see the *gaokao* as a necessary evil. There is just no other way of processing the almost ten million students applying to college each year, they say; and for all its problems, the *gaokao* is fairer than a college admissions process in which connections can play a direct role. As a sign hanging in many high school classrooms says, "Without the *gaokao*, how can you compete with the children of the rich?" What's more, it is for many an important rite of passage. "Preparing for *gaokao*, students will need to deal with pressure from society, teachers, parents," says Eileen D. "We will need to calm down and focus and think a lot for ourselves. So we will have that ability in the future."

Stephanie H., a senior at Fudan University, is less of a believer. Teachers and parents have told her that if you don't do well it's "game over," she says, but she's not so sure. And certainly it says something that Alibaba's Jack Ma went to Hangzhou Normal University—a good school, but not a top school—and only after failing the *gaokao* twice. Ma also claims to have been rejected by Harvard ten times.

As for why the number of students studying abroad is skyrocketing: Some come to improve their English; some believe time in America will make them more outgoing. (As one student explained, "My parents think I am kind of ingoing.") Some like the adventure of it; some see foreign study as a status symbol and part of a cosmopolitan lifestyle. Some are skeptical of the government's claims that it is protecting them from the world and want to see what this evil world is for themselves; some simply realize they are unlikely to do well on the *gaokao* and had best start their lives another way. And a great many believe Western education is simply better. Even at the high school level, students often find that the American curriculum is less rigid and more engaging. What's more, the air is cleaner in America and—thinking ahead to where they would actually want to settle someday—the political situation is more stable.

But some, also, simply find the whole *gaokao* business too interdependent—a rite of passage into a system they're not convinced that they or their families need, especially if they're well off.[*] Is this not a pointless exercise? they ask even as—interdependently, still—they also ask, Why not find a way around it?

Pattern-meisters

As for what they find in the United States, if they come, that is a way of thinking far different from what they're used to. Among the many differences, the teachers deemed best in China are assigned to train students for the *gaokao*, and they are deemed the best in part because, as Eileen D. says, they have "looked at many many exams, maybe from the 1990s to 2010, and for ten or twenty provinces—and they can see

---

[*] In Korea, many people just wish things were otherwise. As one parent, Kim Ji-sook, said, "It's so hard that my kid doesn't want to raise a kid in this country. But nothing can be done about it; that's just the way things are." See Elise Hu.

what appears again and again." That is to say that they have focused, in interdependent fashion, on things that recur.

And in this the Chinese teachers reflect another important and little-understood aspect of flexi-self life. This—the fourth and last aspect we will examine before turning to the big pit self—is the flexi-self tendency to focus on the general rather than the exceptional. It's part of an interest in the rules that govern the cosmos, and in aligning one's life with those cosmic rules. As for whether that entails training—something that goes completely against the grain of the big pit self—well, yes.

9

Patterns and Training

When I was growing up, my father often used to talk about a movie he once saw. Born in 1919 and raised in a lake town a bit west of Shanghai, my father was not a big moviegoer. What with the pressures of immigrant life, I cannot remember one instance of my mother and him ever going out for any kind of date.

There was one movie he saw, though, that made an impression on him—not because of who was in it, or because it was funny or beautiful or brilliantly done; he did not even know its name. However, he did remember its plot, which involved a group of people on an island, looking for a treasure. Told that it was buried under something shaped like the letter "W," they hunted all day, examining every stone and leaf and anthill. They looked under logs; they combed through the seaweed. By sunset, though, they finally had to give up; and so it was only then, at the movie's end, as the group motored away, that the audience saw that the "W" was in the sky—that it was made by the tops of the trees.[*]

It was a story my father always told with a laugh, shaking his head at the foolishness of people too focused on minutiae to look up. And he often referred to it, too, in conjunction with other situations—pointing out whether people were "seeing the big W" or not, and enjoining me, too, to "look at the Big W." The lesson wasn't just, Don't miss the forest for the trees, though it was that, too. It was, Consider the larger pattern. What is producing it? What is its governing principle?

---

[*] I have never found the movie my father described. There is a "Big W" in It's a Mad, Mad, Mad, Mad World, but the story is different.

The *Li*

In this particular variety of holistic thinking, my father was a bit like the art connoisseur we talked about earlier—the one who seeks to "fingerprint" an artist via his characteristic brushwork or tone. The set of governing or regulating principles that can be identified by the traces it leaves—its "Big W"—is called in Chinese the *li* (written 理 and pronounced "lee"). The *li* patterns things. It gives a piece of wood its characteristic grain; it governs the gathering of clouds and rainstorms; it is responsible for the phases of the moon. It is not a static blueprint but something more like the developmental script by which an egg becomes a fetus, which in turn becomes a child. It is the source of regularity in the universe.*

The *li* is also related to something many of us in the West have heard quite a bit about, the *qi* (written 氣 and pronounced "chee").† The *qi* refers to the universal life force whose unimpeded flow is guaranteed by things like proper feng shui—by the proper situating of things such as buildings or mirrors or walls.‡ But even if *qi* energy or spirit remains unblocked, it still depends on the *li* to give it form—to turn it into, say, bamboo groves or lotus pads or typhoons or fish.

A Very Old Preoccupation

Discerning the *li* has preoccupied Asians for millennia. For example, the Japanese artist Hokusai, we will recall, hoped not only that he might make "increasing progress" in his work in his eighties but that at ninety

---

* This idea of a thing responsible for everything we see even as it cannot itself be seen may remind some of Plato's Allegory of the Cave. Plato's idea was that the things we humans take to be reality are like so many shadows cast on a wall, and that the real things exist in a realm that we may conceptualize as behind us, hidden from our view. The focus of Chinese thinking, though, was not on objects but on processes.

† The *qi* is sometimes spelled *chi* or *ch'i*.

‡ Feng shui is taken seriously enough in China that no ground is broken for a skyscraper in Hong Kong, for example, without the review of a feng shui master. The unmistakably interdependent message of this practice is that no project, no matter how sound in and of itself, can succeed if it is not properly aligned with its context.

he would "see further into the underlying principles of things." He hoped, in other words, to discern the *li*. And in education this preoccupation with the *li* continues up until today. For example, Chinese textbooks are, compared with their American doorstop cousins, astonishingly thin. This is because they focus on the most essential concepts. They do not dwell on exceptions to the general rule; nor do they include interesting tangents or entertaining examples. That is not to say they are CliffsNotes. Quite the contrary, math textbooks, for example, always give the derivation of a formula, since context is felt to be key to true understanding. Where do things come from? In math as in life, genealogy matters. A good textbook, however, cleaves to the eternally, centrally significant. It eliminates the extraneous. It distills and culls.

What's more, a good teacher does, too. Cellist Yo-Yo Ma's sister, for example, recalls how their father homeschooled her and her brother in the 1960s: To prepare a ten-minute lesson, she reports, their father would work for two hours, choosing the most important parts of the subject to teach them. And in this, he resembled my late father, an immigrant of the same generation and a beloved civil engineering professor, who was much admired for the way he could teach without lecture notes. As for how he did this, he used to say that in every chapter there was only one principle. You just needed to grasp that—the *li*—and you could teach the whole chapter.*

Does Chinese moral education focus on the *li* as well? Yes. Why should children take care of their elders, for example? Because it is in accord with *tian li*—the *li* of heaven. As Kenyon College professor Anna Sun puts it, this "is something beyond social convention and even the law. It is the principle of everything that is happening in the world. In the Chinese mind, we all in the end try to use it to guide—or justify—our actions."

---

* We also see this basics-oriented way of thinking in interdependent attitudes toward talking in class. While Western professors generally encourage talking in class, many interdependent students find it not only uncomfortable but inefficient. Why waste class time on arguments that will simply obscure the main point—the Big W?

The *Li* of the Politburo

The idea of the *li* informs the way that the most powerful political body in China, the nine-member Politburo Standing Committee of the Communist Party, morphs every ten years. There is no election; there is no public explanation or discernable procedure of any kind. Like the sunrise, it simply happens, much to the bafflement of Western observers. Harvard Law School professor Noah Feldman, for example, calls it "the most astonishing fact about how China is now governed," noting in his book *Cool War* that "every ten years, starting in 1992, continuing in 2002, and most recently in 2012, the Chinese Communist Party has retired its most senior group of leaders and replaced them with another group roughly ten years younger." He goes on, "so striking is this fact that it bears repetition: In a regular pattern China's leaders voluntarily retire and are replaced by younger men." Of course, during most of the twentieth century, changes of Chinese leadership were unpredictable and at times violent; there is in fact no *tian li* that renders this regularity inevitable. In recent decades, however, these transitions have occurred with a regularity that seems deliberately to evoke a cosmic *li.* [*]

---

[*] Feldman further notes that China's senior leaders rise to a seat on the Politboro Standing Committee "through a lengthy, complex series of bureaucratic steps [resulting] in their selection from their generational cohort through consensus. That consensus is intensely political. Even experts on the Communist Party have trouble explaining exactly how much of promotion is related to networks of friendships and patronage and how much to successful fulfillment of government or party jobs. It is possible that party members themselves would not be able to articulate such a complex series of social processes fully."

And indeed, there is no "rule that can be stated simply: The king's eldest son inherits. The candidate with the most votes wins. The prime minister appoints her cabinet" such as the big pit self would prefer. There are instead overlapping *li*-governed patterns—for example, the recurrent personal secretary or bodyguard to a powerful figure who accrues, as if by osmosis, power of his own. The relationships of these younger figures to their mentors echo those of the Ming Dynasty painter apprentices and masters discussed earlier. They are often in flexi-self fashion standing in for one another, doing one another's work.

As for why, we might consider the numerous folktales in which a perfect imitation of nature's *li* succeeds in channeling real *qi*. For example, in one tale, a lord pursued by his enemies finds his way blocked by a gate that will not be opened until dawn. He is trapped until a servant imitates the crow of a cock so well that other roosters start to crow. The gate is opened, and the lord escapes.

Of course, the idea of an imitation becoming real fascinates Westerners, too. From the children's story *The Velveteen Rabbit*, in which a stuffed rabbit is so loved that he becomes real, to the oft-proffered advice that, should you find yourself in a tough situation, you should "fake it until you make it," the power of simulation can be found everywhere in Western culture. What's different in Chinese culture is that it is not mere simulation, but simulation of the *li* that can pack real punch. This is why ritual is so important in Chinese culture. Cyclical, opaque, and apparently eternal, the changing of the guard of the Communist Party seems, for example, to be in line with transcendent principles. Did the Party intend, by simulating the *li*, to channel real *qi*? In any case, it seems to have done just that. The ritual's preternatural regularity has helped the regime accrue real power.

The Two Lions

All of this is related to the question that so many Western tourists visiting the Forbidden City in Beijing have asked—namely, why do the lions look so strange?

Is it because the lion is not native to China, and was for a long time a mythical animal mostly known through Buddhist art from India? To many of us in the West, something like that would have to be the answer because Chinese lions so often seem, well, unreal.* The lion in the first photograph on the following page, for example, seems to be more a portrayal of the power of lionhood more than it does an actual lion.

But to the Chinese, it is the lion in front of the New York Public

---

* The West, too, has a long history of stylized animals but they do not have the philosophical resonance that they do in the East.

A lion outside the Forbidden City

A lion outside the New York Public Library

Library that is lacking. Can anyone even tell from that scrawny statue that the lion is the king of beasts? Its ribs are practically showing, and that eager attentiveness—how like a dog awaiting its master. It is overly specific. It is unique—so slavish and in thrall to the surface of things, so far from the *li*, it would never channel any *qi*. How could it? No, any *qi* energy in the vicinity would certainly be attracted to a Chinese lion.[*]

---

[*] Chinese art has had periods of greater realism but realism has not been its dominant mode.

The Main Idea

This filtering out of details that distract from the Big W—including details Westerners feel to be critical—figures in Chinese thinking in a way that any Westerner who has traveled in China will recognize. For example, I was recently asked to sign a short-term service apartment lease in Shanghai. The contract had four pages setting out the terms of the agreement—the rent, the rental period, the consequences if there were damages. Then, at the very end, under "miscellaneous," it read: "In the event of conflict or inconsistency between the English and Chinese versions [of this contract], the Chinese version shall prevail in all respects and for all purposes." Now, this is standard language in many an international contract. But in this case, I was not given the Chinese version that would apply. There was simply a dotted line for my signature. So what did this lease mean, exactly? Of course, nothing. I did not sign it, as it was not a lease at all. It was only lease-like—more interdependent ritual object than actual particular agreement.

Similarly, in Indonesia, even the momentous 1945 declaration of independence from the Dutch had a declaration-like quality, reading as it did, in its entirety:

> We, the people of Indonesia, hereby declare the independence of Indonesia. Matters related to the transfer of power etc. will be executed carefully and as soon as possible.

That "etcetera"! This was a document that played the role of a declaration, and that conveyed the main idea of a declaration: Indonesia was now independent. No one, though, would confuse its writer with Thomas Jefferson.

And if I may draw another example from my own life, in preparation for a visit to the Shanghai Book Fair, an organizer asking me for a bio explicitly gave me a model for it—something that no Western organizer ever has. The e-mail amusingly began, "The following is a model of the self-intro for your reference," and went on:

XX was born in Trinidad in 1932. He went to England on a scholarship in 1950. After four years at University College, Oxford, he began to write, and since then has followed no other profession. He was knighted in 1989, was awarded the David Cohen British Literature Prize in 1993, and received the Nobel Prize in Literature in 2001. He holds honorary doctorates from Cambridge University and Columbia University in New York, and honorary degrees from the universities of Cambridge, London, and Oxford. He lives in Wiltshire, England.

"XX," as any literati will immediately tell you, is Nobel laureate V. S. Naipaul. As for my ability to model my bio on this general model—sadly, it was limited.

"Spanish People Don't Understand What Spanish Style Is"

The *li* of a painting is often in the mind's eye. Though the Dafen painters, for example, often worked from a literal model, they typically did not mindlessly copy it, but rather sought to highlight the work's "main feature." As a result, "*Mona Lisa*s painted in Dafen are almost always larger, *Starry Night* always thicker." And foreign architecture is similarly enhanced, as if by an *Enhance!* app, so that foreign architects often find Chinese versions of "their" architecture to be strangely generalized. It looks as though it were designed from a postcard, they will say. Or, It's Disney-like. Or, The proportions are all wrong.

That's if they don't, like Tony Mackay, the British architect who did the design for the "Thames Town" we talked about earlier, complain of all three. "Thames Town," says Mackay, "has this almost dreamlike quality of something European. The use of the different stones is all wrong. It would never be used like that in a genuine English church."

But of course, a genuine English church would be the equivalent of the New York Public Library lion; it's too specific an instance of a church, and not what the Chinese are after. Never mind that, as writer

Bianca Bosker observes, "the Chinese copies often reimagine the towns to be bigger than the originals . . . [or such that] not every duplicated landmark has been enlarged equally [so] the buildings often appear mismatched in their height, size, and layout." This is only a problem from a literal, foreign point of view, focused as it is on big pit self virtues like consistency and authenticity. Indeed, even when the Chinese designers go abroad to study their subjects firsthand, they often come back with what seems to us in the West a greatest hits approach — "a generalized view seemingly drawn from tourist postcards, Hollywood films, or glossy magazines" with the emphasis on the "most recognizable, and trademark cultural accomplishments of the West."*

Are foreign architects the only ones who, confronted with this gap between those who embrace the *li* and those who don't know what it is, find East-West collaboration difficult? They are not. The Chinese, for their part, often feel that foreign architects lack even the most basic understanding of what they are doing — that they fail to perceive their own *li*. As one exasperated Chinese architecture dean put it, "Spanish people don't understand what Spanish style is."

Reading for the *Li*

We can see this same interest in the *li* in the way some Easterners read. For example, Cornell psychologist Qi Wang has shown that Asian-born undergraduates parse passages they read differently than their European American classmates. When she gave the following reading passage to a group of European American students, they broke it into seven segments, marked here by slashes:

March 6th. A long talk with my brother Pete over breakfast this morning about family history and our parents' elopement and

---

*The Chinese are not the only ones with theme park tendencies. Travel agents in Dubai, for example, lament that the Egyptians are so hopeless at tourism. "Can you imagine what we'd do with the pyramids?" one tourist official asked. See Ilan Stavans and Joshua Ellison, *Reclaiming Travel*.

marriage—all of these things fascinating to us and not so to our spouses and deadly boring to our children, and that's why you hang out with your siblings. / Came back upstairs and / took a shower which is a confusing experience here. One should not be irked by such a small thing, one should focus on larger spiritual things, but English plumbing is in its early experimental stage, I believe. Lots of pipes and tubes and faucets and gizmos, but you get the water going out of the shower head and the temperature keeps changing. And tiny adjustments of the faucets produce vast temperature swings. A man hates to spend 15 min taking a shower, for crying out loud. / My niece Becky came over, who lives an hour from London and owns a glassware shop. It's odd to be related to somebody with that accent, who refers to motorways and lifts and pronounces bath bawth. But then she comes from the southern branch of the family that fled the winter and took off for Florida forty years ago. They have their own odd accents and they're all Baptists. / Pete and I went to a play "The Wonder-land" in the afternoon, / and then had supper with the British wing of the family tonight. (At an Italian restaurant.) / Except Pete was going to a football game. He is, for reasons none of us can understand, a passionate soccer fan and is going to take the Tube out to a distant suburb and sit quietly in the stands among drunken burly obscene men. / March 7th . . .

However, a group of Asian-born American students broke the same passage up into just four segments:

March 6th. A long talk with my brother Pete over breakfast this morning about family history and our parents' elopement and marriage—all of these things fascinating to us and not so to our spouses and deadly boring to our children, and that's why you hang out with your siblings. / Came back upstairs and took a shower which is a confusing experience here. One should not be irked by such a small thing, one should focus on larger spiritual things, but English plumbing is in its early experimental stage, I believe. Lots of pipes and tubes and faucets and gizmos, but you get the water going out of the shower head and the temperature keeps changing. And tiny adjustments of the faucets produce vast temperature swings. A man hates to spend 15 min taking a shower, for crying out loud. / My niece Becky came over, who lives an hour from London and owns a glassware shop. It's odd to be related to somebody with that accent, who refers to motorways and lifts and pronounces bath bawth. But then she comes from the southern branch of the family that fled the winter and took off for Florida forty years ago. They have their own odd accents and they're all Baptists. / Pete and I went to a play "The Wonderland" in the afternoon, and then had supper with the British wing of the family tonight. (At an Italian restaurant.) Except Pete was going to a football game. He is, for reasons none of us can understand, a passionate soccer fan and is going to take the Tube out to a distant suburb and sit quietly in the stands among drunken burly obscene men. / March 7th . . .

It's as if the European American students were constantly asking, Is this a separate activity? In contrast, the interdependent, Asian-born students were looking for meaningful commonality. Can this activity be grouped with another? seemed to be the question, along with, Is the line between these two activities solid or dotted? And, What is the larger pattern?[*]

For example, does it matter that this person *came back upstairs* and took a shower? Or is the shower the main point, to which the coming back upstairs is only a distracting sub-point? This sorting for "the Big W" may be in part a reflection of the sheer volume of people and history and everything else in China. As literary critic Yu Qiuyu notes, "In this superabundant world, the ability to create hierarchies is an

---

[*] It is no surprise that students preparing for the *gaokao* essay struggle with what they call "those details," or that their idea of "specific detail" should involve an arsenal of inspirational examples—i.e., models.

important skill." As that includes hierarchies of details, details that are extraordinary to the individualist are often extraneous to the interdependent.*

Pattern Recognition

Meanwhile, China-born Boston College senior Long Yang finds that patterns pop out for him in a way they don't for many of his classmates:

> Pattern recognition is quite interesting, in that it extends to many different areas of my life. The most clear way it manifests is in my academics. Granted, having been a student my entire life, schooling is my only real example. This doesn't only extend to the stereotype that all Asians are good at math. I am good at math, only to a certain extent. When math was just algebra, trigonometry, easily differentiated functions, and the like, it was easy because all I had to do was to recognize the pattern and apply it in different math problems. It was like taking a piece of the jigsaw puzzle and trying to fit it into each other piece I found. When advanced calculus came around where what really mattered was understanding the math on a theoretical level, I got the first C ever in my academic career.
>
> See, this isn't just in the subject of math either. When examining literature, my first instinct is to look at the different patterns I can recognize within the text—things that relate to other things I've read.

---

* If details are not altogether extraneous, they are secondary. As Professor Hengshan Jin at East China Normal University put it, "We start with the general pattern, then work down to the details." This is also the way Chinese businessmen operate. As Tamio Spiegel, a former U.S.-Chinese liaison says, "Formal agreements were always a hassle because the Chinese care only about the overall relationship and the general shared goals of the partnership, while Americans are completely preoccupied with the details and minutiae of the terms and requirements within."

He goes on,

> Another use of pattern recognition in my life is how easily I pick
> up strategy games. Regardless of board/card/video games, if there
> is a similar play pattern or formula for winning, I very quickly
> spot it. Perhaps the most recent example of this is how my friends
> and I have picked up Settlers of Catan (board game, very fun,
> would recommend) to play every now and again. I managed to
> pick up the strategy, the formula or pattern to the most likely
> chance of winning . . . the game rather quickly, and have . . .
> managed to maintain over a 50% win rate. In a 4 player game,
> that's quite high.

Is this focus on pattern related to the long silences Western business
people experience when negotiating with the Chinese? Are the Chinese trying to read the pattern of the interactions and formulate a strategy? Oftentimes, yes.

Training

Given this orientation toward pattern, it is hardly surprising that the
Chinese support training as an educational method. They find it central to raising and caring for a child, for what is training, after all, but
a patterning of one's thinking—a from-the-outside-in patterning that
mimics nature's own outside-in patterning of formless *qi* energy into a
coherent universe?[*]

For the avocado-pit-protective West, things like training and its close
kin, memorization, are hot buttons. An American pediatrician recently
visiting a posh Shanghai kindergarten, for example, was sharply critical
of its English-language teaching. The children were reciting things, she
said, and had no idea what they were saying. Her developmental view
was that the kids would be far better off immersed in English, and that
is likely true.

---

[*] UCLA scholar Ruth Chao notes that for most Chinese mothers, the connotation of
the word "training" is positive. See R. K. Chao.

But how such immersion of five-year-olds could be arranged was not at all clear; and in the meantime, China has managed to produce a surprising number of capable English speakers using rote memorization and drills. Do many more fail to learn to speak as well as they write? Yes. Still, psychologist Qi Wang, for example, was taught this way in Sichuan in the 1980s and speaks fluent English today. Similarly, a famous English as a Second Language teacher named Yu Minhong learned to speak English by reciting dialogues to himself in the forest. Subsequently writing a series of textbooks, he has inspired millions of Chinese to follow suit. Shanxi-native-turned-Shanghai-resident Chris L., for example, recalls reciting English for two hours every night after he got home, from 10:00 p.m. to midnight. He was dubious at first, he says, but found that it really did work.

Even eighteen-year-old Jiangsu native Amanda Y., who began learning English as a kindergartner from a native speaker who accompanied her to all her activities, including napping, swears by memorization and recitation. In fact, one of her chief methods for learning a language, which she has applied not only to English but to French and German, is to memorize a DVD in that language. For example, she memorized the Little Red Riding Hood cartoon in English, as a result of which she still remembers lines like "I'm your mother. It's my job to worry." Using a strategy much like that of Long Yang's with his precalculus-level math, she simply adapts this pattern to other circumstances and says that the results come out with real naturalness. (For example, "I'm your daughter. It's my job to worry you.")

Of course, pattern drills are used in the United States, too. Self-expression, though, receives far more emphasis than in China, and it would be most unusual for an American student to spend two hours a day simply reciting.

Memorization, Chinese-Style

Is recitation in China effective because memorization, Chinese-style, is not mindless? In *Gaokao*, Yanna Gong quotes a middle school textbook, which explains:

Memorizing classics and important articles is a tradition in China's education. Before memorizing, one should read the article loudly, pronounce every word correctly, pause appropriately, and emphasize the tones to create fluidity. At this point, one should roughly understand the article, not completely, but partially—understanding the subject of the article, the structure, the theme, and the critical phrases, words, and sentences. Based on this, one should read quickly, quietly, and repeatedly, resulting in the ability to read the article fluently.

We might notice the emphasis here on flow. The text goes on,

And now one is ready to memorize.

Memorize paragraph by paragraph. In one paragraph memorize layer by layer. In one layer, memorize sentence by sentence. Memorize one sentence, and continue with the next sentence connecting the sentence into layers. Memorize one layer and continue with the next layer, connecting the layers into paragraphs. Memorize one paragraph, and continue with the next paragraph, connecting the paragraphs into the article.

Striking to us, reading this, may be all the emphasis on connecting.

Memorizing is not simply rote learning. When you attempt to remember the sentences, the layers, and the paragraphs, ponder them, understand them, and combine your mouth with your mind; memorization is a natural process, like water flowing out of a spring. Memorization is learned by the heart. One should make the paragraphs and sentences come from one's own mouth; the meaning comes from your heart. This is the essence of memorization. Translate the nutrients of the book into the blood and flesh of your body.

All this is not so different from what painters are trying to do in copying the great works of masters before them. The students are actively internalizing the work, absorbing its *li*. Are they proud of their ability to do something like this even with ordinary material? Yes. As sinologist Lucian Pye observed about Chinese commercial negotiators, "it is certain that the Chinese negotiator at any moment will be completely knowledgeable about all that went before; and insofar as it is to their advantage to do so will test the other side's memory." It is part of sizing their opposition up. How well would this person have done on the *gaokao*? The Chinese are interested in knowing.

"I Was Swinging Within the Shape of the Words"

Would anyone today—including the Chinese—argue that education should be rote memorization? Of course not. And yet, is there *some* value in interdependent training- and pattern-oriented education aside from its equipping us to hold our own with the Chinese? After all, even our ur-individualist, Henry David Thoreau, was called "Trainer Thoreau" by his students thanks to his no-nonsense approach to teaching Latin and Greek. What's more, many Americans today believe us wrong to have abandoned memorization whole hog.

Poet Carol Muske-Dukes, for example, remembers growing up in a culture of recitation in North Dakota, with a mother who had taken "Elocution" and therefore "put to heart" many pages of verse. This was such a gift to them both that she and other poets have worked to revive memorization, often despite stiff student resistance. When poet Joseph Brodsky instituted this practice at the graduate program in writing at Columbia, for example,

There was talk among students of refusing to comply with this requirement. Then they began to recite the poems learned by heart in class—and out of class. By the end of the term, students were "speaking" the poems of Auden and Bishop and Keats and

Wyatt with dramatic authority and real enjoyment. Something had happened to change their minds. The poems they'd learned were now in their blood, beating with their hearts.

As for her own internalization of memorized words, Muske-Dukes recalls her mother reciting Robert Louis Stevenson's "The Swing" as she pushed her daughter on a swing. "I was swinging within the shape of the words; I was learning words with my body as well as my brain," says Muske-Dukes today. "I was swinging . . . within what would last forever—within the body of the poem itself." Did her mother mean to shape Muske-Dukes's life as well this way, to make her daughter a poet? In any case, she did—and without destroying her daughter's creativity, I might add.

Sweet Shame

One thing about training is that it takes elbow grease. That is, it is compatible with the sort of flexi-self perseverance that goes with the Undaunted Scholar. And it is compatible, too, with the dogged determination with which flexi-selves believe even sheer stupidity can be overcome. Witness the myriad of Chinese sayings along the lines of "Diligence makes up for stupidity" and "Stupid birds get an early start."

As these sayings suggest, the motivating of students Asian-style does not involve protecting their self-esteem. Quite the contrary, an educator might well start by bluntly stating how utterly hopeless the student is. For example, a plaque in the Shanghai Imperial Exam Museum commemorating the success of a great scholar blithely relates what his teacher told him early on—namely, "If there are 1000 go to exam, 999 will be succeed [sic], and you will lose." After that, the plaque says, he "began to work hard." Even today in Chao Wai, the consummately cheery and modern Beijing elementary school we talked about earlier, student grades for all assignments and tests are publicly broadcast, posted, or both. The attitudes attending this practice are summed up as "A good result, like hard work, is praised. Students embarrassed by poor results should work harder."

Does this approach work for everyone? Probably not. As for why it works as well as it does, the threat of ingroup rejection is powerful. Also, in Confucian-heritage countries "education by beating and scolding"—*dama jiaoyu* in Chinese—is accepted by many as a normal part of life. It is of course painful, but it is typically not as utterly traumatizing as it might be in the West.

In schools, too, the tough love approach is ideally accompanied by familial warmth. Teachers at Chao Wai, for example, live at the school, and often stay, as is traditional, with the same class of students for all six years of elementary school. This practice is strikingly reminiscent of what happens in another country known for its educational success, Finland, where the teachers may also stay with one class for many years; and many students describe teachers in both countries the way one Chinese boarding school student describes his, namely as "like our own parents." He recalls:

> [O]ne winter, it was a Sunday night, and it was quite late at night when a blizzard hit. The courtyards were packed with snow. We students watched as all the teachers went outside and began shoveling the courtyard. They were making sure we could get to class safely in the morning. Just looking at them, it sort of touched our hearts, thinking about what they were doing for us.

The best flexi-teachers, like their big pit counterparts, really care. As Anthony Yom, an Asian American, highly successful math teacher at an 80 percent Latino high school in California, explained to the *Los Angeles Times*, "This will sound corny, but you have to really love them. You build this trust, and at that point, whatever you ask them to do, they'll go the extra mile. The recipe is love." And establishing a warm flexi-relationship seems to have been the hope, too, of Simon Zou, one of the teachers brought by the BBC to teach British kids math. He reported,

> I introduced the Chinese Ring Puzzle to the students. I brought
> 70 puzzle pieces from China. I gave every student one puzzle

to solve as an exercise, and I told them to keep it as a small gift from me.

His warmth was not appreciated, however. Zou reports that:

> Unfortunately after the evening study session, some students left the ring puzzles on the desks, some even left them on the floor. The empty boxes were all over the floor. When I was doing the routine classroom inspection that evening, I felt very embarrassed.

It's a sad moment, made sadder by his sweet reaction, embarrassment.

Less sweetly, some Chinese teachers threaten and shame, and some-times inspire mutiny. For example, Fujian native Lijie Wang recalls how when she was in fourth grade, a teacher demanded that the stu-dents come in over the weekend to prepare for a competition. Unhappy about it, the students hid the books, with the result that the teacher beat them. It's an incident that angers her to this day, and she is hardly the only Chinese student with a memory like this.

Shandong native Eileen D. likewise recalls a chemistry teacher who would hit students on the head—hard—with a ruler if they answered a question wrong. When this happened to her, her upset parents told her she should "run away" if it happened again, but they also knew that it was "useless" complaining to the school president, and that—focused on the Big W, we might say—he would not care about "such kind of little detail." So—in a classic example of flexi-self self-regulation over big pit self self-assertion—she said she would mostly just "hide and adjust myself to make the situation better." And who knows how many Chinese students have endured similar abuse.

Still, many students are successfully motivated to work extraordi-narily hard and, whatever their methods, Chinese teachers who have taught in both countries will readily confirm that they enjoy a level of classroom discipline in China that they don't in America. Indeed, Chinese teachers like Xiaohong Xu at the Wilmington Friends School in Delaware will fall over laughing to recount the strategies to which they will resort with their American students. They keep candy in their classroom, they say. At every possible chance, they say, *Good job!* And never, ever, ever do they simply bark, *Bu dui!* Wrong! No, no, no. It is always, always, always, *Nice try!*

A "Model Minority"?—Jeannie Suk

This raises the question, Does everyone change his or her ways in America, or do some Asians come to America to escape the old world only to replicate it—training and all—here? The latter seems to have been the case for Harvard Law School professor Jeannie Suk's parents, whose original situation in Korea was miserable. That Suk's grandparents, her two aunts, and her uncle had all come to Seoul in the 1960s to be supported by Suk's father was challenging enough. But that they also all lived with Suk's parents, Suk herself, and Suk's sister in a tiny two-bedroom apartment exacerbated the situation. There was constant tension.

For all of that, not everyone would have left for America in response. Indeed, we may gather that Suk's parents were already at the individualistic end of Korean society, that they moved abroad the way they did. First sons like her father rarely left; more often it would be a younger brother. What's more, one source of household tension had been Suk's mother's refusal to hand over her paycheck to her mother-in-law, as her mother-in-law demanded and as daughters-in-law typically did.

In America, too, Suk's mother was known as the first one to embrace any new thing—American products, American styles, American TV shows. And yet for all her rebelliousness, she nonetheless in flexi-self fashion signed Suk up for the Korean test prep school in Queens. This was new at the time, and small—just ten students. But, adapting the old-world cultural template,* a highly focused, goal-driven program was designed to help the kids pass the entrance exam for Hunter College

---

*As in other Asian countries, Korean students went to fantastic lengths to pass the entrance exams for Seoul National University (or, for women, Ewha Woman's University).

High School, a New York high school for gifted students. And miserable as it was to train for this, most of the kids did pass.

How Much of It Was the Training?

There is absolutely a class component to Suk's story, her parents having both gone to top universities in Korea. Sociologists Jennifer Lee and Min Zhou, who point out that many of the Asians who come to America are far more highly educated than the populations they leave, are correct. Half of the Chinese immigrants* who came to the United States in 2013 had bachelor's or graduate degrees, for example, as compared with only 4 percent of Chinese back in China.

Still, her story is more than a story of how a privileged group comes to America and seamlessly reestablishes itself in a privileged position here. Quite the contrary, her story is also one of considerable hardship. Her father put himself through school starting at age thirteen; and though he managed to make it all the way through medical school, he struggled after graduation because he didn't have the family connections that other Korean doctors did—the ingroup *guanxi*, to borrow the Chinese term, which were, as they were in China, crucial. And Suk's traumatic childhood in Seoul was followed by years of difficulty once her family came to the United States. What with both parents working in a context they didn't understand, no extended family, no backup plan, and no safety net, there was considerable emotional neglect. It's hardly surprising that Suk describes herself as having been a "melancholy" child.

For all of that, her family's Asian flexi-self orientation—complete with its comfort with training and its goal orientation—did bear fruit for her. And it is no doubt related, too, to the fact that Harvard, Yale, Princeton, Stanford, and other elite schools are over 20 percent Asian American though Asian Americans are under 6 percent of the population.

---

* These are adult immigrants age twenty-five or older.

Caveats

Are all Asian American flexi-selves success stories? Hardly. As of the 2010 census, for example, only 15.3 percent of Hmong Americans and 18 percent of Cambodian Americans held college degrees.* In addition, even educationally successful Asians and Asian Americans are confronted with a host of issues, beginning with the discrimination to which all minorities are subject. A team of researchers from the University of Toronto and Stanford University recently showed that "whitening" a resume—by removing ethnic markers in one's name, associations, or experiences—results not only in African Americans receiving 2.5 times as many callbacks but in Asian Americans receiving twice as many callbacks, too. And this sort of thing did not begin with the recent rise of China. As my father, who was not exactly a person to cry victim, knew all too well, the big U.S. engineering firms would hire Chinese engineers in the 1950s and '60s but also fire them all at the end of a job. Though the Chinese were acknowledged to be highly competent, none of them was ever promoted.

I myself well remember, too, what it was like to grow up in a working-class neighborhood in Yonkers, New York. My brother was attacked by other kids so often that my parents signed him up for judo lessons, so he could learn to defend himself. To move from working-class Yonkers to swankier Scarsdale, New York, when I was in fifth grade, meant more than anything that when people threw snowballs at us, they did not have rocks in them. And so grateful was I for this that I really didn't mind being asked if my father ran a laundry, or if I would say something in Chinese. It was still a relief.

Brown University psychologist Jin Li expresses the experience of many in recounting the story of her son:

---

* Other groups that struggle include Samoan Americans, Laotian Americans, Vietnamese Americans, Bangladeshi Americans, Native Hawaiians, and others. Fewer than one-third of first-generation Asian American Pacific Islander (AAPI) college students manage to earn their degree within a six-year period. See Catherine Bitney and Cindy Liu.

[He] attended a public middle school with virtually no diversity in the student body. He happened to be somewhat shy, with below-average athletic prowess. But he was interested in and good at math and did well in school. His name was on the honor roll and adorned the school hallways. His experience was that of a typical nerd, and he was harassed by his peers on a daily basis. Not only did some of his peers verbally taunt and exclude him from peer groups and activities; one big boy once tried to throw him in a trash can . . . Each day was an ordeal for both our son and us.

Happily, Li's son did have a better experience elsewhere. Still, Li goes on to say:

Available research indicates that children as young as kindergarteners and first-graders become aware of the double-edged sword of high achievement in the West . . . [M]y own research using story completions shows that at as young as age five, European-American children are cognizant of the social cost of high academic achievement.[*]

Where, though, does anti-intellectualism end and simple racism begin? My own older brother was bullied despite being handsome, fun-loving, and decidedly un-bookish. A hugely gifted athlete, he did with time and, well, training—those judo lessons—often get the best of his attackers. Yet in their relentlessness these boys did ironically manage to show that it isn't only Asians who can persevere.

As for whether their xenophobia is a thing of the past, it is not. The American Psychological Association notes:

---

[*] Li notes that what with their flexi-selves, Mainland China kindergartners "desire to emulate their achieving peers," while American big pit kindergartners can sadly construe high-performing peers as evidence that their own avocado pits lack ability or intelligence. See J. Li and Q. Wang.

A survey of more than 1300 6th graders in CA schools with pre-dominantly Latino or Asian American students found that Asian Americans were the most frequently victimized ethnic group regardless of the school racial composition.

Even Katie Leung, the Chinese Scottish actress who played Cho Chang in the *Harry Potter* movies, was the target of multiple "I Hate Katie" websites after she kissed Harry Potter onscreen. Do these things ironically contribute to Asian American achievement, reinforcing the idea that to be at the bottom of society is to be abused and that, as in China, the only way out is to climb the ladder of achievement, training like the dickens for certain key exams? Perhaps. Not that everyone does: I myself have never done special preparation for an exam, and neither have my children. I can see, however, why some people might.

No Avocado Pits in This House

Meanwhile, I suspect that many a child of immigrants is unsurprised by the scenes of abuse in chef Eddie Huang's memoir, *Fresh Off the Boat*. Huang's memories of being beaten with a "hard, heavy, three-foot rubber alligator with skin dotted by sharp points on the scales" may be both more awful and more colorful than most. Still, there's something familiar in his assessment of things:

> To Americans, this may seem sick, but to first- or second-generation Chinese, Korean, Jamaican, Dominican, Puerto Rican immigrants, whatever, if your parents are F.O.B.'s, this is just how it is. You don't talk about it, you can't escape it, and in a way it humbles you the rest of your life . . . The bruises and puncture wounds from the scales of the alligator were clearly excessive, but I didn't think anything was wrong with my dad hitting us.

Is this violence defensible? No, and let me plainly say that to explain is not to excuse. I do think, however, that many kids believe their dad is simply using the means he knows—the means, very likely, that his father used on him—in an effort to raise them right, which is to say in an effort to train them. In many ethnic communities, like that of the Cambodian Americans, parents who are forced to cease beating their children often feel guilty and remiss. They are, they feel, neglecting their responsibilities.

As for the single greatest impediment to proper training, that, of course, is the big pit self that kids tend to develop in America—a self that tends to cut its interdependent ties and abandon the *li* of the cosmos and start speaking the individualistic language of self-expression, self-realization, and self-determination.

This starts with the "right" to do one's own thing and to refuse to go, if one's avocado pit so dictates, to medical school, law school, *or* business school. As for questions like *Who do you think you are?* and *Where do you think you came from?* And reminders to *Think how much we have sacrificed!* I know that I, for one, ignored them as best I could—realizing that my parents *had* sacrificed, and unsure, truth to tell, of who I thought I was. (That's why I was trying to find myself.) As for what it meant for kids in whom the family had invested so much and upon whom the family was depending, to up and leave—did we have any idea?

And what, really, was this Western individualism that gave kids like me such ideas, anyway? Where did it come from? How did it work? Even as I and others like me fought for it and deployed its vocabulary, it's not clear to me today that we knew what it was that we were fighting for. And so it is that I turn now to the other side of the East-West gap—the reality of the Promised Land, and its apotheosis, the big pit self.

Part III

The Big Pit Self

10
....
How WEIRD We Are

It is the summer of 1995. A UCLA anthropology student named Joe Henrich is teaching a game to an indigenous tribe who live in a tropical forest near Machu Picchu in Peru. The Machiguenga have little social organization. Aside from cooperative fish poisoning, they do not work with others above the family level, and neither do they have much trade. The nearest towns are an eight-hour river trip away.

They do have bilingual Machiguenga-Spanish schools, however, and so it is that Henrich is able to explain a game to them in Spanish. This game, called the Ultimatum game, involves two players, the first of whom—the proposer—is given a sum of money, some of which he or she has to offer to the other player. The second player— the responder—does not have to accept the money offered. If he or she doesn't, both leave empty-handed. If, on the other hand, he or she accepts it, both players get to keep the money. Among North Americans, if given, say, one hundred dollars, the proposer typically offers fifty dollars to the responder, who typically accepts it. If, however, the proposer offers something the responder feels to be unfair—say, thirty dollars—the responder will generally refuse the offer. And so, too, will most people.

Or so it has always been assumed, until Joe Henrich tries the game with the Machiguenga and sees the proposers making offers on the order of twenty dollars, only to have them matter-of-factly accepted. Writes Henrich, "The Machiguenga often had difficulty articulating why they were willing to accept low offers, but several individuals made it clear that they would always accept any money, regardless of how much the proposer was getting. Rather than viewing themselves as being 'screwed' by the proposer, they seemed to feel it was just bad luck that they were responders, and not proposers."

The implications of this acceptance of low offers by the Machiguenga were huge. As Henrich well knew, most social science scholarship—for example, in economics and psychology—relied on games like this one, and the assumption that the results they revealed were universal. But now, he was realizing—holy smoke—that they perhaps were not.

We can only imagine the moment.

Henrich and his colleagues were soon mounting studies in fourteen other non-Western, nonindustrialized societies, from Tanzania to Indonesia, with widely varying results. In cultures where gifts can be used to buy special treatment, for example, the proposer would sometimes make large offers—offers equivalent to sixty dollars or more—only to have the wary responder reject them. Still, as much as the responses varied from one another, they also varied so consistently from the Western model that Henrich began to wonder, How many people in the world *were* like Americans?

As for the answer, it turned out: Not many. Indeed, Westerners were such an enormous anomaly that the title of the 2010 paper Henrich and his colleagues published in *Behavioral and Brain Sciences* proclaimed Westerners in general, and North Americans in particular, "The weirdest people in the world."

It's the sort of thing one hopes never happens in one's own field. Among the *Psychology Today* "fun facts" that accompanied a write-up of the paper were the facts that 96 percent of test subjects came from Western industrialized nations, which contain only 12 percent of the world's population; the fact that 67 percent of American subjects and 80 percent of international subjects were undergraduate psychology students; and the fact that an American undergraduate was four thousand times more likely to be a subject in a psychology experiment than a random person outside the West. The take-home: Social scientists had to stop generalizing their findings from this population to the world. Their results were simply not universal.

Ouch. Westerners were soon dubbed WEIRD—meaning Western,

Educated, Industrialized, Rich, and Developed—which wasn't even the worst of it. For many of us in the United States, it turned out, are WEIRDer still, and getting ever more so. Sociologist Robert Putnam notes how much less connected we have grown—how "even the small, shrinking minority of Americans who can afford to be involved" are less and less involved in their local communities. For example,

> affluent single-wage-earner couples who live outside major metropolitan areas and seldom watch TV have steadily disengaged from community and social life over the last two decades . . . [and] at the tiny, civic-minded hamlets of pastoral Vermont, attendance at town meetings fell by nearly half between the early 1970s and the late 1990s.

This is not to say that people are not involved in political campaigns, walks for hunger, and much more. Big pit selves are as interested in connecting with others as flexi-selves. What's different is the elective nature of these connections. More about defining and expressing the self than about fulfilling a duty, they tend to be low-commitment and easily broken off rather than enduring. Putnam goes on to say that

> age is the one striking exception [to this trend] . . . Middle-aged and older people are more active in more organizations than younger people, attend church more often, vote more regularly, both read and watch the news more frequently, are less misanthropic and more philanthropic, are more interested in politics, work on more community projects, and volunteer more.

What he calls the "long civic generation," though—the more interdependent generation born between 1910 and 1940—has given way to boomers like myself, who contribute when we are so inclined and believe in making a difference but are not always pillars of society. And we have, in turn, been succeeded by generations even more individualistic. As novelist David Foster Wallace put it, "We've changed the way we think of ourselves as citizens. We don't think of ourselves as citizens in the old sense of being small parts of something larger and infinitely more important to which we have serious responsibilities . . . We think of ourselves now as eaters of the pie."

WEIRDer and WEIRDer

To give just one indication of how things have changed, we might think about how individualized religious beliefs have become. Though one of the classic critiques of individualism, *Habits of the Heart*, described a nurse named Sheila who—having been spoken to by God but in a voice she recognized to be her own—subscribed to her own radically individualized religion named Sheilaism; still as of 1985 religion was a matter of following the teachings of the Church. This was particularly true among Catholics who, as I mentioned earlier, tend toward the interdependent end of Christian religions.* As of a 2005 poll, though, three out of four American Catholics said they were more likely to "follow my own conscience" on difficult moral questions than follow the pope; and increasingly, as psychologists Jean Twenge and W. Keith Campbell have pointed out, "the religions and volunteer organizations that have aligned themselves with individualistic values have thrived, while those that have not have often withered."

For example, the megachurches that have come to replace mainline Protestant churches are now "giant, customizable religious emporiums" where

> You could watch the service from inside the stadium, from just outside, or in a coffeeshop/bookstore on a flat-screen TV . . . The service itself started with a set by a talented and inspiring musician who sounded like Dave Matthews. The words to the music were projected on a screen, so you could sing along if you wanted (this was a choice, too). A motivational speaker followed, telling a fantastic story with a personal life message (with a reference

---

* As Émile Durkheim noted, traditionally, "the Catholic accepts his faith ready-made, without scrutiny" while "the Protestant is far more the author of his faith."

to Paul from the Bible). After the service ended, everyone had doughnuts—and more really good coffee—while the kids played on the lawn.

Building on the Protestant unmediated relationship to God, these churches have encouraged their members to personalize their relationship to the Almighty, with great success. For example, as we can see in the graph below, the frequency with which the phrases "personal savior" and "personal relationship with Jesus" appeared in books skyrocketed between 1960 and 2008. Of course, this trend toward individualism, like any other, has proven malleable. As psychologists Heejung Park, Jean Twenge, and Patricia Greenfield have shown, the trauma of the 2008 recession, for example, brought about a distinct correction away from individualism in adolescents. Still, ours is an age in which defiance of social norms *is* the social norm. Avocado pits rule in every arena, from gender assignment to vaccinations to gun ownership.

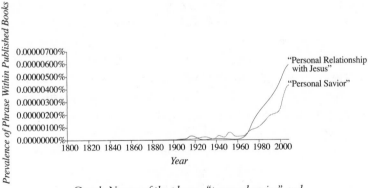

Google Ngram of the phrases "personal savior" and
"personal relationship with Jesus"

The Fundamental Attribution Error

Our WEIRDness absolutely has an upside: The divergent, genius-style creativity that marks big pit selves may not be the only sort of creativity beneficial to the world, but it has been hugely beneficial nonetheless.

Western inventions run the gamut from duct tape to the silicon chip to artificial knees. What's more, as we've seen, the analytic, avocado pit–oriented self underlies a host of critical cultural developments, including democracy and the scientific method. These are developments of such consequence that it is no surprise that we've come to think pretty highly of ourselves in the West—even to feel, if I may repurpose a few lines from Cole Porter, that

> *We're the top! We're the Coliseum.*
> *We're the top! We're the Louvre Museum.*

Every culture has its minuses, however, and so, too, does ours. As we've said, individualism can breed narcissism—that's one. Are all big pit selves narcissistic? Hardly. There are a great many who are absolutely dedicated to the development and free expression of every avocado pit in the world and who pour time and energy into entirely voluntary associations. These are the ideal big pit selves—people whose pits have given rise to a passion, and who are as committed to their life tasks as flexi-selves. But narcissism and its close cousin, solipsism, remain a danger.

Individualism also fosters perceptual biases. The best known of these has been interestingly targeted by Google's head of people operations, Laszlo Bock, who says that Google explicitly screens for and turns away people who "commit the fundamental attribution error." This is an error first discovered during the Cold War by psychologists Edward E. Jones and Victor A. Harris, who as part of a now-classic experiment asked Duke University students to read essays espousing various views. The opinions expressed were not necessarily those held by the authors; as the students were told, the positions were assigned. Nonetheless, Jones and Harris found that the students strongly tended to believe that a writer writing a pro-Castro essay, for example, really did support Castro.

In a related experiment, study participants were asked to write such an essay themselves. They were assigned a position, asked to write an essay taking that position, and then asked to judge an essay produced under the same conditions they had just experienced. Yet even so, they persisted in believing that the writers really did believe what they had written. So deep was this bias that it was for some time believed to be "fundamental" to all humans.

However, repeating this study with people from other cultures revealed something interesting. While non-Americans were also prone to make this error, they did not make it if they themselves were first put in the essay-writer's shoes. If first asked to write an essay espousing a specified point of view, and then asked about essays written in similar circumstances, people from other cultures correctly attributed the content of the essays to the situation of the writers. It was only North Americans who, no matter what, doggedly persisted in ascribing the opinions to the writers themselves. They clung to the belief that avocado pits were too powerful to be overridden and could always be detected.

Reflections of the Fundamental Attribution Error

Looking back to our discussion of the individual-versus-society narrative, it is easy to see the way the fundamental attribution error gets reinforced through both images and narratives. Indeed, the ubiquity of the reinforcement is hard to overstate. Reviewing the comments of gold medalists during the 2000 Summer Olympics, for example, Hazel Rose Markus and her team unsurprisingly found that Misty Hyman, the American gold medalist in the 200-meter butterfly, focused on "what I could do," saying, "It was time to show the world what I could do. I am just glad I was able to do it," while Naoko Takahashi, the Japanese gold medalist in the women's marathon, interdependently said, "Here is the best coach in the world, the best manager in the world, and all of the people who support me—all of these things were getting together and became a gold medal. So I think I didn't get it alone, not only by myself." But in addition, this difference was echoed by the media that covered them. In contrast to the Japanese media,* American newsmak-

---

*The Japanese media focused not only on the athlete's relationships but on his or her experiences, background, state of mind, and more.

ers tended to present the athletes in "a relatively focused and bounded way, and as entity-like—one has the right stuff or not." Like Hyman, they gave primary credit to the women's avocado pits.

The tendency to commit the fundamental attribution error is interestingly increased by moving. The more mobile college students are, for example, the more they proffer aspects of their pit in describing themselves—presenting themselves as intelligent or hardworking rather than as, say, a good friend or a head coach. Disturbingly, too, the tendency is increased by wealth. Not, of course, that all rich individuals show signs of this. Institutions like the Gates Foundation, George Soros's Open Society Foundations, and the Broad Institute are testimony not only to the extraordinary philanthropy of which Americans are capable, but to an understanding of the power of context.

Still, to be a "have" can distort our perceptions. In one exercise, University of California, Berkeley psychologist Paul Piff assigned pairs of players to a game of Monopoly. The game was so outrageously rigged that all clearly understood it to be rigged from the start. One pair, for example, appraised the situation:

RICH PLAYER: How many 500s did you have?
POOR PLAYER: Just one.
RICH PLAYER: Are you serious?
POOR PLAYER: Yeah.
RICH PLAYER: I have three. (Laughs) I don't know why they gave me so much.

In a similar pairing, a brown-haired player in a striped T-shirt was greatly favored. As journalist Lisa Miller describes,

[He] got $2,000 from the Monopoly bank at the start of the game and receives $200 each time he passes Go. The second player, a chubby young man in glasses, is comparatively impoverished. He was given $1,000 at the start and collects $100 for passing Go.

T-shirt can roll two dice, but Glasses can only roll one, limiting how fast he can advance.

So what happens?

T-shirt isn't just winning; he's crushing Glasses. Initially, he reacted to the inequality between him and his opponent with a series of smirks, an acknowledgment, perhaps, of the inherent awkwardness of the situation. "Hey," his expression seemed to say, "this is weird and unfair, but whatever." Soon, though, as he whizzes around the board, purchasing properties and collecting rent, whatever discomfort he feels seems to dissipate. He's a skinny kid, but he balloons in size, spreading his limbs toward the far ends of the table. He smacks his playing piece (in the experiment, the wealthy player gets the Rolls-Royce) as he makes the circuit—smack, smack, smack—ending his turns with a board-shuddering bang! Four minutes in, he picks up Glasses's piece, the little elf shoe, and moves it for him. As the game nears its finish, T-shirt moves his Rolls faster. The taunting is over now: He's all efficiency. He refuses to meet Glasses's gaze. His expression is stone cold as he takes the loser's cash.

Nor was T-shirt the only "rich" player to grow ruder and more domineering as the game went on. Many players did and, what's more, many later "explained" their victories by recapping their moves, as if they were responsible for the outcome. As Piff describes:

At the end of the fifteen minutes, we asked the players to talk about their experience during the game. And when the rich players talked about why they had inevitably won in this rigged game of Monopoly, they talked about what they'd done to buy those different properties and earn their success in the game, and they became far less attuned to all the different features of the situation, including that flip of a coin that had randomly gotten them into that privileged position in the first place.

It seems fantastically arrogant. In crediting not the rigged situation but their own prowess, however, they were only making the fundamental attribution error. As Piff puts it, "It isn't that [being primed to feel high status] is making people bad. It just makes them more internally focused."[*]

In contrast, we have Vietnamese American writer Viet Thanh Nguyen's modest response to winning the 2016 Pulitzer Prize in fiction:

Of course it's wonderful for me to get the Pulitzer Prize. But within minutes of getting it, I knew that I owed tremendous thanks to everyone who has gone before me in the great, ongoing struggle for social justice, for peace, for genuine equality, for representation for all at every level of society . . . No minority writer, no writer of color, can claim that he or she accomplished anything purely on their own merit. We all owe so much to the collective struggles and activists that preceded us, that laid the foundations for our individual achievement, to everyone lucky enough to be remembered and so many who have been forgotten.

How very like the Japanese gold medalist, Naoko Takahashi, novelist Nguyen sounds.

A Life Lesson

Like all things cultural, the question of whether to blame one's pit or one's situation for an outcome can be heated. I discovered this myself

---

[*] They were also found to be less capable of reading the emotions of others and more likely to engage in insensitive behavior, such as helping themselves to candy intended for children.

when, after the Boston Red Sox miraculously won the World Series in 2013, I was one of a dozen or so locals asked to write a four-hundred-word essay for *The Boston Globe* about what the victory meant for Boston in light of the Boston Marathon bombings earlier that year. I said yes and—apparently because some of the other pieces had been coming in off-topic—received a reminder a day or so before the piece was due that the assignment was to link the Series to the bombing.

And so it was that I mainly wrote about what I had started to write about, namely the postgame interviews. It was, after all, marvelous to see beloved immigrants David Ortiz and Koji Uehara take center stage in a city long known for its racism. Never mind Boston's problems with bussing, redlining, and more, Ortiz—or Big Papi, as he's known—expressed his supreme joy in a heavily accented English everyone understood just fine; and though Koji gave his postgame interview through a translator—the first time I'd ever seen that at a World Series—he remained absolutely beloved in a way that seemed to signal real progress for Boston.

Along the way, however—heeding the assignment—I also brought up Boston Marathon bomber Dzhokhar Tsarnaev, another immigrant, and wondered whether we might have failed the Tsarnaevs—Dzhokhar, especially—in some way. Had I been given another few hundred words, I might have explained that Dzhokhar had gone to my daughter's high school; that many people we knew, knew him; and that I was hardly the only parent in town wondering how it was that someone who had tutored and wrestled and partied with the other kids could have turned on the community in such a heinous way.

That was not to excuse him. Many in our immediate community were maimed for life. His actions were unequivocally, unpardonably horrific. Still, giving voice to my interdependent side, I asked whether situational factors might have been contributors. Was this tragedy simply a matter of an evil avocado pit? Or was there something we—someone—could have done?

My piece ran toward the end of the feature—buried somewhere one might reasonably have thought no one would ever find it. Some did find it, however, and I was immediately targeted by the right-wing sports media—treated to online photos of myself with things like "This is the face of human garbage" and "WHITE HATER" written across them. At one point I showed up to a *Best American Short Stories* reading at the Cambridge Public Library, only to discover several police cruisers outside, lights flashing. Someone had called the library threatening to show up with some eighty protesters.

Happily, the protesters did not show up. They did threaten even my agent in New York, though, and all because I had dared suggest that Tsarnaev was perhaps affected by his context. As for the nature of my own avocado pit, well, at one point it was even unearthed that I was—gasp—an English major. Now that really hurt.

Choice Crazy

What else does being WEIRD mean? It means that, focused on self-definition and self-determination as we are, Americans can be, as a nation, choice-crazy. For example, unlike the denizens of France, Germany, Italy, Switzerland, and the United Kingdom, we Americans prefer fifty choices of ice cream to a mere ten. Comments University of Pennsylvania psychologist Paul Rozin,

> [T]here is a sense in the United States that food should be individualized to the tastes of each person. This would contrast with more collective food values in France and other European countries. For example, in modest American restaurants, a steak is offered with a choice of potatoes (mashed, baked, French fries, hash brown, salad) as opposed to the virtually required frites in France. The American restaurant table often also includes salt, pepper, hot pepper, mustard, ketchup and other condiments, inviting the eater to season his or her food to taste. In France, one is more likely to eat the food as the chef has prepared it.

So focused can middle- and upper-class Americans, especially, be on individual choice that we have been known to perceive ourselves as having more choice than people of other nationalities even when we are in the identical situation.* For example, in one study, Americans who worked in the same job category for identical Citigroup consumer branches as did participants from other countries, reported themselves as having more choice than their coworkers. And strange as it may sound, American students in Kyoto similarly reported having more choice than their Japanese peers. Never mind that they were attending the same program and, having lived there for only a month, were likely not even aware of all the choices available. They nonetheless reported having almost 50 percent more choices a day.

Recalling Qi Wang's reading experiment, we can appreciate that this perception may partly be due to how they conceived their choices. The same way that a European American student divvies up a reading passage into more segments than an Asian-born American student, the American students in Kyoto may have perceived a choice of, say, housing to involve a choice of which block to live on and in what sort of room—that is, two choices—where a Japanese student perceived only one, a choice of where to live. Tellingly, in any case, more than half of the Americans also said that they could not imagine a circumstance under which they would prefer not to have a choice. In contrast, not one of their Japanese peers expressed a wish to have choices all of the time.

Does that mean Westerners are control freaks, while Easterners are not? Not exactly. Recently arrived East Indian students in America who had just engaged in a series of actions identical to those of their American peers perceived themselves as having made fewer choices than the Americans. The longer the Indians stayed in America, however, the more choosing they perceived themselves as having done. Of course, they likely only changed up to a point. As many an immigrant will attest, parts of the self can remain unacculturated even after decades.

But meanwhile, the perception of choice so influences motivation that European American children will work harder at a math

---

* Like East Asians, working-class Americans are both less focused on choice-making, and less apt to use their choices to establish their uniqueness, than middle- and upper-class Americans. See N. M. Stephens, H. R. Markus, and S. M. Townsend.

game if given a chance to make a choice before beginning, even if the choice is substantively unrelated to the task itself—for example, if they are allowed to choose whether their piece on the game board will be a shuttle, a rocket, a starship, or a space cycle. In contrast, third- or fourth-grade Asian Americans will spend more time on, perform better on, and apparently better enjoy an anagram puzzle their mothers have chosen for them than one they have chosen themselves.*

Does Choice Make Us Happy?

Does choosing, then, make at least some of us happier? Sadly, no. Swarthmore College psychologist Barry Schwartz explains that "although some choice is undoubtedly better than none," numerous assessments of well-being reveal "that increased choice and increased affluence have, in fact, been accompanied by *decreased* well-being in the U.S. and most other affluent societies." Why? To begin with, there is what is popularly called FOMO—Fear of Missing Out. We torture ourselves with the road not taken—with a fear that we've chosen wrong. In addition, Schwartz gives two more explanations:

> The first is that, as the experience of choice and control gets broader and deeper, *expectations* about choice and control rise to match that experience. As one barrier to autonomy after another gets knocked down, those that remain are, perhaps, more disturbing. Like the mechanical rabbit at the dog-racing track that

---

*This preference may seem like a species of passivity to Westerners, but in fact, the Asian American children see an adult choosing for them to be a form of caring. Along similar lines, in *The Anatomy of Self*, Japanese psychoanalyst Takeo Doi recalls: "The 'please help yourself' that Americans use so often had a rather unpleasant ring in my ears before I became used to English conversation. The meaning, of course, is simply 'please take what you want without hesitation,' but literally translated it has somehow a flavor of 'nobody else will help you' . . . The Japanese sensibility would demand that, in entertaining, a host should himself 'help' his guests. To leave a guest unfamiliar with the house to 'help himself' would seem excessively lacking in consideration."

speeds along just ahead of the dogs no matter how fast they run, aspirations and expectations about control speed ahead of their realization, no matter how liberating the realization becomes.

The second explanation is simply that more choice may not always mean more control. Perhaps there comes a point at which opportunities become so numerous that we feel overwhelmed. Instead of feeling in control, we feel unable to cope.

He suggests that to "avoid the escalation of such burdens, we must learn to be selective in exercising our choices." That is, we must choose when to choose—wise advice we may find hard to heed.

Well, and Aren't We Awesome?

Though if anyone can heed it, shouldn't it be us? So we think, believing as we do that we are all, like the children of Lake Wobegon, above average. Jonathon Brown of the University of Washington and Chihiro Kobayashi of Osaka University explain that

> [North Americans] think they are more fair than others, possess richer and more adaptive personalities than others, drive a car better than others, and have more satisfying interpersonal relationships than do others . . . As part of [a College Board survey accompanying their standardized tests] nearly one million high school students were asked to compare themselves with their peers. Seventy percent rated themselves above the median in leadership ability, 60% rated themselves above the median in athletic ability and 85% rated themselves above the median in their ability to get along well with others. Of these, 25% placed themselves in the top 1%!
>
> These tendencies are not simply due to the excesses of youth; similar results are found with adults. In one survey, 90% of business managers rated their performance as superior to other managers and 86% rated themselves as more ethical than their peers.

Another study found that 94% of college professors believe they do above-average work.

Indeed, even North Americans

facing threats to their health (e.g. cancer, HIV) show the same self-aggrandizing bias when evaluating themselves relative to other patients with the same disease.

Of course, there is variation among big pit selves; we are talking about general tendencies such as will be found in some individuals and not in others. In a refinement of the fundamental attribution error, though, the big pit self does tend to attribute success to innate ability, but failure to external causes, and to forget or downplay the significance of the failure.

Recalling, too, more stories about having succeeded than stories about having failed, big pit selves tend to report feeling flattering events to be more recent, and unflattering events longer ago, than they in fact were.*

A Different Pattern

In contrast, flexi-selves tend to attribute success to external causes and failure to personal shortcomings. On average, they remember occasions on which they felt embarrassed more readily than occasions on which they felt proud, downplay the significance of their successes, highlight the significance of their failures, and so on. As for a tendency for Westerners to think superiority-minimizing Easterners problematically self-effacing, and for Easterners to think superiority-maximizing Westerners boastful, is that any surprise?†

---

* This holds true even if, in the course of the experiment, participants are reminded of the exact dates of the incidents.

† Asian Americans like myself tend to recall tests differently than European Americans. On an anagram test on which European Americans performed almost identically to an Asian American group, for example, most European Americans remembered hav-

Life Is Good!

Big pit self perception-skewing has benefits. For example, psychologist Shigehiro Oishi found that when asked to recall the events of the previous two weeks, a group of European American students and a group of Japanese students reported similar levels of satisfaction. Asked to recall those same two weeks after another two weeks, however, the European Americans recalled them as far more positive than they had initially registered them. Was this because their recollections had become reflections of themselves and subject to self-enhancement? In any case, they glowed in retrospect while the Japanese memories remained unchanged.

In the long run, too, big pit selves will report feeling more satisfied with their lives than flexi-selves even when their reported day-to-day experiences were no different. And it isn't only the past that is viewed with rose-colored glasses. It is also the future, which may be a cultural advantage: Whether or not *It's morning in America!*, as Ronald Reagan used to say, to believe so may well encourage risk-taking. Are all big pit selves optimists? Of course not. In general, though, the big pit self is a daring self, ever open to cockamamie ideas,* and over time this may be to its own benefit as well as to the benefit of others. Witness pharmacist John Pemberton, for example, who mixed coca leaves with cola nuts in an attempt to cure headaches, and invented Coca-Cola.

Stick-to-itiveness

Paradoxically, bold as they may be, big pit selves have been known to shy away from garden-variety difficulty. They tend to abandon tasks at

---

ing done better than they did, while most Asian Americans remembered having done worse. Similarly, on a basketball test, European Americans tended to recall having done better than they actually did, while Asian Americans tended to recall their performance accurately.

* Flexi-selves take risks, too, as anyone who has been to a casino in Macau can tell you. These are generally not risks that involve venturing into uncharted territory, though, but risks that involve chance.

which they are not "winning," as these do not support their self-image, and their teachers know this. American children are brought up on *The Little Engine That Could* and "If at first you don't succeed, then try, try again," but still their teachers are careful to set them up for success. In contrast, Japanese teachers do not hesitate to set a high bar for their classes, knowing that their students will work extra hard if they feel they are failing. Also they know the students will persevere for as long as it takes, this having been emphasized at every stage of their education. As one survey of Japanese children's books notes, "perseverance in the face of adversity appears more often than any other precept":

> The first-grade reader contains the story of a small boy who remains in the bitter cold, though exhausted, to help his father complete his farming chores. The third-grade text includes an account of a boy who replants his strawberries each day after unkind children have made a sport of continually pulling them up. Finally he is rewarded with some plants that mature and bear beautiful fruit. For the fourth, fifth, and sixth grades, there are stories of scientists, great men, or others who succeed in spite of adversity or an infirmity.

The result is that, in a study in which they were given an impossible problem, Japanese students worked at it for an hour—until they were stopped—whereas American students worked on it for an average of thirty seconds. As UCLA psychologist James Stigler recalls, "they basically looked at us and said, 'We haven't had this,'" and that was that.

Teaming Up with the Teacher

So are the Japanese mindless perseverers? And is that the alternative to individualism? Even in aerobics classes, Japanese adults, confronted with tricky moves, will generally work harder at trying to keep up than their American counterparts. Americans, in contrast, are more likely to "personalize" the routine, skipping or adapting moves they find hard. Indeed, here in my hometown of Cambridge, Massachusetts, my own yoga teacher is constantly telling us to do what feels best, and to feel free to ignore what she's doing. ("It's your practice," she says. "Explore. This is your time.") Does this not show that Japanese are harder-working but that we show more initiative?

It does not. In fact, the Japanese aerobics students will also try harder than the Americans to influence the class difficulty level; and, for their part, Japanese instructors will try harder than American instructors to provide classes at a variety of levels. With a more flexible and membrane-like boundary between students and teachers than in the West, the Japanese aerobics teachers are more attuned to their students; and so it is assuming this responsiveness that the students persevere. They are flexi-strategists.

We can see this flexi-strategic thinking even more clearly if we look at the Japanese bar exam. In the past, the bar exam was so difficult that in 1986 only one person out of twenty-four thousand people passed on his first try, and only thirty-seven more passed on their second. Many test-takers did not pass until their seventh or eighth try. And so, starting in 1990, it was made easier—with the result that the quality of Japanese lawyers went not down, but up. As Harvard Law School professor Mark Ramseyer has shown, under the old system the most able candidates were actually put off by the exam's crazily long odds; though hardworking and competent, they were choosing other options. Their perseverance had a limit.*

---

* Mainland Chinese censors can likewise be flexi-strategists. New Yorker writer Peter Hessler, for example, describes his censor not as a mindless toady, but as "strangely unenthusiastic" about censorship. Serving simultaneously as Hessler's censor and Hessler's editor, he confounds categories in a most flexi-self way; and, as Hessler writes, "His censorship is defensive: rather than promoting an agenda or covering up some specific truth, he tries to avoid catching the eye of a higher authority. In fact, his goal—to have a book translated and published as accurately as possible—may run counter to the goals of the Party." See Peter Hessler, "Travels with My Censor."

Fixed vs. Growth Mindsets

Still, it is fair to say that the flexi-self is associated with a modest self-image and tenacity to spare. As sinologist Lucian Pye relates and many a Western business person will confirm, the Chinese, for example, "have great staying powers and almost no capacity for boredom in their business dealings . . . They will repeatedly come back to their original proposals and almost endlessly ask if the other side cannot reconsider its positions." Are they simply seeking to exploit what they have observed about the big pit self—that it is associated with a lack of stick-to-itiveness? Perhaps. And is a difference in stick-to-itiveness related to the Asian math results that led the BBC to send Chinese teachers to Britain and film them? Yes. It is not the only factor; we will recall from our discussion of the *gaokao* that the testing phenomenon is a complex affair involving layer upon layer of social reinforcement. However, the flexi-self itself is certainly a factor.

This is counterintuitive for the many who believe a nice large avocado pit leads to passionate engagement and achievement—perhaps because, in some cases, it does indeed lead to passionate engagement and achievement. But one significant downside of the big pit self tendency to see, say, the Big Bad Wolf as simply big and bad turns out to be a tendency to conceive of intelligence as a defining attribute of one's avocado pit. Psychologist Carol Dweck brought both people with what she called a "fixed mindset" and people with a "growth mindset" into her Columbia University lab, and found that you could see the difference in their attitudes in their brain waves. Those with a fixed mindset were "only interested when the feedback reflected on their ability. Their brain waves showed them paying close attention when they were told whether their answers were right or wrong. But when they were presented with information that could help them learn, there was no sign of interest. Even when they'd gotten an answer wrong, they were not interested in learning what the right answer was." Faced with challenge, too, they faltered, Dweck reports, staying interested in a task "only when they did well right away . . . If it wasn't a testimony to their intelligence, they couldn't enjoy it."

In contrast, she says, students with a "growth" mindset—like flexi-self students and others taught that intelligence is like a muscle that can be strengthened with use—"paid close attention to information that could stretch their knowledge." They were challenge-seekers, feeling "the bigger the challenge, the more they stretch."

Is the contrast in these depictions a bit black-and-white? Yes. As Dweck says, she has presented them that way for clarity. At the same time, the buckle-down-if-you're-behind "growth" mindset does foster a striking resilience. NYU Shanghai's Lucia Pierce recounts:

> [F]ailure seems to be something where a Chinese person figures he/she did something wrong (wrong attitude, wrong decision, wrong action) and goes right back to figuring it out. The "bouncing back" aspect of the Chinese is something that has always awed me.

And this can only be for the good.

Self-Esteem

Does the rigidity we see in some big pit selves reflect badly on the American self-esteem movement? Yes. This is the movement that began in the 1970s and that stresses the worthiness of the avocado pit independent of all social feedback. As psychologist Jean Twenge notes,

> Most of these programs encourage children to feel good about themselves for no particular reason. In one program, teachers are told to discourage children from saying things like, "I'm a good soccer player" or "I'm a good singer." This makes self-esteem contingent on performance, the program authors chide. Instead, "we want to anchor self-esteem firmly to the child . . . so that no matter what the performance might be, the self-esteem remains high." In other words, feeling good about yourself is more important than good performance. Children, the guide says, should be taught "that it is who they are, not what they do, that

is important." Many programs encourage self-esteem even when things go wrong or the child does something bad.

In short, some teachers have been trained, in a narrowly big pit self way, to provide "unconditional validation of students based on who they are rather than how they perform or behave." This approach may have begun as a well-intentioned strategy to inoculate students against harmful societal messages. Sadly, though, says Harvard psychologist Richard Weissbourd, self-esteem "neither deters violence, drug use, or other moral problems, nor does it spark moral conduct. On the contrary, studies show that gang leaders, playground bullies, violent criminals, and delinquents often have high self-esteem and that their high opinion of themselves can make them care not one whit what their victims think." Florida State University psychologist Roy Baumeister concurs with this assessment, saying,

> It is very questionable whether [the few benefits] justify the effort and expense that schools, parents, and therapists have put into raising self-esteem . . . After all these years, I'm sorry to say, my recommendation is this: forget about self-esteem and concentrate more on self-control and self-discipline.

And Carol Dweck, too, agrees, going on to recount what happened at the end of a round of experiments in her lab:

> We said to each student: "You know, we're going to go to other schools, and I bet the kids in those schools would like to know about the problems." So we gave students a page to write out their thoughts, but we also left a space for them to write the scores they had received on the problems.

As for the result, almost 40 percent of big pit self kids lied about their scores, inflating them to make themselves look smarter. That's pretty sad, though it brings balance to our discussion to realize that it is not only the *gaokao*-focused, interdependent educational system that produces pressure and cheating. The independent model does, too.

Group Esteem

So do East Asians have low self-esteem? That is perhaps not surprising, given that, to begin with, there is no word for self-esteem in Chinese. But it is actually only part of the story. Witness the Japanese who, for all their explicit self-criticism, will show considerable implicit self-approval—looking more favorably on the letters associated with their own name than on other letters, and believing their friends or family superior to other people.[*]

Moreover, if Asians move to North America, their explicit self-approval tends to rise. Japanese moving to Canada, for example, showed marked increases in their self-esteem after just seven months. So whatever East-West differences between flexi-selves and big pit selves we may find, they are hardly set in stone. Others, too, can become WEIRD, and vice versa: Canadians, after living in Japan for seven months, similarly showed marked decreases in self-esteem.[†] Does this mean that the best thing for all students might be to spend significant time abroad, that they might develop alternate selves and a broader cultural repertoire? Perhaps.

---

[*] They will also freely self-enhance when in competition with an outgroup, as anthropologist Ruth Benedict describes in her postwar analysis of Japanese character, *The Chrysanthemum and the Sword*.

[†] Americans in close relationships, for example with a friend, will also begin to show this pattern of explicit self-criticism and implicit self-approval.

11

America, an Explanation

But how did Americans get to be the very WEIRDest of the WEIRD? It's a question the girl at the baggage claim, should she stay in the United States, is bound to ask at some point, and one we might ask, too. The story certainly begins with a relatively small population on a large and resource-rich continent. Conflict with the Native Americans and the arrogance bred by their subjugation was a factor; the colonists were not unlike the winners of Paul Piff's rigged Monopoly game.

And, of course, their Calvinism has been formative since, like all Protestants, the Pilgrims believed for starters that they had sole responsibility for their souls. There was no clergy to help them, as there was for their Catholic brethren. But what's more, as Calvinists, they believed that an individual's success was a reflection of whether or not one was elect—that it was a reflection of one's soul. This did not make work a path to salvation, exactly. However, since a person who had made it on earth was also a person headed for heaven, work was more than a way of feeding oneself. It was an activity in which seriousness was next to godliness.

Work was also anti–water cooler. Though Calvinists were perfectly sociable outside of work, they believed that to waste time in idle talk and sociability at work was evil "because it detract[ed] from the active performance of God's will in a calling." That is to say that the European American workplace was from the get-go a hallowed sphere, set off from other parts of life with a strong boundary. Do we, today, really want work to be a calling? Like it or not, for many it is, in part because these

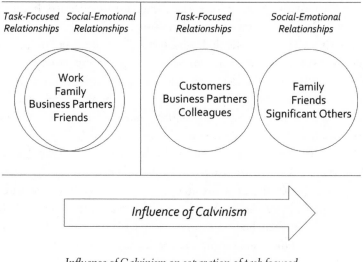

*Influence of Calvinism on separation of task-focused
and social-emotional relationships*

ideas still live on in many present-day Calvinists such as Presbyterians and Congregationalists. Indeed, as the figure above suggests, a strong boundary between a task-focused realm and a social-emotional realm[*] is especially associated with these denominations.

Hence a 2005 experiment in which University of Michigan Ross School of Business professor Jeffrey Sanchez-Burks gave two groups of Anglo-American males something called the Stroop test. This is a test that involves disentangling the meaning of a word from the tone of voice in which it is said. For example, a person might be read the word "gloom" with a great surge of cheer, or the word "happiness" with manifest wretchedness. The question is, How discombobulated is the person by the disconnect between word and tone? And is that linked to having a Calvinist background?

According to Sanchez-Burks, people with Calvinist backgrounds were just as discombobulated as people with other religious back-

---

[*] We may recognize this separating out as individualistic in impulse.

grounds if they were not in work mode when they were tested. In other words, if they were wearing Hawaiian shirts and had just been playing cards, they were not particularly able to block out the emotion in the speaker's voice.* If they were put in suits and ties and asked to read a Harvard Business School case before being tested, however, their results were dramatically different: They were then much more able to screen out the tone of voice. In contrast, more interdependent Christians, such as Catholics, showed no change in ability.

In a related experiment, Sanchez-Burks filmed a variety of Anglo-Americans talking to a researcher. All, he found, were equally likely to unconsciously mirror a researcher's nonverbal gestures—shaking a foot when the researcher shook a foot or scratching an arm when the researcher scratched an arm—if they were dressed in Hawaiian shirts. While others showed no change if put in a suit and tie, however, the Presbyterians and Congregationalists then ceased their unconscious mirroring; it was as if the semi-permeable boundary that existed between the interviewer and interviewee had hardened into iron. Does this finding have implications for, say, flexi-selves in job interviews? Yes. Sanchez-Burks has shown that the performance of Latinos and other interdependents, disconcerted as they tend to be by a failure of others to mirror their actions, can be affected dramatically by this Calvinist switch. As for what firms hoping to diversify their hiring should therefore do, that is obviously to put the interviewers in Hawaiian shirts.

Other Sources of WEIRDness

American WEIRDness was also fed by the nature of early American life. Rough as it was, it fostered an egalitarian self-sufficiency conducive to what the great French observer Alexis de Tocqueville was the first to call "individualism." For, as he wrote,

---

* The dissonance is easy to measure since a person able to block out emotional cues will be able to identify the word's connotation as basically good or bad faster than one who cannot.

As social conditions become more equal, the number of persons increases who, although they are neither rich nor powerful enough to exercise any great influence over their fellows, have nevertheless acquired or retained sufficient education and fortune to satisfy their own wants. They owe nothing to any man, they expect nothing from any man; they acquire the habit of always considering themselves as standing alone, and they are apt to imagine that their whole destiny is in their hands.

It was a development with consequences. As Tocqueville saw even in the early nineteenth century, this individualism was not only wont to "make every man forget his ancestors, but it hides his descendants and separates his contemporaries from him; it throws him back forever upon himself alone and threatens in the end to confine him entirely within the solitude of his own heart."[*]

All the same, thinkers like Ralph Waldo Emerson and Henry David Thoreau, with their ideas about self-reliance and civil disobedience, forged radical philosophies out of this tendency to "imagine that their whole destiny is in their hands." With statements like "No law can be sacred to me but that of my own nature," "I shun father and mother and wife and brother, when my genius calls me," and "Do not tell me . . . of my obligation to put all poor men in good situations. Are they *my* poor?" Emerson laid the groundwork for Thoreau's civil disobedience. "It is not desirable to cultivate a respect for the law, so much as for the right," wrote Thoreau in response. And, "The only obligation which I have a right to assume, is to do at any time what I think right."

Individualism took a coarser form on the western frontier. As historian Frederick Jackson Turner pointed out, frontier life encouraged an "antipathy to control, and particularly to any direct control" that bred a distinct form of democracy, especially "strong in selfishness and individualism, intolerant of administrative experience and education,

---

[*] This "habit of always considering themselves as standing alone" could not be more opposed to Confucianism, which stresses the self in relationship to others.

and pressing individual liberty beyond its proper bounds." This is the Wild West we see in movies like *High Noon,* and so much of what we see in America today emerges from this crucible, or what we at least have come to believe was forged there: In truth, the very first Western novel, *The Virginian* (1902), was written by a Harvard Phi Beta Kappa music major and Law School grad named Owen Wister, who had summered in Wyoming and saw the cowboy as a descendant of the medieval knight.

But never mind. When Turner said that "the frontier is productive of individualism," did he mean all frontiers? And if so, how does that work? It's not a question we were able to answer until relatively recently. But thanks to an ingenious study called "Voluntary Settlement and the Spirit of Independence: Evidence from Japan's 'Northern Frontier,'" conducted by University of Michigan psychologist Shinobu Kitayama, we now know.

The Hokkaido Study

This was an experiment set not only in the United States, but also in Japan, where Kitayama and his team focused on the Hokkaido Japanese—Hokkaido being the northernmost of the Japanese islands, and one with a "Wild West" culture: Though the people are largely of the same Japanese stock as the people of the lower islands, and speak the same Japanese and watch the same TV shows, they are often thought to be somehow looser and more like Americans. In fact, many Americans living in Japan travel up to Hokkaido for a kind of psychological break. But is this cultural difference related to the sorts of people who once moved to this cold and remote frontier—for example, the samurai put out of work by the Meiji Restoration of 1868? Or is it something about the frontier experience itself? These were questions Kitayama and his colleagues sought to answer.

They performed three experiments of relative independence and interdependence. The first was simple. Armed with a questionnaire, the researchers asked about strongly emotional episodes that people had had, then assessed whether happiness was more associated with flexi-self feelings like friendliness, warmth, or respect, or with big pit self feelings like pride in one's own personal achievement. In Japan, both Hokkaido-born and non-Hokkaido-born students of Hokkaido University participated, as well as students from Kyoto University. Participants in the United States were from the University of Michigan and the University of Chicago. The hypothesis was that the Americans would strongly associate happiness with the achievement of personal goals; and, sure enough, they did.

The Hokkaido-born Hokkaido University students, meanwhile, associated happiness with both personal achievement and social harmony; and the non-Hokkaido-born Hokkaido University students associated happiness mostly with social harmony. As for the mainland, Kyoto University Japanese, they not only strongly associated happiness with social harmony but actually showed a negative association between happiness and personal achievement. This echoes some of the things discussed in the last section about the traditional Asian discomfort with self-display.[*]

The Second Experiment: Choice

In the second experiment, Kitayama took advantage of the fact that the making of choices is stressful. Choice-making in any culture can produce dissonance—a dissonance that prompts all people to rationalize their decisions. Theorizing that the cause of dissonance in big pit cultures threatens people's private images of themselves—their images of themselves as competent or ethical, for example—Kitayama guessed that for North Americans it was these sorts of threats that would show up in their patterns of rationalization. Since, however, in flexi-self cul-

---

[*] In China, the openly competitive *gaokao* culture seems to allow for more "standing out": Witness the class motto posted outside a classroom of the contemporary Beijing elementary school we mentioned a while back, Chao Wai, which reads, "I'm self confident, I stand out, I work hard, I succeed." That "I stand out," though, mostly means that one excels in one's scores on assignments and tests. It's quite different from the disruptive "dare to be different" sort of "standing out" we are often talking about in the United States. What's more, it is achievement, not only for one's own sake, but for the sake of one's family.

tures, it is people's public self-images, as reflected in their reputation and social standing, that matter, his guess was that it would be threats to these that would be seen in their patterns of rationalization.

Kitayama and his colleagues accordingly gave the study participants ten music CDs each, with directions to rank them. The psychologists then gave each of the participants a choice between two of their CDs. These were CDs they neither strongly liked nor disliked—CDs that they themselves had ranked five and six out of ten.

For half the test subjects, the researchers placed a poster of faces on the wall such that the faces appeared to scrutinize the participants as they chose. For the other half of the subjects, there was no poster; they made their choice before a blank wall. The question then was, Did the test subjects show an impulse to justify their choices? And did the suggestion that they were being watched make any difference in whether they did or didn't show this impulse?

As for the result, the big pit self Americans showed a strong need to justify themselves when seated before a blank wall, ranking the rejected CD even lower, and the chosen one even higher, than they had when ranking all ten CDs. Quite independent of any external pressure, in other words, the subjects had to reassure themselves that they had chosen correctly. This effect was slightly mitigated by the presence of the poster—as if, feeling slightly less free to make a choice, what with the "presence" of others, the subjects were able to take themselves a bit off the hook. Still, their anxiety was clearly a matter of self-judgment rather than of the judgment of others.

Does this suggest that Asian-born students and others who experience individualism as a source of pressure, and American freedom as something less than a bowl of cherries, are on to something? It does. The freedom to choose is so tied up with a cultural mandate to define oneself through choosing that choosing can feel more fraught than free.

For the flexi-self mainland Japanese, meanwhile, dissonance was strongly triggered by the sensation of feeling watched, even by a poster; it was the maintenance of a public self that made them anxious. With no poster, they showed no anxiety or dissonance whatsoever — experiencing, it seems, a complete absence of self-consciousness that many in the West might find enviable. Is this related to phenomena such as Beijingers wearing pajamas in public, or taking naps on the furniture in IKEA (and I do mean the sort of deep naps where the sleeper happily snores)? Yes. There is a decided freedom to the experience of belonging to an ingroup when one is not under scrutiny. It is a freedom very different from freedom, Western-style — an unself-consciousness Westerners can hardly imagine but that is deeply comfortable to the interdependent. It is also something to ponder for all of us, I think, linked as it is to questions of living more deeply.

The Hokkaido Japanese, meanwhile, behaved more like the Americans than like the other Japanese, showing more need to justify their choices to themselves than to others. They also did this, interestingly, whether they had been born in Hokkaido or not, and regardless of how long they had lived there — suggesting that frontier individualism is at least initially a matter of self-selection. This supports what we observed earlier, in the case of Jeannie Suk's parents. People often migrate to places like America or Hokkaido because they're a little individualistic already.

The Third Experiment: Perception

The third of Kitayama's experiments focused not on values or choice, but on a deeper level of self, perception. Using a version of the essay-writing experiment that first demonstrated the fundamental attribution error, Kitayama and his team told the test subjects some stories about a fictional baseball pitcher. Then they asked the subjects, To what degree did you feel that the character of the pitcher (for example, his temperament or attitude) affected his behavior? And to what degree did circumstances (such as his environment or other people) influence him?

The results will by now not surprise us. The Hokkaido-born Hokkaido Japanese, like the North Americans, were found to place far more emphasis on the avocado pit of the pitcher than on his context. In contrast, the non-Hokkaido-born Hokkaido Japanese tended to weigh pit and context equally.

The Hokkaido-born Hokkaido Japanese, in other words, were largely as individualistic as the Americans when it came not only to their personal goals and choice-making but also to their perceptions and thinking. The non-native-born Hokkaido Japanese, however, though just as pit-oriented as the Americans when it came to their choice-making, were not as individualistic when it came to their personal goals or perceptions and thinking. So while some of the individualism of the Hokkaido Japanese is a matter of self-selection, there is also a culture of individualism that they absorb if they grow up in it.

Of course, the irony is that even as the testing of Hokkaido-born Hokkaidans shows them to be individualistic, they prove themselves to be influenced by the very context whose influence individualists deny. And does Kitayama's study suggest, by the way, that another driver of American WEIRDness besides those factors we've already described is immigration? Yes.

Long Lives the Frontier

Meanwhile, long after the closing of the American frontier, its individualism lives on. University of California, Berkeley psychologist Victoria Plaut and her colleagues have found that people living in the Rocky Mountains have the highest levels of autonomy, perceived freedom from constraints, and perceived sense of environmental mastery in the country. The Rockies also have high numbers of people living alone, divorced, and/or self-employed, as well as low levels of civic obligation.

The West Coast, too, is highly individualistic. In a recent study comparing Boston with San Francisco, Plaut and her coauthors found a greater emphasis on individuals, originality, and freedom, not only in San Francisco college brochures and on San Francisco venture capital websites but also on Bay Area hospital websites. There experience and reputation were downplayed, and the availability of personalized treatment and alternative approaches emphasized. As for whether we really want freewheeling, inventive surgeons—well, never mind.

Cultural Contagion

But how does this sort of regional difference come to be? Why does culture persist? Like other big questions we've taken up, this has many answers. To give just one example of how culture can become institutionalized, writer Nick Tabor points out that New York's Chinatown has remained an ethnic enclave despite huge development pressures, in part because the buildings have so many owners. Family associations having bought up many of the core buildings in the 1960s and '70s, they are now almost impossible to sell, with the result that fresh-off-the-boat Chinese immigrants have a protected destination where they can form a critical mass.

Also, we humans are a suggestible lot. In one classic study, Northwestern University psychologists Robert Jacobs and Donald Campbell arranged for a series of groups of four people to be seated in a dark room with a projected dot of light. Though the light was actually fixed, the participants were asked how far it seemed to be moving—a perception of movement they were expected to have as a result of involuntary eye movements, and typically on the order of about four inches. After a planted "participant" in the first group reported seeing the light move sixteen inches, though, most other members of the group also reported seeing movement of about sixteen inches. And in subsequent trials, in each of which one person was replaced (with the planted participant retired first), people continued to report seeing greater movement than those in a control group. This went on for five generations of study subjects.[*]

Reality did eventually reestablish itself. Still, if humans were paper towels, we could be accurately labeled super-absorbent. Our absorbency has clearly been adaptive in the long run, but if we are individualistically invested in believing ourselves uninfluenced by our context, we have real reason to be anxious.

---

[*] So strong is this effect that ideas can spread even if 50 percent of their adopters die.

Selling America on "America"

Did this anxiety contribute to our stigmatizing of collectivism in the Cold War? Did we project our own conformist tendencies onto the Soviets as a way of rejecting them? The energetic, Jackson Pollock–style American capable of filling room-sized canvases with his originality might have been the ideal, after all, but he was not typical. In the postwar period, Americans were increasingly living in all-white, cookie-cutter Levittowns, and in his 1950 classic, *The Lonely Crowd*, sociologist David Riesman was warning of the zombie-like "indifferents" being fostered by the times.[*]

It was about selling not just the world but also Americans, then, on "America" that the government set freedom—by which it meant not only the freedom to express oneself but the freedom to do business as one liked, without government meddling—as the United States Information Agency's "single, dominant propaganda line." Secretly promoting American Abstract Expressionists like Pollock, Robert Motherwell, Willem de Kooning, and Mark Rothko, the government sought to establish, as Duquesne University professor Greg Barnhisel notes, that "the individualism of the West made these artists' achievements possible and that modernist artworks embodied this individualism."

In the literary world, too, a new American canon cast works like *Moby-Dick* and *The Adventures of Huckleberry Finn* as a "coherent tradition that dramatized the emergence of American freedom as a literary ideal, somehow already waging its heroic struggle against a prefigured totalitarianism."[†] And the more McCarthyites cast dissent as

---

[*] Neither what Riesman termed the "other-directed" American who wants to be loved rather than esteemed nor the "inner-directed" American who has internalized social strictures has in his view developed the avocado pit of the truly autonomous individual.
[†] American books in general were pushed, ironically, because they were deemed "the most enduring propaganda of all." The U.S.I.A. resurrected World War II stationery emblazoned BOOKS ARE WEAPONS IN THE WAR OF IDEAS and aggressively subsidized the translation of certain titles. To incentivize publishers, the U.S. government also purchased many of the books themselves; nor were magazines neglected. The CIA bought up, for example, some 3,000 copies of the *Partisan Review* a year. See Barnhisel, *Cold War Modernists*.

un-American, the more American classrooms featured portrayals of lone individuals standing up for their principles as well—the sorts of portrayals that, as we saw earlier, have since become a staple of American life. Authors like William Faulkner, meanwhile, toured gamely overseas on behalf of American "freedom," and if he sometimes drank so much that "his eyes were almost moving independently," he still helped advance the notion propounded in National Security Council policy paper 68: "The free society values the individual as an end in himself . . . [and] attempts to create an environment in which every individual has the opportunity to realize his creative powers."

The Positive Rebel

Of course, the irony of using "free artists" for any propaganda was rich, never mind propaganda linked to unfettered capitalism. More happily, the National Security Council rhetoric eventually proved helpful to the Civil Rights Movement: Barnhisel points out that it was no coincidence that Martin Luther King, Jr., "came to employ *freedom* as a rhetorical master term, shrewdly concluding that its Cold War resonances would prove more appealing to American audiences than *equality* or even *justice*."

As for whether Americans were as advertised—as for whether we weren't vital, youthful, subversive, and free, like Marlon Brando in the black motorcycle jacket he wore in his 1953 movie *The Wild One*—well, that very motorcycle jacket was banned in many American schools in the 1950s. But slowly, the outlaw biker was rehabilitated into the figure of the "positive rebel." As, absorbing our own propaganda, we began to fashion ourselves into the antithesis of Soviet conformity, psychoanalyst Robert Lindner's 1956 *McCall's* article "Raise Your Child to Be a REBEL!" captured the new message: "Hampering a child's drive for individuality can lead to delinquency! Are you risking your children's well-being by trying to make them *too well adjusted*?"

Arguing that children were victims of "a vicious piece of propaganda"—namely, "the notion that the 'well adjusted' child, the child who conforms, has the key to a happy life," Lindner advocated for the child to be taught "a sense of his own individuality, his uniqueness as a human being, his assets and potentialities as a person." And so began a boom. Soon we Americans were all getting in touch with our avocado pits, and in a strikingly talk-y way. When mobster Tony Soprano, in his first therapy session on the TV show *The Sopranos*, asked, "What happened to Gary Cooper? The strong, silent type. *That* was an American. He wasn't in touch with his feelings. He just did what he had to do," he had a point. Today, strong and silent is out.

Indeed, one of the ways American individualists are becoming WEIRDer and WEIRDer is the way that we talk and talk and talk, with never-dying interest, about ourselves. "See what they didn't know was once they got Gary Cooper in touch with his feelings, they wouldn't be able to shut him up," Tony goes on, and it's true. The song of the WEIRD is in the key of me—a song that other people in the world can find hard to hum along with, much less to sing, even as they admire it.

Part IV

....

Meetings and Mixings

12

....

Our Talking, Our Selves

It's my first day teaching in Shanghai. A few of my students are from China, but most are lucky undergraduates from NYU Abu Dhabi whose entire education—including such study abroad—is gratis. An Arab royal interested in bringing world-class education to the Emirates is funding them, and so it is that they have come from all over the world.* Some are freshmen; some are seniors. It's a motivated, gifted bunch. And yet for all of that, only a few are comfortable talking in class.

The topic, then, for our first meeting is, Should students be made to talk in class? We read a study in which psychologist Heejung Kim compares a group of Asian American college students with some of their European American peers. All concerned are Stanford undergraduates. They are native English speakers and must, we gather, write great research papers; they must be good at Western tests. How else would they have come to be hunched over their laptops, downing energy drinks in the California sun, except by knowing how to deal with the system in every way—meaning that they must realize how important it is to participate in class.

Yet when asked to talk through a problem as they are solving it, these Stanford Asian Americans struggled. Not that they simply could not talk and think—it turned out that they could recite the alphabet while solving the problem just fine. They were uncomfortable, however, talk-

---

* As I described earlier, my students were from Chile, Sri Lanka, Morocco, Poland, the former East Germany, Peru, Singapore, and other countries.

ing about their thinking, while their European American classmates were just the opposite: They performed as well when talking through a problem as when solving it silently. It was being asked to recite the alphabet while solving a problem that they found hard.*

Why? The holistic, pattern-oriented, flexi-self way of thinking favored by the Asian Americans was effective, but hard to articulate. The analytical, linear big pit self way of thinking favored by the European Americans, on the other hand, with its way of breaking things into bits, was more amenable to being put into words; indeed, the European Americans often thought in words. Reciting the alphabet while thinking was not hard for the Asian Americans because it allowed them to problem solve in their normal way. The problem solving and the reciting occupied separate mental channels. For the European Americans, though, reciting the alphabet interfered with their thinking. Sharing the same mental channel they were using for problem solving, it added traffic; it slowed things down.

As for whether this study resonates for my students—does it ever.

Miss Yen?

I share with them therefore a fact that today mostly brings laughs when I bring it up—namely, that I was once like them. I know it is hard for many people today to believe that I was the sort of person who did not speak in class, given that I have made a living as a writer and a speaker. And, full disclosure: Though I did not speak up in class, I was always a social creature. In fact, thanks to my interdependent side, I was frequently thrown out of class for talking. In eighth grade, my science teacher stuck a sticker to my yearbook that read, "Even a fish can't be caught if it keeps its mouth shut."

But that was talking. That was not class participation. When it came to class participation, I, like my students, struggled. I can still remember my eleventh-grade American History teacher cold-calling me.

---

* This was especially true if the problem was hard, and less true if the problem was not. See H. S. Kim, "Culture and the cognitive and neuroendocrine responses to speech."

"Miss Yen?" he would say, sliding his black half glasses down his nose. (This was in the days when the Japanese seemed poised to take over the world.) "What do you think, Miss Yen?" And let me say that, looking back, I am grateful to this teacher for his efforts to nudge me out of what would today be called my "comfort zone."

Still, even as I write this I can feel my heart racing, and a kind of bell jar of embarrassment coming down over me. I can still feel my hyperawareness of everything—of my skin, of every noise, of the hang of my bell-bottoms. I am too hot; I am too alive. It is as if I am a burn victim—a flower child burn victim.

Today I know that there is a stress hormone called cortisol, and that trying to think and talk at the same time made mine spike. Moreover, as I stand in my classroom in Shanghai, I know that this is likely true for many of my students. Were they to move to America and have children, it might be less true with each generation, but still—it is true for them. Are they actively learning even if not speaking up? Yes. Do Western educators generally realize this? No. Are the Westerners likely to change their ways? No again.

And so I tell my students that I was once like them.

Others Like Me

I am hardly the only person from an interdependent background to have developed a full-blown individualistic side. Mexican American writer Sergio Troncoso, for example, says that he did not speak once in a seminar his first two years at Harvard, and yet he holds three graduate degrees today. Has his journey been easy? No. Neither has that of Jeannie Suk, who recalls:

> I was terribly shy and basically never ever spoke up in class for most of elementary through high school. Even in college it was rare. I often lived in fear of speaking in public, and I would go to great lengths to avoid it! I got over it as I got really interested in literature and philosophy and had classes where I felt moved to say something. And then Harvard Law School completely did

it—the teachers used a cold-calling method which meant I just had to accept speaking in front of others. And hearing myself speak like that after a while made me want to raise my hand and volunteer. I find it hard to believe that these days I can speak in front of 100s even 1000s, and not even feel nervous at all. I feel this is a pretty extreme trajectory. But it is true.

Today, a great many young people have also made this crossing. Yet a great many others resent the endless Western insistence that talking matters. Indeed, if there was one thing my Shanghai students objected to, it was the counting of class participation toward their grade, feeling as they did that it was a species of Western hegemony. One Chinese student even maintained not only that students should not have to speak in class but that—since they had come to China to become global citizens—they should experience a real Chinese classroom and not be *allowed* to speak in class.

Among those who have learned to speak up, too, dissonance can linger. As Korean American Facebook deputy chief privacy officer Yul Kwon commented on NPR, "Over the course of my life and over my career, I've learned to act almost contrary to what my natural instincts are." So, yes, he's done it. But he feels that he has something to share—the news that he has crossed a bridge, as it might help others to hear. Others should know that learning this, doing this, was hard.

And so it ever will be. An accomplished Chinese cousin of mine, now taking classes in the United States, writes: "I guess my discomfort [with speaking up] is universal, and I understand I will improve eventually. But I am not sure if the loneliness is a life-long feeling, or if the feeling will reduce in the next stage of life."

It's hard to know how to answer.

So why did I as a teacher encourage class discussion on this subject but still count class participation toward my students' grades? One reason was that they had, after all, elected to attend a Western-style university. To provide a Western-style education was, in fact, the explicit mission of the school, and what I had been hired to do. Another reason was that, like it or not, a comfort with speaking up was going to be important in almost any field they chose; like the English they all spoke so fluently, it opened doors. Finally, what with the similarity in our backgrounds, I believed I could help them over this hurdle, and that proved right. In the end, everyone participated—some more enthusiastically, some less so, to be sure, but no matter. I was happily able to give them all full credit for it.

A Class Marker?

Meanwhile, in the United States, not only active vocal participation but storytelling—and personal storytelling in particular—can serve as an insidious class marker. In her book *Quiet*, author Susan Cain makes an interesting point about a Chinese American student named Don Chen at Harvard Business School. Comparing his observations regarding the social norms at school versus those at a summer job he held in China, she notes:

> In China there was more emphasis on listening, on asking questions rather than holding forth, on putting others' needs first. In the United States, he feels, conversation is about how effective you are at turning your experiences into stories, whereas a Chinese person might be concerned with taking up too much of the other person's time with inconsequential information.

Cain's point is about introversion, and about how many Asian Americans can be categorized as quiet—as well as what a loss it is to all if they are not, by virtue of their temperament, able to contribute to society. We might note Chen's phrase "inconsequential information," though—that is, things viewed as extraordinary by the big pit self but extraneous by the flexi-self—a theme with which we are by now familiar. Interesting, too, is Chen's focus on a knack not just for storytelling but for "turning your experiences into stories" as a key thing that separated him from his classmates. How much of a difference does this make in the world of Harvard Business School, where socializing is, as one of Chen's classmates says, "an extreme sport," and where everyone acknowledges socializing to be critical to success? Is autobiographical storytelling one of the skills by which people with big pit selves recognize and bond with people like themselves? Does it help a certain class perpetuate itself?

An Allergy to the First Person

Don Chen is not the only one to have been struck by the alacrity and enthusiasm with which big pit selves talk about themselves. Portland-based speaking agent Miriam Feuerle, for example, reports that her German father and relatives are continually astounded by the way Americans will tell you all about themselves on the bus. Though the Americans no doubt mean to be friendly and perhaps expect Feuerle's relatives to reciprocate, they do not reciprocate. "They are always asking me, How can they think themselves so interesting?" says Feuerle. "And why do they talk this way to complete strangers?" It's a phenomenon director Alfred Hitchcock seems to have noticed, too, by the way, and exploited most memorably in *The Man Who Knew Too Much*, in which an American played by James Stewart sets the plot in motion by jabbering away to a stranger on a bus in Morocco.

But as for whether Chen and the Germans are the only people uncomfortable with self-focus, they are not. Though hardly a wallflower, when Indian British novelist Salman Rushdie sat down to write a memoir about his life after the Ayatollah Khomeini pronounced Rushdie's novel *The Satanic Verses* heretical and declared a fatwa against him, he found himself uncomfortable using the pronoun "I." "I tried it in the first person, and I hated it," he said in an interview. "It felt self-regarding and narcissistic." And so it was that he referred to himself throughout the book as "he"—a decision that a great many reviewers and readers remarked upon and found odd.

Of course, others have written about themselves in the third person. Henry Adams, for example, wrote *The Education of Henry Adams* referring to himself as "he." But where Americans are far more individual-istic today than in Adams's day, among contemporary European North Americans using the third person would be unusual.

In contrast, the relatively few Chinese autobiographies that have been written at all* are frequently in the third person. This is true of many Asian American autobiographies, too. Asian American Jade Snow Wong's 1945 autobiography, *Fifth Chinese Daughter*, for example, is in the third person, and even in casual conversation, University of Waterloo psychologists Dov Cohen and Alexander Gunz have found, Asian Canadians tend to adopt a third-person perspective in stories about themselves.

In a related vein, the Turkish tendency to embed the point of view of others in one's own memories is so strong that Nobel laureate Orhan Pamuk says of the Turkish language:

[W]e have a special tense that allows us to distinguish hearsay from what we've seen with our own eyes; when we are relating dreams, fairy tales, or past events we could not have witnessed, we use this tense. It is a useful distinction to make as we "remember" our earliest life experiences, our cradles, our baby carriages, our first steps, all as reported by our parents, stories to which we listen with the same rapt attention we might pay some brilliant tale of some other person. It's a sensation as sweet as seeing ourselves in our dreams, but we pay a heavy price for it. Once imprinted in our minds, other people's reports of what we've done end up mattering more than what we ourselves remember.

---

* Some thirteenth-century Zen Buddhist masters did "describe with candor their tortuous quest and their emotions of despair, agony, astonishment, and joy," but these "unabashed" accounts were confined to the Buddhist sermon. Tantalizingly self-flagellating sixteenth- and seventeenth-century Confucian accounts of wrongdoing reminiscent of St. Augustine's *Confessions*, too, stay well within their didactic limits. See Qi Wang, *The Autobiographical Self in Time and Culture*.

Where Are Our Stories?

"Remembering" from the point of view of others might seem problematic to Pamuk, but even more chagrining is not remembering at all. I recall leaving a lovely book group in Belmont, Massachusetts, when, just as I was headed out the door, the Asian American hostess, Fran Yuan, asked me, "Where are our stories?" And not long after that, another daughter of Asian immigrants, the architect Billie Tsien, observed, "We have no stories"—a theme on which I began to hear variations, now that I was paying attention to it, from a number of other people.

An artist friend, Lillian Hsu, for example, confessed how embarrassing it was that she could never remember the plots of books. She'll read something and love it, and recommend it to a friend, she said, only to discover when she's talking about it that she can't remember how the plot goes. Why is that? And in her memoir, architect Maya Lin, reflecting on having heard so little family history, blames her own failure to ask questions. "I rarely asked people anything about their families, their pasts, their histories," she writes, while in his writings, activist Eric Liu recalls, with regard to his distinguished grandfather, that "I cannot recall a single telling anecdote about him at work or at home."

In a similar vein, though Freie Universität Berlin professor Birgitt Röttger-Rössler was close to many of the inhabitants of an Indonesian village she was researching, when she attempted to collect some autobiographical stories, she could not find even one villager willing to talk about him- or herself. And in the Indonesian city of Aceh, writer Elizabeth Pisani describes a hauntingly silent memorial to the devastating tsunami of 2004. This was "an impressive building, a great, rounded sweep of latticework raised on vast pillars that from one angle looks like a cresting wave, from another like a ship." But inside,

> I found holes in the walls, patches of mould, wiring hanging out of the ceiling, all in a monument that cost US$7 million and was built less than three years previously. The library was locked, the bathrooms too. On dozens of lecterns showing the identical slide show on a continuous loop, in the photos pasted higgledy-piggledy

onto panels interspersed with drawings of the museum itself, in the bright 1970s-style dioramas hectic with mannequins and plastic coconut trees, even in the nine-minute film that I watched in the company of children not even born when the wave struck, there is virtually nothing that re-creates that muffled-thudding, sludgy-sick feeling that we all felt when we first saw the rows of shrouds on TV. In fact, in this vast museum dedicated to an event that killed 170,000 people in Aceh, there was almost no death. I saw just one photo which included, peripherally, a single orange body bag.

I commented on this to the staff member who was shepherding the kids around with a loudhailer. He shrugged. "Maybe they wanted to avoid rousing emotions."

Upon hearing this, Pisani muses, "A monument to something you don't really want to help people remember. A museum of amnesia, a selective rewriting of history," and we can see how it might be hard to believe.

Are Asians Forgetful?

Of course, there are exceptions to this phenomenon, as to all things. Yes, some people with Asian roots are great raconteurs; and yes, all memories are situational. Still, the phenomenon is noticeable enough that we might ask, What's up? except that, as it turns out, Qi Wang has already asked this in an unforgettable paper called "Are Asians Forgetful?"

In this, Wang gave students a journal-keeping assignment. She asked two groups of students—one of European Americans and one of Asian-born Americans—to write down the events of their week. She especially told them to note not just quotidian occurrences, but unusual ones—things like an awards ceremony or a bike accident—unique events that were unlikely to recur and did not contribute to, but rather broke, the pattern of their days. Then, at the end of the week, they were given a pop quiz on their own journals.

The results were surprising. Quite contrary to the stereotype of Asian Americans as being great test-takers, when tested on the events of their own lives, these Asian-born Americans scored at the *bottom* of the class. This is not to say that they were more forgetful. Both groups forgot things over the course of the week, and at the same rate.

The difference was in what they had registered to begin with — in how they had filtered the world, and what they therefore perceived and recorded. Just as interdependents focus more on the savannah than the lion; more on the context than the object in it; more on the general than the exceptional; and more on the group than the individual, these Asian-born Americans focused more on routine than event; more on the ordinary than the extraordinary; more on the undramatic than the dramatic; and more on non-self than self. They registered more of the behavior of others than did their European American peers. At the same time, like the readers in the reading experiment we talked about earlier, the Asian-born students broke their experiences down into larger chunks, with fewer discrete events, than did their European American classmates. The Asian-born students therefore recorded fewer such events, which accounted for their quiz scores.

Can Asians Tell Stories?

What with fewer event modules to assemble into plot-like structures, autobiographical stories told by Asian-born students are often not only in the third person but also nonlinear and undramatic.[*] General truths like "My mother always peeled our fruit before eating it," or "My sister and I used to melt crayons on the radiator," or "If we were sick she would make us rice gruel with Bovril" prevail, reminding us of the flexi-self tendency to dampen the extraordinary that we saw in Dr. An Wang's account of coming to the United States in the 1940s. Warriors clash and lovers gamble in the great epic tales that carry a culture's heritage, but when it comes to stories about individuals, the flexi-self

---

[*] This brings to mind an observation Dominican American author Junot Díaz made about his experiences in a screenwriting class, namely that he was not "good at event" (Key West Literary Seminar, conversation with the author, Jan 2016).

tends to understate, to suggest, to evoke.* Flexi-self narratives resemble mountains after a glacier has passed through; their peaks are rounded.

Individualistic narratives, in contrast, jut and spike. Believing that it is not in the general pattern, but in exceptional moments of the "and then one day" sort that the greatest truth—the truth of one's avocado pit—will emerge, the big pit self plays up what the flexi-self plays down. Indeed, its well-defined events proceed from character as if their raison d'être is to demonstrate the power of the avocado pit.† Their central concern is to portray pits gone wrong or—especially in America—to describe how their promise is realized. And the more authentic the account—the more credibly the product of an avocado pit—the more attractive it is. Hence the popularity of the memoir, and especially memoirs that stress having faith in oneself against all odds. Indeed, every successful memoir is *An Avocado Pit Sprouts!* If thinking back to the preface, we ask ourselves whether Suki Kim's editor was right in believing that Kim's account of undercover reporting in North Korea would sell best not as investigative journalism but as a story of personal growth, the answer in America is most likely—sadly—yes.

As for how much detail the ideal narrative should include, individualistic stories are full of exactly the sort of detail that Harvard Business School student Don Chen called "inconsequential." They are therefore often felt—in the flexi-self view—to be so garrulous as to impede true communication. Japanese psychoanalyst Takeo Doi drily notes, "The Western philosophical tradition is suffused with an emphasis on the importance of words"—an emphasis many Asians distrust, in part because the very act of articulating something suggests a boundary

---

* This is related to a cultural value placed on calmness, especially among the educated. Interestingly, Stanford psychologist Jeanne Tsai has shown not only that Asians tend to value low arousal states—to smile less broadly and laugh less loudly than European Americans, for example—but that this preference is linked to an awareness of mortality, and that all people value calm when they feel their days are numbered.

† The focus on the avocado pit is believed to go back to Aristotle and his theories about *hamartia*. In fact, *hamartia* refers to an error made by the hero in a tragedy. It was only later, more avocado pit-oriented interpretations that translated *hamartia* as the hero's tragic flaw.

between the person and his or her audience. What's more, to make a statement is to make a kind of object out of thought and decontextualize it. It is like taking a lion out of its savannah. As Doi says:

> Every time we say something, we also conceal, in the instant we put it into words, everything outside it, by choosing not to put it into words. This is an extremely selective act. There are also times when we find ourselves trying to say something that is difficult to express in words. The Japanese have an expression for the feeling that arises in this situation: "Somehow, when I try to put it into words, it sounds like a lie." The act of using words is always accompanied by a partial shadowing.

An association of words with distortion, shallowness, and the limited can be found everywhere in Asian thinking. For example the *Daodejing* flatly says, "The knower does not say, the sayer does not know."

So might a more suggestive, more elliptical style, then, feel less specific but more true? And is this related to the many complaints made by businessmen and others working in Asia that the Asians talk in generalities? Psychology professor Allyssa McCabe, in a related vein, asks us to imagine

> a 7-year-old Japanese boy who sounds like a native speaker of English but was, in reality, raised in a Japanese-speaking family in a Japanese neighborhood in the United States. Asked by an American teacher whether he has hurt himself, the boy might answer, "Yes, I have." The teacher takes pains to ask him to continue his injury story. The boy finally says, "I was playing on the monkey bars. And I got a splinter. And I had it pulled out." Because empathic consideration for others is highly valued in Japanese culture, even though the 7-year-old does not give any evaluative comments about his injury story, Japanese listeners in his family or neighborhood have always empathized with the boy's hidden feelings. The boy told his story without making explicit his emotions because he had been trained to count

on his listener to fill them in. Perhaps, however, an American teacher . . . believing that children at age 7 should show imagination and creativity by telling lengthy stories . . . might judge the boy to have difficulty in expressing his feelings.

There's a disconnect.

Can Asians Write Essays?

We see a difference in communication style when it comes to essay-writing, too. Mainland Chinese high school students like Neal S. and Eileen D., for example, have been trained to use an explicit four-paragraph Western structure—thesis, evidence, defense, conclusion—on the *gaokao*. If left to their own devices however, they say that they would structure their essays differently—relying more heavily, in inter-dependent fashion, on their audiences' ability to enter their work. In other words, they would open with a kind of mystery, and hide the main point, leaving it to their readers to intuit it themselves, with the whole picture—and pattern—emerging gradually.[*]

Along similar lines, Suzanne Graver recalls not only how her Japanese students would leave it to the reader to piece together the paper's point[†] but that they had a distinctive way of giving three different views of a subject in the first three paragraphs of a paper. This interestingly echoes something San Francisco State University professor Masahiko

---

* These strategies bring to mind strategies in Japanese literature—for example, the way that, in the great eleventh-century epic *The Tale of Genji*, the author, Murasaki Shikibu, reveals her intention in writing the entire *Tale* neither at the beginning of the work, nor at the end, but instead "in a rather insignificant part of the text, gradually making the reader aware of her overall intention." (These are the words of eighteenth-century scholar Motoori Norinaga, to which Takeo Doi directs our attention in *The Anatomy of Self*.) The strategies also echo Texas-born Iranian American filmmaker Sahar Sarshar's approach to her work: "I like stories that are told by the people involved," she explains, "stories where there's no reporter or producer's voice imposed on it." Her approach eschews the prominent narrator favored by many Western directors.
† Graver notes that when she showed these students how to structure their essays in a more linear way, they got it right away.

Minami found among Japanese schoolchildren—that the children almost always told their stories in trios of incidents. No child talked about how she got hurt on the playground without also describing two other instances in which she or other children had been injured. What's more, they often described these instances in three-line, haiku-like "stanzas."

Even Minami himself displayed this tendency as he collaborated with Allyssa McCabe, writing what seemed to her three separate essays on a subject and fully expecting that she would understand him to be "developing the topic." When she, however, mystified, suggested he at least write a conclusion to his tripartite piece, he was horrified. "Are you asking me to insult you?" he asked.

America the Autobiographical

Almanac page from the 17th century

Almanac page from the
19th century

The idea of telling one's own story, by itself, from one's own point of view, for its own sake, in an explicit way, is very strange for many Asians. And for colonial Americans it would have been strange as well, as we can see in the early American almanac pages shown on the previous page. As scholar Molly McCarthy notes, the extra pages at the end of almanacs were mostly used to keep track of weather and crop patterns, but personal information was also often jotted down in them. And mostly, in the early days of the colonies, this was in the manner we see on the left, with all of one line each given to events like "My son born 14th June 5 o'clock morning" and "June 11, my wife died 4 o'clock afternoon." Seventeenth-century American colonists were not oriented toward the big pit self, after all, but toward Providence.

By 1874, the date of the almanac on the right, though, a far more elaborate style of narration has emerged—thanks in part to developments in Europe such as the 1782 publication of the first modern autobiography, Jean-Jacques Rousseau's *Confessions*. "I came here to rest and enjoy myself and I am succeeding admirably," this American writer reports, and it's off and running. Such was the boom in this new kind of writing that almanac makers had to add pages to the ends of almanacs to accommodate it; and, of course, it comes with a newly zoomed-in perspective. If we recall the Chinese student's story about being hit on the head by her chemistry teacher, and her assumption that the school president would not care about "such kind of little detail," well, in the nineteenth-century almanacs, that abuse would not figure so small. As one of my Shanghai students put it, "every molehill is a mountain" to the big pit self.

Is that good or bad? Never mind. In that 1874 almanac we see something we absolutely recognize, something that anticipates the memoir-writing group that graces almost every American senior citizen center today. Such is our craze for self-narration that even twenty-somethings have been known to sit down to their memoirs—a lovely thing for their families, but something their peers in other countries are not much moved to do.

Mother Talk

How did this change happen? We know that over this time period America was becoming more individualistic for all the reasons we've described. But how do changes in the culture produce changes in our storytelling? And do changes in our storytelling influence our culture in turn?

One hint lies in the work of psychologist Qi Wang and her Emory University collaborator, Robyn Fivush, which describes two different narrative styles used by mothers in speaking to their children: elaborative and pragmatic. Elaborative, individualistic mothers—for example, many middle-class European American mothers—draw their children out. Trying to help their children feel that they matter in and of themselves, they talk to them about things that have happened, ask how the children felt about them, model Western storytelling practice, and generally conduct veritable mother-child story workshops. Take, for example:

M: . . . Do you remember doing some crying?

C: Why did I cry?

M: I'm not quite sure why you cried. But do you remember where you were?

C: I cried because I had any, no any balloon.

M: They had no balloons. But then, you were also crying because, did you not want to go home?

C: Yeah.

N: Where were you?

C: At Stewart Park!

M: (Laughs.) You did cry a lot at Stewart Park, but, um, this was in Joe's parking lot. Do you remember Joe's parking lot? Do you remember standing by the door and crying?

C: Yeah.

M: You do?

C: Yeah.

M: What were you crying about?

c: 'Cause I didn't want to leave yet; it was because I wanted to eat.

m: Oh you wanted to eat some more (laughs); is that why?

c: Yeah.

m: Hmm. I remember Mommy tried to pick you up, and you put up a little bit of a fight. You were crying real hard. Maybe it was 'cause the balloon and maybe it was 'cause you were hungry. But we knew that you could get another balloon, right?

c: Yep.

The elaborative parent's lessons: Cause and effect should be emphasized, detail is key, and the child's desires are central.

Pragmatic, interdependent parents, on the other hand—keeping their talk to the "main point"—tend to ask questions with an answer already in mind. Off-subject talk and extraneous detail are not encouraged. For example, here's an exchange involving a Chinese mother, father, and child:

m: Baobao, did you tell Papa what you did wrong today?

f: He made mistake again?

m: Did you tell Papa? Huh?

c: (makes noise, sounds like yes)

m: Huh?

c: Already told Papa.

m: You already told Mama, right?

c: Right.

m: Did you tell Papa? Papa doesn't know.

c: No.

m: What happened to you at Aunty Lee's house?

c: Baobao didn't want to go in.

m: Hmm . . . you were at the door and didn't want to go in. And then what?

c: Didn't play with Edward.

M: Hmm . . . you didn't want to play with Edward. Hmm . . . anything else?

C: At the staircase, didn't say "bye-bye."

M: Hmm . . .

C: Didn't close the door properly.

M: Hmm . . . Did you hear, Papa?

F: I heard. Baobao told Papa already.

M: Already told Papa?

F: Papa already know. Next time (Baobao) will behave better, right?

M: Next time don't make mistakes, okay?

The lesson has nothing to do with storytelling skills. Rather, it has to do with making sure Baobao behaves better next time. His inner needs and desires are not the point; neither is articulating his emotional experience in a decontextualized way, as if to someone who could not be expected to intuit how he felt if he didn't tell them.* Is it a surprise, then, that in one study Koreans reported that 20 percent of their feelings were never shared, whereas Americans reported that to be true of only 5 percent of their feelings?†

Meanwhile, scolding as it might seem to Westerners, Baobao's parents are not simply harassing Baobao. They are carrying out their own obligation as parents to teach him his role—a role that will not ultimately be a matter of outward show but of true feeling. It's Confucian Relations 101, the course goal of which is internalizing a quality called *ren*. This is a word often translated as "benevolence" but that might be

---

*This flexi-self reminiscing style can be found in interdependent parents of different backgrounds, with different nuances, and with different results in the children's eventual storytelling styles. Russian-English bilinguals, for example, recall more other-focused memories and use more group pronouns in Russian than they do in English. See V. Marian and M. Kaushanskaya.

† Though the low level of sharing among Koreans might seem a sign of isolation, a 2007 study showed that while explicit verbal sharing reduced stress for European Americans, it did not for East Asian Americans. The latter benefitted more from implicit social support. See S. E. Taylor et al.

usefully thought of as having a deep and true regard for others—that is, as being profoundly and sincerely attuned to them, and interdependently joined by a dotted line.[*]

Different Styles, Different Goals

Even understanding this, one can easily imagine Westerners seeing this "cross-examination" as the verbal equivalent of spanking a child. And, as the grandmother in a short story I wrote called "Who's Irish?" says,

> In America, parents not supposed to spank the child. "It gives them low self-esteem," my daughter say. "And that leads to problems later, as I happen to know."

But pragmatic parents are, well, pragmatic. They believe that if their children can be socialized to become effective members of their community, the community can be counted on to make their lives work on any number of levels.

As for the nature of that community, flexi-self parents conceive of the social world as a kind of endless cast party. You have to know who's who and you have to play your part—better not tell a star to go get her own drink—but you do not have to work particularly hard at broadcasting who you are. Everyone knows who's who. And when is this party going to end? Who knows, but where it's gone on for generations already, you can probably relax. As Qi Wang explains,

> One is born into a social network of family and community that serves as the primary basis for defining the self. Relationships

---

[*] The parents are also modeling for Baobao how one develops one's *ren*, as their reviewing of all that happened at Aunty Lee's house is a version of the daily practice of self-examination suggested by the Confucian *Analects*. This involves behavior- and role-oriented questions like *Have I done my best for those I serve? Have I been honest and sincere with my friends? Have I put into practice what I've been taught?* It's a ritual reminiscent of the way that Marines will ask, after every assignment, *What can we learn from this?* and *What can we do better?* What with their flexi-self culture, the Marines, too, can never get enough of self-improvement.

are not so much voluntary as unconditional and obligatory . . . Consequently they tend to be considered stable and to require little explicit maintenance.

In short, as there is only the most delicately dotted of lines between parents and their children, parents are "not particularly concerned with sharing experiences, thoughts, and feelings with their children for relationship maintenance or extension."

Neither are they much concerned with behaving well. Witness the no-holds-barred attitude of tiger mother Amy Chua, whose initial parenting manifesto reads:

1) schoolwork always comes first; (2) an A-minus is a bad grade; (3) your children must be two years ahead of their classmates in math; (4) you must never compliment your child in public; (5) if your child ever disagrees with a teacher or coach, you must always take the side of the teacher or coach; (6) the only activities your children should be permitted to do are those in which they can eventually win a medal; and (7) the medal must be gold.

There is a healthy dose of self-mockery here, though—a true daughter of the culture of the master—Chua freely concedes, "I fetishize difficulty and accomplishment." Does she realize that her children, born in America, "will feel that they have individual rights guaranteed by the U.S. Constitution and therefore be much more likely to disobey their parents and ignore career advice?" Yes. But her first response to this challenge is to double down on her program: Her children, she vows, will never attend a sleepover, have a playdate, be in a school play, complain about not being in a school play, watch TV, or play computer games. This does not go well.

I must interject here that though I am about the same age as Chua, and also the daughter of Chinese immigrants, I brought my children up in just about the opposite way, with good results. And Chua, to her credit, relents over time, also with good results. Still, I can see how the parenting ideas with which she begins grow out of an interdependent assumption that her bond with her children is unbreakable. Will they up and run for the hills when they can? Will they one day park her in a nursing home and see no particular reason to visit her? These sorts of big pit worries never cross her mind.

Elaborative parents are actually pragmatic in their own way. They are simply preparing their children for a different world than are pragmatic parents—a capitalist, *Gesellschaft* world in which it will be up to them to define, and fend for, themselves. As a slew of novelists from Charles Dickens to Elena Ferrante have described, this is exciting but fraught. It's best to have a big contact list and an engaging personal narrative, and a solid sense of your uniqueness and its value to the world is helpful.

You might even say it is essential, since life is a kind of endless audition. "Do what you love," the parents tell the children, but there is an anxiety beneath it. What if the world turns them down? What if it does not celebrate their offspring for their true selves? What if it does not find their avocado pits particularly special? As author Lydia Davis writes, "We know we are very special. Yet we keep trying to find out in what way: not this way, not that way, then what way?"

Life in the flexi-self endless cast party was based on social categories everyone had long agreed on. In contrast, as philosopher Charles Taylor points out, "the thing about inwardly derived, personal, original identity is that it doesn't enjoy this recognition a priori."* And so,

What has come about with the modern age is not the need for recognition but the conditions in which this can fail. And that is why the need is now *acknowledged* for the first time. In premodern times, people didn't speak of "identity" and "recognition," not

---

* The word *renshi*, meaning "to recognize," has a very different sense in Chinese than it does in English. Recognition in Chinese has to do with seeing something one has seen before. It has nothing to do with understanding the significance of something new. Recognition in English, meanwhile, can have to do either with realizing that something is familiar, or with acknowledging a self's originality and particular worth.

because people didn't have (what we call) identities or because these didn't depend on recognition, but rather because these were then too unproblematic to be thematized as such.

But now, he continues,

On the intimate level, we can see how much an original identity needs and is vulnerable to the recognition given or withheld by significant others.

No wonder that big pit self parents anxiously try to pad their children with self-esteem, and if that calls for a little fudging, never mind. *You're awesome!* say the parents, and *Good job!* even as the children roll their eyes. *They always say that,* they'll say. *Like I could draw the worst picture ever and they'd say, Wow! You're so creative!* Foreigners, too, notice this programmed positivity. American children live in a paradise of encouragement, with no red pencil on their work and no losers in games, reports a French blogger named "Mathilde." For anyone thinking about visiting America, she highlights these three phrases: "Awesome. Yes we can. Inspiring."

Do You Like Me?

As for the connection between this positivity and the self-inflation to which, as we've seen, the individualist is prone—are the children not talking to themselves as they have been talked to? Their parents' anxiety—and defense—has become their own. *Am I really awesome?* they ask. And behind that lies another question. *What if the world does not even like me?* Where individualistic associations with others are, on the one hand, freely chosen but, on the other, easily broken, the big pit self has to worry in a way the flexi-self does not.

The flexi-self's worries are little Baobao's worries. Did he fail to play with Edward? Did he fail to say "bye-bye"? Did he close the door properly? The big pit self does not have the same concern for social roles. Sure, there are gender roles and professional roles and parental roles, and so on. Those roles, though—as real as they are, and as demanding—are nowhere near as all-pervasive as those Baobao is expected to fulfill.

But for the big pit self, isolation ever looms. A study of children's books showed that "a common theme of American stories is friendship and the misery of a child who is shunned by others." The study goes on, "American mothers threaten, 'People won't like you.' [And foreigners, too,] comment upon a high preoccupation of Americans with whether or not they are liked."

It's one of the downsides of our *Gesellschaft* freedom. As people can choose—or not—to be friends, you must be choose-able. Such is the insecurity that even an almost eighty-year-old friend of mine who had had a bad fall downplayed her distress for fear that it would become part of her profile, so to speak. And then what would happen? Then, she said, people would say, "She's getting old, I'll find another friend."

The Point of Talking at Dinner

The insecurity of individualistic relationships also leads to personal storytelling. As Qi Wang puts it,

> Sharing personal stories with others often engenders strong empathic and emotional responses, bringing the interlocutors closer through their reciprocal exchanges of thoughts, feelings and needs, a process critical for developing and deepening trust and intimacy . . . Indeed, Western psychological theories posit that the foremost adaptive function of autobiographical memory is for social bonding.

The stories told are therefore personal in a way that strikes flexi-selves as odd; the reaction of Miriam Feuerle's German relatives to the over-sharing of Americans on buses is hardly unusual. My husband and I, East Coasters that we are, were likewise taken aback to be presented, as we once were in more individualistic California, with close-up, blow-by-blow photos of a friend giving birth. And psychologist Jean Twenge recalls:

> When I recently asked my students to relate true stories for an extra-credit assignment, I assured them that they could tell their own story in the third person if they didn't want me to know it was actually about them. Not one took me up on the offer; instead, I got myriad first-person stories, with names attached, about teenage sex, drug abuse, psychological disorders, ugly divorces, and family disagreements. One student wrote about losing her virginity at age 14 to a man who had only eight toes. So many students wrote candid essays about sex that I finally took it off the list of topics because I had more than enough stories. None of the students cared if I knew details of their personal lives that other generations would have kept as carefully guarded secrets.

In traditional communities, people do not have to tell such stories in order to experience closeness and acceptance. It is only in modern *Gesellschaft* communities that we need Oprah, confessional poetry, reality TV, the memoir, and blogging. Even within the family, glue is needed. As Qi Wang observes, "European American parents share memories with their children most frequently for relationship purposes"; and where the goal is to humanize themselves and foster a close, egalitarian relationship with the children, many of the stories they tell feature their failures and indiscretions. As for whether they are trying to be friends with their kids—well, yes.

Is that nuts? In the absence of *Gemeinschaft* obligation, ties must be fostered somehow. Does it work? Sometimes, yes, and wonderfully so.

The Toll

The failures can be bleak. In South Korea, for example, where many traditional, flexi-self ways are losing sway but replacement strategies have yet to take hold, the number of so-called lonely deaths—of people dying alone, with no one to discover, mourn, or bury them—is up dramatically. And there are similar issues in America, where the working class has been able to maintain their interdependence but the poor have not. As writer Anand Ghiridharadas observes, here:

> [I]f you are poor, you are less likely to be married, you are less likely to have people around you, to have communities that are intact. In most societies, it is the poor who, despite not having resources, at least have community . . . Too many Americans who are poor pay the unfortunate tax of also being alone.

As for the toll this takes, it is huge. Nothing, after all, affects one's health more than the state of one's relationships. Studies have long shown that lonely people are more susceptible not only to colds but to heart disease, cancer, and Alzheimer's. Strong social networks, on the other hand, help us recover more quickly from strokes and more. Robert Putnam calculates that "as a rough rule of thumb, if you belong to no groups but decide to join one, you cut your risk of dying over the next year *in half*."

And so we talk and bond, talk and bond, talk and bond—on our good days. On other days, though we well know that we should be playing town softball or volunteering in a soup kitchen, instead we blog and tweet and post. The more fragile our relationships, the more of ourselves we disclose online, trying to connect with others. People often ask whether the attachment some millennials feel to their smartphones isn't a sign of their interdependence, and sometimes it is. Ironically, though, it is often the opposite—compensation for the isolating effects of individualism. Compulsive instant-messagers, they can hardly imagine a world like the one my daughter's Arabic teacher, Ibrahim Dagher, grew up in back in Lebanon, where a young person sitting on the ground looking despondent could count on someone stopping to see what was going on with him; big pit life is all many American youth have ever known, after all. They can make it work for them, but they need to figure out how.

In Praise of Ambidependence

The New England Patriots, Super Bowl XXXVI, 2002. In his book *Patriot Reign*, Michael Holley describes the scene:

Pop star Mariah Carey was in the building to sing the national anthem. U2, Paul McCartney, and the Boston Pops were also there to perform. One of [New England Patriots coach] Bill Belichick's heroes from the Navy, Roger Staubach, was an honorary captain. There were stars on the field and in the stands. But moments before kickoff, fans in the stadium and those at home or at their local bars and pubs were struck by something else. One of the player perks of the Super Bowl is being introduced individually. It's not that each player is going to receive his fifteen minutes of fame, but for many unknowns—their anonymity doubled by wearing helmets—five to ten seconds of worldwide face time is an electronic souvenir, a natural TiVo moment.

But the Patriots chose to do something that was normal for them and inspiring to an audience that was seeing it for the first time. They chose to be introduced as a team. Forget about the individual announcements. They bounced out of their tunnel, a confident and unified mass of red, white, and blue. Four thousand miles away in Hawaii, Christian Fauria of the Seattle Seahawks watched the group introduction on TV and knew something extraordinary was going to happen in New Orleans. He called his father-in-law—they had a bet—and conceded defeat. The Seahawks' tight end had picked against the Patriots. He now understood that they were going to win.

"You've already won!" Fauria told his father-in-law. Then he talked to himself: "This is what football is all about. It's the biggest spectacle in sports and you give up your right to be noticed? The pinnacle of your career and you share it with some slapdick who is never going to see the field? It's commendable. It's, it's . . . man, I've got goose bumps."

As it turned out, the Patriots did beat the St. Louis Rams. Never mind the Rams' truly formidable offense — "the Greatest Show on Turf," as it was known. In one of the greatest upsets in NFL history, the Pats won 20–17.

The interdependent emphasis of team over individual was the logical extension of Belichick's growing up at Annapolis, where his father was the assistant football coach. At the Naval Academy, after all,

> One of the traditions is a classic teamwork exercise. The young midshipmen, or plebes, are required to climb the twenty-one-foot Herndon Monument after it's been covered with 200 pounds of lard. They are expected to work together to find a way to change a hat atop the oily monument. Once they do that, they shed plebe status and move up a class.

The Patriots were still very much individuals. Indeed,

> diverse when it came to religion, age, economic status, philosophy, and race . . . [the players] allowed each other space and individuality when they weren't playing.

That's why no one found it strange that assistant strength coach Markus Paul was reading the Bible on the way to the game as a few players sitting near him listened to hip-hop with explicit lyrics. They respected his interests — he was planning to read the Bible from start to finish — and he respected theirs. The players were even used to a smiling Paul telling them on Mondays, their muscles still sore from the game, why God was with them even as they lifted weights through the pain: "Come on and lift. You know He wouldn't put you in a situation that's too tough for you."

But "they were one when they needed to be—on the field" in part because Belichick had deliberately selected people who knew how to be. He "understood that in an age where there was so much ego because of the camera, it was very important to look for that kind of player." And so, he said, "I began to look for the kind of player that doesn't need his ego fed by stardom, but will do what he's supposed to do because he knows the game and loves the game, and will do the job the right way even if someone else gets the credit."

Translated: He looked for people with a flexi-self side.

It's an approach one might imagine would simply be judged by whether or not it produced results. But though it has made the Patriots "the most storied franchise of the 21st century," people like radio show host Rush Limbaugh called it un-American. Writing immediately after the 2005 Super Bowl, one commentator noted:

[The Patriots have] won three Super Bowls, are 32–2 in their last 34 games, won 21 games in a row, an NFL record. And much to the astonishment of fans and media in this salary cap era, they seem to do it without a large contingent of the requisite stars on the team. They win with Everyman and the team concept. Sure, there are a few bonafide excellent players on the team. But when you look at their paychecks, you begin to notice something special about the Patriots. All of them have willingly taken less money to play for Bill Belichick. They have bought into a theory which says, if you're not greedy and if you work for the common good, you will be a success. No wonder Limbaugh is incensed. Is this Communist football or what?

The Detroit Red Wings

The discomfiting fact was that one of America's most iconic sports games was actually being won with an independence threaded with interdependence—in a word, with ambidependence—and, what's more, this was not the first time this had happened in the world of sports. American hockey, too, reached a new pinnacle in 1995 when it embraced not only interdependence but the extreme interdependence of the Soviet teams.

In the 2014 Cold War documentary *Red Army*, we can watch for ourselves as members of a legendary Soviet hockey team defect, only to flounder in American-style hockey, where the dazzlingly intuitive teamwork that had brought them championship after championship proves useless:

> Tempted to the NHL by big money deals, each player found himself adrift in the American game, which relied on brutal individuality. "When they had the puck they shot," says [legendary Soviet captain Slava] Fetisov. "For us the puck-holder was a slave to the rest of the team."

Eventually Detroit Red Wings coach Scotty Bowman reassembled the original team—"the Russian 5"—with tremendous success. In fact, the Detroit Red Wings went on not only to win the 1997 Stanley Cup but to redefine American hockey by moving the puck so constantly and in such intricate, unexpected ways that they seemed to be coming from everywhere and nowhere. How to defend against a team whose wings did things like suddenly switch sides?* As for the Russians' view of American hockey, they felt it to be laughably simple. The Americans, they felt, were just not very creative.

In contrast to the New England Patriots, their unity in their Soviet

---

* This is reminiscent of the boundary blurring we saw earlier among the Ming Dynasty and Dafen Oil Painting Village painters.

heyday was as solid off the ice as on. As Fetisov puts it in the movie, "We were the same." Indeed, in the Soviet Union they spent all of their free time together and didn't seem to mind.

In the United States, they were less of a single unit and eventually broke up. Still, looking back, all were nostalgic for the days when they played as if in a dream. They certainly did not miss the abuse by some Soviet coaches. Nor did they miss hockey being used—like the *gaokao*—as a tool of the state. But the freedoms of the West were nothing compared with the games they had played.

The United Nations of Basketball

As for other sports teams in which interdependence has played a role, we may think of the San Antonio Spurs, whose five NBA championships and other achievements are routinely attributed to their diverse and caring team culture. Described by President Obama as "the United Nations of basketball," they have a distinctly familial culture. Spurs center Tim Duncan says that coach Gregg Popovich has "been like a father figure to me. He cares for us not only on a coaching level, but on a personal level and to have someone like that in your corner means a whole lot." To this, Spurs point guard Tony Parker adds, "It's not just about basketball. And it's very rare in our business to have somebody like that."

As for Popovich himself, his attitude is, "You can only get so much satisfaction out of the ball going through the hoop. There's gotta be more, and because . . . they let me get involved in their lives, it's a real joy for me." And so it is that his coaching includes a lot of distinctly un-Calvinistic boundary blurring. For example, he says,

> We do things on our team board . . . like vocabulary and state capitals to see who gets them quickest before we start practice, just to get the guys thinking. Through those kinds of exercises you may find out that somebody's not included over and over.
>
> When you finally figure out why—maybe a kid can't read very well—you get him in the room and you get him lessons. You

have a little bit of a tough day because he's embarrassed as hell, but then the kid starts to learn how to read and feels pretty great about himself.

As for the long game he's playing,

> I've been doing this a long time, and one of my biggest joys is when somebody comes back to town with their kids, or one of my players becomes one of my coaches, and you have that relationship that you've had for the last ten years, fifteen years. It might be only three years in some guys' cases, but the lessons they learned from you paid off—even if you traded them or you cut them. Years later they come back and say that you were right, that now they know what you were telling them.
>
> I think all of that relationship building helps them want to play for you, for the program, for their teammates. Beyond that, from a totally selfish point of view, I think I get most of my satisfaction from that. Sure, winning the championship is great, but it fades quickly. The satisfaction I get from Tony Parker bringing his child into the office, or some other player who came through the program and now I hired him as a coach and he's back. That's satisfying.

The Left Shark

In the meanwhile, even as a measure of interdependence proves richly helpful, mainstream American ideology continues to reinforce individualism. The Internet fixation the day after the New England Patriots won their fourth Super Bowl in 2015, for example, was as much on the halftime show as on the game itself. This was a heavily televised extravaganza in which entertainer Katy Perry performed in a beach setting, and in which, as *The Washington Post* describes,

> Everything was going great at first. The act was a beach-y number of winking volley balls, surfboards and Perry in a colorful

dress. And then, out of nowhere, were the sharks. They danced in unison. But soon, one of the sharks, specifically Left Shark, said enough of that, and began to do his own thing frenetically on national television.

The reaction might have been horror.

"Left Shark failed out of choreography school," remarked SB Nation. "Left Shark only got this gig after threatening to bite the person in charge of casting."

But instead Left Shark went viral. Dancing completely off-script before an estimated 118.5 million viewers, he so completely stole the show that there are now official "Katy Perry Left Shark Belovesies"—one-piece shark costumes—on sale on the Katy Perry website. Of course, Belichick and quarterback Tom Brady remained the real heroes of the day, along with cornerback Malcolm Butler, whose spectacular last-second interception spoke to the value of training and preparation.* But it was the nonconformist Left Shark who was taken to heart; it was Left Shark who became a folk hero.

Conformity with Another Name?

How surprising was this, given that viewers of the halftime show had been steeped in individualism their whole lives? Dr. Seuss demands of even the preschooler, "Why fit in when you were born to stand out?" and ads—especially those aimed at the young—continue to hammer away at this theme. For example, one ad for a Las Vegas resort that ran during the 2014 Sochi Olympics pronounced, to a literally hammering beat, that "one-offs beat copies copies copies," that "wrong has more fun," that "correct is a mistake," and, fascinatingly, that "wild is laid."

It's the kind of ad that perplexes my more flexi-self friends, who won-

---

* Just a few days earlier Butler had flubbed this very move in practice and had been told by Belichick to work on it, which he did.

der, Is there really something wrong with doing things right? And what's the matter with sometimes fitting in? And shouldn't they be concerned not with standing *out*, but with standing *up*—as in standing *up* for justice, standing *up* for those in need, standing *up* for one's principles? Their ideal is someone more like the Tiananmen tank man, and their questions related to one an Asian student asked me—quietly, with her head cocked to one side, and her brow gently furrowed—namely, Aren't Americans just fitting in by standing out? In asking this she anticipated the most interesting line of the Las Vegas resort ad, a line that enjoins the viewer to "misfit right in" with "just the right amount of wrong."* Just the right amount of wrong. Is this not groupthink? Has individualism in America become conformity with another name?

The Cult of the Pit

We might recall here the part of the Hokkaido study concerned with choosing a CD. The Japanese flexi-selves showed signs of dissonance when reminded of the eyes of society via the gaze of a poster. With no such gaze upon them, though, they were dissonance-free in a way that the European American big pit selves were not; even in the absence of society, even with nothing but a blank wall in front of them, the big pit selves felt a need to justify their choices to themselves. The flexi-selves were free once they were released from the gaze of society. The big pit selves were their own jailors.

Neither are they free in the company of others. Psychologist Barry Schwartz relates how, belonging as he did to a little movie-watching group, he was more comfortable living in Swarthmore, Pennsylvania, than in Philadelphia because

> There is pressure to choose a film that will surprise and delight people. And in my circle, it had become something of a par-

---

* The Asian student also echoes Takeo Doi's observation that "even in a society in which individuals stand out, the appearance of real individuals is strangely absent." See *The Anatomy of Self.*

lor game to make fun of a bad selection and the person responsible for it. [Of course,] they were fully aware that the options
at the local video store were seriously impoverished. So, back
in Swarthmore, nobody had high expectations, and nobody seriously faulted the chooser for whatever he came home with.

Then I moved to the heart of downtown Philadelphia. Three
blocks from my house is a video store that has everything. Movies
from every era, every genre, every country. Now whose fault will
it be if I bring back something that people regard as a waste of
time? Now it is no longer a reflection of the quality of the store.
Now it's a reflection of the quality of my taste.

It's the same anxiety that the Hokkaido individualists felt. As Schwartz
comments, "Even decisions as trivial as renting a video become important if we believe that these decisions are revealing something significant about ourselves."

We have a cult of the avocado pit.

How Interesting Are You?

Witness our cultish obsession with being interesting—something Lydia
Davis touches on in her piece "Boring Friends," the entirety of which
reads:

> We know only four boring people. The rest of our friends we find
> very interesting. However, most of the friends we find interest-
> ing find us boring: the most interesting find us the most boring.
> The few who are somewhere in the middle, with whom there is
> reciprocal interest, we distrust: at any moment, we feel, they may
> become too interesting for us, or we too interesting for them.

Do we choose this endless calibration? I have been thinking recently
of a friend who, in part because she had a kind of Bill Belichick,
MD, for a father, grew up fairly ambidependent. She is still largely
individualistic—an analytical person, forthright and articulate, who

easily holds her own in meetings. I would trust her with my nearest and dearest in any medical emergency, and I think it fair to say that most people in the world beholding a woman as brilliant, beautiful, accomplished, and blonde as she would never dream that she had a moment's insecurity.

If she lived in China, she would be the cat's meow. Because she lives in America, however, she feels she isn't unique enough, original enough, quirky enough. What's more, she isn't the only one. Another highly accomplished doctor, in an unguarded moment, lamented to me, "I guess I'm just not very interesting." And as for whether their worry is simple neurosis, it is not.

I recall a patrician neighbor being described, even as she slipped into Alzheimer's, as "still knowing who she finds interesting." Consider, too, the CEO of the investment bank Goldman Sachs, Lloyd Blankfein, who in reaction to an overwork-related death at another firm* told the summer interns that they should not devote all their time to work. "You have to be interesting, you have to have interests away from the narrow thing of what you do," he said, in conjunction with the announcement that their work hours were being capped. "You have to be somebody who somebody else wants to talk to." It's hard not to be struck by the imperative in this. You *have to be* interesting. Is this freedom? And how, exactly, were interns supposed to find time to practice their harp or watch their foreign films when even their newly reduced workday was set at seventeen hours?

Undaunted Scholars Meet the Cult

Our cult of the avocado pit is especially baffling to Undaunted Scholars, for whom things often come to a head over college admissions. Every year, story after story emerges of Asians and Asian Americans who despite fantastic test scores, grades, and extracurriculars, nonethe-

---

* Goldman Sachs and other investment banks curtailed intern work hours in response to a Bank of America Merrill Lynch intern being found dead in his shower after working for seventy-two hours straight.

less somehow fail to get into the elite schools they believe key to their future. Is admission as critical as it would be were their families still living in Asia? Never mind. They storm this gateway to a better life only, in some cases, to be disappointed. For example, as writer Abby Jackson reports:

> With a perfect ACT score and 13 Advanced Placement courses under his belt, Michael Wang applied to seven Ivy League universities and Stanford in 2013.
>
> An Asian-American, Wang suspected his race might work against him. But he was still shocked when he was rejected by Stanford and every Ivy League school except for the University of Pennsylvania.
>
> Wang says he worked incredibly hard and excelled in every area possible. But it still wasn't good enough.
>
> "There was nothing humanly possible I could do," Wang told us, saying he felt utterly demoralized after his rejections.

And one can certainly see why he might have felt demoralized.

> Academically, he was ranked second overall in his class and graduated with a 4.67 weighted grade point average. He scored a 2230 on his SAT, placing him in the 99th percentile of students who took the exam.
>
> He also stressed that he was not just academically driven, but also a well-rounded applicant who maximized his extracurricular activities. He competed in national speech and debate competitions and math competitions. He also plays the piano and performed in the choir that sang at President Barack Obama's 2008 inauguration.

Happily, Wang did end up at the prestigious and wonderful Williams College. But what happened?

There is no simple answer. Every college has many factors to weigh as it puts together its class, and for all we know, Michael Wang wrote some spectacularly plodding essays. It is often argued, though, that from the school's point of view, many Asian American students are "narrow." That is a charge a candidate may challenge by being sure to be "well rounded," but to many a college, the opposite of "narrow" is actually "interesting"—meaning possessed of a nice big avocado pit. In short, the admissions people are looking for divergent, passionate, one-of-a-kind thinkers, while the very fact that Wang had taken thirteen AP courses may have signaled too great a focus on getting into college—that is, that he was an Undaunted Scholar.

Or so some believe. Is the problem with the size and nature of Asian American avocado pits, though, or is it a fear of "too many Asians"? As test scores are a limited measure of a student, the often cited research showing that Asian Americans applying to Harvard "have to score on average about 140 points higher than white students, 270 points higher than Hispanic students and 450 points higher than African-American students to equal their chances of gaining admission to Harvard" feeds resentment but does not actually prove discrimination. A tougher question to ask is, On what grounds should Asian American students be treated differently than any overrepresented white group? If Jews, for example, do not have to check a Jewish box on their applications, should Asian Americans be free not to check the Asian American box? This is not to say that there should not be floors set for certain minorities. Floors, though, are one thing and ceilings another.

Of course, even as I write, some parents are already hiring coaches and more in their renewed efforts to conquer the Admissions Office. *How many APs is too many APs? Is fencing individualistic enough? Can you make him an iconoclast?* Born of some mix of real faith, real bafflement, real commitment, and real desperation as these sorts of efforts are, they are at once appalling, touching, inspiring, misguided, and undignified.

A Happy Irony

One happier result of globalization is the ever-growing number of ambi-selves worldwide—selves psychologists might call high in "bicultural integration." Many of the Mainland Chinese students studying in the United States, for example, are among the more individualistic of their peers, and some report themselves made yet more so by their time abroad. In a survey conducted by *Foreign Policy* magazine, Ellen Li, for example, a student at Bryn Mawr College, wrote that "my friends in China tend to have a strong longing for a secure and comfortable life that doesn't require much personal effort"—that is, a *Gemeinschaft* life. She, however, described herself as far more adventurous, as did respondents like Quanzhi Guo, a sophomore at Colgate University in upstate New York. "I can see that my perspectives are broader and I am more open-minded and liberal," he wrote.

> I love to try new things, and when I tell my parents or friends about them, they will usually just say cool or wow, but they will never take actions [*sic*]. I see myself more as the administrator of my whole life, while they live more passively.

"The administrator of my whole life"—now there's an ambidependent phrase. What's more,

> exposure to a U.S. educational culture that emphasizes personal fulfillment and social impact seemed to rub off on Chinese students, who said they had become motivated more by passion and less by pragmatic considerations like stability and financial security. "Going to a school located at the center of Silicon Valley makes me interested in using technology to solve critical problems and change the world," wrote one student at the University of California, Berkeley. "I'm more ready to take action to have an impact in the world compared to my friends in China, who are mostly thinking about graduate school."

Here again, we hear big pit self desires to "change the world" and "have an impact." At the same time, the lion's share of survey respondents expressed cautious approval for an official rejection [by China] of Western ideology. Most admitted to a general admiration for Western thought but said they believed such ideas were simply inappropriate for China. "Western thought certainly has areas worth learning from," wrote one student at Indiana University Bloomington, "but because national conditions are different, such thought is not suitable for use in China."

Echoing sentiments I have heard many times on the Mainland, some students, too, are less than enamored of Western-style freedom. "Some of my peers thought [the United States is paradise] and they don't like [the] Chinese government," wrote one respondent. "But I support [the] Chinese government especially after I got the chance to see the 'freedom' created by [the] US government." Of course, the skepticism with which many an interdependent might view Western freedom will by now not surprise us, especially in these days of mass shootings and the like.

But be that as it may, some Chinese students do feel liberated here:

"My decision two years ago to study abroad has truly changed my life," wrote one. "In high school, I was a very introverted person, and even more self-hating, because my grades were really bad, and in China, grades are everything. If your grades aren't good, other skills and [types of] excellence can't find an opportunity for expression. After I came to the United States, I felt the biggest difference was that instructors didn't make you study, but worked with you to identify your interests, then helped you deepen it in your chosen subject." The new approach made a big difference. "After I found my interests, I went from a negative attitude to even studying in my free time. I've gone from being a student unable to envision a future—one who got an 8 out of 150 on one high school math test—to a club president, an award recipient, and a student at the number one public school in America, U.C.

Berkeley. Studying for two years in America has given this all to me."

A Minimum of Fuss

As for what sorts of things these students' nascent ambi-selves stand to bring to American culture with time, we might look to people like Toshiko Mori, the former chairwoman of the architecture department at the Harvard Graduate School of Design.

Born in Japan, Mori is anything but an Undaunted Scholar. Her life direction is absolutely her own, and she can be confrontational in faculty meetings; she is hardly about strategic harmony at all costs. But she confronts without ego—taking her cue here from her Japanese merchant family, where the merits of the case were all that mattered. When she was growing up, she says, the whole question was, basically, Is this a good deal? And if so, sure—a girl could go to architecture school, for example. Conflict did not put people's avocado pits on the line.

Her management style is in related fashion about getting things done with a minimum of fuss—reflecting an outlook not unlike that of the Daoist butcher who never needs to sharpen his knife. In her building aesthetic, too, economy of means is important; and is it thanks to her ambidependence that she is able to make buildings either project or recede? What's more, she is a pioneer in the architectural use of hi-tech textiles. That these are materials whose strength lies in their flexibility might strike us, as might the fact that weaving is an important technology for her. This is a groundbreaking idea for architecture, and yet one she presents—in a culture-of-the-master way—as very much rooted in tradition.

Morphing

We witness creative ambidependence, too, in the way that Taiwanese American director Ang Lee has matter-of-factly gone from *Sense and Sensibility* to *Crouching Tiger, Hidden Dragon* to *Brokeback Mountain* to *Life of Pi* to *Billy Lynn's Long Halftime Walk,* pausing en route to do

The Hulk. On the one hand, Lee has been able to make the films he has wanted to make, the way he has wanted to make them. His vision is unique and personal: "Making a movie can really hurt," he says. "But unless it hurts, you don't get anything fresh . . . I tend to go to the thing that scares or interests me most." On the other hand, unconcerned with defining his avocado pit, he has morphed and morphed again stylistically. He says, "To us filmmakers, no matter what story we make, we leave a trace of who we are"—a statement that recalls the Chinese art connoisseur, and his belief that every artist has a characteristic brush-stroke, with a discernable flavor or personality.

It's a protean flexibility we see in cellist Yo-Yo Ma, too—Ma having gone from Bach to bluegrass to tango to jazz, and having collaborated onstage and on film with every manner of musician, from Bobby McFerrin to James Taylor to Kalahari bushmen. And we see it as well in the attitude of many Chinese to religion. Many a visitor to China has noted that a flexi-self can feel no particular compunction about being a Taoist, a Confucian, a Buddhist, and a Christian all at once. "I contain multitudes," wrote Walt Whitman—as do we all. So is it not a removal of a kind of a psychic corset to embrace one's multiplicity?[*]

A Voice of Both Cultures

A flexi-self, difference-muting pattern-focus can also make for extraordinary contributions to the visual arts. I am thinking here of the work of Chinese American visual artist Maya Lin, who in her memoir—tellingly entitled *Boundaries*—says, "I see myself as a voice that is of both cultures." Her artistic aim is not to make art for art's sake—the individualist's aim—but rather works that "have a quiet teaching method or approach." These happily fall well short of the utility that, say, Chinese president Xi Jinping would like art to have: With extreme interde-

---

[*] We also see the flexi-self comfort with morphing in things like the amazing postwar about-face of the Vietnamese. Former Vietcong will cheerfully give Americans tours of the Cu Chi tunnels outside of Saigon, for example, pointing out the horrific booby traps and more used in the Vietnam War.

Maya Lin, Wave Field, *Storm King, New York*

pendence, he says that art workers "should serve society like a willing ox." Lin is no ox. Her work is, though, "a passage to an awareness." As she says, "I have been drawn to respond to current social/political situations in my work . . . yet I would hesitate to call myself a 'political' artist—if anything, I would prefer 'apolitical' as a self-description [as] I am interested in presenting factual information, allowing viewers the chance to come to their own conclusions." How like the interdependent essay-writers who would leave it to the reader to apprehend the pattern of their work she sounds.

Like those of Mori, Lee, and Ma, Lin's direction and vision are her own. But like their work, too, her work, in interdependent fashion, challenges boundaries—existing "somewhere between science and art, art and architecture, public and private, east and west." It moreover elects to heighten people's connection to their context—as she puts it, "to make people aware of their surroundings, not just the physical world but also the psychological world we live in." And it does not typically present a *Mona Lisa*–like, well-defined central object against a field. Instead, it will frequently not only feature the field in a given composition, but a pattern. For example, a work called *Wave Field* at Storm King Art Center north of New York City, literally involves a patterned field. This installation has a subtle order—an order that "quietly merges with its site so that there remains an ambiguity if it is man-made or a naturally occurring phenomenon." Intriguingly echoing much of what we've said about the interdependent emphasis on quiet observation, Lin says, "If you are paying attention you may notice it; if not, you won't." And echoing, too, much of what we've said about the *li*, she says, "My work is in part trying to mimic natural formations in the earth."

Flower

If I may give one last example of an ambidependent gift to American culture, consider this Sony PlayStation game named *Flower*. It was designed in 2009 by a Shanghai-born American designer named Jenova Chen who, feeling the range of emotions in video games to be strangely limited, designed a game in which the player's avatar is not a hero or an animal, as would be typical of these games, but rather a windblown petal. Though only a tiny, whimsical entity relative to the enormous field through which it floats, the petal quickly attracts other petals to it and with them generates a mysterious force that brings life to devastated fields and more. The harmony and joy of their collectivity is expressed

Screen shot from Flower

in the music: A new instrument starts up with the joining of each new petal, and the harmonies help conjure up a distinctly noncompetitive, peaceful atmosphere. Overall, the game is designed not to challenge the player, but rather to evoke positive emotions in him or her—an emphasis very different from that of most video games, as is noted on its official plaque below its enshrinement in Seattle's EMP Museum. Said to be more of a portal onto nature or a poem or an artwork than a game per se, *Flower* has also been, to the surprise of its developers and others, a resounding success. Indeed, as of this writing, it is the highest-rated game on PlayStation 4.*

Ambidependence Worldwide

In many parts of the first world, individualism has been assiduously modified. In Switzerland, for example, the same people who refuse to have a nuclear dump sited near them at any price will report themselves willing to accept it as a matter of civic duty. And in Sweden, one can easily opt for a less individualistic lifestyle via cohousing. What's more, a conception of the self as intimately tied to its community is manifest even in things like the IKEA acronym—"IKEA" combining, as it does, the initials of the founder's name—Ingvar Kamprad—with those of the farm on which he grew up, Elmtaryd, and his hometown, Agunnaryd. Many have noted that walking through an IKEA store is a structured experience—that one is not free to simply drop into the lighting department, for example, but must take a set route through all the departments. This can irk individualists who prefer more autonomy. Yet IKEA's efficiency and attunement to the customer do bring both low prices and good design; and for many, that trade-off works.

Even among fiction writers, a most individualistic bunch, we find

---

* In an interview on the *New Yorker* website, Chen also described a successor of *Flower*, a game called *Journey*. "In the first week of sales," the interviewer notes, Chen's company "received over three hundred emails and letters from gamers expressing awe at *Journey*'s ability to rouse their altruistic spirit." It is hard to imagine other popular video games inspiring altruism.

French novelist Michel Houellebecq proposing, in his speculative novel *The Elementary Particles*, a vision of humanity having wisely replaced itself with a new species. All of the members of this species were to be made by man "in his own image," except that they all carried the same genetic code, "meaning that one of the fundamental elements of human individuality would disappear." This is, of course, a fictive proposal, possible only within the world of Houellebecq's book. But the idea that the resulting world would be very like a paradise, and that humans would consent to their own passing with "meekness, resignation, perhaps even secret relief" because "this unique genetic code—of which, by some tragic perversity, we were so ridiculously proud—was precisely the source of so much human unhappiness" is unmistakably anti-individualistic.

The Road to Ambidependence

So how to get to a blessed state of fecund ambidependence? Not easily if you are the child of Asian immigrant parents who, faced with the challenges of establishing a life in the West, have reached unswervingly back to tried-and-true cultural templates. Are Asian parents, immigrant and not, who have proven less conservative—Toshiko Mori's, for example—on the right track? I do think so. For all that first-generation Asian parents like those we talked about earlier in the West Windsor–Plainsboro school district in New Jersey may in fact be correct—that American education is being dumbed down, that it is anti-intellectual, and that it is failing to prepare kids for the future—some of them may be too interdependent to produce richly ambidependent kids.

Of course, you don't have to be an Asian immigrant to want your children to become doctors, engineers, or pharmacists, or to implore children who want to go into the arts to think again. Still, there can be differences in just how unthinkable certain paths can seem to parents and in the amount of pressure they will deploy. If we think of the no-holds-barred effort some Asian parents are willing to put into a child's education, it's no surprise that the effort they are willing to put into keeping the child in line is commensurate. As for the amount of room for negotiation, then? None. And that avocado pit you may have developed, thanks to your American education? Forget it.

Scars of the Second Generation

In this some parents may in fact be mean and uncaring, but others are simply, as psychologist Hazel Rose Markus puts it, showing their children the right thing to do and then helping them do it the right way because these are their values — "relating to others, discovering your similarities, adjusting yourself to expectations and the environment, rooting yourself into networks and traditions, and understanding your place in the larger whole." They are also frequently fighting for survival.

Their flexi-self vision of a good person, though, can be tough on children growing up in WEIRD America. Now in her forties, Jeannie Suk, for example, is still pained to recall her teenage conflict with her parents. She recounts,

> I was a student at the School of American Ballet in NYC. It is the feeder school for the New York City Ballet, and it was my dream to dance with that company. At the end of each year, the school would promote some students to the next division and kick out the rest. When I was 14, at the end of eighth grade, I remember the school called my parents to say I was promoted, and I listened in on the phone call. Four girls were promoted up from my class of about 20. What this promotion meant was that starting in ninth grade, I would have to attend ballet class during the regular school day. Generally the students would attend a special school for children who had professional performing careers or make arrangements to do their schoolwork to accommodate their ballet classes. My parents just would not consider this. It was off the table. Though my parents did not have a problem with my taking ballet classes "on the side," they couldn't accept the idea that I would forego any of the regular requirements of high school education to further a professional training schedule for dance.

So I had to leave the School of American Ballet. I was devastated. Perhaps out of a combination of heartbreak and rage, I just quit ballet altogether. For years even into my twenties I couldn't go to a performance of the New York City Ballet without weeping. I'm still heartbroken.

She goes on to say that the other girls promoted with her all eventually ended up injured; and today she is not only able to watch ballet again but is a "Balanchine obsessive." Yet:

I still feel my parents should have seen the situation more flexibly. But that was their limitation as immigrants who were so anxious that their child not get off track that they couldn't support a child's passion where it might conflict with that.

Happily, Suk's parents have since apologized. And happily, too, though the sadness of her childhood will always dog Suk, she is the first tenured Asian American professor at Harvard Law School. She loves her job, she says, and loves her life.

But she is not alone in having been pained for years. When I dropped out of Stanford Business School to become a writer, I, too, faced a solid wall of disapprobation. My mother did not speak to me for a year and a half, and a kind of shutting out went on for decades. *Wall Street Journal* writer Jeff Yang reflects as well,

I grew up with parents who told me that my dreams of being a writer were ridiculous and that I'd never succeed or survive in that field. I ended up trying to be a premed for all of one semester, until my freshman roommate committed suicide over Christmas break. Then I decided I would pursue what I wanted to do rather than pushing at doing something I hated and that was making me miserable. My parents didn't speak to me for a month and threatened to pull me out of school. We compromised: I was a psychology major rather than a bio or chem major. And eventually my parents came around. But it took years.

A Different Path

Today people like Suk, Yang, and I could not be more committed to making sure our children do not struggle as we did. Yang writes that, wondering as he always has "what I'd have been able to do if my parents had supported and encouraged my dreams at age 11 . . . I supported my son's dreams. And was shocked when he turned out to be good at what he wanted to do." Young Hudson Yang's dream was to be a TV star; and as if in a fairy tale, he now stars in the pioneering Asian American sitcom *Fresh Off the Boat*.

As for my own child-rearing practices, let me just say that while neither of my children is a TV star, both have done well without any Undaunted Scholar practices. Indeed, I only realized my daughter was taking the SATs when she reminded me of the fact the day before. Our family is one in which everyone works hard, but at work that is, of course, of our own choosing.

At the same time, I myself had to laugh when I was asked to give the Massey Lectures at Harvard, and the first question out of my mouth was, Would they bring my parents up for the events? I'm sure the Massey committee had never been asked such a thing in the history of the lectures. But unlike past lecturers, I was local and would not need travel funds; and I knew what it would mean to my parents to be special guests of Harvard. Do I retain an interdependent side? Absolutely.

Moment-by-Moment Movement

Moving toward ambidependence is not only a matter of career decisions. It's also a matter of moments of perception. I loved math teacher Simon Zou's reflection on the BBC documentary experience:

> Another thing I remember is that one afternoon in the third week, a boy named Joe fell down in the classroom and hurt his hand. He was crying. After the school doctor's examination, he was given some ice packs and advised to go to hospital. When Joe's mother and younger brother were picking him up, one little

thing impressed me in particular. Joe was carrying a heavy bag on his other side, but he didn't request us to help. Joe's mother did not offer to help him carry the bag, nor did Joe ask for help. Even when Joe's brother tried to help him carry his bag, Joe refused. I wonder if this is the result of the British education, that trains the children to become independent. This makes me think a lot.

That "thinking a lot" is a powerful thing and was something that in this case cut both ways. Fascinatingly, the same British students who left Simon Zou's puzzles all over the floor found, despite a rocky start, that they came to like the Chinese teachers. Indeed, "Perhaps as a result of the amount of time spent together, teacher-pupil relationships got better and some pupils began to express a preference for the Chinese style." What this will mean in the long run is impossible to say, but certainly we have reason to encourage such occasions for reflection.

At the Shanghai Book Fair in 2015, for example, I found myself giving a press conference to five journalists, four of whom spoke English. In true interdependent style, the group—setting the general need over the exceptional—agreed that there was no need for a translator. When I pointed out how important the idea of access was in the United States, though, and how in America, accommodation would be made, and accordingly asked a translator to translate so we could do our conference American-style, they were surprised but fine with this, too. Did they reflect on the experience later? I do hope so.

A Deeper Pull

Strikingly, sinologist Lucian Pye reports that the "nearly unanimous testimony" of the large number of American business negotiators he interviewed for a report for the U.S. government was that "during the prolonged negotiations, they experienced striking emotions that made them feel peculiarly close to their Chinese negotiating partners." That's not to say this was an altogether comfortable experience. Many also found "the exaggerated stress on 'friendship' a strain" and, given their situation, were rightly on guard against being manipulated.

But at the same time, they felt a pull that I, too, have felt. In Asia, more strangers than I can count have gone far out of their way to help my husband or me for no particular reason, and I will always remember the moment when a student from Morocco came to office hours not to ask for help but to offer it. "I notice that you move around a lot but keep having to go back to your computer to advance to the next picture," he said. "Would you want to borrow my clicker?" I declined, but the memory has stayed with me. So has the memory of a student who once came and poured a big handful of raisins in my hand. Her mother had just sent them from Xinjiang, she explained, as if that was explanation enough for why she shared them with me, her teacher.

Moments like these have me not only writing this book but returning yet once more to the question, How is it that flexi-selves are so regularly thought of as less than entirely human? Okay, some may by now concede, they are warmer. And they are anything but mechanical — "robots" is all wrong. And, yes, we would be wise to all try to be "ambis." But are flexi-selves, well, not a bit simple? If we look at their art, is it really as accomplished as ours? Isn't greatness finally the province of genius? And aren't things like the transcendent and the sublime as well? Do not the real heights of human achievement belong to the avocado pit? For an answer, we turn in our last chapter back to the art world.

14

Greatness in Two Flavors

The great painter Fan Kuan—whose eleventh-century masterpiece *Travelers Among Mountains and Streams* is often called the *Mona Lisa* of Chinese art—died long before the *Mona Lisa* was painted. Were we to have somehow, through some sort of time travel, been able to show the *Mona Lisa* to Fan Kuan, though, we might have interested him in its strange luminosity—*they put oil in the paint*—or in the thirty glazes that were involved in getting that porcelain-like effect. *Yes, glazes, not only for porcelain but for painting, too.* He might have been interested in Leonardo's pioneering use of sfumato—that subtle way of modeling features without any lines or borders—*easier to do with ink than with oil*, you realize. And he might have been interested in the background, with its winding rivers and rock formations. *You also do those.*

But impressed as he may have rightly been, Fan Kuan would not have cottoned to the *Mona Lisa* for one of the main reasons that we do—because she is captured so exactly in all her idiosyncrasy that we would absolutely recognize her were we to run into her on the street or in a bookstore. What's more, while we don't know exactly why she is smiling that way, she seems to be thinking something—something that matters. Not to the world, maybe, but to her, and that's enough.

We find it altogether natural that, unlike the travelers in Fan Kuan's scroll, this woman is not dwarfed by the world. Quite the contrary, it is she who dwarfs the mountains and rivers. Not only is she the equivalent of the lion in the picture of the lion in the savannah we saw earlier, she is a very large, central lion, with the potential to do anything. Do we

Fan Kuan (c. 960–c. 1030 C.E.), Travelers
Among Mountains and Streams

think she will insist on her rights, organize to liberate herself, and set
her hat on self-realization? Well, no, not just yet.

But in a few centuries, yes. And in the meanwhile—pathetically
superficial and unreflective of the *li* as she might be from the Chinese
point of view—we ourselves do not have the urge to put her through

our *Enhance!* app. She is idiosyncratic and singular, but what of it? We rather like her as she is. Indeed, it is above all her uniqueness that has, over time, brought her the appellation "great." One of only twenty finished canvases by Leonardo da Vinci, *Mona Lisa* is both a portrait of and an emanation of a fathomless avocado pit. It is a work of genius.

Another Painting We Like

But this Chinese *Mona Lisa*—this *Travelers Among Mountains and Streams*—we like this, too! Though strongly influenced in his early years by the great master, Li Cheng, Fan Kuan later moved to the mountains and became a recluse, in part to escape society and in part to escape Li's influence. Lest we think him a Chinese Thoreau, however, his goal was actually the opposite of Thoreau's—not to draw a more solid line around himself, the individual, but rather to dissolve the boundary between him and nature—to become an egoless transmitter of its spirit, its *qi*. Studying and studying the "clouds and mists and changing effects of sun and wind, darkening and clearing skies," he sought to internalize them until they sprang from his brush as if of their own accord.

As for the result—his one surviving painting—it is an undisputed masterpiece. Monumental in size—almost seven feet tall—this silk scroll is, like the *Mona Lisa*, fantastic in its sureness of execution and clarity of vision.

Attributed to Li Cheng (919–967 C.E.), A Solitary Temple Amid Clearing Peaks

Like the *Mona Lisa*, too, it represents the acme of a glorious period of art history. Critic James Cahill has characterized Northern Song Dynasty monumental landscapes as "a high point in the whole history of Chinese painting, and up there with Gothic cathedrals, or the music of Bach, among the greatest works of man," and of the Northern Song landscape paintings, *Travelers Among Mountains and Streams* is generally considered the greatest.

Of course, it is also highly reflective of the culture of the master; this is hardly about the uniqueness of Fan Kuan's avocado pit. We can, for example, easily see the influence of its great Li Cheng predecessor (on the previous page)—indeed, of its many predecessors—in its traditional composition. The Fan Kuan centers on a giant mountain, a traditional symbol of the emperor and of heaven. And as is also traditional for landscapes, the picture is minimally peopled. We can only just make out the two small figures, down at the bottom right corner of the painting, driving a small mule train. One of them—the mule driver—holds a whip. The other traveler holds a fan. But how tiny they are, and how much more like Everymen than particular people—far more like the lions outside the Forbidden City than like the lions outside the New York Public Library. If they are having private thoughts, their thoughts, unlike Mona Lisa's, don't much matter.

Contentment

Not that they seem perturbed by that. Quite the contrary, these flexi-selves appear perfectly content to be a very small part of a much larger whole. They are not oppressed by the mountain; this is not the individual versus society, quite the opposite. It has been suggested that the figure with the fan is Fan Kuan himself, and that this is a self-portrait. He did, in any case, sign this picture—albeit with such discretion that his signature was not discovered, hidden behind some leaves to the right of the travelers and mules, until almost a thousand years later, in 1958.

The painting has no truck with avocado pits. The idealized journey it depicts could be a metaphor for the ideal *gaokao*. No stacking the system, no disconnecting of schooling from learning, no driving of desperate students to inhuman extremes, and no wanton wasting of their precious learning years. No cheating, either. Instead, the students are, yes, very small, with an arduous journey ahead. But they are well provisioned as they confidently follow in the footsteps of the generations ahead of them.

And there is our old friend, boundary blurring. Instead of a single vanishing point—the vanishing point upon which Western perspective depends, and that gives the figure of Mona Lisa an object-like solidity—we see instead a shifting perspective.* We enter the painting a bit the way we would a video game. The demarcation between viewer and viewed is softened; indeed, the distinctly flexi-self goal of the painter was, as critics Susan Bush and Hsio-yen Shih describe it, to "enter a state of absolute concentration in which an object was grasped through total identification and then arrive at a fusion of the subject and the object—the artist, or viewer, and the work of art."

The Undaunted Painter Turned Creation Itself

Bush and Shih go on to say that this was not conceived to be a forced process. Instead, natural talent combined with complete immersion in study and ending in perfect mastery of skill would inevitably and spontaneously lead to natural configurations.† But simple as it sounds, acquiring "perfect mastery of skill" was actually a herculean task, as the Chinese painters were painting in ink on silk or paper, neither of which—a bit mind-bogglingly—allows for corrections of any kind. One false move, and the whole thing is ruined.

---

*A simplified version of this shifting perspective is found in the artwork of Japanese schoolchildren, who place the horizon lines of their pictures fifteen percent higher than do their Canadian peers. This higher horizon makes for a picture that is far more context-rich than object-focused. See S. Senzaki et al.

†Bush and Shih continue, "This concept of effortlessness in the creative act, though not necessarily in the discipline leading up to the act, reflects the influence of both Taoism and Ch'an Buddhism."

Yet some do acquire this skill. Fan Kuan unerringly deploys, for example, thousands upon thousands of tiny pale "raindrop" strokes to convey the surfaces of the boulders and cliffs, and yet more thousands upon thousands of individually rendered leaves to depict the trees—all, yes, with an effortless naturalness. And in that naturalness—in a mastery of the *li* so great that his work channels real life energy, say the critics—real *qi*—lay proof of his greatness. In the Chinese view, an ordinary mortal can produce a rock or tree that looks wrong, "but a truly great artist . . . never will because he works with the same spontaneity as nature itself, and without human willfulness."

In this performative conception of greatness, the artist *must* set his will aside, for "it is only if he can somehow attain a state of mind that eliminates *purposefulness* [that he can] create as nature does, transcend artifice." This Cahill calls a "profound idea, which we shouldn't pass off too quickly as incompatible with our thinking about art." Indeed, every writer of fiction aims for something similar—for the feeling that the work is writing itself, and that the work has a life of its own. But we Western writers mostly imagine the life to come from within us—that the work is animated by our subconscious.

In contrast, for Fan Kuan, the ultimate flexi-self master, the source of life is without. As for the result, as one critic said,

> [S]uch were his cliffs and gorges that they instantly make one feel as if walking along a path in the shade of mountains, and, however great the heat, one shivered with cold and wished for a covering. Therefore it was commonly said that Kuan was able to transmit the spirit of the mountains.

And there is that word again—"transmit." The artist as channeler or transmitter of the *qi*—it doesn't sound like much of a compliment to us in the West. But as another critic wrote, Fan Kuan worked "like creation [itself]. Therefore, he should be ranked in the Divine Class."

Western painters may be called geniuses, but they are not often characterized as having the power of creation itself, much less classified as

Lucian Freud, Queen Elizabeth II

"divine."* It's a consummately pit-less way of conceptualizing greatness. Of course, steeped as they are in ideas like transmission, painting without will, and doing without doing—*wu wei* in Chinese—these painters will remind us yet again of our Daoist butcher, with his egoless carving up of his ox. Yet painters like Fan Kuan are anything but butchers. They have taken interdependent attunement to a sublime level, producing a work of the utmost sophistication even while keeping well safe from one of the most damning of Eastern observations: "He has a self."

"Why Is It So Ugly?"

Lucian Freud, meanwhile, a grandson of Sigmund Freud, most definitely "has a self." Said to have hated the *Mona Lisa*, he painted a brutally ghastly portrait of Queen Elizabeth in 2001 that, sure enough, is not the *Mona Lisa*. It makes Leonardo da Vinci look like a fashion photographer—like someone in the business of lighting and positioning and Photoshopping so as to render, out of the bumpy and blotchy, a desirable product. Freud, in individualistic contrast, gives us unvarnished, unappealing human fact.

The portrait is, to begin with, six inches by nine inches. It is smaller than a sheet of printer paper and distinctly ungrand. Queen Elizabeth

---

* The themes of the Chinese critics are echoed by Hokusai, whose hope, as mentioned earlier, was "that at one hundred years I will have achieved a divine state in my art" and whose focus was on producing life. ("At one hundred and ten, every dot, and every stroke will be as though alive.")

is not larger than life, as per convention. She is life-sized and—in poignant contrast to the unchanging diadem—is portrayed as aging, sagging human flesh. She could be the before picture for a lift-and-firm face cream, except that one of her eyes is set differently than the other, so that she looks not only unfocused but as though she could not focus. The creases of her mouth are uneven as well. In truth, she looks unwell and possibly unhinged. Her lipstick is misapplied, and her mouth pursed as though she has just found a toddler peeing on a palace rug. If you were told she were auditioning for a movie in which she would play a queen—even an over-the-hill queen—your reaction would likely be, That mug face! Those concrete curls! Impossible!

Fan Kuan would have thought the work utterly barbaric, and even in our time better press fodder is hard to imagine. The *Sun* newspaper calls the picture "a travesty" and suggests Freud should be "locked in the Tower." *The British Art Journal* says, "It makes her look like one of the royal corgis who has suffered a stroke," and *The Times* says, "The chin has what can only be described as a six-o'clock shadow, and the neck would not disgrace a rugby prop forward."

In a show of sophistication, the chief art critic of *The Times*, Richard Cork, demurs. The picture is "painful, brave, honest, stoical and, above all, clear sighted," he says. Her expression is the "expression . . . of a sovereign who has endured not one annus horribilis but an entire reign of them." And Adrian Searle of *The Guardian* hits a similar note: "Freud has got beneath the powder, and that itself is no mean feat. Both sitter and painter have seen too much, are easily, stoically bored. They know the shape they're in. This is a painting of experience."

In short, this is *Woman with an Avocado Pit*. Freud has captured the queen's inner being. It is an authentic portrait by an authentic self. As for whether it is ugly, what serious modern Western artist has been interested in superficial attractiveness? No, no—that would be a flexi-self capitulation, to appeal to an audience outside oneself. And in truth, Freud is only the latest of a long line of committed anti-flatterists. Critics should just be happy the queen's face is affixed to the front of her head, and is not askew or portrayed both straight on and in profile at once, as in a Picasso painting.

A Portrait of the Genius

And if it were—tough! For in many ways Freud, who died in 2011, was the epitome of the uncompromising big pit self—the romantic genius we spoke about earlier and which we in the West tend to think all real artists must be. Determinedly indifferent to social dictates, he bedded a fantastic number of women, sired at least fourteen children, and paid off so many gambling debts with paintings that the holder of what may be the largest collection of his work in private hands is a bookie. Regularly involved in fistfights, Freud was capable of coming to blows while on a supermarket checkout line, and his artistic practice was compulsively transgressive.

For example, he painted a good number of his children nude. His daughter Annie, then fourteen, remembers "having long hair and wanting my hair to cover my nipples and Dad would lean forward and move my hair away with his paintbrush." Nor was she the only one who found sitting for her father memorable. Recalls one subject, an interior designer named Raymond Jones,

> Sometimes there was a knock on the studio door at Holland Park, and a woman would come in and go straight into the bathroom. They would go at it, bang, bang, bang. Lucian would have said to me, "I am just taking a break. I won't be that long." He would tell the woman, "I have just got someone called Raymond here." More often than not there was then the bang, bang, bang noise of her being shagged, not on his bed but always behind the bathroom door. Lucian would have a bath after his exertions, wandering back into the studio naked. He would say, "I've just a bath to settle myself down and now we'll carry on."

Hard as he was on others, Freud was also hard on himself. Reports another model, Sophie de Stempel,

> I saw him stab himself with a paintbrush, wounding his thigh so that it bled . . . It was, he explained to me, like being the jockey

and the racehorse, urging on with a manic compulsion, pushing to the limit, finding urgency.

In the 1970s, he spent some four thousand hours on a series of paintings of his mother. Though he had previously cut her ruthlessly out of his life because he "could not stand being near her," feeling that her curiosity "invaded his privacy," now that she was failing, he was moved to subject her to his gaze—Freud's modus operandi being to train what one of his subjects, art critic Martin Gayford, called his "omnivorous" gaze on the person with the idea that "if this is done, day and night, the subject—he, she, or it—will eventually reveal the *all* without which selection itself is not possible." Translated: In this way he got to his subject's avocado pit. Gayford interestingly elaborates that Freud insisted on the model's presence even when he was working on a painting's background because the models "seem to change the atmosphere, in the same way that saints do, by their presence." In Freud's extremely individualistic worldview, that's to say, it is not the context that influences the subject, but the opposite. It is a kind of apotheosis of the fundamental attribution error, as a result of which, one nude took 2,400 hours of work over sixteen months. During this time the model posed all but four evenings, with each session averaging five hours.

Gayford also observes,

[Freud] is aware of the individuality of absolutely everything . . . In his work, nothing is generalized, idealized or generic . . . Even in the case of a manufactured item, such as a shirt, he finds that one example will be slightly unlike another, a hanging thread perhaps, a different turn of the collar. A year ago [2002], when he was painting a still life of four eggs, he discovered that on close examination each showed distinct personal traits.

So, then, was he slavishly individualistic and individualizing? Recounts Gayford,

At primary school, in Germany in the 1920s, Freud was taught how to do up his shoes in a certain manner. "So," he remembered eight decades later, "I immediately thought I'll never tie them *that* way again." It was an entirely characteristic reaction. To be told he must do something, he has admitted, is enough to make him want to do something different. His unwillingness to follow the rules laid down has extended from fastening footwear to flouting the alleged dictates of art history.

How hard to imagine explaining Chinese ideas like benevolence to someone given to statements like, "If someone wanted me to paint them, I would usually feel the opposite idea, even want to hit them." There is a reflexivity here that may remind some of a two-year-old.

Unsparing as Mr. Authenticity was in portraying other people, he was less so when it came to himself. For example, obsessed though he was by the subject of whether or not he was actually a blood descendant of Sigmund Freud, he hid this obsession. Says collector Mark Fisch,

> [He was] incredibly sensitive, like an exposed nerve, much more than anyone would imagine. His self-portraits always showed him as he wished he was, or how he wanted the world to see him. What they do not show is someone who has spent seven decades worrying that he was an illegitimate son. He was still harping about it to the point that it no longer mattered if it was true or not, the accusation had become part of his psyche.

As for whether his portraits of others say far more about him than about them, he himself called his body of work "entirely about myself," saying that he painted "the people that interest me and that I care about, in rooms that I live in and know." And in this—painting for himself and himself alone—whatever contempt he may feel for Leonardo and his ilk, he is a direct descendant of Renaissance humanism. Even Freud's aesthetic enthusiasms—for example, for two late Titians, *Diana and*

Actaeon and *Diana and Callisto*—are distinctly individualistic. As he has said,

> I love many things about them . . . [for example,] the way the drapery flung over the branch to the right of *Diana and Callisto*, and the curtain to the left of *Diana and Actaeon*, were obviously done at the last minute out of pure *joie de vivre* . . . Everything they contain is there for the viewer's pleasure. The water, the dogs, the people, though they are involved with each other, are there to please us.

No external frame of reference is relevant. Humans and human experience—the less fettered the better—stand at the center of meaning-making. They do not serve something higher and they are certainly not the means to any end. They are, like the works of art in which they appear, and like the humans who make them, ends in themselves.

We may recall here our early discussion about the lion and the savannah, and the individualistic tendency not only to isolate the lion and to focus on its avocado pit, but to conceive of that pit as stable and unchanging. This last is clearly evident in Freud's desire to freeze things. As he observes at one point,

> One thing I have never got used to, is not feeling the same from one day to the next, although I try to control it as much as possible, by working absolutely all the time. I just feel so different every day that it is a wonder that any of my pictures ever work out at all.

Observes Gayford,

> The paradox of portraiture, especially this marathon variety, is that the target is always a moving one. Physiologically, and psychologically, a living being is always in a state of flux. Moods shift, energy levels go up and down, the body itself slowly ages.

It is because Freud is trying to get beyond this flux that he is, as Gayford says, an indoor painter, and one for whom it is crucial that the light source should be constant for any given picture.

Individualism Run Amok

As a devotee of freedom, Freud would have rejected any suggestion that his radical ways reflected an "-ism," or that he was any kind of "-ist." He was an anti–"-ist"–ist, if ever there was one.

Still, he embodies what the great sociology classic *Habits of the Heart* called "expressive" individualism. This is the individualism that holds expression of one's avocado pit to be the most important of human activities, and that believes the uncompromising pursuit of this to be sacred. Indeed, any desire to, say, preserve the dignity of one's subject or spare the feelings of one's fourteen-year-old daughter is not compassion or decency but a failure of courage and principle. It is a failure to be free enough, a failure to maintain a focus novelist Zadie Smith describes as "narrow, almost obsessive," the dream being "not only of happiness, but of happiness conceived in perfect isolation . . . [to achieve which,] you have to be ruthless . . . one of these people who simply do not allow anything—not even reality—to impinge upon that clear field of blue." Smith is talking here of ambition, New York–style, but we will recognize that ruthlessness and vision of perfect isolation in Freud, too. It's the cult of the avocado pit. Is its product great? Many in the West do think so.

Is This Not Greatness, Too?

Yet to look at the Fan Kuan is to ask, Is this not greatness, too? I bring this up because we in the West tend to link real humanity with real art, and real art with individualism. One has only to think of how many times people with flexi-selves are characterized as robots or sheep to realize that many people with big pit selves do feel superior.

But to see a work like Fan Kuan's is to realize that real art is produced by both sorts of selves. Neither is, in fact, more human than the other. Both are shaped by chance, circumstance, and human need.

Epilogue

....

The girl at the baggage claim did not thrive at Milton Academy. Did she and her parents think that with enough hard work, she could pass her courses? Perhaps. And perhaps they were planning on supporting her via Skype as well. We may imagine the whole family pitching in, as if she had a special painting commission and they were painters at the Dafen Oil Painting Village. But sadly, it did not work. Milton found a more appropriate school for her; she transferred.

How awful was this? Did she argue with her family? Did she blame them for putting her in a school that was expecting her to speak English when she didn't? Maybe. And if she did, we can't blame her. After all, she was likely thirteen or fourteen at the time—far too young to know what was in store for her or what the repercussions could be. We might even imagine that the family did not know, either; but it's harder to let them off the hook. More likely, they scolded her for not trying harder and lectured her on how much they had sacrificed to send her to America.

In reaction to which—having had it with America, this whole idea, everything—perhaps she resisted her new school in California and made her family take her home.

But then again, perhaps she picked herself up from her failure as she had from so many other things and, finding a friend to study with, worked on her English until it was as good as her sister's. Perhaps she gave up cheating as well, and perhaps she went on to make a life in America. Perhaps she learned to train guide dogs, or keep accounts, or write apps, or make movies. Perhaps she became a writer of fanfiction, or part of a team that wrote fanfiction. Perhaps she made mixtapes, or became a wedding photographer or an architect.

Perhaps one day she found herself trying to be louder and more self-confident because someone told her that to be too self-effacing is a problem—that she should not hide her light under a bushel. Audition! she was told, in so many words. Audition! Audition!

And perhaps many of her efforts came out wrong at first, because her discomfort came through. Or perhaps she succeeded, only for people to say, *So aggressive.* Then perhaps she went back to ways of being she knew better, and forged alliances with all sorts of people, including her enemies, only to have people say, *You can't trust her.*

Does anyone really know her?

It's like she's some kind of spy.

And perhaps she found herself longing for silence, then—dog-earing poems like Emily Dickinson's:

> *The words the happy say*
> *Are paltry melody*
> *But those the silent feel*
> *Are beautiful–*

Or perhaps she highlighted passages like this, from a play called *Waiting for Godot*, which she read in a night class:

VLADIMIR: What do they say?
ESTRAGON: They talk about their lives.
VLADIMIR: To have lived is not enough for them.
ESTRAGON: They have to talk about it.[*]

Perhaps she laughed.

And perhaps in love, especially, she looked for unspoken under-

---

[*] This passage was interestingly cited not only by Qi Wang in *The Autobiographical Self in Time and Culture* but also by an Indian Facebook friend, who simply posted it one day with no explanation.

standing. When she read how the Persian poet Rumi told his love, "I closed my mouth and spoke to you in a hundred silent ways," perhaps she shivered.

Perhaps she found a person who would say that.

Perhaps it was a man.

Perhaps it was a woman.

Perhaps she had children.

Perhaps she did not.

Perhaps she had a garden with a grape arbor, and a swing.

And perhaps as she grew older, she appreciated more and more about America. Perhaps she came to like it that you can live wherever you can afford, and that no one much cares who your family was or what you scored on the *gaokao*.

Perhaps, though, she came to feel Americans are just cold.

Or, no—perhaps she came to find Americans friendly but inconsiderate. Distant.

Perhaps she is amazed at how much they throw away.

Perhaps she is horrified by how they treat their parents.

Perhaps she is unsurprised to read in the newspaper: "For many Americans, life has become all competition all the time." And, our "model of winning at all costs reinforces a distinctive American pathology of not making room for caregiving."

And to this, she perhaps nods, for now that the girl's family has gotten older, she is shocked to find how hard it is to care for the sister who did her English interview for her years ago, or for their parents. And as for herself, as she grows older and has a brush with cancer or develops a bad back, perhaps she begins to notice how much time her Indian friends spend fretting about whether their American kids are going to take care of them. Perhaps the girl finds herself following their every report—how relieved the families are when the kids do their part, how disappointed when the kids don't. Then there is that Montenegrin song on YouTube her neighbor plays and plays: "Home, Work, Work, Home." Two million hits—that's a lot for a song in Montenegrin. But yes: Home, Work, Work, Home—that's all there is in America.

Perhaps she wishes she had not stayed.

But then again, perhaps she comes to realize that even if she had not come to America she would find this. Perhaps she comes to hear a Chinese man talk about his grandmother, and how she had had a grandson, and how because she had had a grandson she could die happy, her life complete. His point being that China had changed, and that that sort of simple contentment was gone.

And what of the eternal cast party—is that gone, too?

Perhaps the girl is cheered to watch the New England Patriots play and to realize that ambidependence has long been American—indeed, that it jives with words such as those of the great patriot Nathan Hale:* "I wish to be useful, and every kind of service necessary to the public becomes more honorable by being necessary." *Duty, service, honorable, necessary.* Perhaps she hears these words and realizes that America's roots are actually in both independence and interdependence.

Perhaps the girl will yet come to make cultural decisions of her own.

A Mistake

As for her model, she might perhaps take my mother, who drinks bottled water, and to whom I made the mistake, when she was eighty-eight or so, of suggesting that she have her water delivered. She could easily get a cooler, I said, and did she know that the big jugs of water could be set right on top of the cooler for her? She wouldn't have to pay for it, either, I pointed out. I would, I said, be happy to pay the bill; and if we did this, I pointed out, too, she wouldn't have to worry anymore about whether or not my brothers were available to bring her those gallon jugs they'd been lugging in and out of her house for years.

All this was about restoring some bit of her ever-dwindling agency and control. I thought she might like to feel more independent and self-sufficient. But of course, she refused the water service—for the whole point, as her stupid American daughter should have known, was to get my brothers to come visit. She wanted to be running out of water,

---

* These—"Hale's second-most-famous words," as Eric Liu has wittily noted—are inscribed at the base of Harkness Tower at Yale University.

or to be in danger of it; and she wanted to be able to tell them that—that their mother was in her house alone, in need of something.

And so she did, and it worked. In fact, to this day, they come every day, as good Chinese boys should; and this, for her, is a deep and abiding triumph.

Acknowledgments

....

As only befits a book by an ambidependent, I am beholden to a veritable village. Heartfelt thanks to Parwiz Abrahami, the Asia Society, Charlie Baxter, Nancy Berliner, Melissa Brown, Jenova Chen, Jiawei Cheng, Ophelia Chong, Ibrahim Dagher, Mirian De Jesus, Arjun Dey, Miriam Feuerle, Mark Fishman, Salmir Gacevic, Allegra Goodman, Suzanne Graver, Patricia Greenfield, Yvonne Hao, Mark Ingber, Shinobu Kitayama, Jin Li, Maya Lin, Leigh Marriner, Hazel Rose Markus, Takahiko Masuda, Allyssa McCabe, Molly McCarthy, Chip McGrath, Martha Minow, Toshiko Mori, Ben Myers, Joan Najita, Ara Norenzayan, Lucia Pierce, Virginia Pye, Maria Ruvoldt, David Ryan, Jeffrey Sanchez-Burks, Rick Simonson, Rene Steinke, Anna Sun, Jeannie Suk, Thomas Talhelm, Maryann Thompson, Sergio Troncosco, Billie Tsien, Arthur Tsang Hin Wah, Qi Wang, Shan Wang, and Long Yang. I am grateful to you all for your time, candor, and generosity.

Special thanks to the Cambridge Public Library and to the Radcliffe Institute for Advanced Study for their support of this book.

Thanks, also, to my incomparable editor, Ann Close; to everyone at Knopf, especially LuAnn Walther, Todd Portnowitz, and Victoria Pearson; to my agent, Melanie Jackson; to my many dear friends; and to my indefatigably supportive family, David, Luke, and Paloma. But for your kindness go I.

Appendix A: Key to Self Test

....

TASK #1

Give yourself 1 point for each of the following answers:

Cow, grass

Whistle, train

Cat, meow

Sardine, can

Pencil, notebook

The closer your score is to 5, the more interdependent your thinking.

TASK #2

Tally up the number of answers that involve a role in a larger entity. For example: "I am a father," "I am an editor," or "I am a Catholic." Also count statements that involve the gaze or judgment of others, for example: "I am a blonde," or "I am an A student," or "I am considered quiet." Do not count things that reflect your disposition or your preferences, for example: "I am addicted to chocolate," "I love to sail," "I live for poetry," or "I am quiet."

The closer your score here is to 10, the greater your interdependence.

TASK #3

Compare the size of the circle representing yourself with those representing others. Is it smaller, the same size, or larger? If it is smaller, give yourself 10 points. If it is the same size, give yourself 5 points. If it is larger, do not give yourself any points.

The closer your score here is to 10, the greater your interdependence.

TOTALS

Adding up your points for the three tasks will give you a rough idea of the nature of the self that dominates in you at this moment. A score of 0 is the most individualistic score possible; 25 is the most interdependent score possible.

You may also roughly compare yourself with others in the world by looking again at the circles you drew in task #3. If you measure the diameter of your own circle, then find the average diameter of the circles with which you represented friends or family members, you can put those numbers into the following equation:

1 — average diameter of circles of others/diameter of your own circle = x

The smaller the circles representing other people, the larger the value x will be. For Americans, x averages around 0.6. For people in countries like the U.K. and Germany, though, it is smaller, as you may see in the chart below, and in Japan it is a negative number, as the circle that represents the self is often drawn smaller than the circles that represent friends and family members. The line protruding from the top of the bars represents the standard deviation for values for that country.

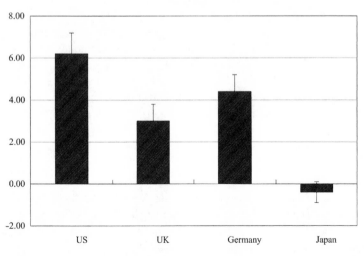

Relative Self Size

Comparative Self Sizes

Appendix B: Recommended Reading

....

There are dozens of brilliant books on the subject of cultural psychology. For those of you particularly interested in East-West matters, though, I whole-heartedly recommend

Hazel Rose Markus and Alana Conner, *Clash!*
How to Thrive in a Multicultural World

Allyssa McCabe, *Chameleon Readers:*
Teaching Children to Appreciate All Kinds of Good Stories

Richard E. Nisbett, *The Geography of Thought:*
How Asians and Westerners Think Differently . . . and Why

Lucien Pye, *Chinese Commercial Negotiating Style*

Qi Wang, *The Autobiographical Self in Time and Culture*

Notes

....

Preface

xi author Suki Kim: Suki Kim, "The Reluctant Memoirist."

xii Bronx High School of Science: Dennis Saffran, "To Make Elite Schools 'Fair,' City Will Punish Poor Asians."

xii Cambodian, Laotian, and Hmong: Bettye Miller, "NSF Funds Extensive Survey of Asian Americans."

xiv largest sender of immigrants: Pew Research Center, "Modern Immigration Wave Brings 59 Million to U.S."

xiv third of all foreign college students: Tea Leaf Nation staff, *Foreign Policy*, "For Chinese Students in America, a Transformative Journey."

xiv half of all foreign elementary and high school students: Miriam Jordan, "U.S. Schools Draw More Chinese."

1. Three Edits

5 "American reporters": M. W. Morris and K. Peng, "Culture and cause."

6 "Those words": Christopher Beam, "Under the Knife."

7 "It's not like the tablets": O. Sharone, "Why do unemployed Americans blame themselves while Israelis blame the system?"

10 "At the time of Lewis and Clark": Annie Dillard, *Pilgrim at Tinker Creek*, 9.

10 "living alone in the wild": Diana Saverin, "The Thoreau of the Suburbs."

10 "the 'wildness' Thoreau was describing": Ibid.

11 "an anchorite's hermitage": Dillard, *Pilgrim at Tinker Creek*, 2.

11 "I range wild-eyed": Ibid., 266.

11 Dillard wrote in her journal: Saverin, "Thoreau of the Suburbs."

11 "[B]efore publishing *Pilgrim*": Ibid.

12 "the tomcat in the first sentence": Ibid.

12 "mythologizing": Ibid.

12 feelings of irritation: Hazel Rose Markus and Alana Conner, *Clash!*, 3.

2. A Telling Irritation

14 going up in another city, Chongqing: Marcus Fairs, "Zaha Hadid Building Pirated in China."

16 Apple pirates: Bill Schiller, "A New High for Piracy in China."

16 American nurse midwife: BirdAbroad, "Kunming Fake Apple Stores Shut Down."

16 "That is one thorough fake": Josh Chin, "Reaction to Imitation Apple Store."

16 whole mall shops: Yimou Lee, "China's 'Fake' Apple Stores Thrive Ahead of New iPhone Launch."

17 Mark Landis: Alec Wilkinson, "The Giveaway."

17 Thomas Hoving estimated: Ibid.

17 the immigrant in Queens: Graham Bowley and Colin Moynihan, "Knoedler Gallery Heads to Trial in Sale of a Fake Rothko."

18 counterfeiting of money: Stephen Mihm, *A Nation of Counterfeiters*, 6.

18 duplitecture: Bianca Bosker, *Original Copies*, 2.

18 Scarsdale, New York: Li-Saltzman Architects, P.C., and Andrew S. Dolkart, *Village of Scarsdale, New York*.

19 Château de Maisons-Laffitte: Bosker, *Original Copies*, 11.

19 "I considered Versailles": "Multi-millionaire Builds Exact Replica of Famous French Chateau for $50 Million . . . in Beijing," *Daily Mail*.

20 "Six Laws of Chinese Painting": Susan Bush and Hsio-yen Shih, *Early Chinese Texts on Painting*, 10.

20 "Arthur C. Clarke": Amy Qin, "In a Topsy-Turvy World, China Warms to Sci-Fi."

21 society everywhere: Ralph Waldo Emerson, "Self-Reliance," in *Selected Writings*.

21 "a joint-stock company": Ibid.

3. Some Helpful Background

23 different lenses on the world: J. O. Goh et al., Culture-related differences in default network activity during visuo-spatial judgments.

25 East discovered that the moon: Richard E. Nisbett, *The Geography of Thought*, 21–22.

25 endocrinologist John Eng: Pagan Kennedy, "How to Cultivate the Art of Serendipity."

26 parts of the brain: T. Hedden et al., Cultural influences on neural substrates of attentional control.

26 children of East Berlin: G. Oettingen et al., Causality, agency, and control beliefs in East versus West Berlin children.

27 To interpret your answers: S. D. Cousins, Culture and self-perception in Japan and the U.S. Also: M. H. Kuhn and T. S. McPartland, An empirical investigation of self-attitudes.

30 The tendency: Mark Fishman, E-mail to the author, May 6, 2016.

30 "loners by nature": Ibid.

30 "the natural extremes": Ibid.

31 more individualistic as they become wealthier: I. Grossman and M. E. W. Varnum, Social class, culture, and cognition.

32 "I am never quite able to convince": An Wang and Eugene Linden, *Lessons*, 33.

32 vast majority of people: Hazel Rose Markus and Alana Conner, *Clash!*, 229.

32 people vary from one another: D. Oyserman et al., "Rethinking individualism and collectivism."

34 Early Greek and Roman law: Larry Siedentop, *Inventing the Individual*, 13.

34 Socrates says: Darrin M. McMahon, *Divine Fury*, 7.

35 the *Iliad* and the *Odyssey*: Siedentop, *Inventing the Individual*, 35.

35 invention of the horse collar: Nisbett, *Geography of Thought*, 39.

35 double-entry bookkeeping: Max Weber, *The Protestant Ethic and the Spirit of Capitalism*, xvii.

36 the more mobile the inhabitants: S. Oishi et al., Residential mobility breeds familiarity-seeking.

4. The Asian Paradox

37 GDPs of Japan: T. Talhelm et al., "Large-scale psychological differences within China explained by rice versus wheat agriculture."

37 "East Asian Paradox": T. Hamamura, Are cultures becoming individualistic? Also: C. Kagitcibasi, Modernization does not mean Westernization.

37 "I BELIEVE IN MYSELF": Deborah Fallows, *Dreaming in Chinese*, 112.

37 Chinese entrepreneurial spirit: Evan Osnos, *Age of Ambition*.

38 building of Narita Airport: David Apter and Nagayo Sawa, *Against the State.*

38 The Japanese divorce rate: Statistics Bureau, Japanese Ministry of Internal Affairs and Communications.

39 visiting a dying parent: Hamamura, Are cultures becoming individualistic?

39 importance of social obligations: Ibid.

39 given a pen: H. S. Kim and H. R. Markus, Deviance or uniqueness, harmony or conformity?

39 middle-class Americans: N. M. Stephens et al., Choice as an act of meaning.

39 Japanese participants: T. Yamagishi et al., Preferences versus strategies as explanations for culture-specific behavior.

40 continue to sleep with their infants: M. Shimizu et al., Infant sleeping arrangements and cultural values among contemporary Japanese mothers.

40 all agriculture: Talhelm et al., Large-scale psychological differences within China explained by rice versus wheat agriculture.

42 Starbucks coffee shops: Thomas Talhelm, unpublished study.

43 In the United States: Marilyn Wedge, *A Disease Called Childhood*, xviii.

44 people's collective right: E. J. Perry, Chinese conceptions of "rights": From Mencius to Mao—and now.

44 rights granted to them: C. K. Lee, Growing pains in a rising China.

44 "a certain level of instability": Ibid.

46 "like hungry and diseased passengers": Kishore Mahbubani, *Can Asians Think?*, 54.

5. What Is a Flexi-Self?

50 ultra-individualistic Steve Jobs: Walter Isaacson, *Steve Jobs*, 34.

50 "'When is Mother's Day'": Anand Giridharadas, *The True American*, 120.

52 "[He] wanted to lease a car": Ibid.

54 interviewing schizophrenics in California: T. M. Luhrmann et al., Differences in voice-hearing experiences of people with psychosis in the USA, India and Ghana.

55 "On a recent trip home": Deepak Singh, "I've Never Thanked My Parents for Anything."

56 "'Good friends are so close'": Deborah Fallows, "How 'Thank You' Sounds to Chinese Ears."

56 "I *did* hear my father say *dhanyavaad*": Singh, "I've Never Thanked My Parents for Anything."

57 "[S]aying thank you often marks an end": Ibid.

58 one ambitious study involving seven countries: M. Kemmelmeier et al., Individualism, collectivism, and authoritarianism in seven societies.

58 aggression as a mark of authoritarianism: Bob Altemeyer, *The Authoritarian Specter*, 6.

58 "'law and order' mentality": Kemmelmeier et al., Individualism, collectivism, and authoritarianism.

58 "closeness and interpersonal connection": Ibid.

58 "the more individuals valued tradition": Ibid.

58 oil and water: Ibid.

6. Boundary Blurring

62 "'Why would it?'": Elizabeth Pisani, *Indonesia Etc.*, 320.

65 "Liang hired a female artist": Winnie Won Yin Wong, *Van Gogh on Demand* (Chicago: University of Chicago Press, 2015), 179.

65 Liang asked a painter: Ibid.

66 ten or twelve hours: Ibid., 61.

66 "painting in groups of four": Ibid., 62.

66 "practice of a two-person team": Ibid.

67 cheerfully put their signatures: James Cahill, *Chinese Painting*, 62.

67 the artists were poor: Ibid.

67 "a genuine Wen Zhengming": Ibid.

68 "'you're not real'": Lewis Carroll, *Alice's Adventures in Wonderland*, 143.

68 "Inspector Lei" in Wuhan: Tom Phillips, "Chinese Man Builds Fake Police Station in Flat."

68 a corner on the imposter market: "Polish 'Rabbi' Who's Not a Rabbi Turns Out to Be Catholic Ex-cook," *The Times of Israel*.

69 "Truth becomes fiction": Cao Xueqin, *The Story of the Stone*, 55.

69 "not to sign any name": Wong, *Van Gogh on Demand*, 173.

70 convincing Jackson Pollock: Graham Bowley and Colin Moynihan, "Knoedler Gallery Heads to Trial in Sale of a Fake Rothko."

71 "From the age of six": *Hokusai: One Hundred Views of Mount Fuji*, 7.

72 "[T]he painter/connoisseur looks": A. Chang, "The small manifested in the large," "the large manifested in the small."

74 "an excellent and prolific writer": Wong, *Van Gogh on Demand*, 231.

75 he offered it with confidence: Ibid., 233.

75 "how centrally authorship matters": Ibid.
75 "the fundamental skills of painting": Ibid., 217.
77 "to paint my own paintings": Ibid.

7. The Genius and the Master

80 "When Leonardo adjusted the size": Suzanne Daley, "Beneath That Beguiling Smile, Seeing What Leonardo Saw."
81 "These songs didn't come out of thin air": Bob Dylan, "Read Bob Dylan's Complete, Riveting MusiCares Speech." http://www.showbiz411.com/2015/02/07/bob-dylans-full-musicares-speech-how-he-wrote-the-songs-a-master-class-must-read
81 some 50 percent of Dylan's early songs: Kirby Ferguson, "Embrace the Remix."
82 factors can contribute: Malcolm Gladwell, *Outliers*, 20 ff.
82 "[In twelfth grade]": Walter Isaacson, *Steve Jobs*, 23.
82 "confronted by the police": Ibid.
83 "Where before I was popular": Ibid.
85 it used the same fans: Clay Shirky, *Little Rice*, 33.
85 "it's not the customers' job": Richard E. Nisbett, *Mindware*, 200.
85 "What they really excel at": Charles Riley, "Xiaomi: The 'Apple of China' Looks Abroad."
86 Yes, ninety *seconds*: Emily Chang, "Xiaomi's Rise to Selling 100K Phones in 90 Seconds."
86 "name me one innovative project": Joe Biden, Graduation speech at U.S. Air Force Academy, May 28, 2014.
86 "Why does China produce": Didi Kirsten Tatlow, "Education as a Path to Conformity."
86 "Some blame the engineers": Regina M. Abrami, William C. Kirby, and F. Warren McFarlan, *Can China Lead?*, 80.
87 "Chinese are not good": Anonymous, "Why Do Chinese Lack Creativity?"
87 "Over and over": Lucia Pierce, Note to the author, November 24, 2015.
88 "To have a culture of innovation": Bradley Blackburn, "Chinese Billionaire Jack Ma on the Power of American Ideas."
88 "When I go there": Ibid.
89 "innovation through commercialization": Andrew Browne, "Alibaba IPO."

90 "'What Nobel laureate Edmund Phelps'": David Goldman, "Misunderestimating China."

91 "The Jews": Darrin M. McMahon, *Divine Fury*, 214.

91 eastern European immigrants: Steven Heine, *Cultural Psychology*, 187.

8. Testing, Testing

93 "[In Beijing] public transportation systems": Yanna Gong, *Gaokao*, 14.

93 "It is June": Ibid.

94 *Suneung* exam: Elise Hu, "Even the Planes Stop Flying for South Korea's National Exam Day."

94 "Even if they don't work": BBC website, "Will Chinese-Style Education Work on British Kids?"

94 "I heard from parents": Lucia Pierce, Note to the author, November 24, 2015.

95 "Thy, a twenty-five-year-old": Jennifer Lee and Min Zhou, *The Asian American Achievement Paradox*, 86.

96 500 million Hong Kong dollars: Associated Press, "Hong Kong Lesbian to Wealthy Dad: Stop Trying to Buy Me a Husband."

97 "the opinion sometimes heard": Philip Kasinitz et al., *Inheriting the City*, 88.

97 "could not even understand": Ibid.

97 "a double life": Ibid., 126–27.

97 "an institution is the lengthened shadow": Ralph Waldo Emerson, "Self-Reliance," in *Selected Writings*.

99 hook themselves up to IV lines: Brook Larmer, "Inside a Chinese Test-Prep Factory."

100 "My father used to say": Amelia Pang, "This Is New York: The Untold Story of Dr. Yeou-Cheng Ma, Violin Prodigy and Medical Doctor."

101 "It is very clear to scholars": Zvi Ben-Dor Benite, e-mail to the author, October 1, 2015.

102 "first test takers": Gong, *Gaokao*, 18.

103 "Starting at 6": Didi Kirsten Tatlow, "Education as a Path to Conformity."

103 "the teachers would like": Jocelyn Reckford, "Homework and Testing."

104 "your network of relationships": Jiayang Fan, "The Golden Generation."

104 "sewn up by *chaebol*": Hu, "Even the Planes Stop Flying."

104 Tokyo University: J. M. Ramseyer and E. B. Rasmusen, Lowering the bar to raise the bar.

105 "their own entrance exams": Ibid.

105 "[A]vailable data": Jin Li, *Cultural Foundations of Learning*, 66.

105 "data on suicidal thoughts": Ibid.

106 Li's points are supported: Shihoko Hijioka and Joel Wong, "Suicide Among Asian Americans."

106 "Asian American college students": Ibid.

106 sixteen of the sixty-nine suicides: Lee and Zhou, *Asian American Achievement Paradox*, 194.

106 elite institutions like Cornell: See, for example: Anonymous, "Asian American Student Suicide Rate at MIT Is Quadruple the National Average."

107 "why people kill themselves": Hanna Rosin, "The Silicon Valley Suicides."

107 two clusters of suicides: Ibid.

107 "What is happening here": Kyle Spencer, "District Eases Pressure on Students, Baring an Ethnic Divide."

108 "fear of falling": Barbara Ehrenreich, *Fear of Falling*.

109 "Topic: Who do you admire": Crystal Lau, "Can you answer this year's tricky gaokao essay questions?"

111 21.92 percent in Shanghai: Statistics drawn from the Chinese websites GaoKao.com and sina.com.

112 more than eight hundred million: "China Overview," World Bank.

112 "classes are ranked": Yong Zhao, *Who's Afraid of the Big Bad Dragon?*, 127.

113 "top-ranked students with free extra lessons": Ibid., 128.

114 "someone who's not succeeded": Hu, "Even the Planes Stop Flying."

115 "Ting the cook": *The Essential Chuang Tzu*, 19–20.

116 "never to assert yourself": *Bruce Lee: Artist of Life*, ed. John Little, 16.

117 "following the natural bend of things": Ibid.

117 "nothing is more supple or weak": Philip J. Ivanhoe and Bryan W. Van Norden, eds., *Readings in Classical Chinese Philosophy*, 201.

117 "A weapon that is too strong": Ibid.

117 "Be like water": Bruce Lee, *Striking Thoughts*, 13.

118 Ma went to Hangzhou Normal University: Thibaud Andre, "Why Is Jack Ma More Inspiring than Steve Jobs?"

118 rejected by Harvard: Frederick Allen, "What Makes Alibaba's Jack Ma a Great Innovator?"

118 Western education is simply: "For Chinese Students in America, a Transformative Journey," *Foreign Policy*.

9. Patterns and Training

122 Chinese textbooks: Yanna Gong, *Gaokao*, 213.

122 Cellist Yo-Yo Ma's sister: Amelia Pang, "This Is New York: The Untold Story of Dr. Yeou-Cheng Ma."

122 "something beyond social convention": Anna Sun, e-mail to the author, April 17, 2015.

123 "every ten years": Noah Feldman, *Cool War*, 72.

123 "leaders voluntarily retire": Ibid.

126 "We, the people": Elizabeth Pisani, *Indonesia Etc.*, 2.

127 "*Mona Lisas* painted": Winnie Won Yin Wong, *Van Gogh on Demand*, 20.

127 "Thames Town": Ruth Morris, "Why China Loves to Build Copycat Towns."

128 "the Chinese copies": Bianca Bosker, *Original Copies*, 47.

128 "drawn from tourist postcards": Ibid., 49.

128 "trademark cultural accomplishments": Ibid., 51.

128 "Spanish people don't understand": Ibid., 49.

128 undergraduates parse passages: Q. Wang, Are Asians forgetful?

128 seven segments: Ibid.

129 just four segments: Ibid.

130 "the ability to create hierarchies": Yu Qiuyu, *The Chinese Literary Canon*, 22.

131 "Pattern recognition": Long Yang, e-mail to the author, November 16, 2015.

132 training as an educational method: R. K. Chao, Beyond parental control and authoritarian parenting style.

134 "Memorizing classics": Gong, *Gaokao*, 102.

134 "Memorize paragraph by paragraph": Ibid., 102–3.

134 "Memorizing is not simply rote learning": Ibid., 102.

135 "Chinese commercial negotiators": Lucien Pye, *Chinese Negotiating Style*, 95.

135 "Trainer Thoreau": Michael Sims, *The Adventures of Henry Thoreau*, 100.

135 "refusing to comply with this requirement": Carol Muske-Dukes, "A Lost Eloquence."

136 "the shape of the words": Ibid.

136 "A good result": Jocelyn Reckford, "Homework and Testing."

137 "education by beating": H. Fung, Becoming a moral child.

137 Teachers at Chao Wai: Jocelyn Reckford, "In the Classroom."

137 educational success, Finland: "Finland: Instructional Systems," Center on International Education Benchmarking.

137 "[O]ne winter": Gong, *Gaokao*, 126.

137 "This will sound corny": Steve Lopez, "How a Lincoln High School Teacher Gets All His Students to Pass the AP Calculus Exam."

137 "Chinese Ring Puzzle": "Would Chinese-Style Education Work on British Kids?," BBC News website.

138 "after the evening study session": Ibid.

140 Half of the Chinese immigrants: Jennifer Lee and Min Zhou, *The Asian American Achievement Paradox*, 31.

140 under 6 percent: "QuickFacts," U.S. Census Bureau.

141 only 15.3 percent: Catherine Bitney and Cindy Liu, "Asian American First-Generation College Students."

141 "whitening" a resume: S. K. Kang et al., Whitened resumes.

142 "public middle school": Jin Li, *Cultural Foundations of Learning*, 192–93.

142 "Available research": Ibid., 193.

143 "A survey of more than 1300": American Psychological Association, "Bullying & Victimization and Asian American Students." See also S. R. Rosenbloom et al., Experiences of discrimination among African American, Asian American, and Latino adolescents in an urban high school"; and D. Rivas-Drake et al., "A closer look at peer discrimination, ethnic identity, and psychological well-being among urban Chinese American sixth graders.

143 Katie Leung: India Sturgis, "Harry Potter Actress Katie Leung: I Regularly Experience Racism."

143 "To Americans": Eddie Huang, *Fresh Off the Boat*.

10. How WEIRD We Are

147 "The Machiguenga often": J. Henrich, Does culture matter in economic behavior?

148 "The weirdest people": J. Henrich et al., The weirdest people in the world?

149 "Affluent single-wage-earner couples": Robert D. Putnam, *Bowling Alone*, 247–48.

149 "We've changed the way": David Foster Wallace, *The Pale King*, 138.

150 Sheilaism: Robert N. Bellah et al., *Habits of the Heart*, 221.

150 "follow my own conscience": Jean M. Twenge and W. Keith Campbell, *The Narcissism Epidemic*, 35.

150 "the religions and volunteer organizations": Ibid., 245.

150 "religious emporiums": Ibid., 247.

151 "personal savior": Google Ngram.

151 the trauma of the 2008 recession: H. Park et al., The great recession.

152 Google explicitly screens: Thomas Friedman, "How to Get a Job at Google."

152 "fundamental attribution error": E. E. Jones and V. A. Harris, The attribution of attitudes.

153 the 2000 Summer Olympics: H. R. Markus et al., Going for the gold.

153 American newsmakers: Ibid.

154 The more mobile college students: S. Oishi et al., Residential mobility, self-concept, and positive affect in social interactions.

154 "RICH PLAYER": Paul Piff, "Does Money Make You Mean?"

154 a brown-haired player: Lisa Miller, "The Money-Empathy Gap."

155 "end of the fifteen minutes": Piff, "Does Money Make You Mean?"

156 "making people bad": Ibid.

156 "get the Pulitzer Prize": Viet Thanh Nguyen, Facebook post, April 19, 2016.

158 "food should be individualized": P. Rozin et al., Attitudes toward large numbers of choices in the food domain.

159 more choice than their coworkers: S. Iyengar and S. DeVoe, Rethinking the value of choice.

159 Japanese peers: Ibid.

159 Recently arrived East Indian students: K. Savani et al., What counts as a choice?

159 work harder at a math game: D. Cordova and M. Lepper, Intrinsic motivation and the process of learning.

160 "although some choice": Barry Schwartz, "The Tyranny of Choice."

160 "the experience of choice": Barry Schwartz, *The Paradox of Choice*, 104.

161 "avoid the escalation": Ibid.

161 "more fair than others": J. D. Brown and C. Kobayashi, Self-enhancement in Japan and America.

162 "people facing threats": Ibid.

162 attribute success to innate ability: M. Zuckerman, Attribution of success and failure revisited.

162 downplay . . . failure: L. Simon, et al., Trivialization: the forgotten mode of dissonance reduction.

162 Recalling, too, more stories: M. Ross et al., Cross-cultural discrepancies in self-appraisals.

162 remember occasions more readily: Qi Wang, *The Autobiographical Self in Time and Culture*, 88–89.

163 they glowed in retrospect: S. Oishi, The experiencing and remembering of well-being.

163 big pit selves will report feelings: Wang, *Autobiographical Self*, 92.

163 They tend to abandon tasks: N. Feather, Effects of prior success and failure on expectations of success and subsequent performance.

164 "The first-grade reader": B. B. Lanham, Ethics and moral precepts taught in schools of Japan and the United States.

164 an impossible problem: Alix Spiegel, "Struggle for Smarts? How Eastern and Western Cultures Tackle Learning."

164 Even in aerobics classes: B. Morling, "Taking" an aerobics class in the U.S. and "entering" an aerobics class in Japan.

165 the Japanese bar exam: J. M. Ramseyer and E. B. Rasmusen, Lowering the bar to raise the bar.

165 the quality of Japanese lawyers: Ibid., 115.

166 "great staying powers": Lucian Pye, *Chinese Commercial Negotiating Style*, 74–5.

166 "fixed mindset": Dweck, *Mindset*, 38.

166 Faced with challenge: Ibid., 23.

167 "paid close attention": Ibid., 38.

167 "the bigger the challenge": Ibid., 21.

167 "'bouncing back'": Lucia Pierce, note to the author, November 24, 2015.

167 "to feel good": Jean M. Twenge, *Generation Me*, 56–57.

168 "unconditional validation": Ibid., 57.

168 "neither deters violence": Richard Weissbourd, *The Parents We Mean to Be*, 46.

168 "raising self-esteem": Twenge, *Generation Me*, 66.

168 "to write the scores": Dweck, *Mindset*, 73.

168 lied about their scores: Ibid.

169 do East Asians have low self-esteem: P. J. Miller et al., Self-esteem as folk theory.

169 implicit self-approval: S. Kitayama and M. Karasawa, Implicit self-esteem in Japan.

169 Japanese moving to Canada: S. J. Heine and D. R. Lehman, Move the body, change the self.

11. America, an Explanation

170 Though Calvinists were: Reinhard Bendix, *Max Weber*, 62.

172 Catholics, showed no change: J. Sanchez-Burks, Protestant relational ideology.

172 ceased their unconscious mirroring: J. Sanchez-Burks, Protestant relational ideology and (in)attention to relational cues in work settings.

172 the performance of Latinos: J. Sanchez-Burks et al., Performance in intercultural interactions at work.

173 "As social conditions become more equal": Tocqueville, *Democracy in America*, 586.

173 "make every man forget his ancestors": Ibid.

173 "No law can be sacred": Ralph Waldo Emerson, "Self Reliance."

173 "It is not desirable": Henry David Thoreau, "Civil Disobedience."

174 "antipathy to control": Frederick Jackson Turner, *The Significance of the Frontier in American History*, 222.

174 "strong in selfishness": Ibid., 223.

174 descendant of the medieval knight: Owen Wister, introduction to *The Virginian*, viii.

174 "the frontier is productive of individualism": Frederick Jackson Turner, *The Significance of the Frontier*, 221.

174 the Hokkaido Japanese: S. Kitayama et al., Voluntary settlement and the spirit of independence.

178 people living in the Rocky Mountains: V. C. Plaut et al., Place matters.

178 comparing Boston with San Francisco: V. C. Plaut et al., The cultural construction of self and well-being.

179 Family associations: Nick Tabor, "How Has Chinatown Stayed Chinatown?"

179 involuntary eye movements: R. C. Jacobs and D. T. Campbell, The perpetuation of an arbitrary tradition through several generations of a laboratory microculture.

180 Levittowns: David Riesman, *The Lonely Crowd*.

180 the government set freedom: Greg Barnhisel, *Cold War Modernists*, 2.

180 "single, dominant propaganda line": Ibid., 42.

180 American Abstract Expressionists: Ibid., 47.

180 *Moby-Dick*: Leerom Medovoi, *Rebels*, 58.

181 William Faulkner meanwhile toured: Barnhisel, *Cold War Modernists*, 128.

181 "The free society": Ibid.

181 "came to employ *freedom*": Ibid., 134.

181 "Hampering a child's drive": Robert M. Lindner, "Raise Your Child to Be a Rebel."

181 "a vicious piece of propaganda": Ibid.

12. Our Talking, Our Selves

185 could not talk and think: H. S. Kim, We talk, therefore we think?

187 a stress hormone called cortisol: H. S. Kim, Culture and the cognitive and neuroendocrine responses to speech.

187 "I was terribly shy": Jeannie Suk, e-mail to the author, October 28, 2015.

188 Facebook deputy chief privacy officer: "Often Employees, Rarely CEOs," National Public Radio.

189 student named Don Chen: Susan Cain, *Quiet*, 47–48.

190 "an extreme sport": Ibid., 47.

190 sat down to write a memoir: Hector Tobar, "Salman Rushdie."

191 even in casual conversation: D. Cohen and A. Gunz, As seen by the other . . .

191 "[W]e have a special tense": Orhan Pamuk, *Istanbul*, 8.

192 "I rarely asked": Maya Lin, *Boundaries*, 5:05.

192 "a single telling anecdote": Eric Liu, *A Chinaman's Chance*, 78.

192 an Indonesian village: B. Röttger-Rössler, Autobiography in question.

192 "an impressive building": Elizabeth Pisani, *Indonesia Etc.*, 249.

193 "A museum of amnesia": Ibid.

193 an unforgettable paper: Qi Wang, Are Asians forgetful?

195 "The Western philosophical tradition": Takeo Doi, *The Anatomy of Self*, 33.

196 "we also conceal": Ibid., 31.

196 "The knower does not say": Philip J. Ivanhoe et al., *Readings in Classical Chinese Philosophy*.

196 "a 7-year-old Japanese": Allyssa McCabe, *Chameleon Readers*, 73.

198 trios of incidents: Ibid., 76–77.

198 "Are you asking me": Allyssa McCabe interviewed by the author, January 29, 2016.

199 at the end of almanacs: Molly A. McCarthy, *The Accidental Diarist*.

200 "M: . . . Do you remember": Qi Wang, *The Autobiographical Self*, 16.

201 "M: Baobao": Ibid., 19.

202 Koreans reported that 20 percent: Ibid., 17

203 "One is born into": Ibid., 12.

204 "not particularly concerned with sharing": Ibid.

204 "schoolwork always comes first": Amy Chua, *Battle Hymn of the Tiger Mother*, 5.

204 "I fetishize difficulty": Ibid., 41.

204 "likely to disobey their parents": Ibid., 22.

204 will never attend a sleepover: Ibid., 3.

205 "We know we are very special": *The Collected Stories of Lydia Davis*, 440.

205 "the thing about inwardly derived": Charles Taylor, *The Ethics of Authenticity*, 47–48.

206 "Awesome. Yes we can.": Mathilde, "La Positive Attitude des Américains Déteindrait-Elle sur Moi?"

207 "American mothers threaten": B. B. Lanham, Ethics and moral precepts taught in schools of Japan and the United States.

207 "Sharing personal stories": Wang, *Autobiographical Self*, 11.

208 "to relate true stories": Jean Twenge, *Generation Me*, 36.

208 glue is needed: Wang, *Autobiographical Self*, 11.

208 lonely deaths: Chloe Sang-Hun, "A Lonely Death for South Koreans."

209 "[I]f you are poor": Anand Giridharadas interviewed by Hari Sreenivasan, "In 'The True American,' Victim of Attempted Murder Tries to Save Attacker."

209 lonely people are more susceptible: Amy Ellis Nutt, Loneliness grows from individual ache to public health hazard.

209 "as a rough rule of thumb": Robert Putnam, *Bowling Alone*, 331.

209 we disclose online: J. Schug et al., Relational mobility explains between-and-within-culture differences in self-disclosure to close friends.

13. In Praise of Ambidependence

210 "Pop star Mariah Carey": Michael Holley, *Patriot Reign* (New York: HarperCollins, 2005), 68–69.

210 "introduced as a team": Ibid.

211 At the Naval Academy: Ibid., 39.

211 "[D]iverse when it came to religion": Ibid., 67.

212 "they were one": Ibid.

212 "the most storied franchise": Kenneth Arthur, "Tom Brady Is Free, and Roger Goodell Is Screwed."

212 Rush Limbaugh: upstate NY (username), "In Praise of Belichick the Progressive."

212 "[The Patriots have] won": Ibid.

213 "Tempted to the NHL": Henry Barnes, "Cannes 2014 Review: Red Army—the Cold War, on Ice."

214 "the United Nations of basketball": "Obama Hosts Spurs at White House," ESPN.

214 As for Popovich: Colton Perry et al., "San Antonio Spurs' Culture of Sustainable Superior Performance."

215 "Everything was going great": Terrence McCoy, "An investigation into the dancing sharks at Katy Perry's Super Bowl show."

216 'Left Shark failed': Ibid.

217 "There is pressure to choose": Barry Schwartz, *The Paradox of Choice*, 136–37.

218 "Even decisions as trivial": Ibid., 137.

218 "We know only four boring people": *Collected Stories of Lydia Davis*, 313.

219 "You have to be interesting": Joanna Rothkopf, "Goldman Sachs Reduces Intern Day to 17 Hours After Death of Bank of America Corp. Intern."

220 "Academically, he was ranked second": Abby Jackson, "A Perfect ACT Score Couldn't Get This Student into Yale, Princeton, or Stanford, and He Says It's Because He's Asian-American."

221 Asian Americans applying to Harvard: Douglas Belkin, "Asian-American Groups Seek Investigation into Ivy League Admissions."

221 ever-growing number of ambi-selves: V. Benet-Martinez et al., Negotiating biculturalism.

222 "my friends in China": Tea Leaf Nation staff, "For Chinese Students in America, a Transformative Journey."

222 "I love to try new things": Ibid.

222 "exposure to a U.S. educational culture": Ibid.

223 "the lion's share": Ibid.

223 "Some of my peers": Ibid.

223 "My decision two years ago": Ibid.

224 Her management style: Toshiko Mori video interview by the Henry Ford, "Collaboration for Innovation."

225 "Making a movie": Michael Berry, *Speaking in Images*, 357–58.

225 "to us filmmakers": Ibid., 357.

225 "I see myself": Maya Lin, *Boundaries*, 5:03.

225 Xi Jinping would like art: Yan Lianke, "Finding Light in China's Darkness."

226 "a passage to an awareness": Lin, *Boundaries*, 5:03

226 "I have been drawn to respond": Ibid., 2:03.

226 "somewhere between science and art": Ibid., 0:02–:03.

226 "people aware of their surroundings": Ibid.

227 "quietly merges": Ibid., 6:07.

227 "If you are paying attention": Ibid.

227 "My work is in part": Ibid., 6:02–03.

228 In Switzerland: B. S. Frey and F. Oberholzer-Gee, The cost of price incentives.

229 a vision of humanity: Michel Houellebecq, *The Elementary Partcles*, 261.

229 "in his own image": Ibid.

229 "meekness, resignation": Ibid.

229 "this unique genetic code": Ibid., 261.

230 "your place in the larger whole": Markus and Conner, *Clash!*, 5.

230 "I was a student": Jeannie Suk e-mail to author, October 28, 2015.

231 "Balanchine obsessive": Ibid.

231 "I grew up": Jeff Yang, "Asian Parents: Your Kids Are Not Robots."

232 "what I'd have been able": Jeff Yang, Facebook post, June 11, 2015.

232 "Another thing I remember": "Would Chinese-Style Education Work on British Kids?" BBC News website.

233 "Perhaps as a result": Ibid.

233 nearly unanimous testimony: Lucien Pye, *Chinese Commercial Negotiating Style*, 88.

14. Greatness in Two Flavors

238 Northern Song Dynasty: James Cahill, "Lecture Notes: Lecture 7A. Northern Song Landscape Painting, Part I."

239 Instead of a single vanishing point: Susan Bush and Hsio-yen Shih, *Early Chinese Texts on Painting*, 16.

239 Instead, natural talent: Ibid.

240 "but a truly great artist": James Cahill, *Chinese Painting*, 34.

240 *must* set his will aside: Cahill, "Lecture Notes."

240 "profound idea": Ibid.

240 "[S]uch were his cliffs": Cahill, "Lecture Notes."

240 "like creation [itself]": Ibid.

242 better press fodder: "Freud Royal Portrait Divides Critics," BBC News website.

243 indifferent to social dictates: Geordie Greig, *Breakfast with Lucian*, 212.

243 Regularly involved in fistfights: Ibid., 15.

243 His daughter Annie: Ibid., 178.

243 "Sometimes there was a knock": Ibid., 27.

243 "I saw him stab himself": Ibid., 162.

244 paintings of his mother: Ibid., 55.

244 "omnivorous" gaze: Quote from *Encounter* magazine, in Martin Gayford, *Man with a Blue Scarf*, 21.

244 "seem to change the atmosphere": Gayford, *Man with a Blue Scarf*, 137.

244 "[Freud] is aware of the individuality": Ibid., 21–23.

245 "At primary school": Ibid., 11.

245 "If someone wanted me to paint them": Greig, *Breakfast with Lucian*, 19.

245 "[He was] incredibly sensitive": Ibid., 49.

245 "entirely about myself": William Grimes, "Lucian Freud, Figurative Painter Who Redefined Portraiture, Is Dead at 88."

246 "I love many things": Gayford, *Man with a Blue Scarf*, 124–25.

246 "One thing I have never": Ibid., 72.

246 "The paradox of portraiture": Ibid.

247 an indoor painter: Ibid., 37.

247 "expressive" individualism: Robert N. Bellah et al., *Habits of the Heart*, 32.

247 the dream being "not only of happiness": Zadie Smith, "Find Your Beach."

Epilogue

249 "The words the happy say": *Complete Poems of Emily Dickinson*, 1750.

249 "VLADIMIR: What do they say?": Samuel Beckett, *Waiting for Godot*.

250 "For many Americans": Anne-Marie Slaughter, "A Toxic Work World."

250 "model of winning at all costs": Ibid.

Bibliography

....

STUDIES AND ACADEMIC ARTICLES

Benet-Martinez, V., J. Leu, F. Lee, and M. W. Morris (2002). Negotiating biculturalism: cultural frame switching in biculturals with oppositional versus compatible cultural identities. *Journal of Cross-Cultural Psychology* 33(5): 492–516.

Bornstein, M. H., J. Tal, C. Rahn, C. Z. Galperín, M. Pêcheux, M. Lamour, S. Toda, H. Azuma, M. Ogino, and C. S. Tamis-LeMonda (1992). Functional analysis of the contents of maternal speech to infants of 5 and 13 months in four cultures: Argentina, France, Japan, and the United States. *Developmental Psychology* 28(4): 593–603.

Brown, J. D., and C. Kobayashi (2002). Self-enhancement in Japan and America. *Asian Journal of Social Psychology* 5: 145–68.

Chang, A. (1999). "The Small Manifested in the Large," "The Large Manifested in the Small": the Connoisseurship of Chinese Painting. *Kaikodo Journal* 7: 43–54.

Chao, R. K. (1994). Beyond parental control and authoritarian parenting style: Understanding Chinese parenting through the cultural notion of training. *Child Development* 65(4): 1111–19.

Cohen, D., and A. Gunz (2002). As seen by the other . . . : Perspectives on the self in the memories and emotional perceptions of Easterners and Westerners. *Psychological Science* 13(1): 55–59.

Cordova, D., and M. Lepper (1996). Intrinsic motivation and the process of learning: Beneficial effects of contextualization, personalization, and choice. *Journal of Educational Psychology* 88(4): 715–30.

Cousins, S. D. (1989). Culture and self-perception in Japan and the U.S. *Journal of Personality and Social Psychology* 56(1): 124–31.

Feather, N. (1966). Effects of prior success and failure on expectations of success and subsequent performance. *Journal of Personality and Social Psychology* 3(3): 287–98.

Frey, B. S., and F. Oberholzer-Gee (1997). The cost of price incentives: An empirical analysis of motivation crowding out. *The American Economic Review* 87(4): 746–55.

Fung, H. (1999). Becoming a moral child: The socialization of shame among young Chinese children. *Ethos* 27(2): 180–209.

Goh, J. O., A. C. Hebrank, B. P. Sutton, M. W. L. Chee, S. K. Y. Sim, and D. C. Park (2011). Culture-related differences in default network activity during visuo-spatial judgments. *Social Cognitive and Affective Neuroscience* 8(2): 134–42.

Greenberg, J. E. (2010). Cultural psychology of the Middle East: Three essays. Doctoral dissertation, Stanford University, Palo Alto, CA.

Grossman, I., and M. E. W. Varnum (2011). Social class, culture, and cognition. *Social Psychological and Personality Science* 2(1): 81–89.

Hamamura, T. (2012). Are cultures becoming individualistic? A cross-temporal comparison of individualism-collectivism in the United States and Japan. *Personality and Social Psychology Review* 16(1): 3–34.

Han, J., M. Leichtman, and Q. Wang (1998). Autobiographical memory in Korean, Chinese, and American children. *Developmental Psychology* 34(4): 701–13.

Hedden, T., S. Ketay, A. Aron, H. R. Markus, and J. D. E. Gabrieli (2008). Cultural influences on neural substrates of attentional control. *Psychological Science* 19(1): 12–17.

Heine, S. J., and D. R. Lehman (2004). Move the body, change the self: Acculturative effects on the self-concept. In M. Schaller and C. Crandall, eds. *Psychological Foundations of Culture*. Mahwah, NJ: Lawrence Erlbaum, 2004, 305–11.

Heine, S. J., D. R. Lehman, H. R. Markus, and S. Kitayama (1999). Is there a universal need for positive self-regard? *Psychological Review* 106(4): 766–94.

Henrich, J. (2000). Does culture matter in economic behavior? Ultimatum game bargaining among the Machiguenga of the Peruvian Amazon. *The American Economic Review* 90(4): 973–79.

Henrich, J., S. J. Heine, and A. Norenzayan (2010). The weirdest people in the world? *Behavioral and Brain Sciences* 33(2–3): 61–83.

Hirai, M. (2000). Stereotypes about the Japanese: Differences in evaluations between "the Japanese" and "myself." *Japanese Journal of Experimental Psychology* 39: 103–13.

Hsin, A., and Y. Xie (2014). Explaining Asian Americans' academic advantage over whites. *Proceedings of the National Academy of Sciences* 111(23): 8416–21.

Iyengar, S. S., and S. E. DeVoe (2003). Rethinking the value of choice: Considering cultural mediators of intrinsic motivation. *Cross-Cultural Differences in Perspectives on the Self* 29: 129–74.

Jacobs, R. C., and D. T. Campbell (1961). The perpetuation of an arbitrary tradition through several generations of a laboratory microculture. *Journal of Abnormal and Social Psychology* 62(3): 649–68.

Jiang, D., H. H. Fung, T. Sims, J. Tsai, and F. Zhang (2016). Limited time perspective increases the value of calm. *Emotion* 16(1): 52–62.

Jones, E. E., and V. A. Harris (1967). The attribution of attitudes. *Journal of Experimental Social Psychology* 3(1): 1–24.

Kagitçibasi, Ç. (2005). Modernization does not mean Westernization: Emergence of a different pattern. In W. Friedlmeier, P. Chakkarath, and B. Schwarz, eds. *Culture and Human Development: The Importance of Cross-Cultural Research for the Social Sciences*. New York: Psychology Press, 255–72.

Kang, S. K., K. A. DeCelles, A. Tilcsik, and S. Jun (2016). Whitened resumes: Race and self-presentation in the labor market. *Administrative Science Quarterly* 20: 1–34.

Kashima, Y., and E. S. Kashima (2003). Individualism, GNP, climate, and pronoun drop: Is individualism determined by affluence and climate, or does language use play a role? *Journal of Cross-Cultural Psychology* 34(1): 125–34.

Kemmelmeier, M., E. Burnstein, K. Krumov, P. Genkova, C. Kanagawa, M. S. Hirshberg, H. P. Erb, G. Wieczorkowska, and K. A. Noels (2003). Individualism, collectivism, and authoritarianism in seven societies. *Journal of Cross-Cultural Psychology* 34(3): 304–22.

Kim, H. S. (2008). Culture and the cognitive and neuroendocrine responses to speech. *Journal of Personality and Social Psychology* 94(1): 32–47.

———. (2002). We talk, therefore we think? A cultural analysis of the effect of talking on thinking. *Journal of Personality and Social Psychology* 84(4): 828–42.

Kim, H., and H. R. Markus (1999). Deviance or uniqueness, harmony or conformity? A cultural analysis. *Journal of Personality and Social Psychology* 77(4): 785–800.

Kitayama, S., K. Ishii, T. Imada, K. Takemura, and J. Ramaswamy (2006). Voluntary settlement and the spirit of independence: Evidence from Japan's "northern frontier." *Journal of Personality and Social Psychology* 91(3): 369–84.

Kitayama, S., and M. Karasawa (1997). Implicit self-esteem in Japan: Name letters and birthday numbers. *Personality and Social Psychology Bulletin* 23(7): 736.

Kitayama, S., H. Park, A. T. Sevincer, M. Karasawa, and A. K. Uskul (2009). A cultural task analysis of implicit independence: Comparing North America, Western Europe, and East Asia. *Journal of Personality and Social Psychology* 97(2): 236–55.

Kuhn, M. H., and T. S. McPartland (1954). An empirical investigation of self-attitudes. *American Sociological Review* 19(1): 68–76.

Lanham, B. B. (1979). Ethics and moral precepts taught in schools of Japan and the United States. *Ethos* 7(1): 1–18.

Lee, C. K. (2014). State and social protest. *Daedalus* 143(2): 124–34.

———. (2014). "Growing Pains in a Rising China." *Bulletin of the American Academy of Arts and Sciences* (Summer 2014): 21–22.

Li, J., and Q. Wang (2004). Perceptions of achievement and achieving peers in U.S. and Chinese kindergartners. *Social Development* 13(3): 413–33.

Luhrmann, T. M., R. Padmavati, H. Tharoor, and A. Osei (2015). Differences in voice-hearing experiences of people with psychosis in the USA, India and Ghana: Interview-based study. *The British Journal of Psychiatry* 206(1): 41–44.

Marian, V., and M. Kaushanskaya (2004). Self-construal and emotion in bicultural bilinguals. *Journal of Memory and Language* 51(2): 190–201.

Markus, H. R., Y. Uchida, H. Omoregie, S. S. M. Townsend, and S. Kitayama (2006). Going for the gold: Models of agency in Japanese and American culture. *Psychological Science* 17(2): 103–12.

Miller, P. J., S. Wang, T. Sandel, and G. E. Cho (2002). Self-esteem as folk theory: A comparison of European American and Taiwanese mothers' beliefs. *Parenting: Science and Practice* 2(3): 209–39.

Morling, B. (2000). "Taking" an aerobics class in the U.S. and "entering" an aerobics class in Japan: Primary and secondary control in a fitness context. *Asian Journal of Social Psychology* 3(1): 73–85.

Morris, M. W., and K. Peng (1994). Culture and cause: American and Chinese attributions for social and physical events. *Journal of Personality and Social Psychology* 67(6): 949–71.

Oettingen, G., T. D. Little, U. Lindenberger, and P. B. Baltes (1994). Causality, agency, and control beliefs in East versus West Berlin children: A natural experiment on the role of context. *Journal of Personality and Social Psychology* 66(3): 579–95.

Oishi, S. (2002). The experiencing and remembering of well-being: A cross-cultural analysis. *Personality and Social Psychology Bulletin* 28(10): 1398–1406.

Oishi, S., J. Lun, and G. D. Sherman (2007). Residential mobility, self-concept, and positive affect in social interactions. *Journal of Personality and Social Psychology* 93(1): 131–41.

Oishi, S., S. S. Miao, M. Koo, J. Kisling, and K. A. Ratcliff (2012). Residential mobility breeds familiarity-seeking. *Journal of Personality and Social Psychology* 102(1): 149–62.

Oyserman, D., H. M. Coon, and M. Kemmelmeier (2002). Rethinking individualism and collectivism: Evaluation of theoretical assumptions and meta-analyses. *Psychological Bulletin* 128(1): 3–72.

Park, H., J. M. Twenge, and P. Greenfield (2014). The great recession: Implications for adolescent values and behavior. *Social Psychological and Personality Science* 5(3): 310–18.

Perry, E. J. (2008). Chinese conceptions of "rights": From Mencius to Mao—and now. *Perspectives on Politics* 6(1): 37–50.

Piff, P. K., D. M. Stancato, S. Cote, R. Mendoza-Denton, and D. Keltner (2012). Higher social class predicts unethical behavior. *Proceedings of the National Academy of Sciences* 109(11): 4086–91.

Plaut, V. C., H. R. Markus, and M. R. Lachman (2002). Place matters: Consensual features and regional variation in American well-being and self. *Journal of Personality and Social Psychology* 83(1): 160–84.

Plaut, V. C., H. R. Markus, J. Treadway, and A. Fu (2012). The cultural construction of self and well-being: A tale of two cities. *Personality and Social Psychology Bulletin* 38(12): 1644–58.

Ramseyer, J. M., and E. B. Rasmusen (2015). Lowering the bar to raise the bar: Licensing difficulty and attorney quality in Japan. *Journal of Japanese Studies* 41(1): 114–15.

Rivas-Drake, D., D. Hughes, and N. Way (2008). A closer look at peer discrimination, ethnic identity, and psychological well-being among urban Chinese American sixth graders. *Journal of Youth and Adolescence* 37(1): 12–21.

Rosenbloom, S. R., and N. Way (2004). Experiences of discrimination among African American, Asian American, and Latino adolescents in an urban high school. *Youth and Society* 35(4): 420–51.

Ross, M., S. J. Heine, A. E. Wilson, and S. Sugimori (2005). Cross-cultural discrepancies in self-appraisals. *Personality and Social Psychology Bulletin* 31(9): 1175–88.

Röttger-Rössler, B. (1993). Autobiography in question: On self presentation and life description in an Indonesian society. *Anthropos* 88: 365–73.

Rozin, P., C. Fischler, C. Shields, and E. Masson (2006). Attitudes toward large numbers of choices in the food domain: A cross-cultural study of five studies in Europe and the USA. *Appetite* 46(3): 304–8.

Sanchez-Burks, J. (2005). Protestant relational ideology: The cognitive underpinnings and organizational implications of an American anomaly. *Research in Organizational Behavior* 26: 265–305.

———. (2002). Protestant relational ideology and (in)attention to relational cues in work settings. *Journal of Personality and Social Psychology* 83(4): 919–29.

Sanchez-Burks, J., C. A. Bartel, and S. Blount (2009). Performance in intercultural interactions at work: Cross-cultural differences in response to behavioral mirroring. *Journal of Applied Psychology* 94(1): 216–23.

Savani, K., H. R. Markus, N. V. R. Naidu, S. Kumar, and N. Berlia, N. (2010). What counts as a choice? U.S. Americans are more likely than Indians to construe actions as choices. *Psychological Science* 21(3): 391–98.

Schug, J., Y. Masaki, and W. Maddux (2010). Relational mobility explains between- and within-culture differences in self-disclosure to close friends. *Psychological Science* 21(10): 1471–78.

Schwartz, B. (2004). The tyranny of choice. *Scientific American* 290(4): 70.

Senzaki, S., T. Masuda, and K. Nand (2014). Holistic versus analytic expressions in artworks: Cross-cultural differences and similarities in drawings and collages by Canadian and Japanese school-age children. *Journal of Cross-Cultural Psychology* 45(8): 1247–1316.

Sharone, O. (2013). Why do unemployed Americans blame themselves while Israelis blame the system? *Social Forces* 91(4): 1429–50.

Shimizu, M., H. Park, and P. M. Greenfield (2014). Infant sleeping arrangements and cultural values among contemporary Japanese mothers. *Frontiers in Psychology* 5(718): 1–10.

Simon, L., J. Greenberg, and J. Brehm (1995). Trivialization: The forgotten mode of dissonance reduction. *Journal of Personality and Social Psychology* 68(2): 247–60.

Snibbe, A. C., and H. R. Markus (2005). You can't always get what you want: Educational attainment, agency, and choice. *Journal of Personality and Social Psychology* 88(4): 703–20.

Stephens, N., J. S. Cameron, and S. M. Townsend (2014). Lower social class does not (always) mean greater interdependence: Women in poverty have fewer social resources than working-class women. *Journal of Cross-Cultural Psychology* 45(7): 1061–73.

Stephens, N. M., H. R. Markus, and S. M. Townsend (2007). Choice as an act of meaning: The case of social class. *Journal of Personality and Social Psychology* 93(5): 814–30.

Talhelm, T., X. Zhang, S. Oishi, C. Shimin, D. Duan, X. Lan, and S. Kitayama (2014). Large-scale psychological differences within China explained by rice versus wheat agriculture. *Science* 344(6184): 603–8.

Tanase, T. (1990). The management of disputes: Automobile accident compensation in Japan. *Law and Society Review* 24: 651–91.

Taylor, S. E., W. Welch, H. S. Kim, and D. K. Sherman (2007). Cultural differences in the impact of social support on psychological and biological stress responses. *Psychological Science* 18: 831–37.

Wallbott, H.G., and K. R. Scherer (1995). Cultural determinants in experiencing shame and guilt. In J. P. Tangney and K. W. Fischer, eds. *Self-conscious Emotions: The Psychology of Shame, Guilt, Embarrassment, and Pride.* New York: Guilford Press, 465–87.

Wang, Q. (2009). Are Asians forgetful? Perception, retention, and recall in episodic memory. *Cognition* 111(1): 123–31.

Yamagishi, T., H. Hashimoto, and J. Schug (2008). Preferences versus strategies as explanations for culture-specific behavior. *Psychological Science* 19(6): 579–84.

Zuckerman, M. (1979). Attribution of success and failure revisited, or the motivational bias is alive and well in attribution theory. *Journal of Personality* 47(2): 245–87.

BOOKS

Abrami, Regina M., William C. Kirby, and F. Warren McFarlan. *Can China Lead? Reaching the Limits of Power and Growth*. Cambridge, MA: Harvard Business Review Press, 2014.

Altemeyer, Bob. *The Authoritarian Specter*. Cambridge, MA: Harvard University Press, 1996.

Apter, David E., and Nagayo Sawa. *Against the State: Politics and Social Protest in Japan*. Cambridge, MA: Harvard University Press, 1984.

Arnett, Jeffrey Jensen. *Emerging Adulthood: The Winding Road from the Late Teens Through the Twenties*. New York: Oxford University Press, 2004.

Barnhisel, Greg. *Cold War Modernists*. New York: Columbia University Press, 2015.

Beckett, Samuel. *Waiting for Godot: A Tragicomedy in Two Acts*. New York: Grove Press, 1954.

Bellah, Robert N., Richard Madsen, William M. Sullivan, Ann Swidler, and Steven M. Tipton. *Habits of the Heart: Individualism and Commitment in American Life*. Berkeley: University of California Press, 1985.

Bendix, Reinhard. *Max Weber: An Intellectual Portrait*. Berkeley: University of California Press, 1977.

Benedict, Ruth. *The Chrysanthemum and the Sword: Patterns of Japanese Culture*. Boston: Houghton Mifflin Company, 1989. Copyright Ruth Benedict, 1946.

Berry, Michael. *Speaking in Images: Interviews with Contemporary Chinese Filmmakers*. New York: Columbia University Press, 2005.

Bosker, Bianca. *Original Copies: Architectural Mimicry in Contemporary China*. Honolulu: University of Hawaii Press, 2013.

Bush, Susan, and Shih Hsio-yen. *Early Chinese Texts on Painting*. Cambridge, MA: Harvard University Press, 1985.

Cahill, James. *Chinese Painting*. New York: Rizzoli International, 1977.

———. *Painter's Practice: How Artists Lived and Worked in Traditional China*. New York: Columbia University Press, 1994.

Cain, Susan. *Quiet: The Power of Introverts in a World That Can't Stop Talking*. New York: Crown Publishers, 2012.

Cao Xueqin. *The Story of the Stone*, vol. 1. Translated by David Hawkes. Middlesex, England: Penguin Classics, 1973.

Carroll, Lewis. *Alice's Adventures in Wonderland; and, Through the Looking-Glass*. Boston: Lothrop, 1899.

Chua, Amy. *Battle Hymn of the Tiger Mother*. New York: Penguin, 2011.

Davis, Deborah S., and Sara L. Friedman, eds. *Wives, Husbands, and Lovers: Marriage and Sexuality in Hong Kong, Taiwan, and Urban China*. Stanford, CA: Stanford University Press, 2014.

Davis, Lydia. *The Collected Stories of Lydia Davis*. New York: Picador, 2009.

Diamond, Jared. *Guns, Germs, and Steel*. New York: W. W. Norton, 1997.

Dickinson, Emily. *Complete Poems of Emily Dickinson*. Edited by Thomas H. Johnson. Boston: Little, Brown, 1960.

Dillard, Annie. *Pilgrim at Tinker Creek*. New York: Harper and Row Perennial Library, 1985.

Doi, Takeo. *The Anatomy of Self: The Individual Versus Society*. Tokyo: Kodansha International, 1986.

Durkheim, Émile. *Suicide: A Study in Sociology*. New York: Free Press, 2012. Originally published in 1897.

Dweck, Carol. *Mindset: The New Psychology of Success*. New York: Ballantine Books, 2008.

Ehrenreich, Barbara. *Fear of Falling: The Inner Life of the Middle Class*. New York: Pantheon Books, 1989.

Emerson, Ralph Waldo. *Selected Writings of Ralph Waldo Emerson*. New York: New American Library, 1965.

Fallows, Deborah. *Dreaming in Chinese*. New York: Walker, 2010.

Feldman, Noah. *Cool War: The United States, China, and the Future of Global Competition*. New York: Random House, 2013.

Gayford, Martin. *Man with a Blue Scarf: On Sitting for a Portrait by Lucian Freud*. New York: Thames and Hudson, 2010.

Giridharadas, Anand. *The True American: Murder and Mercy in Texas*. New York: W. W. Norton, 2014.

Gladwell, Malcolm. *Outliers: The Story of Success*. New York: Little, Brown, 2008.

Gong, Yanna. *Gaokao: A Personal Journey Behind China's Examination Culture*. San Francisco: China Books, 2014.

Greig, Geordie. *Breakfast with Lucian: The Astounding Life and Outrageous Times of Britain's Great Modern Painter*. New York: Farrar, Straus and Giroux, 2013.

Hamilton, V. Lee, and Joseph Sanders. *Everyday Justice: Responsibility and the Individual in Japan and the United States*. New Haven, CT: Yale University Press, 1992.

Heine, Steven J. *Cultural Psychology*. New York: W. W. Norton, 2008.

Hokusai, Katsushika. *Hokusai: One Hundred Views of Mount Fuji.* New York: George Brazillier, 1988.

Holley, Michael. *Patriot Reign: Bill Belichick, the Coaches, and the Players Who Built a Champion.* New York: Harper Paperback, 2005.

Houellebecq, Michel. *The Elementary Particles.* New York: Vintage, 2001.

Huang, Eddie. *Fresh Off the Boat.* New York: Spiegel & Grau, 2013.

Isaacson, Walter. *Steve Jobs.* New York: Simon & Schuster, 2011.

Ivanhoe, Philip J., and Bryan W. Van Norden, eds. *Readings in Classical Chinese Philosophy.* Indianapolis/Cambridge: Hackett, 2001.

Kasinitz, Philip, John H. Mollenkopf, Mary C. Waters, and Jennifer Holdaway. *Inheriting the City.* Cambridge, MA: Harvard University Press, 2008.

Kingston, Maxine Hong. *The Woman Warrior: Memoirs of a Girlhood Among Ghosts.* New York: Alfred A. Knopf, 1976.

Lasch, Christopher. *Culture of Narcissism: American Life in an Age of Diminishing Expectations.* New York: W. W. Norton, 1979.

Lee, Bruce. *Bruce Lee: Artist of Life.* Edited by John Little. North Clarendon, VT: Tuttle, 2001.

Lee, Bruce. *Striking Thoughts: Bruce Lee's Wisdom for Daily Living.* Edited by John Little. North Clarendon, VT: Tuttle, 2000.

Lee, Jennifer, and Min Zhou. *The Asian American Achievement Paradox.* New York: Russell Sage Foundation, 2015.

Li, Jin. *Cultural Foundations of Learning: East and West.* New York: Cambridge University Press, 2012.

Lin, Maya. *Boundaries.* New York: Simon & Schuster, 2000.

Liu, Eric. *A Chinaman's Chance: One Family's Journey and the Chinese American Dream.* New York: Public Affairs, 2014.

Mahbubani, Kishore. *Can Asians Think?* South Royalton, VT: Steerforth Press, 2002.

Markus, Hazel Rose, and Alana Conner. *Clash! 8 Cultural Conflicts That Make Us Who We Are.* New York: Hudson Street Press, 2013.

McCabe, Allyssa. *Chameleon Readers: Teaching Children to Appreciate All Kinds of Good Stories.* New York: McGraw-Hill, 1996.

McCarthy, Molly A. *The Accidental Diarist: A History of the Daily Planner in America.* Chicago: University of Chicago Press, 2013.

McMahon, Darrin M. *Divine Fury: A History of Genius.* New York: Basic Books, 2013.

Medovoi, Leerom. *Rebels.* Durham, NC: Duke University Press, 2005.

Mihm, Stephen. *A Nation of Counterfeiters: Capitalists, Con Men, and the*

Making of the United States. Cambridge, MA: Harvard University Press, 2009.

Nisbett, Richard E. *The Geography of Thought: How Asians and Westerners Think Differently . . . and Why*. New York: Free Press, 2003.

———. *Intelligence and How to Get It*. New York: W. W. Norton, 2009.

———. *Mindware: Tools for Smart Thinking*. New York: Farrar, Straus and Giroux, 2015.

Osnos, Evan. *Age of Ambition: Chasing Fortune, Truth, and Faith in the New China*. New York: Farrar, Straus and Giroux, 2014.

Pamuk, Orhan. *Istanbul*. New York: Alfred A. Knopf, 2006.

Pisani, Elizabeth. *Indonesia Etc*. New York: W. W. Norton, 2014.

Putnam, Robert D. *Bowling Alone: The Collapse and Revival of American Community*. New York: Simon & Schuster, 2000.

Pye, Lucian. *Chinese Commercial Negotiating Style*. Santa Monica, CA: The Rand Corporation, 1982.

Qiuyu, Yu. *The Chinese Literary Canon*. New York: CN Times Books, 2015.

Rein, Shaun. *The End of Copycat China*. Hoboken, NJ: Wiley and Sons, 2014.

Riesman, David, with Reuel Denney, and Nathan Glazer. *The Lonely Crowd: A Study of the Changing American Character*. New Haven, CT: Yale University Press, 1950.

Schwartz, Barry. *The Paradox of Choice: Why More Is Less*. New York: HarperCollins, 2004.

Shikibu, Murasaki, and Royall Tyler. *The Tale of Genji*. New York: Penguin Classics, 2002.

Shirky, Clay. *Little Rice: Smartphones, Xiaomi, and the Chinese Dream*. New York: Columbia Global Reports, 2015.

Siedentop, Larry. *Inventing the Individual: The Origins of Western Liberalism*. Cambridge, MA: Harvard University Press, 2014.

Sims, Michael. *The Adventures of Henry Thoreau*. New York: Bloomsbury, 2014.

Statistics Bureau, Ministry of Internal Affairs and Communications. *Handbook of Japan, 2016*. Tokyo: Ministry of Internal Affairs and Communications, 2016.

Stavans, Ilan, and Joshua Ellison. *Reclaiming Travel*. Durham, NC: Duke University Press, 2015.

Taylor, Charles. *The Ethics of Authenticity*. Cambridge, MA: Harvard University Press, 1992.

Thoreau, Henry David. *Civil Disobedience and Other Essays*. New York: Dover Publications, 1993.

Tocqueville, Alexis de. *Democracy in America*, vol. 2. Translated by Henry Reeve. New York: D. Appleton, 1904.

Turner, Frederick Jackson. *The Significance of the Frontier in American History*. Ann Arbor, MI: University Microfilms, 1966.

Twenge, Jean M. *Generation Me: Why Today's Young Americans Are More Confident, Assertive, Entitled — and More Miserable than Ever Before*. New York: Free Press, 2006.

Twenge, Jean M., and W. Keith Campbell. *The Narcissism Epidemic: Living in the Age of Entitlement*. New York: Free Press, 2009.

Wallace, David Foster. *The Pale King*. New York: Little, Brown, 2012.

Wang, An, and Eugene Linden. *Lessons: An Autobiography*. Boston: Addison-Wesley, 1988.

Wang, Qi. *The Autobiographical Self in Time and Culture*. New York: Oxford University Press, 2013.

Weber, Max. *The Protestant Ethic and the Spirit of Capitalism*. Translated by Talcott Parsons. New York: Routledge, 2002; original copyright 1930.

Wedge, Marilyn. *A Disease Called Childhood: Why ADHD Became an American Epidemic*. New York: Penguin, 2015.

Weissbourd, Richard. *The Parents We Mean to Be*. New York: Houghton Mifflin Harcourt Mariner Books, 2010.

Wister, Owen. *The Virginian*. Introduction by John Q. Anderson. New York: Dodd, Mead, 1968.

Wong, Winnie Won Yin. *Van Gogh on Demand: China and the Readymade*. Chicago: University of Chicago Press, 2013.

Zhao, Yong. *Who's Afraid of the Big Bad Dragon?: Why China Has the Best (and Worst) Education System in the World*. San Francisco: Jossey-Bass, 2014.

VIDEOS

Biden, Joe. Graduation speech at U.S. Air Force Academy, May 28, 2014. https://www.youtube.com/watch?v=acCiUhN8t_o

Díaz, Junot. "Junot Diaz on Gish Jen's *Typical American*." Key West Literary Seminar, January 2016. http://www.gishjen.com/?page_id=23

Ferguson, Kirby. "Embrace the Remix." TEDGlobal, June 2012. https://www.ted.com/talks/kirby_ferguson_embrace_the_remix?language=en

Mori, Toshiko. "Collaboration for Innovation." Interview by the Henry Ford. https://www.youtube.com/watch?v=5U9-0TxRBEc

Piff, Paul. "Does Money Make You Mean?" TEDxMarin, October 2013. https://www.ted.com/talks/paul_piff_does_money_make_you_mean?language=en

Talhelm, Thomas. "The Rice Theory of Culture." TEDxUVA, May 29, 2015. http://tedxtalks.ted.com/video/The-Rice-Theory-of-Culture-Thom

Yellen, Janet. "Radcliffe Day Address." June 10, 2016. www.radcliffe.harvard.edu/radcliffe-day-2016-janet-yellen-radcliffe-medallist.

ONLINE STATISTICS

American Psychological Association. "Bullying & Victimization and Asian American Students." 2012. http://www.apa.org/pi/oema/resources/ethnicity-health/asian-american/bullying-and-victimization.aspx

Center on International Education Benchmarking. "Finland: Instructional Systems." 2015. http://www.ncee.org/programs-affiliates/center-on-international-education-benchmarking/top-performing-countries/finland-overview/finland-instructional-systems/

Google Books, Ngram Viewer, "Personal relationship with Jesus," 1800–2008, from the English corpus, with smoothing of 3. https://boks.google.com/ngrams/graph?content=personal+relationship+with+Jesus&year_start=1800&year_end=2008&corpus+15&smoothing=3&share=&direct_url+t1%B%2Cpersonal%20relationship%20with%20Jesus%3B%2Cc0

Organization for Economic Co-operation and Development, PISA (Programme for International Student Assessment). Key Findings, 2012. https://www.oecd.org/pisa/keyfindings/

Pew Research Center. "Modern Immigration Wave Brings 59 Million to U.S., Driving Population Growth and Change Through 2065: Views of Immigration's Impact on U.S. Society Mixed." Washington, DC. September 2015. http://www.pewhispanic.org/2015/09/28/modern-immigration-wave-brings-59-million-to-u-s-driving-population-growth-and-change-through-2065/

Substance Abuse and Mental Health Services Administration, *Behavioral Health Barometer: United States, 2015.* www.samhsa.gov/data/behavioral-health-barometers

UNICEF. "Statistics | China." December 24, 2013. http://www.unicef.org/infobycountry/china_statistics.html

U.S. Census Bureau. "QuickFacts." US Census Bureau, 2015. https://www.census.gov/quickfacts/table/PST045215/00

U.S. Department of Education. "Fast Facts—International Comparisons of

Achievement." National Center for Education Statistics, 2015. https://nces.ed.gov/fastfacts/display.asp?id=1

World Bank. "China Overview." The World Bank, April 6, 2016. http://www.worldbank.org/en/country/china/overview

BLOGS AND WEBSITES

Anonymous. "Asian American Student Suicide Rate at MIT Is Quadruple the National Average." *Reappropriate*, May 20, 2015. http://reappropriate.co/2015/05/asian-american-student-suicide-rate-at-mit-is-quadruple-the-national-average/

Anonymous. "Stuart Franklin: 'It Was a David and Goliath Moment.'" Amnesty International website, May 28, 2014. https:www.amnesty.org/en/latest/news/2014/05/stuart-franklin-it-was-david-and-goliath-moment/

BirdAbroad. "Kunming Fake Apple Stores Shut Down." *This Woman's Work*, July 26, 2011. Birdabroad.wordpress.com. https://birdabroad.wordpress.com/2011/07/26/kumming-fake-apple-stores-shut-down/

Bitney, Catherine, and Cindy Liu. "Asian American First-Generation College Students." Asian American Psychological Association website. http://aapaonline.org/wp-content/uploads/2014/06/AsAmFirstGen_factsheet_web-Bitney.pdf

Cahill, James. "Lecture Notes: Lecture 7A. Northern Song Landscape Painting, Part I." Institute of East Asian Studies, University of California, Berkeley. http://ieas.berkeley.edu/publications/pdf/aparv_lecture7a.pdf

Hijioka, Shihoko, and Joel Wong. "Suicide Among Asian Americans." Asian American Psychological Association website. http://www.apa.org/pi/oema/resources/ethnicity-health/asian-american/suicide.aspx

Hutson, Matthew. "WEIRD Science: We are the Weirdest People in the World." *Psychology Today* website. December 29, 2010. https://www.psychologytoday.com/blog/psyched/201012/weird-science-we-are-the-weirdest-people-in-the-world

Li-Saltzman Architects, P.C., and Andrew S. Dolkart. *Village of Scarsdale, New York: Reconnaissance Level Cultural Resource Survey Report.* July 12, 2012. http://scarsdale.com/Portals/0/Manager/Reconnaissance%20Report%20FINAL.pdf

Mathilde. "La Positive Attitude des Américains Déteindrait-Elle sur Moi?" *Le Blog de Mathilde* (blog), March 30, 2016. http://www.maathiildee.com/en/la-positive-attitude-des-americains-deteindrait-elle-sur-moi/

Miller, Bettye. "NSF Funds Extensive Survey of Asian Americans." University of California website. May 31, 2016. http://universityofcalifornia.edu/news /nsf-funds-extensive-survey-asian-americans

Nguyen, Viet Thanh. Facebook post, April 19, 2016. https://www.facebook .com/vietnguyenauthor/

Perry, Colton, et al. "San Antonio Spurs' Culture of Sustainable Superior Performance." Michael Lee Stallard website, February 25, 2015. http://www .michaelleestallard.com/san-antonio-spurs-culture-of-sustainable-superior -performance

Reckford, Jocelyn. "Homework and Testing." Glenwood & Chao Wai: Side by Side, 2015. https://sites.google.com/a/chccs.k12.nc.us/sister-schools ---glenwood-huizhongli/homework-and-testing

———. "In the Classroom." Glenwood & Chao Wai: Side by Side, 2015. https:// sites.google.com/a/chccs.k12.nc.us/sister-schools---glenwood-huizhongli /in-the-classroom

NEWS ARTICLES

Allen, Frederick. "What Makes Alibaba's Jack Ma a Great Innovator?" *Forbes*, May 7, 2014.

Anonymous. "Why Do Chinese Lack Creativity?" Translated by Bethany Allen-Ebrahimian. *Foreign Policy*, June 23, 2015.

Anonymous. "Freud Royal Portrait Divides Critics." BBC News website, December 21, 2001.

Anonymous. "Multi-millionaire Builds Exact Replica of Famous French Chateau for $50 Million . . . in Beijing." *Daily Mail*, June 13, 2012.

Anonymous. "Obama Hosts Spurs at White House." ESPN.com, January 12, 2015.

Anonymous. "Would Chinese-Style Education Work on British Kids?" BBC News website, August 4, 2015.

Andre, Thibaud. "Why Is Jack Ma More Inspiring than Steve Jobs?" *Innovation Excellence*, April 4, 2015.

Arthur, Kenneth. "Tom Brady Is Free, and Roger Goodell Is Screwed." *Rolling Stone*, September 3, 2015.

Associated Press. "Hong Kong Lesbian to Wealthy Dad: Stop Trying to Buy Me a Husband." *The Guardian*, January 29, 2014.

Barnes, Henry. "Cannes 2014 Review: Red Army—the Cold War, on Ice." *The Guardian*, May 16, 2014.

Beam, Christopher. "Under the Knife." *The New Yorker*, August 25, 2014.

Belkin, Douglas. "Asian-American Groups Seek Investigation into Ivy League Admissions." *The Wall Street Journal*, May 23, 2016.

Bilton, Nick. "The Shaky Moral Compass of Silicon Valley." *The New York Times*, May 6, 2015.

Blackburn, Bradley. "Chinese Billionaire Jack Ma on the Power of American Ideas." ABC News website, November 15, 2010.

Bowley, Graham, and Colin Moynihan. "Knoedler Gallery Heads to Trial in Sale of Fake Rothko." *The New York Times*, January 24, 2016.

Browne, Andrew. "Alibaba IPO: Innovation Chinese Style." *The Wall Street Journal*, September 16, 2014.

Chang, Emily. "Xiaomi's Rise to Selling 100K Phones in 90 Seconds." *Bloomberg*, June 5, 2014.

Chin, Josh. "Reaction to Imitation Apple Store: 'That Is One Thorough Fake.'" *The Wall Street Journal*, July 23, 2011.

Daley, Suzanne. "Beneath That Beguiling Smile, Seeing What Leonardo Saw." *The New York Times*, April 14, 2012.

Dylan, Bob. "Read Bob Dylan's Complete, Riveting MusiCares Speech." *Rolling Stone*, February 9, 2015.

Fairs, Marcus. "Zaha Hadid Building Pirated in China." *Dezeen*, January 2, 2013.

Fallows, Deborah. "How 'Thank You' Sounds to Chinese Ears." *The Atlantic*, June 12, 2015.

Fan, Jiayang. "The Golden Generation: Why China's Super-rich Send Their Children Abroad." *The New Yorker*, February 22, 2016.

Friedman, Thomas. "How to Get a Job at Google." *The New York Times*, February 22, 2014.

Friend, Tad. "Tomorrow's Advance Man: Marc Andreessen's Plan to Win the Future." *The New Yorker*, May 18, 2015.

Goldman, David. "Misunderestimating China." *Asia Times*, May 27, 2015.

Grimes, William. "Lucian Freud, Figurative Painter Who Redefined Portraiture, Is Dead at 88." *The New York Times*, July 21, 2011.

Hessler, Peter. "Travels with My Censor." *The New Yorker*, March 9, 2015.

Hu, Elise. "Even the Planes Stop Flying for South Korea's National Exam Day." NPR website, November 12, 2015.

Jackson, Abby. "A Perfect ACT Score Couldn't Get This Student into Yale, Princeton, or Stanford, and He Says It's Because He's Asian-American." *Business Insider*, June 1, 2015.

JTA, Times of Israel staff. "Polish 'Rabbi' Who's Not a Rabbi Turns Out to Be Catholic Ex-cook." *The Times of Israel*, April 21, 2016.

Jordan, Miriam. "U.S. Schools Draw More Chinese." *The Wall Street Journal*, December 17, 2015.

Kennedy, Pagan. "How to Cultivate the Art of Serendipity." *The New York Times*, January 2, 2016.

Kim, Suki. "The Reluctant Memoirist." *New Republic*, June 27, 2016.

Larmer, Brook. "Inside a Chinese Test-Prep Factory." *The New York Times Magazine*, December 31, 2014.

Lau, Crystal. "Can You Answer This Year's Tricky Gaokao Essay Questions?" *Shanghaiist*. June 8, 2015.

Lee, Yimou. "China's 'Fake' Apple Stores Thrive Ahead of New IPhone Launch." Reuters, September 23, 2015.

Lianke, Yan. "Finding Light in China's Darkness." *The New York Times*, October 22, 2014.

Lindner, Robert M. "Raise Your Child to Be a Rebel." *McCall's*, February 1956.

Lopez, Steve. "How a Lincoln High School teacher gets all his students to pass the AP Calculus exam." *Los Angeles Times*, February 3, 2016.

McCoy, Terrence. "An investigation into the dancing sharks at Katy Perry's Super Bowl show." *The Washington Post*, February 2, 2015.

Miller, Lisa. "The Money-Empathy Gap," *New York* magazine, July 1, 2012.

Morris, Ruth. "Why China Loves to Build Copycat Towns." BBC News website, July 1, 2013.

Muske-Dukes, Carol. "A Lost Eloquence." *The New York Times*, December 28, 2002.

NPR staff. "Often Employees, Rarely CEOs: Challenges Asian-Americans Face in Tech." NPR website, May 17, 2015.

Nutt, Amy Ellis. "Loneliness grows from individual ache to public health hazard." *The Washington Post*, January 31, 2016.

Pang, Amelia. "This Is New York: The Untold Story of Dr. Yeou-Cheng Ma, Violin Prodigy and Medical Doctor." *Epoch Times*, August 2, 2014.

Phillips, Tom. "Chinese Man Builds Fake Police Station in Flat and Poses as Cop in Elaborate Con." *The Guardian*, July 20, 2015.

Qin, Amy. "In a Topsy-Turvy World, China Warms to Sci-Fi." *The New York Times*, November 11, 2014.

Riley, Charles. "Xiaomi: The 'Apple of China' Looks Abroad." CNNMoney website, September 4, 2013.

Rosin, Hanna. "The Silicon Valley Suicides." *The Atlantic*, December 2015.

Rothkopf, Joanna. "Goldman Sachs Reduces Intern Day to 17 Hours After Death of Bank of America Corp. Intern." *Salon*, June 18, 2015.

Saffran, Dennis. "To Make Elite Schools 'Fair,' City Will Punish Poor Asians." *New York Post*, July 19, 2014.

Sang-Hun, Chloe. "A Lonely Death for South Koreans Who Cannot Afford to Live, or Die." *The New York Times*, November 1, 2015.

Saverin, Diana. "The Thoreau of the Suburbs." *The Atlantic*, February 5, 2015.

Schiller, Bill. "A New High for Piracy in China: Entire Fake Apple Stores." *Toronto Star*, July 21, 2011.

Singh, Deepak. "I've Never Thanked My Parents for Anything." *The Atlantic*, June 8, 2015.

Slaughter, Anne-Marie. "A Toxic Work World." *The New York Times*, September 20, 2015.

Smith, Zadie. "Find Your Beach." *The New York Review of Books*, October 23, 2014.

Spencer, Kyle. "District Eases Pressure on Students, Baring an Ethnic Divide." *The New York Times*, December 26, 2015.

Spiegel, Alix. "Struggle for Smarts? How Eastern and Western Cultures Tackle Learning." NPR website, November 12, 2012.

Sreenivasan, Hari. "In 'The True American,' Victim of Attempted Murder Tries to Save Attacker." Interview with Anand Giridharadas. *PBS NewsHour* online transcript, June 16, 2014.

Staufenberg, Jess. "Xiao Yuan: Librarian at Guangzhou Academy of Fine Arts replaced stolen works with own replicas—and amassed £3.5m in the process." *Independent* website, July 21, 2015.

Sturgis, India. "Harry Potter Actress Katie Leung: I Regularly Experience Racism." *The Telegraph*, February 15, 2016.

Tabor, Nick. "How Has Chinatown Stayed Chinatown?" *New York* magazine, September 24, 2015.

Tatlow, Didi Kirsten. "Education as a Path to Conformity." *The New York Times*, January 26, 2010.

Tea Leaf Nation staff. "For Chinese Students in America, a Transformative Journey." *Foreign Policy*, December 9, 2015.

Tobar, Hector. "Salman Rushdie: Beyond the Tabloids." *Los Angeles Times*, September 25, 2012.

Upstate NY (username). "In Praise of Belichick the Progressive." *Daily Kos*, February 7, 2005.

Wilkinson, Alec. "The Giveaway." *The New Yorker*, August 26, 2013.

Yang, Jeff. "Asian Parents: Your Kids Are Not Robots." CNN website, June 10, 2015.

———. "Do Asian Students Face Too Much Academic Pressure?" CNN website, July 2, 2015.

Illustration Credits

....

3　Jeff Widener, Tiananmen Tank Man. © 2016 The Associated Press.

5　Arthur Tsang Hin Wah, Tiananmen Tank Man. © 2016 The Associated Press.

8　Xiang Shengmo (1597–1658), *Self Portrait in Red Landscape*, 1644. Collection of Shitou Shuwu.

9　*New York Times* advertisement for *The Artful Recluse*. Courtesy of the Asia Society.

15　Wangjing SOHO complex, Beijing, China. Photograph by the author.

15　A knockoff of the Wangjing SOHO complex, Chongqing, China. Photograph by Cheng Jiawei.

19　Château Zhang Laffitte, Beijing, China. Photograph by Ophelia Chong.

22　Diagram of the Independent Self. Courtesy of Hazel Rose Markus.

22　Diagram of the Interdependent Self. Courtesy of Hazel Rose Markus.

23　An African lion on a savannah. Courtesy of Basecamp Explorer, Oslo, Norway.

28　Airport photo 1. Courtesy of Taka Masuda.

28　Airport photo 2. Courtesy of Taka Masuda.

29　Flower assignment task. Courtesy of Ara Norenzayan.

38　The Asian Paradox. Courtesy of Thomas Talhelm.

41　Association of Rice-Growing with Holistic Orientation. Courtesy of Thomas Talhelm.

42　Thomas Talhelm positioning chairs at a Starbucks in China. Courtesy of Thomas Talhelm.

52　Nadir and Nafisa Abrahamini at Yale University. Photograph by Parwiz Abrahamini.

54 Sign outside a music conservatory in Shanghai, China. Photograph by the author.

76 Huang Yan, *Shan-shui tattoo*. Courtesy of the artist and Ethan Cohen Gallery.

79 Leonardo da Vinci, *Mona Lisa*, in the Louvre Museum, Paris, France. © Erich Lessing/Art Resource, NY. Courtesy of the Louvre.

79 Duplicate of the *Mona Lisa*, in the Prado Museum, Madrid, Spain. © Museo Nacional del Prado/Art Resource, NY.

92 Send-off for *gaokao* students of Maotanchang high school, Anhui Province. Photograph by Wang Qing.

125 A lion outside the Forbidden City, Beijing, China. Photograph by Nancy Berliner.

125 A lion outside the New York Public Library, New York, NY. Courtesy of Wikipedia Commons.

151 Google Ngram of the phrases "personal savior" and "personal relationship with Jesus." Data between 1800 and 2008 from English Corpus.

171 Influence of Calvinism on separation of task-focused and social-emotional relationships. Courtesy of Jeffrey Sanchez-Burks.

198 Almanac page from the 17th century. Collection of the Massachusetts Historical Society.

198 Almanac page from the 19th century. Courtesy, American Antiquarian Society.

226 Maya Lin, *Wave Field*, Storm King, New York. Courtesy of Maya Lin.

227 Screen shot from *Flower*. Courtesy of Jenova Chen.

236 Fan Kuan (c. 960–c. 1030 C.E.), *Travelers Among Mountains and Streams*. Collection of the National Palace Museum, Taipei, Taiwan.

237 Attributed to Li Cheng (919–967 C.E.), *A Solitary Temple Amid Clearing Peaks*. The Nelson-Atkins Museum of Art, Kansas City, Missouri. William Rockhill Nelson Trust.

241 Lucian Freud, *Queen Elizabeth II*. Courtesy of the Royal Collection Trust 2015/The Lucian Freud Archive.

256 Comparative Self Sizes. Courtesy of Shinobu Kitayama.

Index

....

Page numbers in *italics* refer to illustrations.

THE LOVE WIFE

The Wongs describe themselves as a "half half" family, but the actual fractions are more complicated, given Carnegie's Chinese heritage, his wife Blondie's WASP background, and the various ethnic permutations of their adopted and biological children. Into this new American family comes a volatile new member. Her name is Lanlan. She is Carnegie's Mainland Chinese relative, a tough, surprisingly lovely survivor of the Cultural Revolution, who comes courtesy of Carnegie's mother's will. Is Lanlan a very good nanny, a heartless climber, or a posthumous gift from a formidable mother who never stopped wanting her son to marry a nice Chinese girl? Rich in insight, buoyed by humor, *The Love Wife* is a hugely satisfying work.

Fiction

ALSO AVAILABLE
Who's Irish?
Mona in the Promised Land

VINTAGE CONTEMPORARIES
Available wherever books are sold.
www.vintagebooks.com